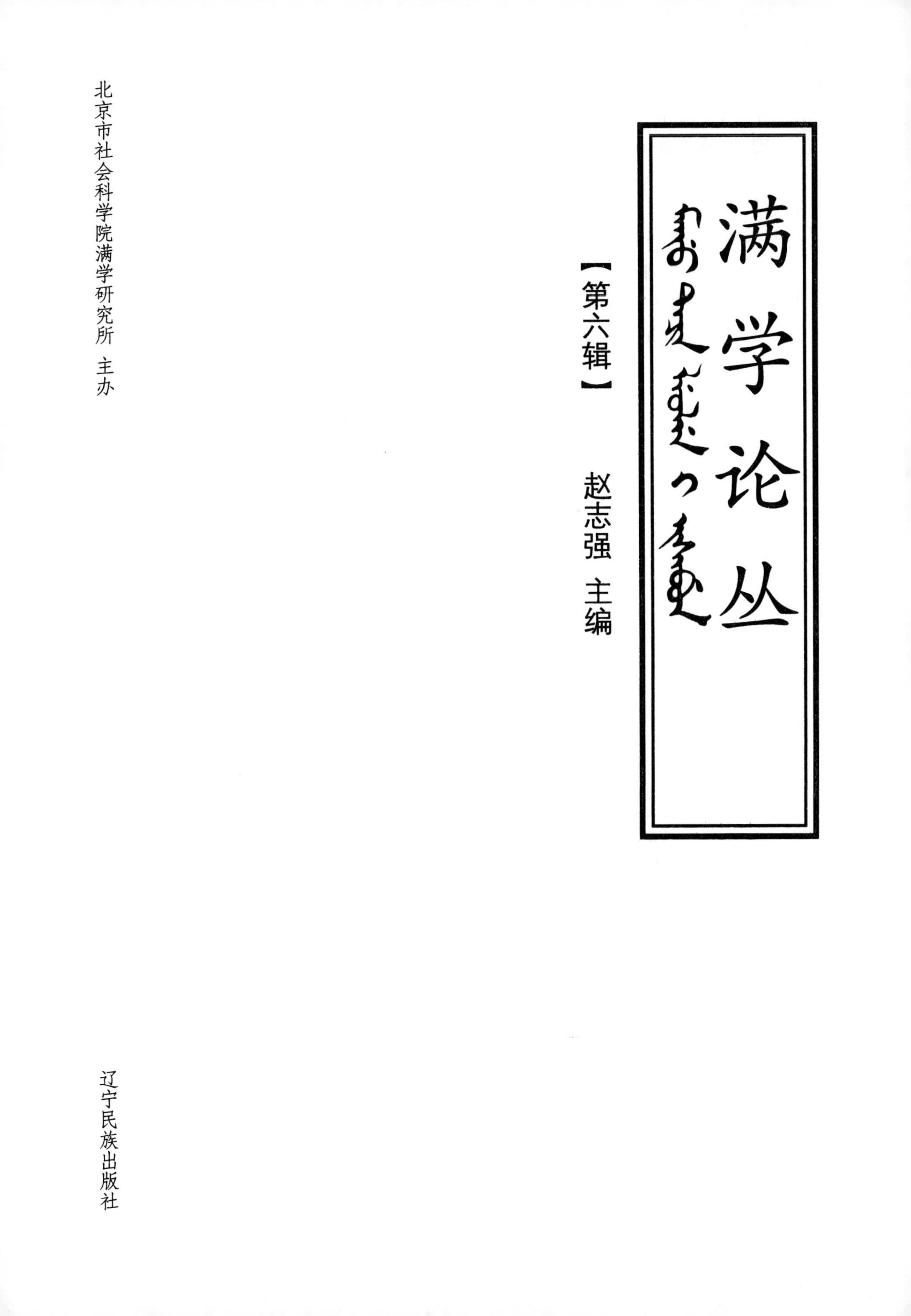

满学论丛

【第六辑】

赵志强　主编

北京市社会科学院满学研究所　主办

辽宁民族出版社

图书在版编目（CIP）数据

满学论丛．第六辑 / 赵志强主编．—沈阳：辽宁民族出版社，2016.12

ISBN 978-7-5497-1537-4

Ⅰ．①满…　Ⅱ．①赵…　Ⅲ．①满族—民族学—中国—文集　Ⅳ．①K282.1-53

中国版本图书馆CIP数据核字（2016）第314890号

满学论丛．第六辑

MANXUE LUNCONG DILIUJI

出版发行者：辽宁民族出版社
地　　址：沈阳市和平区十一纬路25号　邮编：110003
印 刷 者：沈阳天正印刷厂
幅面尺寸：180mm×250mm
印　　张：19.75
字　　数：340千字
出版时间：2016年12月第1版
印刷时间：2016年12月第1次印刷
责任编辑：李　璜
封面设计：杜　江
责任校对：侯俊华

标准书号：ISBN 978-7-5497-1537-4
定　　价：60.00元

法律顾问：陈　光

如有印装质量问题，请与出版社联系调换
网　　址：www.lnmzcbs.com
举报电话：024-23284336
邮购电话：024-23284335
联系电话：024-23284340
淘宝网店：http://lnmz2013.taobao.com

《满学论丛》编辑委员会

目 录

盛京皇宫满洲独特建筑文化研究综论

滕绍箴

所谓综论，乃集各家碎片研究成果，进行宏观理论升华之谓也。盛京皇宫建筑群，既处在盛京文化载体的中枢部位，亦是盛京城满洲独特建筑文化载体的核心。研究盛京满洲建筑文化或盛京城文化，将侧重点放在盛京皇宫满洲独特建筑文化研究上，无疑是摘要之举。所谓“盛京满洲独特建筑文化”，是指满洲固有文化及其吸纳周边各族文化精华，所构成的文化多元性之总和，并物化在建筑群中的文化表征，是既能看得见，也能摸得着的文化。

盛京皇宫满洲独特建筑文化，在中华民族传统文化宝库中占有重要地位，早在20世纪60年代初，它就“被国务院列为第一批全国重点文物保护单位之一”[①]。这座古建筑，自后金天命晚年始建，到乾隆四十八年（1783）基本完成。它是包括努尔哈齐宫殿、皇太极皇宫和乾隆时期行宫[②]等三大部分，是三宫集锦之作。它是中华各族共同智慧的结晶，从明朝一座小“中卫城”，转变成清朝“陪都”，先后“造建、维修、增建50多次”。时间历经150余年沧桑[③]。尽管北京故宫建筑群“占地面积72公顷”，是盛京宫殿建筑群的“12倍”[④]，两者无法相提并论，但其规模亦十分可观，三路建筑群“坐落在南北长280米，东西宽26米”，总建筑面积多达“六万余平方米”，包括皇宫的斋阁

作者系中国社会科学院民族学与人类学研究所研究员。

① 朴玉顺等著:《沈阳故宫木作营造技术》，第2页，东南大学出版社2010年版。本文引文首见时，作者、著作名称、卷、页、版本、年代或“干支”方式全注，再见时，作者、版本、年代一律省略。

② 白文煜主编:《沈阳故宫学术讲坛》第1集，第125页，辽宁民族出版社2014年版。

③ 孙文良主编:《清兵入关与中国社会》，第535页，辽宁人民出版社1996年版。《沈阳故宫木作营造技术》，第1页。

④《纪念盛京定名380周年学术文集》，第269页，沈阳出版社2014年版。

等建筑“100余幢，400余间”[①]。其规模亦可谓宏窈矣。

为更全面地介绍和深入研究盛京皇宫建筑群的独特建筑文化，从宏观、理论方面有所开拓和升华，并洞知碎片研究背后的全貌，本文将从三路建筑群，皇宫的满洲早期（东、中路）和西路晚期独特建筑文化着眼，在国内诸位专家学者多年研究基础上，进行必要地综论和进一步探索。

一、皇宫的主要建筑群

众所周知，盛京皇宫建筑群，从建筑时间上看，三路建筑时间分太祖、太宗和高宗三个时期。但从建筑群所物化的文化层面分析，亦可分为早、晚两个时期。早期包括太祖、太宗时期，即东路和中路主体建筑，晚期（乾隆朝）指西路和部分中路的东、西所建筑。主要思路以文化为分野。关于各个时期建筑状况，将从建筑时间、地理位置和主体建筑群三个方面，加以捋析，以便更清晰地观察不同文化元素相互碰撞、认同之脉络。

（一）东路早期建筑文化群

盛京皇宫东路建筑时间、地理位置和主体建筑群，在近数十年来，有诸多专家学者，进行过较深入地研究和探讨。一般说来，没有较大分歧。以下将他们的主要见解略加梳理。

1. 始建时间

盛京皇宫早期的东路建筑，开始于何时？从发表的论文看，基本意见比较一致，但亦有微小分歧。有人认为东路建筑，“始建于天命十年（1625）至十一年”[②]。或认为当在“努尔哈赤迁都沈阳前的天命九年（1624）”，抑或当早在一六二五年前，努尔哈赤便遣人于沈阳城北原明朝建的“镇边门（即俗呼‘九门’），即大政殿和十王亭（亦称‘八旗亭’）一廓建筑”[③]。可见，“天命

---

①《沈阳故宫木作营造技术》，第2、1页；《沈阳故宫博物院院刊》，第131页，总字第14辑，2014年。这里取朴玉顺、佟悦两先生观点，即盛京皇宫共有建筑“400余间”，而丁海斌、王爱华两先生在《清朝陪都盛京总论》一文中，认为共有“500余间”，据沈阳故宫李理副院长说，400余间当指现存间数，500余间可能包括多年拆除部分。

②《沈阳故宫木作营造技术》，第3页。

③《清史论集》，第426页，紫禁城出版社2003年版。《满族研究》1987年第2期，第41页。

九年”和“早在一六二五年前”的提法，明显主张太祖修建沈阳城开始时间，与“始建于天命十年”的意见相拙。考察历史，太祖欲迁都沈阳，所谓“上欲自东京，迁都沈阳”，提出的时间是天命十年三月初一日，迁都到达沈阳的时间是当月辛未（23日）[①]。按照季节分析，天命十年正月至三月，东北地区冰天雪地，后金役工们很难动土开工。即使满洲人再能吃苦耐劳，也不可能在沈阳毫无宫廷建置的情况下，贸然迁都。特别是太祖“宫殿”，岂能在不加建设、无安身之处的情况下，匆忙进驻一般衙署或民宅？同时，史籍亦无相关记载。所以，按照正常事理讲，东路特别是太祖“宫殿”必是在天命九年之内，已经基本完成内部建筑规模，方为合理。是否如此，有待进一步探索。

2. 坐落位置

关于太祖“汗宫”的建筑位置，学界没有什么分歧。根据《盛京城阙图》的满文标注为“taidzu i tehe gung”，即“太祖居住之宫”。地处“明福胜门（大北门）与地载门（小北门），钟楼与鼓楼方形地面的最北端”，“靠近城北门之处”，或具体分辨认为在沈阳城北，原来明朝建筑的“镇边门”俗呼“九门”），即位于原沈阳中卫城十字街交叉口东南，在本区域北侧正中的位置。

3. 主体建筑

盛京东路建筑群，以大政殿（amba dasan i yamun）为主体建筑。据考证，太祖最初给这座建筑命名为“笃宫殿”（yeke jasar unqarsi）。近年来，有的学者说：“清初曾称笃恭殿，不久即改称大政殿”[②]，这个意见，一方面证明宫殿改名确有其事。但是否是“不久即改称大政殿”，亦值得研究。因为有的学者明确指出，乾隆时结束“笃宫殿”名称，以满、汉合璧的“大政殿”样式悬挂[③]。既然是“乾隆时”才改名，就不能说是“不久即改称大政殿”。我们即使从乾隆元年算起，从太祖命名到改名，相差百余年，“不久”之词用法不确。东路主体建筑群，占地面积“南北长190米，东西宽75米”，整体面积14259平方米。地面建筑“14座”，构成本区基本建筑群。主体建筑“大政殿”前两侧各有方亭5座。最近者距大政殿14米，东侧由北向南依次为右翼王亭、镶黄旗亭、正白旗亭、镶白旗亭、正蓝旗亭；西侧由北向南依次为左翼王

① 《清太祖实录》卷9，天命十年三月己酉朔、辛未条。

② 《沈阳故宫博物院院刊》，第131页，总字第14辑，2014年。《盛京皇宫》，第412页，紫禁城出版社1987年版。

③ 《满族研究》2007年第1期，第88页。

亭、正黄旗亭、正红旗亭、镶红旗亭、镶蓝旗亭。各亭之间距离11～12米。殿亭南侧为东、西奏乐亭[①]。

（二）中路早期建筑文化群

盛京皇宫中路建筑群，在建筑时差方面，比较其他各路，多少有点儿区别。因为这里最早是皇太极称汗之前的王府改建。同时，乾隆时修建东、西所，布局位置有些重叠，需要略加分辨。

1. 始建时间

盛京皇宫中路始建时间，当以皇太极初建王府算起，时间大半与太祖宫殿建筑时间同步或稍后。而作为皇宫大规模兴建，当在他“即汗位之后”[②]。目前，有的专家认定，崇政殿等相关皇宫建筑时间，在“天聪元年至崇德二年”[③]之间。朝鲜使臣当时来到盛京，他们报道 “大清门”和“崇政殿”是“崇德二年所建”[④]。中国学人，考订“大清门前两侧的文德坊、武功坊”的建筑是于“崇德二年正月”正式“竣工”[⑤]。其他建筑亦在上述时间内相继完工。

2. 坐落位置

皇太极在自己王府的基础上，扩建汗王宫，位于 “大政殿及十王亭西侧，也就是“沈阳城南北向大街的西侧，正对大政殿与十王亭地方，营建自己的皇宫，并形成自己的轴线”[⑥]。大清门北正面为崇政殿左右为翊门。崇政殿前东西两侧为飞龙阁、翔凤阁及东西七间楼；崇政殿后两侧为日华楼、霞绮楼、师善斋、协中斋。其中崇政殿是盛京皇宫正殿，即外朝主体建筑[⑦]。这就是盛京中路建筑群。

3. 主体建筑

对于盛京中路建筑群，结合新发现的《盛京城阙图》，国内学者从各个不同角度进行表述，行文有繁有简。一般认为，盛京中路建筑群，“以崇政殿为

---

①《沈阳故宫学术讲坛》第1集，第126页；《沈阳故宫木作营造技术》，第3页。
②《清史论集》，第426页。
③⑦《沈阳故宫学术讲坛》第1集，第127页。
④ 林基中编：《燕行录全集》卷50，第439～441页，东国大学校出版部2001年版。
⑤《纪念盛京定名380周年学术文集》，第298页；《满族文化》，第34～35页。
⑥《沈阳故宫学术讲坛》第1集，第127、143页。

主体”[①]。以盛京城南北中轴线为中心，“由南至北依次为东、西朝房各5间，东、西奏乐亭各1座，东文德坊1座，西武功坊1座。大清门5间，门北侧正面为崇政殿5间，殿左右翊门各3间。距殿北31米处为帝后寝宫，该区域为高台，长宽均为70米，院墙高2.4米，其南侧正中为凤凰楼3层9间。楼北正面为清宁宫5间。清宁宫前东侧为关雎宫、衍庆宫各5间。清宁宫前西侧为麟趾宫、永福宫各5间，清宁宫后东、西两侧配宫各3间。高台北侧有碾磨房等附属建筑”。同时，在崇政殿前东、西两侧有飞龙阁、翔凤阁各2层10间，东七间楼、西七间楼各2层14间。位于崇政殿后两侧的霞绮楼、日华楼各2层6间、协中斋、师善斋各5间，以及东宫颐和殿、琉璃门、介祉宫、敬典阁等。整个中路建筑群，“南北长280米，东西宽125米”，面积35000平方米，分布宫殿及太庙等大小建筑“共50余座”[②]。这就是中路主体建筑群。

（三）乾隆时期建筑文化群

本文将盛京皇宫东、中路两组建筑群，叫作“早期建筑”，把西路建筑群称“乾隆时期”晚期建筑群。这样分有两个原因。一是清入关前盛京东、中路建筑文化，从文化原生态理解，尽管存在中原传统文化是构成满洲独特文化中的重要元素，但毕竟满洲固有文化相对处于色彩更浓厚的状态。而乾隆时期建筑文化，具有更浓厚的中原传统建筑文化色彩，区别比较明显。二是中路在崇政殿两侧，有乾隆时期建筑的东、西所等建筑。尽管地处中路，而建筑文化色彩却不同于中路。所以，其文化氛围当归西路为宜。

1. 始建时间

盛京皇宫西路建筑工程，大体分作两期进行。第一期始建时间，从乾隆十年开始。据有关专家考证，乾隆十年（1745）八月，奉天将军达勒当阿奏：“乾隆十年八月，工程处将宫殿周围东、西红墙，概行拆除，平整地基，围设席墙。”并奏明：“两侧红墙拆除后，堆拨间隔过远，需在两侧各设堆拨三处。”[③]从这份档案资料证实，拆墙动土是在乾隆十年八月之前。而行宫中的皇太后居住之处的东所；帝后行宫的西所和在中路新建师善斋、日化楼、协中斋、霞绮楼；建东宫颐和殿、琉璃门、介祉宫、敬典阁等；建西宫迪光殿、保

① 《沈阳故宫博物院院刊》，第131页。
② 《沈阳故宫木作营造技术》，第3～5页。
③ 《乾隆初年修建沈阳故宫史料》，载《历史档案》1997年第2期，第15页。

极殿、继思斋、崇谟阁、七间房等，皆是从乾隆十一年（1746）三月至十三年三月完成。从乾隆十三年四月，奉天将军达勒当阿奏称，“敬典阁工程彻底竣工”，亦可以得到证明[①]。第二期始建时间。有两种意见，一种认为太庙是在乾隆四十年（1775）“将原在城外的盛京太庙移建于大清门东侧的三官庙旧址”；另一种意见指出，“乾隆四十三年（1778）”，命将“盛京太庙移建于大清门左侧之宫阙区域内”，而真正建成是乾隆四十六年（1781）。在这里，移建时间有较大分歧，需要深入考察。第二期乾隆时期建筑群，当完成于乾隆四十六年至四十八年（1781—1783）[②]。

2. 坐落位置

乾隆时期皇宫建筑群，以东、西所为分野。东所是乾隆时期所建的皇太后行宫，位于“崇政殿至清宁宫诸宫殿东侧”。从此由南向北，依次为颐和殿、介祉宫，并在“大清门东侧”，或称“大清门左侧之宫阙区域内”，移建太庙一座[③]。西所是乾隆时期的帝后行宫，位于“崇政殿至清宁宫建筑之西”。从此往西，即“西所之西侧”，由南北两部分建筑组成。“南半部分为嘉荫堂及戏台”。“北半部分文溯阁”，其“由南至北依次为宫门、文溯阁、碑亭、仰熙斋，东西配房、九间殿”[④]等建筑。

3. 主体建筑

崇政殿东侧的东所，地面“南北长105米，东西宽25米”，占地2625平方米。围墙高2.7米。由南向北依次为“琉璃瓦顶宫门1座、垂花门1座、颐和殿3间、介祉宫5间、敬典阁2层6间”[⑤]。崇政殿西侧的西所，地面“南北长110米，东西宽55米（或称25米）”，围墙高2.7米。占地6050平方米。由南至北“依次为琉璃宫门、东西值房各3间、垂花门1座，东配殿3间，迪光殿3间，西抄手游廊各1座，保机宫5间，直廊1座，继思斋9间，崇谟阁2层9间、七间房7间”[⑥]。另有南部的嘉荫堂及戏台和北部的宫门、文溯阁、碑亭、仰熙斋，东西配房、九间殿等，地面“南北长137米，东西宽55米”。占地面积为

---

①《沈阳故宫木作营造技术》，第6、7页；《军机处满文录副奏折》767-1。第一历史档案馆藏。

②《纪念盛京定名380周年学术文集》，第104页；《满族文化》，第35页；《沈阳故宫木作营造技术》，第7页。

③《沈阳故宫木作营造技术》，第6、7页。《满族文化》，第39、35页。

④⑥《沈阳故宫木作营造技术》，第7页；《沈阳故宫学术讲坛》第1集，第129页。

⑤《沈阳故宫学术讲坛》第1集，第129页；《沈阳故宫木作营造技术》，第6页。

7535平方米。共建筑物“百余楹”①。

综合上述，东、中、西三路建筑群，坐落地面“南北长280米，东西宽260米”，根据上边提供的数字，总占地面积是72800平方米。实际建筑面积为 “六万多平方米”②。在此地面上，各类建筑多达“100余幢，400余间”。这就是盛京皇宫的所谓“积累式宫殿群”③。

二、满洲独特建筑文化

盛京皇宫满洲独特建筑文化，多年以来，有关专家学者已有较深入地研究，取得很大成就。本文想从宏观、理论角度，按照独特文化内涵，进行必要地梳理。众所周知，满洲独特文化的核心文化内涵，即是以打牲、渔猎和采集生产方式下，所产生的所有文化现象之总和，我叫它为“固有文化”，这种固有文化与周边其他民族文化相互长期双向认同，形成自己文化的多元性，共同构成为“满洲独特文化”。依据这个理论，我将从它的“固有建筑文化”谈起。盛京皇宫建筑文化中固有文化，可以分作固有建筑文化的历史积淀和早期满洲固有文化两部分。以下具体分析。

（一）辽金时期独特建筑文化历史积淀

众所周知，自从1982年春，在北京第一历史档案馆发现一幅符号为“舆字225号”满文《盛京城阙图》开始，人们对盛京皇宫的历史位置认识和理解更加清晰和准确。明确标出盛京皇宫位于沈阳市旧城区中心，南临沈阳路，西临正阳街，东临红墙里居民住宅区，北侧直达中街④。这为研究皇宫建筑文化，提供较大的宏观视野。从盛京皇宫物化的建筑文化看，就固有文化说，他分两部分，一是清朝以前历朝积淀的少数民族独特建筑文化，二是清朝满洲民族本身延续下来的固有文化，即早期满洲固有文化。现在我们就从这里入手。

---

①《沈阳故宫学术讲坛》第1集，第129页；《满族文化》，第35页。

②《沈阳故宫木作营造技术》，第2页。《满族文化》，第35页。

③《沈阳故宫木作营造技术》，第2、1页；《沈阳故宫博物院院刊》，第131页，总字第14辑，2014年。

④《清前历史与盛京文化》，第767页，辽宁民族出版社2015年版；《沈阳故宫木作营造技术》，第1页。

1. 辽金独特建筑造型

众所周知，辽、金两朝的契丹和女真族，都是中国北方少数民族。两族与中原王朝之间，在数百年间，特别是中华民族第三次大迁徙过程中，契丹族是积极参与者。中原唐、宋两朝所积淀的传统建筑文化，被两族吸纳，构成他们自己的独特建筑文化组成部分。综观盛京皇宫建筑文化元素中的辽、金文化元素遗存，不能不引起我们在更深层次去思索。不久前，我阅读建筑学家朴玉顺教授的《沈阳故宫木作营造技术》新作。该书引用唐代诗人温庭筠的《渤海王子归国》诗作："疆界虽重海，诗本书一家。盛勋归故国，佳句在中华。"[①]诗里生动地表达出唐、渤海"一家亲"的历史事实。它告诉我们一个真理，无论在中华各个民族之间还是在他们的建筑中，中华民族自古就是"你中有我，我中有你"的一体格局。因此，下面将就清代盛京皇宫满洲建筑文化中你我共存问题，进行2组12大建筑元素的探索：

（1）圆形塔、八角塔造型。从辽朝建筑文化造型看，特别是辽代墓葬，多"采用圆形和八角形"，契丹人乃至他们的后裔，曾居住在黑龙江以北时期的达斡尔族，普遍居住于"穹庐"之中。这些建筑造型，在学人讨论清代八旗制度时，常常被指为是契丹文化的影响。但从建筑学角度说，这种建筑也是早年"模仿汉族建筑"元素中的所谓"唐代风格"。据有关专家研究，塔原本是佛教建筑物。"起源于中印度"，原名称作"stupa"。东汉末年，随同佛教传入中国后，中国古代建筑工匠，在原有高层建筑基础上，"吸收印度墓塔宗教内涵，创造出具有中国自己风格的宗教建筑物——塔"。其平面以"方形、八角形最多"[②]，唐代逐渐沿袭。因为早在契丹时期，辽朝统治者，就重视"使用汉族工匠"，构建自己的宫阙。清早期的大政殿，采用八角形塔式建筑。据研究这种建筑形式，在辽、金时期亦"比较流行"，至今尚有"山西应县的佛宫寺释迦塔，塔的平面形状与大政殿非常相似"。

（2）造型柔和的特点。从大政殿的某些"装修细致与纤巧，造型柔和"特色看，有关专家认为是金朝，亦曾使用多数汉人工匠，而形成"金宋参杂"[③]的独特建筑文化的遗存所致。

---

①《沈阳故宫木作营造技术》，第188页。
②《中国古代建筑术语辞典》，第412页，文物出版社2007年版。
③《沈阳故宫木作营造技术》，第115、62页。

2. 辽金独特建筑技法

在盛京皇宫满洲独特建筑文化的固有文化中，并不是简单地接受和继承辽、金时期契丹和金代女真独特建筑文化，而是在继承先辈文化基础上，都发挥着他们自己的独创性。请看下边四组技法。

（1）减柱造、移柱造和柱网布局。在清代的崇政殿、清宁宫和大清门三座建筑中，在建筑技法方面，都浸含或吸收我国古代自唐、宋以降，并沿袭至辽、金的“减柱造”和“移柱造”技法。有的建筑专家说：自辽代开始“减柱造”“移柱造”法，在金代更加盛行。清代继承辽、金建筑遗存。例如，盛京崇政殿内的“六根内金柱（前2后4）”[①]，设计者曾“吸收唐、宋乃至辽代‘减柱造’遗风”，并“开创后金时期‘硬山式’建筑，并运用‘减柱造’之先河”。这种“减柱造”甚至“长跨两三间复梁”，例如五台山佛光寺的文殊殿就是实例。清代盛京皇宫的清宁宫亦是“典型实例”，而大政殿的斗拱同样具有“辽金建筑的明显特点”。同时，以减柱造和移柱造等技法为特点形成的“独特柱网”布局，在清代大清门等建筑中，施行“单纯的减柱造”。特别应当指出的是，如上实行的减柱造和移柱造的“柱网布局突破严格对称格局”等特征，亦明显具有辽、金时期的建筑特点[②]。

（2）明间、次间、梢间建筑规律。近年以来，诸多建筑专家在深入研究盛京皇宫建筑时，发现“部分建筑大体遵循明间最大，次间次之，梢间最小，依次递减的规律”。所谓“明间”是指我国“古代建筑开间术语”。其中“明间”亦称“当心间”，特指建筑物正中四根檐柱之内的空间，其两侧称次间。按照建筑习俗明间一般比其他各间略大。“梢间”是指位于明间、次间外侧的两间，其面阔尺寸比次间略小些[③]。以上的“明间”“次间”和“梢间”的递减方式，同样“明显具有辽、金时期特点”。另外在“建筑的面阔和进深选择上”，更是传承“部分金代做法”[④]。

（3）柱头铺作、补间铺作与折角建筑。经过建筑专家研究，盛京皇宫建筑

---

① 金柱，清式建筑大木作柱类之一。指建筑物檐柱以内的柱子，用以承载檐头以上屋面的荷载。金柱在小式建筑中又作“老檐柱”，同时以位置不同又有外围金柱和里内金柱之分。参见《中国古代建筑术语辞典》第412页。

②《纪念盛京定名380周年学术文集》，第324页；《沈阳故宫木作营造技术》，第115、189、190页。

③《中国古代建筑术语辞典》，第245、171、365页。

④《沈阳故宫木作营造技术》，第116页。

所具有的宋、辽、金时期的建筑风格中，有些柱头铺作、补间铺作的技法，对比明、清时期相关建筑之间的差异，认为仍具有“宋、辽、金时期某些特点”。同时，在盛京皇宫凤凰楼建筑的研究中发现特有的折角技法，即“屋面折线倾角”，由檐向内第1个折角采用24°角，很有自己的特色。经过专家分析，这个部位此角度的数值多出现在宋式殿阁楼台建筑中。显然，与承袭辽、金时期建筑技法大有关系①。

（4）挑出屋檐斗拱、斗底直线技法。众所周知，斗拱是中国古代建筑所特有的形制，安装在建筑物的檐下或梁架间，由一些斗形构件和一些拱形构建及枋木组成。在中国建筑木构架中占有重要地位。它的功能和作用是可以将建筑柱子与屋架之间的承接过渡部分，所应承受上部梁架、屋面的荷载，传递到柱子上，再由柱子传到柱础。它具有承上启下、传递荷载的功能。当斗拱用于屋檐下时，可以使出檐更加远出，用以保护柱础、台明、墙身等免受雨水侵蚀，增强建筑物抗震性能。并具装饰性，而且是一种“等级标志”。清朝传承古代这种建筑形制，成为“清式大木作构造名称”。盛京皇宫大政殿的斗拱之所以出现辽、金时期建筑斗拱特点，主要以它围护墙体的材料为木材，不同于明、清建筑所采用砖墙结构。增强木材墙体本身抵抗雨水侵蚀能力，必须用大尺度挑出屋檐斗拱来加以保护，即通过增加斗拱挑出长度为有效解决方法②。至于斗底使用技法，据记载：“斗底是斗或升的下部分，其形状向下斜杀，尺寸为斗高的十分之四。”同时，斗底有直线和凹线之分。据研究斗底部分在明代以前有内凹曲线，清代则成直线。盛京皇宫两种性质皆有，而故宫碑亭“斗底为直线”，内中大政殿斗底却“是内凹曲线”。从总体上看，盛京皇宫建筑的“斗底部分的比例属于不规范做法”，但比较明显的是“大政殿木作具有从宋辽金时期向清代过度的特点”③。从上述的事实中，不难看出，盛京皇宫建筑文化中的满洲固有文化，浸透着相当厚度的辽、金时期独特文化元素。

---

①《沈阳故宫木作营造技术》，第35、57页。文中所引“铺作”一词，是宋式建筑大木作术语。特指由斗、拱、昂、枋等构件组合而成的结构单元，凡置于柱头、柱额上，用以荷重或悬挑屋檐重荷。置于柱头上者称“柱头铺作”。施于两柱间额枋上的铺作为“补间铺作”。详见《中国古代建筑术语辞典》，第423、218页。

②《中国古代建筑术语辞典》，第79页；《沈阳故宫木作营造技术》，第190页。

③《中国古代建筑术语辞典》，第79页；《沈阳故宫木作营造技术》，第120页。

（二）满洲独特建筑文化中的固有文化

我曾经多次强调满洲独特文化的基本内涵。从建筑文化角度说，满洲独特建筑文化，用一句话概括，即指盛京皇宫整体建筑所显现出的各种文化现象的综合。具体说，包括满洲独特文化中本民族的固有建筑文化元素，中原传统建筑文化元素和藏传佛教独特建筑文化元素。本专题将从满洲固有建筑文化模式、建筑技法入手，研究它在盛京皇宫建筑文化中的生动表现。

1. 宫高殿低模式

众所周知，盛京皇宫早期建筑，最能具体生动地表现满洲固有建筑文化特点。其中多为从天命九年至十年（1624—1625）至崇德二年（1637），太祖、太宗时期的建筑。即指皇宫东路建筑和中路的东朝房、西朝房，东奏乐亭、西奏乐亭、牌楼、大清门、崇政殿、左翊门、右翊门、凤凰楼、清宁宫、关雎宫、麟趾宫、衍庆宫、永福宫、东配宫、西配宫等建筑群。这个时期的建筑，从建筑专家的眼光看，在当时东北地区的建筑领域，其“建筑内外柱都不等高，不等径”等特点，已表现出建筑的“先进”性。作为满洲固有文化，其突出特点是它反映出满洲民族“粗犷、豪爽性格”，在装饰上追求“简洁、朴实”风格[①]。而这些便是满洲民族在发展特定阶段民族本质在建筑上的透视，其中建筑布局的突出特征，是宫高殿低。

我们从太祖和太宗宫殿大布局分析。天命年间建造的“太祖居住之宫”，位于沈阳中卫城北门（镇边门）里，坐北朝南，是一座长方形两进院落。其中，第二进院落建在一座由人工夯筑的高台上。可见，汗宫完全是一座“硬山式高台建筑”[②]。而同一时期修建的今沈阳故宫东路的大政殿却是平地砌筑。中路太宗时期建造的崇政殿后的“内廷”寝宫区，即五宫与配宫，亦属于“高台院落”。而崇政殿与大政殿一样，是平地砌筑。这种宫与殿的处置，与北京故宫决然不同。这一点既反映出“满洲”民族建筑“特色”[③]，亦反映出满洲社会发展的时代特点。换句话说，满洲刚刚进入王权发展阶段，封建皇权发展尚不充分，社会等级制度、道德礼仪都处于初创时期，或者说它既是文明发展

---

①《沈阳故宫木作营造技术》，第2、121、146页。

②《沈阳故宫学术讲坛》第1集，第126页；《盛京皇宫》，第29页。

③《满族文化》，第38页，1994年版。《沈阳故宫学术讲坛》第1集，第145页；《纪念盛京定名380周年学术文集》，第296页，沈阳出版社2014年版。

的产物，又是文明发展不充分的产物。所以，有人说北京宫殿“宫低殿高是大一统文化和皇权至上表现”[①]。而盛京皇宫却不可等量齐观。只从五宫同院，绝无禁隔，亦可见其封建制发展层次之低下。所以，“宫高殿低”建筑，既表现民族特色，亦具社会时代痕迹。换句话说，它是家长制下王权统治的产物，是家族为贵，内亲自尊习俗的表现。

台高尺码分析。满洲贵族推行的高台建筑历史渊源，最早可能起于15世纪末年，当时斡朵里部落已经在学习朝鲜和中原传统文化基础上，起建土城或石城，但房屋多是“草盖”的“茅屋”，酋长是否有高台建筑，史无明鉴。只有天命四年（明万历四十七年，1619年）八月二十二日，太祖进攻叶赫东城时，大酋长金台什（锦泰希）贝勒，在危急关头“携其妻及幼子，登所居之高台”[②]。他的高台有多高，无人知晓。近年以来，根据专家们调查研究，赫图阿拉城太祖之家，“筑壁为台，高可十余尺，上设二层楼阁”，尽管有高“十余尺”的约略之语，但仍不准确。盛京皇宫的太宗寝宫，据有的专家按《盛京城阙图》与实物考察、研究，认定为“内廷高台三米八十，约合市制一丈二尺左右”。按照这个尺码，就不难想象，当初金台什大酋长的高台，至少高达4米左右，所以能够坚守自固一时。太宗时期，不仅汗宫是高台建筑，而且各位王府同样是高台建筑。史载，崇德八年（1643）七月，清廷“定和硕亲王以下、辅国公以上、府第制”[③]。定制高度如何，没有记载。据考察“亲王府台高一丈，郡王府台高八尺，贝勒府台高六尺，贝子以下平地改造”[④]。当然，这个尺度是否准确，该当别论，但王府有高台建筑确实不虚。因为顺治元年（1644）十月，清廷曾颁布命令，“辅政王及诸亲王、郡王房基照旧”。顺治四年（1647）有和硕郑亲王“殿台基逾制”[⑤]，受到惩罚等事实证明，王府的确都建在人工垒砌的高台之上，进驻北京，仍承旧制。从皇太极大内宫阙尺码更能生动地反映这种制度的真实情况。例如，建在“东西长69.66米、南北宽67.88米的高台”，形成4728.5208平方米，高3.8米的院落。其中高度之差是

① 《沈阳故宫学术讲坛》第1集，第141页。
② 《满文老档·太祖》第12册，第110页。中华书局1990年版。
③ 《清太宗实录》卷65，崇德八年七月戊戌条。
④ 《满族文化》，第38页。《纪念盛京定名380周年学术文集》，第279页。
⑤ 《清世祖实录》卷10，顺治元年十月甲申条；卷30，顺治四年正月庚午条。

"清宁宫16.33米";"崇政殿11.85米";"大清门9.6米"[①],从北至南对比,可见是典型的"宫高殿低"建筑。

2. 固有独特建筑顶式

盛京皇宫建筑,尽管没有北京故宫建筑那样辉煌。但当你走近详细观察时,它却具有别样风格,显示出特有的光辉和灿烂。其独特的屋顶建筑模式,充分表现出特有的魅力,令北京故宫建筑顶式亦无法与之相比。毫不夸张地说,即使是具有专业知识的人才,走进建筑群亦不免会感到眼花缭乱。为研究的问题更加清晰,我们从盛京皇宫屋顶建筑研究说起。

盛京皇宫屋顶有建筑类型多少种,各占何种地位,哪种建筑形式更具代表性,是研究盛京皇宫建筑文化者必须回答的问题。从最近数十年来,各位专家、学者发表的论文看,有的说盛京皇宫屋顶,基本建筑形式是"歇山、悬山、硬山、攒尖4种";而中国古代建筑形式是"庑殿、歇山、悬山、硬山、攒尖五种基本形式"。就是说,除没有"庑殿式"建筑外,我国传统建筑的4种基本建筑形式,在盛京皇宫中全部登场。当然,有的将卷棚式、盔顶式加进去,认为盛京皇宫共有六种屋顶建筑形式[②]。其中最突出的两种,我们将它归入满洲固有文化建筑顶式。

盛京皇宫屋顶建筑模式,以哪种为主,占有多少成分,主要特点是什么,亦很值得关注。我们从盛京皇宫建筑群中硬山顶和攒山顶建筑物所占比例、等次和特点等问题进行讨论。

(1)硬山顶建筑。其一,硬山式屋顶所占比例。在盛京皇宫中,硬山建筑大体有正脊硬山和卷棚硬山两种形式。它占盛京皇宫全部建筑中的55%,涵盖37座建筑物。具体说,有东路"太祖居住之宫"、銮驾库为硬山顶建筑;中路除凤凰楼外,全部为硬山顶建筑,诸如大清门、崇政殿、台上五宫、飞龙阁、翔凤阁、日华楼、霞绮楼、师善斋、协中斋、东西七间楼等;西路除碑亭和戏楼外,均为硬山顶建筑;东西所、介祉宫和保极宫以及附属用房均为硬山顶建筑,等等[③]。由此可见,硬山顶建筑形式是盛京皇宫建筑的主流、主体建筑。

其二,硬山式建筑等级。从建筑专业者视觉看,盛京皇宫屋顶建筑硬山

---

①《沈阳故宫学术讲坛》第1集,第141页。

②《沈阳故宫木作营造技术》,第187、17页;《纪念盛京定名380周年学术文集》,第307页。

③《沈阳故宫木作营造技术》,第17页;《盛京皇宫》,第29页。

式，不在中国传统建筑屋顶等级中较高级的“重檐庑殿、重檐歇山、单檐庑殿”3种形式之列。同时，按照中国古代宫殿建筑等级说，崇政殿在建筑造型和装饰方面，亦处于较低级水平。比如，正常帝王宫殿，多用“重檐庑殿顶或歇山顶，九开间或十一开间”。而崇政殿“只有五开间硬山顶前后廊式”；从皇宫大门看，亦有同样的问题，正常皇宫大门上的门钉装饰，多是“横九、纵九计为81颗，而盛京皇宫大清门上排列为横8、纵4计只有32颗”钉[①]，装饰规格均处于低级等次。

其三，硬山式建筑特点。从建筑架构上看，硬山顶建筑，多用于一层房屋和二层楼房，与歇山顶、悬山顶相比等级都低。但它在盛京皇宫建筑群中，占有如此大的比例，有人会问这种形式是不是属于满洲固有建筑形式。有的专家告诉我肯定“是满洲建筑形式”。查对《中国古建筑术语辞典》，只写到硬山是“古代建筑屋顶形式之一”，没有谈到它的民族属性。我想恐怕《辞典》作者的概括语中之“古代”已经含有满洲及其先辈的固有建筑文化元素。当然，这个问题下文还要说到。硬山顶建筑的根本特点是“屋顶呈前后两面坡”，其“两山以墙封砌至屋顶，不露檩头”。它与悬山顶建筑的主要区别是，“两山没有出梢部分”。如崇政殿、大清门都是“面宽五间，进深九檩，前后檐出廊的硬山式”。盛京皇宫硬山式屋顶建筑，尽管引自我国古代建筑样式，但具体装饰风格则显得十分简洁、朴素，有很强的实用性[②]。这大半与满洲民族民间现实生活有关。这就是定它为满洲固有建筑文化模式的主要理由。

（2）攒尖顶建筑。攒尖顶亭，是中国古代园林中亭子造型种类最多、最普遍的一种建筑形式。它的基本构架是由各戗脊的木构架柱向中心上方逐渐收缩，聚集于屋顶雷公柱组成。其木脊椽上覆盖琉璃瓦，雷公柱上架盖宝瓶，或称“宝顶”。宝顶多为琉璃或陶瓷构件。束腰呈圆形，四周雕有龙凤、牡丹等图案。这是常见的建筑形式。大体上有三角、四角、五角、八角和圆形五种，有单檐、重檐、多重檐之分。详细分析，三角或四角攒尖顶亭的造型简单，外形轻巧，三根支柱，三个挑檐，多为民间小型碑亭、桥亭等；五角攒尖顶亭的台基、栏杆、枋、椽、屋檐的轮廓等细部构件，多采用梅花形；八角攒尖顶亭

---

①《满族文化》，第36页。《沈阳故宫木作营造技术》，第181页；《庆祝王锺翰先生八十寿辰学术论文集》，第638页，辽宁大学出版社1993年版。

②《沈阳故宫博物院文集》，第64页，1985年版；《沈阳故宫木作营造技术》，第148页；《中国古建筑术语辞典》，第415页。

南方多单檐攒尖顶亭，北方皇家园林多采用重檐攒尖形；圆形攒尖顶亭在中国园林中常见，特点是轻巧平稳持重，外形匀称美观[①]。盛京皇宫中攒尖建筑有人说共6座，即八角攒尖的大政殿，4座奏乐亭（东、中路各2座）和中路四角攒尖井亭1座，加上中路碑亭，实际共有7座。在盛京皇宫屋顶类型排队中，攒尖顶位居第三位[②]。以下从建筑样式、特点、文化内涵和等级评估等四个方面，简略地加以分析。

其一，建筑基本样式。在最近六七年的相关研究成果中，专家、学者普遍认为，大政殿（amba dasan i yamun）"在形制和装饰上都自成特色"，它没有采用中原历代王朝同类宫殿多开间庑殿顶的式样，而是建成"八角重檐尖顶的亭式殿"。这种攒尖顶亭式建筑，学界普遍指名为"帐屋样式"。诸如"造型仿游牧民族的帐屋样式""创造出帐屋形态""造型酷似帐屋""类似帐屋样式"或"帐殿形式"[③]，几乎一口同辞。但也有人不赞同这种意见，在学术讨论会上，有的专家，以山西应县的佛宫寺释迦塔为例，对照大政殿，从须弥座谈起，直至顶端，逐一指出大政殿是仿照佛宫寺释迦塔建造的佛式建筑。当然，是非尚需进一步研究，只是目前"帐屋"观点占据主流地位。众所周知，大政殿是木质构架，琉璃瓦顶殿体，坐落在2米多高的勾栏须弥座台基上，全高20余米。24根外檐柱，八根檐柱顶立，室内八角殿顶对应八方形空间，确实是一座灿烂辉煌的独特建筑，很值得深入研究。

其二，建筑特点及含义。关于大政殿和十王亭建筑特点及含义，学界普遍认为"殿制八隅，左右列署十"，是"诸王大臣议政之所"，代表"君臣合署"，体现政治上"八和硕贝勒共治国政体制"。大政殿前箭亭左右各五，"居首者为宗室贝勒议政所"，八亭为"八旗大臣议政之处"[④]。内中"殿柱数量是8或8的倍数，象征八旗劲旅"。认为这种"非圆非方的八角式"是当初根据需要所建，象征"八角八边寓八旗"之意，汗王大殿由八旗相连组成，八角同归宝鼎，八柱共撑一殿的攒尖式结构，是借建筑表达汗王对八旗的依赖，体现八

---

① 《中国古建筑术语辞典》，第497页；《沈阳故宫木作营造技术》，第17页。

② 《沈阳故宫木作营造技术》，第17、103页。

③ 《满族文化》，第35页。《沈阳故宫学术讲坛》第1集，第138页；《沈阳故宫木作营造技术》，第193页；《满一通古斯语言与历史研究》，第447页，民族出版社2006年版。

④ 金梁著：《奉天古迹考》，第1页上，奉天作新印刷局排印本；《纪念盛京定名380周年学术文集》，第304页；《沈阳县志》卷15，第29页下，奉天作新印刷局民国六年印本。

旗拥戴汗王，“八方归一”的统属关系，将建筑形式与国家政治巧妙融合[①]。八旗殿亭布局是，在大政殿的东西两侧，依序排列着十座亭子，其中最靠近大政殿向前略为突出的两座亭子，为左右翼王亭。其余八亭则按八旗旗序，呈燕翅状排开。其东侧为左翼王和镶黄、正白、镶白、正蓝四旗王亭。西为右翼王和正黄、正红、镶红、镶蓝王亭，合计十亭，人称“十王亭”或“八旗亭”。有的专家将八旗殿亭布局形象地绘出：

大政殿（天聪六年前）

右翼王亭○（北）○左翼王亭

镶黄旗亭○　　　　○正黄旗亭

（西）镶红旗亭○　　　　○正红旗亭（东）

正蓝旗亭○　　　　○镶蓝旗亭

正白旗亭○　　（南）　　○镶白旗亭[②]

八旗殿亭是清代满洲贵族的骄傲，乾隆皇帝赋诗云：“一殿正中居，十亭左右分。同心筹上下，合志立功勋。辛苦相共勉，规模迥不群。世臣胥效落，宗子更搒勤。”嘉庆皇帝亦情不自禁地赋之云：“大殿据当阳，十亭两翼张。八旗皆世胄，一室汇宗潢。协力丕基建，同心伟绩扬。思艰怀祖烈，黾勉迪前光。”[③] 前文已经引证“攒尖顶亭是中国古代园林中亭子造型”之一。原本属于中华传统文化，或为藏传佛教文化的反映。但根据前文诸位专家的论证，它与硬山屋顶建筑一样，因为在满洲民族肇兴时期，成为民族性代表建筑，况且符合当时满洲现实生活，并且代表地区主导民族建筑文化特点。所以本文亦将这种建筑形式归为满洲固有文化范畴。

3. 固有建筑技术技巧

在满洲固有建筑技术技巧方面，从皇宫100余座物化建筑中，经过专家学者，特别是有关建筑专家的著述里，总结出十余项具有满洲文化特征的典型例子，现作以简略略地分析。

（1）硬山顶、万字炕、烟囱出墙。前文已经说过，硬山屋顶式样，是“中国古代建筑”，之所以将它归入满洲固有文化中，一方面它在满洲肇兴时期被吸收为主流、主导民族建筑文化中，占皇宫建筑的55%。同时，在以满洲为主

---

①《纪念盛京定名380周年学术文集》，第297页；《满族文化》，第35页。

②《盛京皇宫》，第43页；《北方文物》1998年第4期，第77页。

③《满族文化》，第36页。《盛京皇宫》，第345页。

的北方民族现实生活中，它是满洲族群“传统居民屋顶样式”，所有居民都建筑以硬山式为主的房屋，无论草房、瓦房“俱起脊，无平房”。凡是“椽上盖以苇芭或秫秸，上覆稗草，铺置平整，久经风雨，草作黑褐色，修洁朴素，名曰硬山房”。它是东北地区千百年来被各族人民普遍采用的建筑形式，符合“满洲人习惯”。这种硬山建筑，外观看“前后两坡，左右两侧山墙与屋面相交，并将檩木梁架全部封砌在山墙内”，连努尔哈齐的汗王宫也采用同样建筑形式[①]。从这里不难看出，将满洲官民硬山式建筑，归并为他们固有文化之中，合情合理。

关于室内建筑特征，除等级不同外，从建筑文化上说，基本一致。皇太极新汗宫大内，将后妃居住区建在高台之上，正寝清宁宫，宫门设在东次间，室内东梢间为帝后居室，西侧四间通敞，西四间的口袋房，亦称“斗室”，南北连三炕，与西炕连接成“万字炕”，或称“蔓枝炕”“匚”字炕。据丈量，清宁宫的“炕长一丈二尺二寸五分（17.5米），宽五尺四寸（11.9米）。北炕长一丈二尺二寸五分，宽五尺六寸”。西墙正中安设祭祀神位。清宁宫西山墙北侧建有“呼兰”式落地烟囱，最具特点。烟囱出处在屋后西北角，由地面垒起，略低于屋脊，与汉族房屋烟囱沿山墙出屋顶筑法迥异[②]。清宁宫前东南竖立索罗竿。这是满洲建筑形式的传统特点[③]。而民间建筑，朝鲜人曾于万历四十七年（1619），对赫图阿拉房舍描述说：“窝舍之制，覆以女瓦。柱皆插地，门必向南，四甓筑东西南面，皆辟大窗户。四壁之下皆设长炕，绝无遮隔，主仆男女混处其中。卒胡之家，盖草覆土，而制则一样。”[④]事实不难看出，硬山顶、万字炕、烟囱出墙等建筑特点，都是满洲固有文化表征。

（2）金镶玉、拉核墙。俗所谓“一方水土养一方人”，人类自古都无一例外地过着因地制宜的生活。用今天的话说，叫作“宜居之地”。南方人有南方“宜居”要求，北方人有北方的“宜居”需要。这里说的“金镶玉，拉核墙”，即使是今天的北方人恐怕多数也不清楚。“金镶玉”实际是指一种墙的砌法。

① 《兴京县志》卷8，第28页，1925年铅印本；《奉天通志》卷99，第2336页；《沈阳故宫木作营造技术》，第18、90、182页。

② 《沈阳故宫学术讲坛》第1集，第147～148页；《纪念盛京定名380周年学术文集》，第300～301页；《盛京皇宫》，第115页；《沈阳故宫博物院文集》，第63页。

③ 《纪念盛京定名380周年学术文集》，第297页；《盛京皇宫》，第113页。

④ 李民寏：《建州闻见录》，第42页，辽宁大学历史系1978年本。

这种砌法在明、清交替之际，东北少数民族酋长们，多用这种办法建筑自己的房舍。例如，清太祖的汗王宫就曾使用这种建筑技术。具体做法是，将“墙体四周砌砖”，空其墙心，再填入碎砖、杂石和土坯等杂物，以实之。这种技术既节省好砖，又可废物利用，一举两得。因北方人都朴实、节俭，金镶玉技术便长期延续下来。“拉核墙”，据考证“拉核”即满语 “草辫墙”。经有关专家研究，清宁宫等帝后寝宫，室内间壁墙下砖砌，“而梁柁以上部位都采用拉核墙”①。这种墙在新中国成立前的东北农村仍然延续着，俗名似乎叫“草筏子”、总之，金镶玉、拉核墙都是满洲固有建筑文化中的技术构件。

（3）檩揪构件、瓜楞檐柱。檩揪式构件组合方式，是满洲民族屋架组合主要特点，来自民间，为宫廷建筑所采用。它是“利用圆木易于加工特点，摒弃清代常规的“檩三件”做法，创造性地做出檩揪式屋架组合形式”。尽管从整体上，没有脱离中国传统建筑的总体构架，但能因地制宜，适应当地气候条件，以清早期屋架低缓，做出体现地域性和民族性的独特方法②。瓜楞柱，原本是宋式大木件名称，属于中华传统建筑技术，是指“柱子外表以八个连续的圆弧相合，形似花瓣”而得名。一般地说，有两种做法，一则将一根整体木料“砍、刨成瓜楞头柱子”。二则“拼贴或包镶成瓜楞头”③。盛京皇宫东路的十王亭，“柱网布局是典型四角亭加外墙，独特处是檐柱为瓜楞柱，角柱呈圆形”，据有关专家研究，认为这种做法，在中国古建筑中，亦是“绝无仅有”④。

（4）龙形抱头梁、雕龙并行龙。抱头梁，在有廊的建筑中，连结檐柱与老檐柱或金柱的短梁。龙形抱头梁是以龙形为装饰梁柱。一般在小式做法中，梁头底部海眼与檐柱顶馒头榫相合，梁头压柱头，按所承负的步梁划分，也可称为单步梁或双步梁。我国古代宋、元、明以后的抱头梁，装饰与结构多采取分离做法，而盛京皇宫大清门的龙形抱头梁在建筑艺术上经过特殊加工，没有受传统建筑影响，表现更“真实、成熟”，可谓独到的创造⑤。

---

①《清前历史与盛京文化》，第770页；《纪念盛京定名380周年学术文集》，第285页。

②《沈阳故宫木作营造技术》，第93、57页。

③《中国古建筑术语辞典》，第118页。

④《纪念盛京定名380周年学术文集》，第297页。

⑤“檐柱”属于竖向传荷构件，是立柱的一种。特指承托房屋檐部重荷的柱子；“老檐柱”指外圈檐柱，即“廊柱”以里柱子；“金柱”指檐柱以内的柱子，其小式建筑中亦称“老檐柱”。《中国古建筑术语辞典》，第118、75、490、249页。

盛京建筑中的雕龙、行龙，雕工细腻生动，兼有粗犷、平和，带有浓烈的艺术风格，是盛京建筑艺术装修的“突出特点”。诸如大政殿内藻井中有浑金雕龙；崇政殿屋脊上有琉璃做的行龙；殿内堂壁柱上木雕金龙盘朱柱；崇政殿和大清门廊内连接檐柱与金柱的挑金梁做成一条完整和生动的行龙，龙头和龙爪伸出檐柱之外，龙身插入金柱之内，或将龙尾伸入室内者。这些“全身着色，形象鲜活”并“带几分原始”的建筑风格①，都构成盛京皇宫建筑装饰特色。

（5）黄绿琉璃瓦、建筑不对称、“八”字形对称式。盛京皇宫大政殿、崇政殿、大清门、凤凰楼等主要建筑，殿顶皆用黄色琉璃瓦。这个时期，满洲贵族领袖正处于王权向皇权发展时期。黄色当是仿照皇权，在建筑装饰方面的反映。然而，凡是周围的建筑“皆为绿色琉璃瓦顶”，或“绿色琉璃瓦饰剪边”“加镶绿琉璃瓦边”“黄琉璃加镶绿釉瓦边”②。这里的绿色，具有的专家分析，是自辽、金、元朝以来，北方少数民族宫殿殿顶喜用多种颜色，与他们长期身处山林、草原有关，象征森林、草原的绿色，尤为喜爱。清朝满洲贵族宫殿，因是有此特点③。如果这种分析真实，绿色当属于满洲固有文化组成部分。

中华传统建筑，一般以对称为建筑特点和风格。而盛京皇宫满洲固有建筑文化中，不对称却成为突出特点。诸如，“太祖居住之宫”是一座长方形两进院落组成的建筑，南向，正南为山门，入门为第一进院落，即“东西无对称建筑”；“太祖居住之宫”的南北向中轴线与东南侧大政殿和十王亭，“形成两条中轴线”。其中尽管“宫室轴线与沈阳城的中轴线合一”，而大政殿与十王亭的轴线则与沈阳城轴线平行，位居东侧，无对称可言④；飞龙阁位置原有坐东朝西三间平房，为天聪时期文馆，对面是七间硬山式二层厢房，西向，建筑形制不同，也不对称。乾隆时期飞龙阁和翔凤阁被改建为对称排列。

特别值得指出的是，满洲建筑即使是对称建筑，采取的线条亦不同。以大政殿为中心的十王亭，呈现“‘八’字形对称”；以清宁宫为中心的“关雎、

① “行龙”亦称“走龙”，在古建筑绘画中，多用于皇家宫廷、园林、皇帝活动场所或敕建寺庙等级较高的建筑物上。它区别于升、降、坐龙，而绘制成行走态势。《沈阳故宫木作营造技术》，第158页；《中国古建筑术语辞典》，第163页。

② 《盛京皇宫》，第29页。《纪念盛京定名380周年学术文集》，第297页；《沈阳故宫博物院文集》，第64页。

③ 《盛京皇宫》，第111页。

④ 《盛京皇宫》，第29页；《沈阳故宫学术讲坛》第1集，第133页。

麟趾近于中轴，而永福、衍庆宫相对外展”，同样形成‘八’字态势[①]。如此不对称建筑，在满洲贵族看来，习以为常。可见，这也属于民族固有文化。

（6）三宝珠吉祥草与“箍头卷草”彩画。盛京皇宫独特建筑文化中，彩画的独特性更显得突出。诸如，凤凰楼内檐的“三宝珠吉祥草”彩画是清前期建筑装饰艺术精品，亦是清早期在装饰艺术方面，对中华传统文化的“重大贡献”[②]。所谓“三宝珠”，是古建筑彩画做法名称，亦称“火焰三宝珠”，是将三个宝珠呈“品”字形排列，外围加火焰，以为垫拱板（灶火门）彩画图样。“宝珠分青、绿两色退晕，火焰有沥粉贴金与黄火焰两种做法”。吉祥草是古建筑彩画术语，对一定格式草花纹的统称。常常额垫板等处之彩绘图样及须弥座束腰之雕刻图样。图样为翻转开合的卷草纹。这种“卷草纹”绘于“三个圆轮”中，故称“法轮”或“法轮草”“雄雌草”“公母草”[③]，概称“吉祥草”。它与“三宝珠”组合彩绘，俗称“三宝珠吉祥草”。

此外，东路旗亭内外檐，装饰的独特“箍头卷草”彩画，亦是清前期不可多得的建筑装饰艺术精品之一，同样对中华建筑装饰艺术，具有“重大贡献”。所谓“箍头彩画”，是一种彩画名称，多在檩、垫、枋构件两端和柱头彩画两端部位，由两条大线相夹，构成垂直向、横向的条状带子。谓之“箍头”，亦称“正箍头”或“主箍头”，靠其外的附属部分成为“副箍头”，副箍头外饰黑色叫“老箍头”。诸等位次的箍头文饰、色彩的总称叫作“箍头彩画”。其中，箍头中心部位饰花纹，或不饰花纹[④]。如果装饰卷草纹，即是“箍头卷草”彩画。

（三）满洲独特建筑文化中的传统文化

众所周知，在满洲独特建筑文化中，除固有建筑文化外，独特建筑文化多元性内含中原传统文化元素，占有重要地位。近些年来，研究盛京皇宫建筑文化的专家、学者，特别是专业建筑家，都惊奇地发现，盛京皇宫清早中期主要建筑，基本上同中原做法“如出一辙”。而在大小木作建筑中，吸收和传承中

---

①《纪念盛京定名380周年学术文集》，第304、306页。
②《纪念盛京定名380周年学术文集》，第330页。
③《中国古建筑术语辞典》，第18、136页。
④《纪念盛京定名380周年学术文集》，第330页；《中国古建筑术语辞典》，第461页。

原先进营造技术，在其诸多营造特点中最为鲜明①。回顾历史，这种现象并不奇怪。自从建州卫大酋长李满住，于明正统三年（1438）进驻苏子河流域，建州三卫女真逐渐通过朝贡、贸易和人员交往，中原传统文化便逐渐影响和深入女真各部文化生活之中。在建筑领域亦毫不例外。当时，即弘治四年（1491）各个部落间，凡是与汉族人接触疏远者，即“室庐陋陋”；密切者文化就飞速发展。譬如，当时的兀狄哈部落，有“四百余户”聚居，遭到朝鲜军队焚毁。因为这里有被掠的开原卫人，与兀狄哈人长期“男婚女嫁，累代而居”，吸纳中原传统建筑文化，“一梁之室，其制与唐人居室相似”，屋内“室大净洁”，但室外仍维持兀狄哈固有文化，“皆茅屋也”。但百年之后，即明万历十五年（1587）至三十一年（1603）前后，努尔哈齐兴建呼兰哈达城、赫图阿拉城时，情况大为改观。城堡、房屋建筑皆用砖瓦。时至今日，许多研究者尚不确知原因何在。其实，努尔哈齐作为明朝地方政权的地方官，利用同明朝政府的君臣关系，曾经要求中央政府，派遣工匠帮助建城。而明朝政府，根据地方申请，曾一次派给“画员二名，瓦匠三名”，即所谓“天朝命送之人云”。所以，赫图阿拉地区的砖瓦建筑，都是明朝工匠帮助地方“始役燔瓦”②所致。此后的东京城、盛京城都有明朝工匠施展建筑技巧。譬如，从《侯氏宗谱》所反映的海州（今海城）黄瓦窑侯振举一家及其所属工匠事例，即很清楚。侯振举的始祖时虎，曾任明朝辽东东宁卫“都指挥使，授骠骑将军”，曾孙侯振举归服努尔哈齐的后金政权，于天命七年（1622），以千总之职，督建辽阳东京城，那里的“八角金殿”“龙凤楼阁以及三陵”等诸多建筑的“琉璃龙砖彩瓦”都是他督率“壮丁六百余名”③所创造的杰作。三年之后，始建沈阳宫殿建筑，最初仍是他居首功。此后，建筑崇政殿，有汉族人刘光先“董其事”，于崇德三年（1638）八月，由半个牛录章京，受到嘉奖晋升为牛录章京。崇德五年（1640），“修笃宫殿（今崇政殿）兴工”，汉人金玉和等“董其事”④。从上述事实中不难看出，汉族从民间建筑文化传承，或官派技工匠役等，直接参与满洲独特建筑文化工程，促使中原传统建筑文化元素，成为构成满洲独特建筑文

①《沈阳故宫木作营造技术》，第57、187页。

②《朝鲜李朝实录·成宗》卷259，第264页；卷69，第405页；东京学习院东洋文化研究所影印本。

③《沈阳故宫木作营造技术》，第14、15页。

④《清太宗实录》卷43，崇德三年八月己未条；卷51，崇德五年四月辛酉条。

化的重要组成部分。至于具体建筑技术、技巧问题，下文将略加分析。

1. 传统建筑顶式

在盛京皇宫建筑群中，诸多早期建筑文化，与明朝晚期建筑技法，有直接继承关系。现略微举例说明。

屋顶建筑样式，前文已经讲过。硬山、歇山、攒尖、悬山、卷棚、盝顶式建筑，都属于我国古代传统建筑顶式。在有关建筑书籍中，很少在这个领域分析其民族属性和特点。然而，作为学术研究者，必须具体问题具体分析，并给出决断。因为硬山顶和攒山顶建筑在满洲建筑文化中所占比例和所赋予的民族文化内涵相当厚重和突出，所以笔者将其归为满洲固有文化之中。而其他建筑形式仍以传统文化元素地位，作为构成满洲独特建筑文化，多元性中传统成分存在。

（1）歇山顶建筑。歇山顶建筑是“中国古代屋顶建筑形式之一”。外观造型分上下两部分。上部类似于两坡形的悬山，下部类似于四坡形的庑殿。屋脊有正脊、垂脊、戗脊、博脊之分。因为歇山建筑面上，除博脊之外在各坡面处共有九条脊，故有“歇山建筑九条脊殿”之称。这种建筑形式以其“造型精美”，受到人们青睐。正因为如此，在盛京皇宫建筑中，歇山建筑多达16座，“约占现有建筑24%”，位居第二。如中路凤凰楼，西路戏台，东所的颐和殿、敬典阁，西所的迪光殿、崇谟阁，东路的十座王亭①，皆名列其中。而大政殿和十王亭具有典型性。这些作为传统文化元素，在盛京皇宫满洲独特建筑文化中，占有重要地位。

据研究，歇山建筑分作大屋脊歇山和卷棚歇山两种。大屋脊歇山屋面前后两坡交界处有正脊。在构架处理上，在脊檩上置扶脊木、脊桩等构件，以便安装筒子。大政殿外观是大屋脊歇山建筑形式，级别上高于卷棚歇山建筑形式。而卷棚歇山屋面前后两坡交界处不做正脊，而是以瓦垄连成一体，卷过屋面。十王亭建筑样式为单檐歇山建筑，周围出廊式，为卷棚式建筑。总之，大屋脊歇山建筑高于卷棚式，卷棚式梁架结构高于普通园林内亭子水平②。综观之，盛京皇宫建筑等级相对说较低。

（2）悬山顶建筑。悬山，亦称挑山，是中国古代建筑屋顶的形式之一。悬

---

①《中国古建筑术语辞典》，第442页；《沈阳故宫木作营造技术》，第17页。

②《沈阳故宫木作营造技术》，第17、100、97页；《沈阳故宫学术讲坛》第1集，第138页。

山式屋面为前后两坡，其桁檩挑出两侧山墙或山柱，形成两梢部分，故有悬山之称。悬山建筑特点是两山多为全部封砌，只露檩头或呈阶梯状，暴露木架的五花山墙及从台明砌至大檩上部，以像眼板封堵的形式，其挑出的檩头多以博风（缝）板，加以封护。在盛京皇宫建筑中，典型的悬山建筑是继思斋。当然，悬山建筑有时与其他屋顶形式搭配，即“悬山式苟连搭卷棚”，构成“硬山式卷棚”[①]等形式。即如西路的继思斋、转角房、扮戏房、嘉荫堂皆为“悬山卷棚”式。这些同样以传统文化元素，为满洲独特建筑文化组成元素之一。

（3）卷棚顶建筑。卷棚顶建筑形式，是“我国古代建筑屋顶的形式之一”。外观造型为“前后两坡，不做大脊，瓦垄直接卷过屋面”，屋面上的两条追脊随瓦垄亦卷过屋面，呈罗锅状，故“称罗锅脊”。分“过垄脊”和“鞍子脊”两种。盛京皇宫有卷棚建筑6座，“约占现有建筑的9%”。如西路嘉荫堂、继思斋、转角房、扮戏房等建筑，都是“悬山卷棚”[②]式。亦构成满洲独特建筑文化元素。

（4）盝顶式建筑。盝状屋顶形式，特点是在宝顶底座之下设四条朝天拱垂脊，酷似“帽盝”棱线，故称 “盝顶”。特别是它的四坡瓦面亦朝天拱起，“显得整体造型别致，清颖秀丽”。盛京皇宫建筑群中，有西路的碑亭1座[③]。以上的屋顶建筑式样，代表盛京皇宫满洲独特建筑文化中的普通传统文化元素。

2. 传统技法认同

在盛京满洲独特建筑文化中，中原传统建筑文化要素，普遍存在。这种建筑文化领域技法认同现象很值得关注。现仅举数例，略加分析。

（1）重檐建筑，抬梁搭接。盛京皇宫建筑所反映的文化元素，尽管有它的独特性，即多元文化组合而成。但从建筑专家眼里，中原传统文化元素，仍占有不可忽视的地位。譬如，重檐建筑仅有3座，即大政殿、崇谟阁和敬典阁。但它在皇宫的早期建筑中，对比明代晚期建筑，特别是“檐柱的比例关系几乎完全一致”[④]，很难摆脱传统建筑文化母胎。

在盛京硬山式建筑中的“构架组合方式”，直接沿袭和广泛采用中国传统

---

①《中国古建筑术语辞典》，第369页；《沈阳故宫木作营造技术》，第94页。
②《中国古建筑术语辞典》，第265页；《沈阳故宫木作营造技术》，第17页。
③《中国古建筑术语辞典》，第359页；《沈阳故宫木作营造技术》，第17页。
④《沈阳故宫木作营造技术》，第40页。

木建筑特点，如清宁宫的“抬梁式的构件搭接做法”和“组合规律”[①]，即是如此。

（2）中轴对称，三步举折。中轴对称是中原传统建筑文化特点。清初的建筑，多不讲究这一点。诸如，早期建筑的飞龙阁、翔凤阁及东西七间楼建筑都体现满洲初期特色——不注意对称与否。直到乾隆时期，这类建筑经过改建，才实现传统模样。有人说，这是“满洲贵族接受这种建筑思想”[②]，才达到建筑文化的认同，或称“一致性”。

举折之制，是指确定屋顶步架高度和屋面曲线的方法。这是中国传统建筑文化中较古老的传统[③]。多数“建筑自身檐步、金步、脊步的距离相等或近似相等”，这是规律。而屋面的举折在盛京皇宫建筑中，皆“承袭举折之制，外轮廓为一内凹曲线，具有中国传统大屋顶的典型特征”[④]。

3. 纲常思维趋向

中原传统建筑文化元素，在满洲独特建筑文化中占有重要地位。但在满洲民族兴起过程中，作为位居主导地位的民族，吸纳中原传统文化，与被统治的其他少数民族文化而形成独特文化有所区别。因为它在吸纳其他民族文化时，伴随皇权发展，吸纳过程必有政治倾斜。所以，满洲贵族在建筑文化领域，在吸纳一般建筑文化元素和吸纳皇权建筑文化元素时呈现两种态势。从下文六组建筑，看看对吸纳传统建筑文化的特点及其倾斜情况。

（1）黄琉璃瓦、雕饰龙纹。在中国数千年封建王朝发展中，在文化领域体现等级制度现象随处可见。而在建筑领域亦毫不例外。前文提到的“庑殿、歇山、悬山、硬山四种基本形式”，就是按等级排列。同时，还不仅如此，建筑装饰颜色，亦分等级。以太祖、大妃乌拉那（纳）拉氏所住的寝宫殿顶和崇政殿、大清门等建筑屋顶，使用黄琉璃瓦，即是“象征皇权至尊”的表现。此时，满洲贵族是处于从王权统治思想，向皇权统治思想过渡初期，本族固有装饰文化已有明显表现，在黄琉璃瓦“周围镶以绿剪边”。而进入乾隆四十年

---

①《纪念盛京定名380周年学术文集》，第315～316页；《沈阳故宫木作营造技术》，第187页。

②《沈阳故宫学术讲坛》第1集，第151页；《清前历史与盛京文化》，第773页；《清史论集》，第426页。

③《中国古建筑术语辞典》，第313页。

④《沈阳故宫木作营造技术》，第55、187页。

后，移建太庙时，满洲贵族在雍、乾两朝，提高太庙建筑等次，便将本族固有文化中的绿剪边省去，致太庙屋顶琉璃瓦呈现“一堂黄”①颜色。这里不仅体现满洲独特文化一般地吸纳中原传统文化元素，而且在建筑颜色方面，明显地突出向皇权等级制度倾斜的态势。

盛京皇宫满洲建筑文化，体现皇权统治思想特征的还不止于此，学者们皆洞知到努尔哈齐父子，建造自己皇宫时，“毫不例外地选择龙”作为区别于民间建筑的皇家建筑符号。众所周知，满洲民族作为东北少数民族，本族“主要崇拜的动物是鹰和熊，而不是龙”。龙是中原汉族所崇拜的图腾，在数千年皇权统治思想演进中，成为皇权象征和“建筑符号”②。而今天观察盛京皇宫建筑，具有传统文化符号的龙形象，却多种多样。诸如，“大政殿的双龙盘柱，内殿正中的木雕金漆降龙藻井，井中的浑金雕龙；正面两根外檐柱上各盘有探爪攫珠金漆升龙，周围装饰龙凤和汉字‘万福’‘万寿’‘万禄’‘万喜’图案等天花彩绘。崇政殿内外的檐柱上方，有龙形抱头梁，廊内连接檐柱与金柱的挑金梁做成一条完整和生动的行龙，龙头、龙爪伸出檐柱外，龙身在廊下、龙尾插入金柱内，屋脊上有琉璃做的行龙，殿内堂壁柱上有木雕金龙盘朱柱。这些花样翻新的龙形象，主要表明盛京皇宫建筑文化中的传统文化元素，占有不可替代的作用；同时，所绘制的龙，亦具清初满洲民族生动、鲜活、粗犷、朴实和“浓烈的艺术风格”③。可谓是创造性地吸纳中原传统文化元素。显然，活泼的龙与严肃庄重的龙，具有不同的文化内涵。活泼代表满洲固有文化（即打牲、渔猎文化）中“动”的素质。与传统农业文明，象征封建皇权庄严的龙，代表“静”的神态，自然迥异。

（2）前朝后寝、硬山斗拱。中原传统文化主要体现在盛京皇宫中路和西路建筑空间布局上。皇太极为显示后金政权正当性与合法性，建元称帝，注重中华传统文化，将皇帝的金銮宝殿和居住的寝宫紧密相连，形成“盛京大内宫阙”，其整体布局借鉴中原宫室“前朝后寝”（外朝内廷、南朝北寝）原则，主要宫殿都建于本区域南北中轴线上，由南至北依次为玻璃影壁，东西朝房及东

---

①《满—通古斯语言与历史研究》，第446～447页；《沈阳故宫博物院文集》，第62页，1985年版。

②《沈阳故宫木作营造技术》，第76页。

③《满族文化》，第36页。《沈阳故宫学术讲坛》第1集，第152页；《沈阳故宫木作营造技术》，第151、157、158页。

西朝楼、东西奏乐亭，文德坊、武功坊、大清门、崇政殿、凤凰楼、清宁宫。清宁宫前之东侧关睢宫、衍庆宫。西侧麟趾宫、永福宫。这就是于天聪六年（1632）陆续建成的南起大清门（午门），崇政殿所构成的“前朝”。台上是凤凰楼，清宁宫等后妃生活区所构成的“后寝”①。众所周知，清太祖时期的赫图阿拉、东京城的“宫和殿分开设置”。如盛京东路的内宫与大政殿相距达“530米”。而太宗时期，即将传统文化宫、殿平面布局特点，引进自己的建筑范畴，形成“南朝后寝”②或“前朝后寝”态势。

清朝早期建筑群，多为硬山式建筑。而硬山顶建筑本身大多不用斗拱。唯独太祖时期的大政殿用斗拱。因为斗拱是建筑物“顶级高低”的重要标志。大政殿的斗拱主要作用在于突出太祖在国家的“核心地位”。所以，大政殿为八角重檐建筑，周围廊式皆以大木结构，以“五踩斗拱”作为重要构件。它与殿内顶部“天花降龙藻井”，即“斗八藻井”③等做法，都是传统建筑文化在满洲独特建筑文化元素中，突出王权和皇权的真实特写。

（3）屋中之屋、隔心雕刻。研究盛京宫殿建筑文化，透过它洞悉其时政倾向，这似乎不是我们史学工作者的专长。但虚心向建筑专家请教，借助于他们的慧眼，我们眼前必是山花灿烂。譬如，建筑专家说：大政殿的建造者“巧妙地将第三层檐放到室内”，造出一个“屋中之屋”，使端坐在“屋中之屋”的皇帝相对尺度放大，而且使得周围群臣、百官在高旷的室外空间与高高在上的皇帝对比之下，愈发体现出“主子”与“奴才”的巨大差距④。这一段形象地描述，生动地告诉我们，这就是满洲王权向皇权发展，即向封建化演进过程中，满洲贵族思想物化后，令后人仍能看到那个时代的闪光点。有鉴于此，后人亦会侧听到满洲民族铿锵地前进步伐。

“隔心雕刻”是指三交六椀菱花隔心建筑。“三交六椀菱花”，是清式外檐装修术语。它是由三根棂条交叉相接，交点用竹、木钉固定。三根棂条相交夹角均为60°，斜交则中线偏30°相交。如此变化而组成圆形、菱形、三角形等多种图案。其中，三交六椀菱花变化非常丰富，有菱花瓣变化构图；有在基本图

① 《满族文化》，第36页。《满—通古斯语言与历史研究》，第454页。

② 《沈阳故宫学术讲坛》第1集，第135页。

③ 《沈阳故宫木作营造技术》，第111、187页；《沈阳故宫博物院文集》，第62页；《中国古建筑术语辞典》，第79页。

④ 《中国古建筑术语辞典》，第14页；《沈阳故宫木作营造技术》，第105页。

案内增加龟背锦线、圆线、花瓣线等花头与棂条仔边相交，形成三交六椀球纹菱花，三交六椀龟背锦菱花，三交满天星六椀带艾叶菱花等。中路崇政殿使用隔心雕刻菱花，风格细腻、华丽，与裙板雕饰、镏金面叶等装饰共同衬托出整个宫殿庄严、华丽堂皇的建筑风格，显示皇权的神威。隔心为内外夹纱的双层做法，内部隔心亦为三交六椀式，是等级最高的一种做法[①]。一句话，“屋中之屋、隔心雕刻”装修做法在盛京皇宫崇政殿建筑装饰方面展现，与满洲皇权发展，在建筑领域向传统文化倾斜成为时代政治建筑趋势。

（4）为政以德、信守纲常。清朝进入太宗时期，封建化进程加快，皇太极称帝、建元，庙号“崇德”，高举“道之以政”“道之以德”传统文化。奉行“为政以德，譬如北辰，举起所而众星共之”[②]的信条。其中，“崇政殿”是指“推重德政治理国家”，感化统治人民之意[③]。值得一提的是天聪六年（1632）左右，皇太极主持修建的中路皇宫建筑宫殿陆续告竣，在建国号“大清”的同时，于崇德元年（1636）四月丙戌，定宫殿名。中宫为清宁宫，东宫为关雎宫，西宫为麟趾宫，次东宫为衍庆宫，次西宫为永福宫。正殿为崇政殿，大门为大清门，东门为东翼门，西门为西翼门。内中清宁宫，在清初无“宫”这个词，多写作“boo”，汉意为“家、房子”等意。于是将清宁宫写作“genggiyen elhe I boo”，直译是“清宁的家”。此后认同传统文化日深，满文写作“ginggiyen elhe gung”。内中“ginggiyen”，有清静、明亮之意。“elhe”为安宁、太平之意。而“gung”一词，即间接用汉文“宫”的音译[④]。从文化内涵说，“清宁宫”名称，基本上是认同传统文化所致。而其他四宫名称无不如此。有关专家作如下分析：“东宫为关雎宫。”“关雎”是《诗经·周南》中诗的篇名，宫中主人宸妃，是蒙古科尔沁部，博尔济吉特·海兰珠。因为获得太宗深爱，故以“关雎”比喻他们之间的爱情。“西宫为麟趾宫”，宫中主人为蒙古阿巴亥郡王额其格诺颜之女娜木钟，本系元裔察哈尔林丹汗多罗大福晋囊囊太后，崇德元年（1636）被封为麟趾宫贵妃，位居第三。“麟趾”出自《诗经·周南第十一》“麟之趾”。“麟”瑞兽，“趾”足也。“次东宫衍庆宫”。衍，

---

① 《沈阳故宫木作营造技术》，第15、138页。

② 《精校四书补注备旨·论语上》第2本，卷1，鸿宝书局石印民国三年上海刊本。

③ 《清史论集》，第432页，紫禁城出版社2003年版。

④ 《满族文化》，第34页。《盛京皇宫》，第120页；《满族研究》1987年第2期，第43页。

满溢盛多之意。《诗经·小雅·伐木》“釃酒有衍”之句，庆，其意为幸福。《易·履》中亦有“大有庆也”。衍庆当是盛多的幸福之意。次东宫主淑妃为蒙古阿巴亥部塔布囊博第赛楚虎尔之女巴特玛·璪。亦本系察哈尔林丹汗之妻窦土门福晋，同年被册封衍庆宫淑妃，位居第四。衍庆同样暗示蒙古诸部遵守清朝教化、礼制之意。“次西宫为永福宫。”《诗经·周南第四》曰：“南有樛木。”“永福”2字出自“樛木”诗意，宫中主人为蒙古科尔沁部博尔济吉特·布木布泰。同年被封为庄妃，位居第五。“永福”，有抚慰、告诫之意。综合观之，这诸多宫名多来自《诗》《书》《易》《礼》等经书[①]，无不与中华传统文化有密切关系。

从崇德五宫命名看，满洲贵族是在文化上，走向王朝继统之路，坐上传统文化列车，用儒家王化德政统治思想，促进满洲社会变革，实施封建礼制等级制度，达到 “皇权独尊”目的。在这一点上，皇太极自己亦供认：“命匹配心腹亲近福晋赞襄朝政，坐立成双，同立功德，共享富贵。”为什么如此，他说：“此乃亘古之制”，今我正大位，“信守三纲五常”，自然“当效古圣汗所定之大典”也[②]。

（四）满洲独特建筑文化中的藏蒙元素

在满洲独特建筑文化中，藏、蒙文化元素，是其构成多元性的重要元素。有时学人因为藏传佛教，在蒙古各部风行，常常将蒙古文化与“藏传佛教”文化皆一言以蔽之，一律统称“藏传佛教”文化。但在盛京皇宫建筑文化中，研究较深的学者，将蒙古文化从藏传佛教中剥离出来，或者两者混用。所以，笔者在本节亦将两者略加分析，而论述时，同题共议。

1. 藏式建筑及装饰

盛京皇宫中，有关藏式建筑与装饰文化元素，丰富多彩。在这里我们就八个相关名词，举例略加论述。

（1）“笃宫”名称、须弥台基。盛京东路太祖时期的大政殿，最初叫“笃宫殿”。乾隆年间，改名叫“大政殿”。这“笃宫殿”一词，是来自汉语还是来自藏语，在学界有很大分歧。有人认为“笃诚、笃忠实之意”。《礼记·中庸》

---

① 《清史论集》，第434、435页。
② 《满文老档·太宗》第20册，崇德元年七月七日条。

里有“笃行之”即“奉行太祖之政”[①]的意思。有人持反对意见，认为“笃宫”，并非取汉语字义，是藏语 “都冈”（杜康）一词的音译，意为“大会堂”。原本是喇嘛教寺院中最主要的“讲经修法场所”。并推演为汗及八旗贝勒大臣议政之处的“大政殿”，恰合“笃恭”之名。即“大会堂”“大政殿”具有同等功能。亦有的举出内蒙古自治区呼和浩特延寿寺，有个“菩提殿”，是举行佛会跳扎布的院庭，其正面便是“正殿”即“大经堂”，名叫“笃贡”与“笃恭”，读音很是相同，得出结论为“笃宫殿”一名来自喇嘛教[②]。两种意见是非曲直，尚待进一步深入斟酌。

须弥座式台基，是中国传统基座的一种形式，由佛座演变而来。有石、砖、琉璃和木料等多种质地。须弥为“Sumeru”。经有关专家研究，“须弥”是梵语，妙光、高妙之意。从政治意义上说，表示现实统治者在“三界”之上，至尊至圣之意。在盛京皇宫建筑中，须弥台基，不乏其例。崇政殿、大政殿、清宁宫等建筑的台基均为须弥座式。而大政殿台基高达1.4米。从源头说，“须弥”一词来自古印度[③]。当属于藏传佛教建筑文化范畴。

（2）叠经、相轮、降龙藻井。“叠经”是“典型的藏式建筑用于装饰门窗的做法”。多用于“砖塔的檐部和塔内藻井，或建筑的台基座”。大多是用砖、石、木等材料做出层层向外或向内垒砌挑出或收进的形式。在盛京皇宫建筑群中，“大政殿和崇政殿等建筑的外檐和室内都装饰有叠经”[④]。“相轮”或称“轮相”“金盘”“承露盘”等，是“佛教徒瞻仰之物”，多用来“缅怀佛陀业绩”。盛京皇宫“大政殿顶安装一层相轮”，属于敬佛礼佛的标志。建筑物的高低或等级，常常“用相轮大小和数目多寡表示”，习惯用奇数不用偶数[⑤]。

“降龙藻井”中的“降龙”是指彩画内“作下降势之龙”，表示与升龙对称之意，多用于“和玺彩画之中”。“藻井”是古建筑高级室内天棚装修艺术构造形式名称。一般都置于宫殿、庙宇、佛堂等较重要建筑室内中心位置上方，形

---

①《清史论集》，第432页。

②《满族文化》，第35～36页。《满族研究》1987年第4期，第32页。

③《满族研究》1989年第4期，第45页；《沈阳故宫学术讲坛》第1集，第138页；《中国古建筑术语辞典》，第313页。

④《沈阳故宫木作营造技术》，第193页；《中国古建筑术语辞典》，第451页。

⑤《满族研究》1989年第4期，第44页；《中国古建筑术语辞典》，第289页。

如井状。盛京皇宫中大政殿的须弥座和“降龙藻井，皆为藏式风格”[①]。

（3）梵字、天花、额枋。在盛京皇宫建筑群中，以文字和彩绘形式为装饰，所表现藏传佛教文化特征，十分明显。其中“梵文”是为僧侣专用的古印度文字。大政殿的藻井上绘制有梵文天花，以“梯形天花”突显，是藏式建筑用于装饰门窗的做法。“以崇政殿为代表，柱头之上置似坐斗，似坐斗之上置大雀替（清式木装饰构建名称），其上再置额枋（檐柱间联系构件），这是藏式建筑的典型做法”。同样是皇宫“早期建筑借鉴藏族传统建筑做法”，内中有梵文装饰的斗八降龙藻井、用沥粉贴金法做金字梵文等绚丽多彩，都集中渲染佛教的“神秘精神”[②]。

（4）柱帽装饰、柱头承托、檐下大木作。据建筑专家研究，盛京皇宫的大清门和崇政殿的“檐柱柱头上”，有一个外形如“雀替”的构件。其顶面承托大梁（叠合梁），底面落在柱头上，并“向两面挑出”，似同现代建筑的“柱帽”。其“外观雕刻精美”，起装饰作用，是藏式建筑木构架中的“典型做法”。同样在上述两座建筑中，没有采用中原传统建筑式样，“以柱直接支撑梁架”通到顶端。替木（木构件名称，承托榑枋构件）分置柱头两侧（非整块木料），而大清门和崇政殿的“柱子没有通到顶，而以雕成似坐斗状的柱头承托一个由整木雕凿而成的横木”。这个横木虽类似传统建筑文化中的“雀替”，但做法、位置迥异，更接近藏族庙宇建筑中的“秀”和“弓木”（藏语）。同时，盛京皇宫早期建筑的檐下大木作与中国传统建筑做法不同[③]，亦接近藏式建筑。

2. 蒙藏融合建筑元素及装饰

在盛京皇宫建筑群中，所谓“藏式建筑”“喇嘛教建筑”和“蒙古建筑”，有时很难分清楚，可能是由于藏传佛教在蒙古族聚居地区普遍传播所致。因此，我将它们之间相联系，并物化在建筑文化中的特征，作为单独部分，略加分析。

（1）兽头兽面、莲花、斜戗。盛京皇宫的大政殿，“诸宫皆为硬山顶，正脊饰吻兽”。大政殿在挑檐枋的位置安装有“透雕的兽面”。有的专家认为这是

---

①《纪念盛京定名380周年学术文集》，第307页；《中国古建筑术语辞典》，第275、497页。

②《满族研究》1989年第4期，第45、44页；《沈阳故宫木作营造技术》，第193、157、92、152页。

③《沈阳故宫木作营造技术》，第193、128、149、150页。

“在藏式建筑中常见的形式”，或者称：“这些是典型的藏式建筑用于装饰门窗的做法。”而崇政殿前后廊外檐柱廊架装饰，亦有“相似的兽头装饰”和“柱头兽面装饰”。专家们指出是“蒙古族木构建筑中常用的手法”①。将兽面、兽头既作藏传佛教建筑文化构件，亦作蒙古建筑文化构件。

莲花装饰，在盛京皇宫建筑群装饰中，比较普遍。诸如，大政殿石雕栏杆及各宫殿山墙透风砖上，有“千姿百态的莲花纹饰”。崇政殿、清宁宫等建筑上“使用的方柱、方形复莲石础”；内外檐下仍“有木雕仰莲和蜂窝拱”。中路东、西所建筑中的垂花门，油饰彩绘的垂花柱上，有“一朵倒垂的莲花含苞待放，鲜艳夺目”，认为这都是“佛门圣花”。专家们指称：这“都是蒙古族木构建筑中常用的手法”，是“喇嘛教建筑风貌”②。

“斜戗”，亦称“戗”或“斜撑”，泛指脚手架上与地平形成一定夹角的斜向杆件，主要起支撑和稳定脚手架的作用。在盛京皇宫建筑群中，有文溯阁碑亭、文德坊和武功坊两座碑楼，都“采用斜戗”。建筑专家认为这种斜戗使用在建筑上，“可能是蒙古族固定帐篷所用的缆风绳之变形”③。

（2）抱头梁、抱头柱、蜂窝枋、假椽头、法轮宝珠。这五件建筑构件与装饰，在建筑专家眼里，既是藏式建筑艺术特点，亦是蒙古建筑风格。譬如，崇政殿的龙形抱头梁、蜂窝枋、假椽头，被确认“皆为藏式风格”。也被称为“都是蒙古族木构建筑中常用的手法”。而清宁宫天花的大包头柱，又兼而有之，被指称为具有明显的蒙古族和藏族建筑装饰特征④。大政殿天花藻井中的“法轮宝珠”与莲花、八子梵文等，都表现出“明显的藏传佛教建筑艺术风格”⑤。

---

①《纪念盛京定名380周年学术文集》，第297页；《沈阳故宫木作营造技术》，第193页；《满族文化》，第37页。《沈阳故宫学术讲坛》第1集，第152页。

②《满族研究》1989年第4期，第46页；《沈阳故宫学术讲坛》第1集，第152页；《满族文化》，第37页。

③《中国古建筑术语辞典》，第258页；《沈阳故宫木作营造技术》，第193页。

④ 孙启仁：《沈阳故宫早期建筑的特点及等级》，载《纪念盛京定名380周年学术文集》，第307页；《沈阳故宫学术讲坛》第1集，第152页；《沈阳故宫木作营造技术》，第157页。

⑤《沈阳故宫木作营造技术》，第157页。

三、乾隆时期满洲独特建筑文化

乾隆时期的建筑，除在中路有部分建筑外，主要建筑群在西路。而西路建筑群中，以文溯阁为主体建筑[①]。详细分析，西路建筑群分南北两部分，突出特点是文化多元性。西路是从乾隆四十六年（1781）至四十八年建筑比较集中的时期，规划占地面积南北长137米，东西宽55米，总面积7535平方米。共有建筑15座。以文溯阁为代表的北半部是收藏《四库全书》和皇帝读书之处。南北长80米，东西宽55米。占地面积4400平方米，由南至北，依次为宫门3间，阁东侧有碑亭1座。阁后仰熙斋7间，东西配房各3间，九间殿9间。以嘉荫堂及戏台为代表的南半部是皇帝东巡驻跸盛京行宫时举办小规模宴会和赏戏之处，南北长37米，东西宽40米。占地面积1480平方米，由南至北依次为扮戏房5间，戏台1座，东西直廊各13间[②]。

盛京皇宫建筑原本即是满洲独特文化中心，其文化多元性不仅在东、中路有明显表征，而在西路尤为突出。诸如，萨满教、藏传佛教、汉传佛教、道教以及元代传入的基督教、伊斯兰教等都构成满洲文化多元性的积淀和主要特征。这些文化都集中物化在大政殿和清宁宫等主体建筑上。诚如专家所说，大政殿和清宁宫是汉、满、蒙古、藏各族，融合成一体的“建筑典范”。再从清宁宫祭祀规定内容看，“朝祭神为释迦牟尼佛、观世音菩萨、关圣帝君。夕祭神为穆哩罕神、画像神、蒙古神”[③]。这种满洲独特文化所表现的诸多文化元素，在西路我们不能面面俱到地讨论，现将从满洲固有文化和中原传统建筑文化的关系和联系两方面，略加研究。

（一）满洲固有建筑文化及其影响

在这里，将重点研究盛京皇宫建筑文化中，固有文化及其多元态势；传统文化与固有文化关系以及固有文化对传统文化影响等几个问题，略加论证。

---

①《沈阳故宫博物院院刊》，第131页，总字第14辑，2014年。

②《沈阳故宫木作营造技术》，第9页。

③《清前历史与盛京文化》，第641页；《沈阳故宫博物院文集》，第63页；吴振棫纂《养吉斋丛录》卷7，第1页下，光绪二十二年本。

1. 固有文化及其多元态势

在乾隆时期西路建筑群中，尽管相关建筑造型和装饰接近北京皇宫同期同式建筑式样，但满洲固有文化有继承，亦有摈弃。譬如，文溯阁和嘉荫堂的殿顶琉璃瓦上，并没有采取北京皇宫，“满堂黄”做法。而是承袭满洲地方建筑文化特点，“殿顶琉璃瓦采用黄心镶绿边等”做法，仍然“保持旧有风格”。但全面考察，亦并非处处寻求固有建筑文化“旧有风格”，其中东、西所行宫内部，即不见“口袋房、万字炕”等固有文化构建，而是代之以“宝床”①，接受中原传统建筑文化元素。

在西路建筑群中，我们看到的不仅是在摈弃中有选择的继承，而且亦看到在继承中有开拓性发展。这种发展走着可喜的多元性之路。譬如，将传统建筑方式与宗教艺术相结合，屋顶建筑式样，将四角起翘的“歇山式”“檩头外露的悬山式”“青砖到顶起脊的硬山式”“卷棚顶相连的勾连塔式”“四角攒尖式”“八角攒尖重檐式”②等都呈现在人们面前，显现出多姿多彩建筑风格。这些建筑所反映的不仅是中原传统文化与满洲固有文化的双向认同，而且是多元文化相向认同。诸如，“崇政殿内檐彩画主题以地方做法为主，“龙草和玺”内涵，即“汉、蒙、藏、佛、道等风格俱全”，亦是乾隆时期复绘和重绘“精品”佳作。同时，大政殿的建筑，既继承我国古代建筑的优良传统，亦具有浓重的地方民族风格和特色，代表着传统文化及满、蒙古、藏多民族建筑艺术对等、相向认同态势③，它尽管反映在建筑文化中，但亦真实地证明我中华民族大家庭中的各个成员，皆处于“你中有我，我中有你”，不能割舍的密切关系和一体格局态势。

2. 传统模式与揉入满风

在研究中原传统建筑文化与满洲固有建筑文化关系及盛京皇宫中的各族建筑文化元素所占有的地位时，必须清醒地了解，皇宫是盛京城满洲独特文化中心，固有文化比重较大。而盛京城总体建筑，却以传统营建体制为主。据有关专家研究，盛京城“基础是由汉人在明代中期建设起来的沈阳中卫城”，其建筑遵循“严谨”“格律式”规定的形制建筑。同时，清太祖率部进驻后，同其

---

① 《沈阳故宫学术讲坛》第1集，第130、151、152页。

② 《北方文物》1985年第3期，第52页；《沈阳故宫博物院文集》，第62页。

③ 汪成民《沈阳故宫建筑彩画现状的评估与断代》，载《纪念盛京定名380周年学术文集》，第324页；《沈阳故宫建筑及其特点》，载《沈阳故宫博物院文集》，第62页。

的统治思想一样，在建筑领域亦“努力效法汉人营城古训”进行。所以，盛京古城“严格遵循汉式王城规则”的总体建筑样式始终没有改变。而盛京皇宫在三路改建、扩建过程中，满洲人按照自己的建筑理念，将“自身文化习俗”，“巧妙地揉入”原有建筑格局之中，形成“内涵满风”的“融合式文化”①。致使盛京皇宫早期建筑，满风十分强劲。从建筑艺术技巧说，盛京皇宫“融合式文化”主要表现是中原传统建筑文化与满洲固有建筑文化巧妙地糅合。在早期建筑中，主要宫室单体设计装修，多反映“宋、元建筑风格”，由于汉、蒙等民族工匠参建，传统建筑形式和技法，突出“精细、华贵”特色。同时，揉入满洲固有文化，譬如，以凤凰楼天花藻井为代表的建筑，体现出明显“粗犷”“简洁”“朴实”和“华而不奢，简而合度”等特色。这些都是北方满、汉民族的典型式样和风格，以致形成盛京皇宫建筑，成为满、汉、蒙古等多民族建筑风格的“综合体”②。我们是否可以这样说，盛京城总体建筑风格显示传统建筑文化为主流特色。而皇宫建筑文化，更多地显示固有建筑文化为主流特色。是否如此，望专家学者，再深入评估。

3. 北京内宫仿满旧习

顺治元年（1644），满洲大族群进驻中原后，其文化触角直接影响中原各族人民文化生活。而北京故宫亦莫能外。其中故宫的坤宁宫、宁寿宫等建筑，仿照盛京清宁宫建构，进行适当地“修建和改建”。诸如，将明代的“菱花隔扇”，按满族习俗，“改为直棂吊窗”。房门“移至东梢间，改为双扇木板门”。据有关专家分析，这些改建，都是受满洲“萨满教祭祀习俗的影响”③。尽管满洲贵族不可能将庞大的北京故宫原貌改变，但这种局部改建，亦反映出中华各族文化彼此认同竟从皇帝睡榻开始。这是最生动、最具体地文化碰撞。

（二）传统建筑文化的主流地位

前文我曾提到盛京“皇宫建筑文化，更多地显示固有建筑文化为主流特色”。这是就皇宫整体建筑文化而言。然而，就建筑分期说，有的专家认为，盛京宫殿“早期”建筑主要体现“满洲建筑风格及特点”。而满洲入关后，“增

---

① 陈伯超著：《满族“融合式文化”在盛京城空间格局中的反映》，载《纪念盛京定名380周年学术文集》，第270、274页。

②《沈阳故宫木作营造技术》，第145、158页。

③ 沈阳故宫学术讲坛》第1集，第151页；《沈阳故宫木作营造技术》，第149页。

建”和“补建”的部分，所反映的“却是汉族建筑的影响”[①]，即传统文化建筑风格。就是说，乾隆时期西路建筑，更多地反映中原传统建筑文化特点。下文就这个问题从三个方面进行讨论。

1. 前朝后寝、园林风貌

众所周知，清太祖时期，从赫图阿拉到沈阳的“宫”和“殿”都不曾模仿中原传统建筑文化特点，即“前朝后寝”或“南朝后寝”构建样式。从中路皇太极时期的建筑开始，注重遵循传统建筑式样。而乾隆时期的东、西所的布局，皆按照北京皇宫“同期同式”，构建“前朝后寝”。同时，东、西所的“园林式建筑设计”，毫无疑义，亦是仿照传统建筑文化。特别是东、西所的屋顶建筑风格，已不再采用硬山式建筑，诸如迪光殿、颐和殿，采用“歇山式”；继思斋、值房，采用“卷棚式”以及嘉荫堂、文溯阁等建筑，特别是采用苏式彩画装饰的垂花琉璃宫门和坐凳式抄手游廊等式样，都具有“极富江南书斋园林风格”[②]。

2.“官式”建筑、四合院布局

所谓“官式”建筑，多指“等级和程式化较强”，具有较严格的规范。如乾隆时期的东、西所建筑，无论是建筑格局，装饰艺术上，都“突出高贵典雅，小巧别致，诗文匾联”[③]等文化风格 ，体现出较浓重的中华传统文化特色。

四合院建筑形式，有它自己的基本特征。即正房在中轴线上，正房前分列左右的房屋为厢房，前面设倒座式或过厅，就可成为简单的四合院。它是由单组建筑围成的庭院，乾隆年间在中路建筑的东、西所，属于等级较高的四合院。这种四合院是由各种单体四合院组成，建构十分复杂，分有大门、影壁、屏门、垂花门、廊坊、抱厦、正房、厢房、耳房、倒座房、后照房、围墙等。整个四合院分大小不同的宅院，多用“四廊联通”“抄手廊与住房联通”，凡是较大型的，形胜“四合院住宅群落”，在其中轴线纵深方向增多院落。三进院、四进院、五进院和后花园等。乾隆时期所建的东所，属于皇家建筑，“东

---

①《沈阳故宫博物院院刊》，第131页，总字第14辑，2014年。

②《沈阳故宫学术讲坛》第1集，第151～152页；《满族文化》第40页。《纪念盛京定名380周年学术文集》，第104页。

③《中国古建筑术语辞典》，第267页；《满—通古斯语言与历史研究》，第455页。

所五进院落，西所四进院落”[①]。这些建筑都直接承袭中原传统建筑文化特点。

3. 传统模式渐趋增加

清初皇宫建筑，就固有文化说，更多地吸收民间建筑风格，随着王权、皇权的发展，吸收中原传统建筑文化，成为必然。但终究有个渐进过程。其中中原传统建筑文化，突出表现皇权特征的代表建筑是“斗拱”。为突出太祖王权的“核心地位”，在大政殿使用斗拱构件。当时由于满洲人等级观念相对比较淡泊，尽管乾隆年间增建不少皇家建筑，但带斗拱的建筑“仅占1/10”。诸如，东所、西所及西路带斗拱的建筑数量明显增加。东所共有3座主要建筑，有颐和殿和敬典阁两座用斗拱；西所共有4座主要建筑，有迪光殿和崇谟阁2座用斗拱，并有西面的戏楼用斗拱。由此可见，斗拱是皇宫建筑显著标志，已经更多地为满洲贵族所理解和吸纳。当然，同时亦加重吸纳传统文化，并构成发展趋势。

在中原传统建筑文化中，“单体建筑平面形状、横长矩形平面和方形的建筑”等建筑规制，同样在乾隆时代，为满洲贵族所吸纳。据统计占总数的3/4以上。它反映在建筑平面形状问题上，满洲建筑文化已经纳入传统建筑文化之主流态势。同时，在建筑“柱高与柱径”使用的比例关系上，乾隆时期的“柱子长细”，亦与中原类似构件，基本接近一致水准。众所周知，雍正十二年（1734），清朝政府工部颁布《工程做法》，根据具体规制，从乾隆十一年（1746）至四十八年（1783），在东、西所及西路建筑陆续扩建和增建中，突出表现建筑“造型小巧别致”特点，譬如，“方形平面、勾连搭、卷棚顶”等，都体现建筑构造更加严谨、精细。并恪守工部《工程做法》，尤其是斗拱、装饰、彩画等，更加纤细、华丽，表现出乾隆时期北京故宫的建筑的类似风格[②]。

综上所述，不难看出三个问题。一是在盛京皇宫东、中、西三路，“100余幢，400余间”建筑群中，积累着我国丰富多彩的建筑文化，是中华传统建筑文化的重要组成部分，亦是我中华的宝贵财富。二是盛京皇宫建筑文化，生动地表明它是满洲独特建筑文化的代表作品。深入研究满洲独特文化中的固有建筑文化与以汉族为核心的中原传统建筑文化、藏传佛教建筑文化以及蒙古建筑文化等，诸种文化元素的关系和联系，将会深刻洞察中华各族文化间，彼此

---

① 《沈阳故宫学术讲坛》第1集，第147页；《中国古建筑术语辞典》，第112页。

② 《沈阳故宫木作营造技术》，第181、111、187、158页。

相互、双向认同关系和“你中有我，我中有你”，不能割舍的一体格局。同时，亦能在文化深层次，认识中华民族 “摧不烂，打不垮”的团结爱国精神之由来。三是从乾隆时期盛京西路建筑和中路东、西所等建筑发展看，中原传统建筑文化对满洲独特建筑文化影响，日渐加深，已经形成新的主流发展态势。

清朝国体问题试谈
——以清代蒙古族对清朝统治的参与为中心

杜家骥

这里所说的国体，是指对国家实施统治的群体或阶层，具体到清朝，本文探讨的是实施统治的民族。清朝统治之国体，学界习称为“满族为主体、满汉联合统治”，只提满、汉两民族，这从传统的中原王朝统治方面而言，是没有问题的，也是清承明制对统一的明王朝统治的继承与延续。但深究之，则又不完全，因而也就不完全准确。

首先，清朝领土范围不仅有中原直省，而且包括广袤的边区民族，蒙古地区、西藏、新疆等边疆民族地区，都已在版图之内，其各该地生活者，无论贵族、官员还是基层民众，都是清朝国家之人，而其管理施治者，并非汉族官员；所以，这部分国土统治的国体，如果也称之为满汉联合统治，或者说，以满汉联合统治笼统地称包括边区国土在内的整个清王朝的施治国体，是不完整、不确切的。当时，担任各该民族地区治理的，是满族人及当地本民族人，清中央派驻这些边区的官员，是八旗旗人。各边区的本民族人也任官以治理该地区，如：蒙古盟旗制下的各种职官——盟长、札萨克、管旗章京、参领、佐领、骁骑校；新疆回部地区设于各城、村镇的各级伯克；西藏地区，除了达赖、班禅，还有其下的官员噶隆（或称噶布伦）。清廷在这些地区因俗而治，这些不同民族之人按照清朝国家制度原则施治，领取清中央配置给的国家职官性质的“官俸”的官员[①]，也因此具有国家职官性质。既然边区属于国土，那么在国土之内任官治理者的少数民族上层贵族官员等，就属于国体范畴，他们与满族官员合作施治，与中央直省的满、汉联合统治，在性质上有相同之处。

作者系南开大学历史学院教授。

① 蒙古各札萨克旗任职为王公者，自有爵俸，不领取低于爵俸的札萨克官俸，若无爵俸之台吉任札萨克者，则领取官俸，说明札萨克之领官俸的国家职官性质。新疆之伯克，给予俸地及种地人，有兼给普尔钱者。西藏之官员噶隆也颁俸。都具国家职官性质。

还有，是边区民族之人还充任清朝中央职官，在政治上参与国家统治，并以其军事武力维护清国家统治。在这些方面上，与汉族缙绅、官兵之参与清朝统治，在性质上也有相同之处。这些方面体现最充分的是蒙古族。

清代的蒙古，不仅分布在东北、北、西北、西南这广袤的边区疆域之内，而且与清朝之统治关系密切，是清廷维护满族主体统治的重要依靠力量，对清朝统治发挥着特殊的重要作用。因而，本文认为，清王朝的国体，似应称为“满族为主体、以满汉及蒙古等少数民族联合统治”，更为确切。

以往，由于对蒙古族在清朝统治的作用方面，缺乏系统、集中性的揭示与论述，因而学界大多对这类事实尚无多少印象，进而影响了对蒙古族在清朝统治方面之作用的认识。以下，就从军事、政治两方面，对蒙古族参与清朝统治的事例作简要的归纳性叙述，兼作对上述国体称谓的例证。

一、蒙古在清王朝建立与巩固统治中的军事参与

蒙古的漠南诸部，在清入关前的崇德元年就接受清廷的分编册封，正式成为清中央的藩属，奉皇太极为统辖之汗——车臣汗。所以此后的蒙古与清廷的关系，也不应称之为“联盟”，而是属于清中央“藩部”的辖下从属关系，其部旗领地，也属于大清国。

漠北蒙古，康熙三十年多伦会盟后，按漠南蒙古之制接受清中央统辖，与清中央的关系也与漠南蒙古相同。

此后青海、藏区的额鲁特和硕特等部蒙古，以及归附清廷的原漠西额鲁特蒙古杜尔伯特部，回归的土尔扈特部蒙古等等，在接受清廷的安置、编旗、册封后，同样成为清中央辖下的藩部。

这些地区蒙古，都参与清朝军事统治，尤以漠南蒙古贡献最多。

清军入关，漠南蒙古科尔沁、郭尔罗斯、杜尔伯特、扎赉特以及敖汉、巴林、奈曼、阿噜科尔沁、喀喇沁、土默特、扎鲁特、四子部落等，都曾出兵参加清军统一中原的战争。其中参加灭南明福王政权的漠南蒙古就有27旗，大小领兵武官达196人。三藩之乱发生后，清廷又曾多次征调漠南蒙古骑兵共一万五千多人加入平叛之战，分别开赴荆州、岳州、兖州、江宁、苏州、浙江、

福建、陕西等处参战。蒙古王公们还捐助战马，多达七千匹[①]。可以说，当时的蒙古对清朝建立与巩固中原统治，起到了重要作用。

自康熙中期以后至乾隆中期，抵御、进击漠西准噶尔部（以下简称准部）蒙古，是清廷经营与巩固边疆统治的主要事件。康熙二十八年后，准部蒙古噶尔丹对清廷收留与庇护其打击的漠北蒙古大为恼火，乘追击漠北蒙古而南下，兵临乌兰布通，仅距北京数百里，甚至要“夺取黄河为马槽”[②]，占领中原为游牧之地。其首领噶尔丹还曾对漠南蒙古首领策反，以联合灭清而“伙分地盘”[③]。清军被迫反击，此后至康熙三十六年，几次进击准部而将其击溃。在这一过程中，清廷又几次征调漠南蒙古科尔沁部、翁牛特部、土默特部、巴林部、敖汉部、阿噜科尔沁部蒙古兵参战[④]。击败准部噶尔丹的进扰，对解除当时沙俄对清朝边疆的威胁也有重要意义。康熙后期，准部蒙古领兵入藏，清廷再次出兵“驱准出藏”，此后清廷得以派大臣入藏管理。在这一过程中，参战的蒙古已不仅有漠南诸部，而且有漠北蒙古、西套阿拉善蒙古。康熙帝曾说：当时“蒙古王、额驸等出征者甚多”[⑤]。雍正朝，西北两路大军进击准部蒙古，参战的蒙古部队有两万多人，漠南蒙古由科尔沁、喀喇沁、敖汉、巴林部王公统领，漠北蒙古由赛因诺颜部的策凌额驸和土谢图汗部的郡王丹津多尔济等统领。此次战事最初进展不顺，清军惨败，准部蒙古反击，形势危急之时，是漠北蒙古的皇家额驸策凌率领蒙古劲旅击溃准部，取得光显寺大捷，扭转了战局。乾隆中平定天山南北也即当时称为“西域之役”的战事中，大漠南北蒙古再次奉调出征，时人评论参战的漠南、漠北蒙古王公：“西域之役，如喀尔沁贝子扎拉丰阿，科尔沁额驸索诺木巴尔珠尔，喀尔喀亲王定北将军成衮扎布，其弟郡王霍斯察尔，阿拉善郡王罗卜藏多尔济，无不率领王师，披坚执

---

① 以上详情，见拙文《清初满蒙关系的建立对清代历史的重大影响》，载《满学论丛》第四辑，辽宁民族出版社2014年版。

② 魏源：《圣武记》卷3，第120页，《外藩·康熙亲征准噶尔记》（上），中华书局1984年版。此语出自一个被俘的准噶尔部蒙古人之口。

③ 见传教士张诚于康熙三十五年随康熙帝亲征噶尔丹途中日记：《张诚日记（续）》1696年5月16日。《清史资料》第6辑，第194页，中华书局1985年版。

④ 以上见《清圣祖实录》卷48、52、56、61、62、64、68、73、81。为文字简洁，省去朝年。《钦定外藩蒙古回部王公表传》卷17，第141～142页，卷208，第240页，内蒙古大学出版社1998年版。

⑤《康熙朝满文朱批奏折全译》，第1667页，第4145号折，中国社会科学出版社1996年版。

锐，以为一时之盛。”[①]

乾隆后期以后至清末，清廷巩固统治的重点，是对内地直省的管理及抵御外来侵略，蒙古王公及蒙古士兵与满汉官兵一样，屡次参战。

乾隆后期至嘉庆朝内地发生民众起义时，蒙古王公与满族将帅一样担任领兵者出征。如乾隆三十九年，漠北蒙古亲王拉旺多尔济与满洲左都御史阿思哈带领八旗兵，赴山东围剿王伦起义[②]。四十六年，拉旺多尔济又奉命与尚书和珅、领侍卫内大臣海兰察，赴甘肃剿苏四十三回民起义[③]。科尔沁蒙古亲王色布腾巴勒珠尔则与满洲将帅一起，参加了金川之役，死于军营之中[④]。嘉庆十八年，京城发生天理教林清起义，有多名驻京蒙古王公如拉旺多尔济，科尔沁部的索特纳木多布斋、鄂勒哲依图，土默特蒙古的玛尼巴达喇，与满族大臣一起带领八旗兵参与镇压[⑤]。

道光后期以后，清王朝内忧外患，进入多难之秋，蒙古王公与官兵再次发挥其军事作用。太平军起义从南方大规模进军长江流域及北方，兵锋直指清廷北京，满、汉、蒙古、东北索伦等少数民族军队全力抵御，漠南蒙古骑兵是其中的一支重要生力军。在抵御太平军、捻军的战役中，清廷多次征调蒙古骑兵，蒙古王公科尔沁蒙古僧格林沁、棍楚克林沁、土默特蒙古的德勒克色楞、漠北土谢图汗部蒙古的多尔济那木凯，都曾带兵参战。尤其是僧格林沁，在太平军北伐时，奉命与左都御史花沙纳等督办京城巡防。太平军逼近京师之际，又与惠亲王受命为统帅，带领京兵、察哈尔蒙古官兵、东三盟蒙古官兵前往堵击，历经一年多，击败太平军之北伐军，解除京城危机[⑥]。此后，僧格林沁又带领蒙古骑兵、八旗兵等与捻军交战，打败捻军首领张洛行，最后战死在山东，阵亡的蒙古台吉兵，仅哲里木盟的就有161员[⑦]，僧格林沁的旧部有一千余名皆阵亡[⑧]。这已是众所周知的事实，不用细讲。与此同时，蒙古王公、官

---

① 昭梿：《啸亭杂录》卷1，《善待外藩》，第17～18页，中华书局1980年版。其详情，见拙文《清初满蒙关系的建立对清代历史的重大影响》，载《满学论丛》第四辑，辽宁民族出版社2014年版。

②《清高宗实录》卷966，乾隆三十九年九月庚申。

③《清高宗实录》卷1128，乾隆四十六年四月甲辰朔。

④《清高宗实录》卷980，乾隆四十年四月丙戌。

⑤《啸亭杂录》卷6，第159～170页，《癸酉之变》，中华书局1980年版。

⑥《清文宗实录》卷94、105、107、110、118、157。

⑦《清文宗实录》卷339，咸丰十年十二月庚辰。

⑧《清穆宗实录》卷33，同治元年七月己丑。卷142，同治四年闰五月丁丑。

员还捐献银两、马、驼以助军资。鉴于这方面的史事尚不为人所熟知，特简列如下。

咸丰三年，漠南蒙古锡林郭勒盟长苏尼特扎萨克郡王齐旺扎布等，准备战马“三千匹”以作捐献。漠北蒙古“喀尔喀土谢图汗、车臣汗两部落汗、王、贝勒、贝子、公、扎萨克台吉等，呈请愿捐马二千匹”。“哲布尊丹巴呼图克图、库伦之署堪布诺们罕伊拉固克散，率领呼图克图喇嘛等呈捐马一千匹”[①]。

咸丰四年，新疆“土尔扈特亲王策林喇布丹、副盟长扎萨克头等台吉喇特那巴咱尔、扎萨克头等台吉图布慎克什克等，因南省逆匪跳梁，现在官兵前往攻剿，需用马匹，愿共捐马五百匹”[②]。同年，“土尔扈特盟长、守护郡王印信喀屯鄂勒缀德勒格尔呈称：内地现有军务，因伊子郡王巴图尚未及岁，未能前往军营效力，情愿捐马三百匹，以备军需”[③]。漠北蒙古“喀尔喀扎萨克图汗、三音诺颜二部落汗、王、贝勒、贝子、公、扎萨克台吉等，及所属部落札萨克郡王桑噶锡哩等，现因逆匪尚未剿除净尽，情愿捐马二千一百余匹，以备军营调用”[④]。当时，清廷以军营马匹尚不缺少、体恤蒙古为由，多予婉拒，但因有的已在运送途中，乃“令择善地牧以待用”，而三音诺颜部等、锡林果勒盟等所捐马匹“或留或否”[⑤]。随着战事的进展，所需战马增多，清廷决定接受蒙古所献马匹，而实行奖励制度，于咸丰六年，特制定蒙古王公、官员等捐输银两、驼、马的“议叙章程”，捐银从50两起，至5000两及以上，捐马、驼自8匹起，至800匹及以上，给予加级记录、赏爵衔、翎枝等奖励[⑥]。次年的咸丰七年，乃有“蒙古王、贝勒、台吉、喇嘛等，因军营需用马匹，情愿共捐马六千七百匹”，由理藩院奏请奖叙[⑦]。当时还制定有新疆回部王公、伯克等“捐输银两奖叙章程”[⑧]。

当时，清廷还面临外部列强的侵犯威胁，蒙古名王僧格林沁及其蒙古兵又为抵御列强保卫清国而浴血奋战。咸丰七年，英国兵船开至天津海口，僧格林

① 刘锦藻：《皇朝续文献通考》卷62，《土贡考一·土贡》。
②《清文宗实录》卷127，咸丰四年四月辛巳。
③《清文宗实录》卷129，咸丰四年五月乙巳。
④《清文宗实录》卷153，咸丰四年十二月乙未朔。
⑤《清史稿》卷141，《志第一一六·兵十二·马政》。
⑥ 光绪《大清会典事例》卷989，《理藩院·蒙古捐输》。
⑦《清文宗实录》卷229，咸丰七年六月壬戌。
⑧ 光绪《大清会典事例》卷989，《理藩院·回部捐输》。

沁受命为钦差大臣，督办军务，于天津大沽炮台备战。九年，英、法联军兵船侵犯天津，轰击炮台，僧格林沁督军力战，大败英法联军，毁其侵入内河战船十三艘。其后，英、法、俄、美四国兵船百余艘来犯，绕过僧格林沁把守的大沽，于北塘败清朝守军登岸，逼近京师。僧格林沁率兵退守通州，与联军大战，大批蒙古骑兵阵亡。《清史稿》评论僧格林沁在巩固内地统治、抵御外侮中的地位是“朝廷倚为长城……有清藩部建大勋者，惟僧格林沁及策凌二人”①。

二、蒙古王公对清廷政治的参与

蒙古王公与清王朝统治有关的活动，还表现在他们在政治上的行政参与这一重要方面。大致有以下诸种形式：出任中央、边区、地方职官；协助皇帝办理边疆民族事务；参预中央机要大政。

（一）出任中央、边区、地方职官

中央京官，是蒙古王公出任较多的职任，又以驻京的蒙古王公额驸及其子孙居多。较多的，是出现在乾隆中期以后。所任职官可分为武官、文官两种，而以武官居多。以下对这两种官各作分类介绍②。

1. 武官

（1）近御之职。近御职务，是指在皇帝身边、接近皇帝而充当皇帝贴身护卫，直接受皇帝差遣的职任。如御前大臣、御前行走、乾清门行走。御前行走、乾清门行走，就是御前侍卫、乾清门侍卫，侍卫，就是武官，蒙古人充任者称为“行走”③，旗人等其他人充任者称侍卫。御前行走、乾清门行走除了保卫皇帝，还负责将皇帝接见、引见的官员带至御前，转递奏折等，另外，随时接受皇帝差遣办理事务。御前大臣则是高级武官，由皇帝在与其关系密近的满蒙勋贵中选任，日常就在皇帝身边或近御之处，保护皇帝，备行政咨询。因

① 《清史稿》卷404，《僧格林沁列传·论曰》。

② 以下所述蒙古王公之任官，除特别注明者外，据《清朝满蒙联姻研究》一书第二十章之《驻京蒙古额驸及其子孙充任京职一览表》，人民出版社2003年版。又见再版本：故宫出版社2013年版。

③ 姚元之：《竹叶亭杂记》卷1，第18页，中华书局1982年版。

为这些蒙古人通蒙语蒙文，又熟悉本民族事务、本盟旗政情，因而皇帝常以他们作为咨询顾问，提供信息。乾隆帝在其上谕中就曾说："凡索伦、蒙古之隶臣仆、供宿卫者，朕皆得亲为咨访。"[①] 其事例不备举，参见《清朝满蒙联姻研究》一书[②]。

宫中所设的掌皇宫内外公文传递、传宣皇帝谕旨及引导官员见皇帝等事务的"外奏事处"，也由御前大臣掌管。御前大臣初以军机大臣兼任，"乾隆中，命额驸固山贝子扎尔丰阿（喀喇沁蒙古人——引者注）兼之，其后蒙古藩臣递摄其职"[③]，外藩蒙古王公是重要的担任者。外奏事处下所设得侍卫，其中有蒙古人侍卫六名，俗称"卓亲辖"，专掌传递蒙古文奏折[④]。外奏事处的设置，重要原因是防止递送官员奏折之人与宫中递送公文的太监接触、营私舞弊，因而递送官员奏折之人只能将奏折送到外奏事处，由外奏事处的御前大臣及其统辖下的侍卫再转送。因而蒙古王公、蒙古侍卫之任职外奏事处，也因此具有政治意义。

另外，皇帝出宫，御前大臣还充当后扈大臣、前引大臣。

曾经担任御前大臣的蒙古王公（以下将王公爵名省略，以使文字简洁）有14人：乾隆时期，科尔沁蒙古的色布腾巴勒珠尔，喀喇沁蒙古的扎拉丰阿，赛音诺颜部（漠北）的拉旺多尔济；嘉庆朝，科尔沁郡王索特纳木多布斋、鄂勒哲依图，喀喇沁部的丹巴多尔济，赛音诺颜部的拉旺多尔济；道光朝，科尔沁王僧格林沁，土默特部的玛尼巴达喇；咸丰朝，僧格林沁（继任），土默特部的德勒克色楞，奈曼部的德木楚克扎布；同治朝，伯彦讷谟祜（继任）、德木楚克扎布（继任）；光绪、宣统时期，伯彦讷谟祜（继任），科尔沁的棍楚克林沁、博迪苏，赛音诺颜部的那彦图。

担任御前行走、乾清门行走者更多，从雍正朝至清末，有30多人，如雍正时喀喇沁的僧滚扎布，敖汉部的罗卜藏。乾隆及以后，科尔沁的鄂勒哲特穆尔额尔克巴拜、鄂勒哲依图、济克默特、棍楚克林沁、那苏图、达赉、那尔

---

① 《清高宗实录》卷898，乾隆三十六年十二月戊寅。

② 《清朝满蒙联姻研究》，第462～463页，人民出版社2003年版；再版本《清朝满蒙联姻研究》下册，第524～525页，故宫出版社2013年版。

③ 昭梿：《啸亭杂录·续录》，第378～379页，中华书局1980年版。

④ 昭梿：《啸亭杂录·续录》卷1，《奏蒙古事侍卫》，第388～389页。并见《啸亭杂录·续录》卷1，《御前大臣》，第378页，中华书局1980年版。

苏、阿穆尔灵圭，喀喇沁的瑚图灵阿、丹巴多尔济、托恩多、德木斎扎布、熙凌阿、都凌阿、依凌阿卓凌阿、贡桑诺尔布，敖汉部的罗卜藏锡拉布、彭楚克拉锡，土默特部的朋素克琳沁、德勒克色楞、索特纳木色登，巴林部的德勒克，奈曼部的萨噶拉、玛什巴图尔、苏珠克图巴图尔，漠北土谢图汗部的蕴端多尔济、多尔济那木凯、多尔济喇布坦、多尔济帕拉木、那逊巴图、车林巴布，赛音诺颜部的巴彦济尔噶勒、车登巴咱尔、达尔玛、祺诚武，新疆旧土尔扈特部的帕勒塔[①]。

銮仪卫掌卫事大臣，也可归入此类。銮仪卫，是职掌皇帝、后妃之仪仗（皇帝仪仗称卤簿）、车轿之类的机构，皇帝出行时，则在皇帝身边、周围侍奉，掌卫事大臣总管其事。曾充任该大臣的蒙古王公有喀喇沁蒙古的丹巴多尔济，科尔沁蒙古的僧格林沁、伯彦讷谟祜父子，漠北蒙古的那彦图（俗称那王）。

（2）服务于皇帝武事机构的职官。如：虎枪营总统、上虞备用处（亦称粘竿处）管理大臣、善扑营总统大臣，总理行营大臣、向导处总统大臣，等等。

虎枪营由精骑射、善杀虎豹猛兽者之虎枪兵组成，以备皇帝围猎并扈从。皇帝驻御营，以虎枪兵防御猛兽。

粘竿处，掌护卫并侍从皇帝渔猎捕鸟等事。善扑营演练掼跤、射箭、骗马等技艺以供御用。总理行营大臣掌皇帝出巡所需交通工具、行营安设、安排翊卫扈从官兵等事。向导处负责皇帝出巡时相度路途、地形及驻跸处安设幔城、网城等事。

曾担任以上机构职官的蒙古王公有：任虎枪营总统大臣者，为科尔沁的僧格林沁、博迪苏，漠北蒙古的那逊巴图。任粘竿处管理大臣者，有僧格林沁，漠北蒙古的车登巴咱尔。担任过善扑营总统大臣的，有喀喇沁的丹巴多尔济，科尔沁的僧格林沁，漠北蒙古的车登巴咱尔。任过总理行营大臣及向导处大臣的，有喀喇沁的丹巴多尔济，土默特的玛尼巴达喇，科尔沁的僧格林沁、伯彦讷谟祜，漠北蒙古的车登巴咱尔、那逊巴图、那彦图。

（3）守卫宫廷、苑囿之武官。这类官员有：

A. 侍卫处的领侍卫内大臣、内大臣、散秩大臣、侍卫。侍卫处是职掌宫廷重要门禁、近御之处的机构，其长官领侍卫内大臣为最高品级武官，正一

---

①《宣统政纪》卷40，宣统二年八月庚辰。

品，内大臣，从一品，还有散秩大臣，他们率领侍卫、亲军营官兵以宿卫宫廷，扈从皇帝。领侍卫内大臣等在皇帝御门听政、朝会、祭祀、斋宿、阅兵、出巡等重要活动时，亦负责翊扈警卫。

B. 八旗护军营、前锋营及包衣护军营的长官统领。护军营、前锋营由八旗精兵组成，日常轮班守卫皇宫内外，如皇宫内之各宫殿、库府、某些门禁，皇宫外的紫禁城周围、大清门等处。另组编有护军营在圆明园守卫。其长官统领还负责督率营兵训练（并见后述）。

蒙古王公出任这类职务中，任领侍卫内大臣的有：科尔沁色布腾巴勒珠尔、索特纳木多布斋、棍楚克林沁，以及僧格林沁、伯彦讷谟祜、那尔苏、博迪苏祖孙三代4人。喀喇沁蒙古的扎拉丰阿、丹巴多尔济。土默特部的玛尼巴达喇、德勒克色楞。奈曼部的德木楚克扎布。漠北赛音诺颜部的拉旺多尔济、车登巴咱尔、那彦图。共15人。任护军统领、前锋统领者，见下述八旗官职，因其不仅护卫皇宫，平日还与其他八旗职官一样训练营兵。

（4）八旗官职。

A. 八旗（满、蒙、汉军）都统、副都统。都统、副都统不仅管理旗务，还兼八旗骁骑营的长官（官名也是都统、副都统）掌八旗马甲的训练，统骁骑营官兵轮流守卫北京城之内城（城墙）、各处仓库、衙署等。

B. 各特种兵营如前锋营、护军营、火器营、健锐营、神机营等的长官统领、总统，或称管某某营事。这类武官，与八旗骁骑营的都统、副都统一样，平日训练营兵，战事统兵出征，另外，前锋营、护军营的统领还负责皇宫守卫，见前述。

C. 领纛大臣、阅兵大臣等。领纛大臣，是围猎时任部署、指挥之职，围猎是清代训练八旗兵的措施。而阅兵大臣，则是八旗兵各种兵营定期集中操演、检阅军容时任总管的职官。

以上职官共同的职掌特点，是训练八旗兵，蒙古与满族一样也是尚武的民族，在马背上的战斗力尤强，满族崇尚骑射，以其为巩固统治的根本，这也是重用蒙古王公担任八旗武官的重要原因之一。清代担任这方面职官的蒙古王公甚多，仅摘要列举如下。

任八旗满洲、蒙古、汉军旗都统者：

科尔沁部的色布腾巴勒珠尔（镶蓝蒙古旗都统、镶蓝满洲旗都统）、鄂勒哲特穆尔额尔克巴拜（镶黄蒙古旗都统）、棍楚克林沁（署镶黄满洲旗都统、正黄旗汉军都统）、那苏图（署镶白蒙古旗副都统）、达赉（正红蒙古旗副都统、署镶红蒙古旗副都统、署正蓝汉军旗都统）、索特纳木多布斋（正黄蒙古旗都统、镶白蒙古旗都统、正蓝满洲旗都统、正蓝旗蒙古都统）、僧格林沁（镶红蒙古旗都统、镶白满洲旗都统、正白满洲旗都统，正红旗汉军都统，署正黄、镶红满洲旗都统）、伯彦讷谟祜（镶蓝汉军旗都统、镶白满洲旗都统、正白满洲旗都统、镶红蒙古旗都统）、博迪苏（正黄汉军旗副都统、正蓝蒙古旗都统、镶蓝满洲旗都统、署正红满洲旗都统）、阿穆尔灵圭（署镶红蒙古旗都统）。

喀喇沁部的扎拉丰阿（镶黄、镶白蒙古旗都统，正黄汉军都统）、丹巴多尔济（先后任过正红、镶白、正蓝、正白蒙古4个旗都统，正红汉军旗副都统）。

土默特部的玛尼巴达喇（正红蒙古旗都统、署镶蓝满洲旗都统、署正蓝旗满洲都统、署镶红蒙古旗都统）、德勒克色楞（正白蒙古旗都统、镶蓝蒙古旗都统）、棍布扎布（署正白汉军旗副都统、正蓝蒙古旗副都统、镶白满洲旗副都统）。

敖汉部的罗卜藏（署镶蓝旗蒙古都统）。

奈曼部的德木楚克扎布（正白蒙古旗都统、镶白满洲旗都统、署正黄汉军旗都统、镶白满洲旗都统）。

漠北蒙古赛因诺颜部的拉旺多尔济（镶黄蒙古旗都统）、车登巴咱尔（正红旗蒙古都统、署镶黄旗蒙古都统）、那彦图（镶白蒙古旗都统、正红满洲旗都统、镶黄满洲旗都统），土谢图汗部的那逊巴图（镶黄蒙古旗都统）、多尔济那木凯（正黄蒙古旗副都统、镶白汉军旗副都统、署正黄蒙古旗副都统）。

以上共22人任过57次都统、副都统（包括署理者），所任旗分，既有满洲旗、蒙古旗，也有汉军旗。

任护军营、前锋营统领者：科尔沁部的色布腾巴勒珠尔（管圆明园护军营）、索特纳木多布斋（镶红旗护军统领）、棍楚克林沁（镶黄旗、镶红旗护军统领，前锋营统领）伯彦讷谟祜（镶红旗、镶黄旗护军统领，前锋营统领）、鄂勒哲依图（前锋营统领）、济克默特（前锋营统领）、那苏图（正红旗护军统领）、达赉（正红旗护军统领），喀喇沁蒙古的丹巴多尔济（镶白旗、正蓝旗护军统领），土默特部的玛尼巴达喇（前锋营统领）。共10人。

任火器营大臣、总统者：有科尔沁部的色布腾巴勒珠尔、索特纳木多布斋、僧格林沁、伯彦讷谟祜，奈曼部的德木楚克扎布。

任健锐营大臣、总统者：漠北蒙古的多尔济那木凯，科尔沁部的伯彦讷谟祜。

任神机营管理大臣者：科尔沁部的伯彦讷谟祜。

任领纛大臣者：科尔沁部的索特纳木多布斋，喀喇沁部的满珠巴咱尔、巴勒楚克，纛长玛哈巴拉、端岳特多尔济。

任阅兵大臣者：土默特部的玛呢巴达喇、德勒克色楞父子，奈曼部的德木楚克扎布，科尔沁部的伯彦讷谟祜，漠北蒙古的那彦图。

2. 文官

（1）宫廷皇室教育官职。这类职务，主要是在上书房充当皇子皇孙等的教师“谙达”，或教育幼年继位的皇帝。嘉庆朝的拉旺多尔济亲王、道光时僧格林沁，都曾充任过上书房总谙达，负责整个上书房教育的管理。咸丰时，漠北蒙古的多尔济帕拉木，担任过上书房的蒙古谙达，教蒙古语。科尔沁蒙古的伯彦讷谟祜亲王（僧格林沁之子），在光绪初年充任“毓庆宫行走”，教过少年时期的光绪帝。漠北蒙古的那彦图，则因通满、蒙、汉三种语言文字，当时在毓庆宫做过光绪皇帝的侍读[①]。

（2）内务府某些机构的官员，如上驷院、武备院、奉宸苑的管理大臣等。

喀喇沁蒙古的扎拉丰阿、丹巴多尔济，曾管上驷院事。科尔沁蒙古的伯彦讷谟祜，曾任武备院管理大臣。科尔沁蒙古的僧格林沁，曾任管奉宸苑事务大臣。漠北蒙古的达尔玛，曾任管中正殿事务大臣。

（3）其他，如理藩院尚书、额外侍郎、国史馆官、税关监督，及清末的资政院议员等。

担任过这些职官的蒙古王公有：

理藩院职官。科尔沁蒙古的色布腾巴勒珠尔，曾任理藩院尚书。担任理藩院额外侍郎者较多，有：喀喇沁蒙古的僧衮扎布、扎拉丰阿、玛哈巴拉，敖汉部蒙古的罗卜藏、罗卜藏锡拉布，科尔沁蒙古的达尔玛达都、鄂勒哲依图，巴林部的德勒克。理藩院额外侍郎作为理藩院的堂官（长官），除了日常办理政务外，还参与该院定期纂修的《理藩院则例》，作为当时及以后行政的规则。

国史馆。巴林部的德勒克，曾任国史馆副总裁。

---

① 孟克布音：《蒙古那王府邸历史生活纪实》，载《内蒙古大学学报》1991年第4期。

税关监督。喀喇沁蒙古的丹巴多尔济，曾任北京左翼税关监督、管崇文门税关事。土默特蒙古的棍布扎布，任北京右翼税关监督。漠北蒙古的那彦图，任崇文门税关监督。

资政院。喀喇沁蒙古的贡桑诺尔布、科尔沁蒙古的博迪苏、漠北蒙古的那彦图，都曾担任资政院议员。资政院，是清廷实行预备立宪时成立的类似于议院的机构[①]。

新学堂。宣统年间，旧土尔扈特郡王帕勒塔，曾任陆军贵胄学堂蒙旗监学[②]。

（二）担任边区、地方职官

蒙古王公充任边区或地方职官者数量相对较少，但大多为要职。列举如下。

乌里雅苏台将军，即定边左副将军，驻漠北蒙古之乌里雅苏台，为统辖漠北蒙古之最高军政长官，这一要职，自雍正年间设置至乾隆四十五年，是由蒙古王公担任，而且主要是漠北蒙古王公，自设置至乾隆三十八年这四十年，由赛因诺颜部的策凌与其二子成衮扎布、车布登扎布这父子三人担任，其间仅乾隆十九年至二十一年间任用过其他人。从乾隆三十八年至四十五年，先后由漠南蒙古喀喇沁部的瑚图灵阿、巴林部的巴图担任。

库伦大臣，掌清朝与俄罗斯边境事务，按期巡查卡伦、鄂博，其边务东段、西段，分别会同黑龙江将军、定边左副将军及科布多参赞大臣酌办。并管理与俄罗斯贸易，经管驿站及哲布尊丹巴活佛徒众事务。乾隆后期以后，管理土谢图汗部、车臣汗部两部事务[③]。此职为满蒙复职制，由蒙古王公担任者，从乾隆二十二年设置[④]到清末宣统三年这155年，有漠北土谢图汗部的桑斋多尔济、车登多尔济、蕴端多尔济、伦布多尔济、多尔济拉布坦、德勒克多尔

---

① 以上所述蒙古王公之任官，除特别注明者外，据《清朝满蒙联姻研究》一书第二十章之《驻京蒙古额驸及其子孙充任京职一览表》，人民出版社2003年版；故宫出版社2013年版。

②《宣统政纪》卷49，宣统三年二月戊寅。

③ 参见李毓澍：《外蒙政教制度考》第106、121、150～154页。台北“中研院”近代史所专刊（1962年），1978年。

④［日］冈洋树：《关于“库伦办事大臣”的考察》，《清朝与东亚细亚》1992年。乌云格日勒、佟双喜译文载《蒙古学信息》1997年第2期。

济、那木济勒端多布、那逊卓克图、绷楚克车林，车臣汗部的阿尔塔什达、德木楚克多尔济。漠南蒙古喀喇沁部的瑚图灵阿。另外，宣统三年，旧土尔扈特的多罗郡王帕勒塔曾署理科布多办事大臣[①]，时间很短。

八旗驻防官。乾隆四十九年，阿拉善蒙古的旺沁班巴尔亲王，出任宁夏八旗驻防的副都统[②]，咸丰、同治年间，土谢图汗部的德勒克多尔济曾担任绥远城驻防将军、署理归化城副都统[③]，不过时间都不长。

（三）协助皇帝办理边疆民族事务

奉命办理者也主要是驻京或在京蒙古王公。这方面的事例甚多，简要列举如下：

康熙三十六年，巴林部的阿喇布坦偕满蒙官员等赴青海，招抚该地蒙古，该蒙古“举部归诚”[④]。

乾隆四年，漠北喀尔喀蒙古车臣汗的不法行为被管旗章京德勒登控告，乾隆命喀喇沁贝勒僧衮扎布调查审讯，报理藩院转奏皇帝裁处[⑤]。

乾隆十三年，科尔沁部的罗卜藏衮布、齐默特多尔济及郭尔罗斯部的素玛第等去科尔沁等蒙古地方筹备马匹，以支援金川之役[⑥]。

乾隆三十六年，土尔扈特蒙古回归，乾隆特命科尔沁亲王色布腾巴勒珠尔率官员赴伊犁迎接[⑦]。

乾隆三十六年，敖汉部的罗卜藏锡拉布与户部侍郎索琳等，奉命赴土默特蒙古调查谋害皇家格格案[⑧]。

乾隆五十四年，漠北蒙古的亲王拉旺多尔济，奉命前往车臣汗部查办事件，并办理旧围场的分拨事宜[⑨]。

---

①《宣统政纪》卷69，宣统三年十二月丁酉。

②《钦定外藩蒙古回部王公表传》卷80， 第548页，内蒙古大学出版社1998年版。

③《清史稿》卷208，《疆臣年表十二・咸丰十一年—同治五年》。

④《钦定外藩蒙古回部王公表传》第556、572页，内蒙古大学出版社1998年版。

⑤《清高宗实录》卷96，第13页，乾隆四年七月乙卯。

⑥《清高宗实录》卷328，乾隆十三年十一月乙未；卷330，乾隆十三年十二月乙丑。

⑦《清高宗实录》卷886，乾隆三十六年六月乙卯；卷887，乾隆三十六年六月壬辰、癸巳。

⑧《清高宗实录》卷881，乾隆三十六年三月己丑。

⑨《清高宗实录》卷1345，乾隆五十四年十二月壬申；卷1351，乾隆五十五年三月壬寅。

嘉庆四年，漠北蒙古亲王拉旺多尔济，奉命复查土默特旗谋杀喇嘛的重大命案，弄清真相[①]。

嘉庆十三年，喀喇沁蒙古郡王满珠巴咱尔达，奉命从京城赴藏看视达赖喇嘛九世坐床，颁赐敕书、银两[②]。

嘉庆十七年、道光二十八年、三十年，喀喇沁部的托恩多、漠北土谢图汗部的那逊巴图、奈曼部的德木楚克扎布，都曾由京前往漠南、漠北吊祭故去的蒙古王公[③]。

道光十九年，漠北活佛哲布尊丹巴来京朝觐，科尔沁蒙古的济克默特偕理藩院官员前往迎接[④]。

咸丰十年，漠北蒙古的多尔济那木凯，受命由京赴库伦，调查库伦大臣德勒克多尔济被人参奏案[⑤]。

光绪末，为稳定蒙、藏边区局势，科尔沁辅国公博迪苏受命带密旨，从京城赶赴外蒙宣慰达赖喇嘛，婉转劝其回藏[⑥]。

宣统三年，各地出现反清运动，为稳定东北，应东三省总督赵尔巽电请，清廷派驻京科尔沁亲王阿穆尔灵圭赴沈阳，与其面商对策[⑦]。

（四）在京参预中央机要大政

康熙四十七年，皇太子胤礽被废，科尔沁蒙古亲王班第与满汉大臣一起，受命商议推举新太子，前后四天中，班第始终充当重要角色[⑧]。

皇位交替之际，政局不稳，老皇帝往往于生命垂危之时，托付几位亲近重臣辅佐新继位的皇帝，被重托的这些大臣称为“受顾命”或“受末命”。嘉庆帝临终，“受末命”的重臣之中，有科尔沁部的郡王索特纳木多布斋，奉命与

---

①《清仁宗实录》卷40、41，嘉庆四年三月戊辰、庚辰；赵慎畛：《榆巢杂识》下卷《不恂上官》。

② 贺觉非：《西康纪事诗本事注》之《嘉庆纪事碑》，第45页，西藏人民出版社1988年版。原碑文有抄录错误。

③《清仁宗实录》卷257，嘉庆十七年五月庚辰。《清宣宗实录》卷456，道光二十八年六月甲寅。《清文宗实录》卷10，道光三十年五月己未。

④《清宣宗实录》卷328，道光十九年十一月庚戌。

⑤《清文宗实录》卷315，咸丰十年四月丙寅。

⑥ 李廷玉：《游蒙日记·自序》，民国刊本。

⑦《宣统政纪》卷65、66，宣统三年十月壬寅、甲寅。

⑧《清圣祖实录》卷235，康熙四十七年十一月丙戌、丁亥、戊子、己丑。

御前大臣赛冲阿、军机大臣托津等共同辅弼道光帝[①]。道光帝弥留之际，科尔沁部郡王僧格林沁与宗室亲王载垣、端华、军机大臣穆彰阿等，奉命办理皇位授受之事，道光帝嘱托他们“同心赞辅”将继位的咸丰帝[②]。

这一期间，有的蒙古王公还被委任为办理丧事大臣。晚清时期的咸丰、同治、光绪这三位皇帝的丧礼，都由住京蒙古王公与宗室王公、满洲大臣一同办理。先后任其职者，是奈曼部郡王德穆楚克扎布、科尔沁亲王伯彦讷谟祜、漠北喀尔喀蒙古亲王那彦图[③]。

在决定王朝命运的大事上，清代帝后也让蒙古王公提出建议。清末武昌起义爆发，清王朝危机四伏，汉官袁世凯威逼要挟。宣统三年十月至十二月间，隆裕太后等几次召集皇室近支王公、在京蒙古王公举行御前会议，商议对策。预议的蒙古王公先后有：漠北赛因诺颜部蒙古的那彦图亲王，漠南蒙古喀喇沁部的郡王贡桑诺尔布、贝勒熙凌阿，科尔沁部郡王棍楚克苏隆、公爵博迪苏，奈曼部郡王苏珠克图巴图尔[④]。在御前会议上，那彦图等蒙古王公坚决不同意清帝逊位。

三、蒙古族参与清朝统治的性质、地位以及由此引申的国体问题

从前述史事可以看出，在军事方面，蒙古官兵，从清廷统一中原建立大一统的清王朝，到以后的绥服蒙、藏、回部边疆，巩固内地统治，以及抵御外国侵略保卫中华民族之国家，始终是清廷的重要依靠力量，与满族的八旗官兵、汉族的绿营官兵，在维护王朝国家统治的性质上也是相同的。

在行政方面，蒙古王公不仅担任清朝的武职官，而且担任文官；不仅任中央官，而且在边区主要是蒙古地区任职。另外，所担任的职任，多属重要、机要性质，如八旗高级武官都统、统领、总统大臣、领侍卫内大臣，都是一二品

① 唐邦治：《清皇室四谱·皇女·仁宗皇三女》，民国刊本。

②《清宣宗实录》卷476，道光三十年正月丁未。

③《清穆宗实录》卷1，咸丰十一年七月丙午。《清德宗实录》卷1，同治十三年十二月甲戌。《宣统政纪》卷1，光绪三十四年十月癸酉。

④《盛京时报》宣统三年十月二十日第七版，十二月初五日第四版，见《内蒙古档案史料》1993年第2期。溥伟：《让国御前会议日记》，见《中国近代史资料丛刊》之《辛亥革命》第8册，第110～115页，上海人民出版社1957年版。

高官，统京城八旗劲旅（其重要性并见后述）。御前大臣、御前行走等，则属近御要职，随时备皇帝咨询顾问，协助办理少数民族事务，并兼管防止宦官窃权乱政的外奏事处。其充任幼帝教师谙达、担任“顾命”大臣，都系与皇家密近、重要之职。理藩院“额外侍郎”，办理少数民族事务。边区的乌里雅苏台将军，是统辖广阔的漠北蒙古地区的最高军政长官，库伦大臣，则管理中俄贸易，兼管漠北蒙古东部的土谢图汗部、车臣汗部及蒙古活佛哲布尊丹巴有关的某些事务，并与乌里雅苏台将军共同巡守中俄边境。因而，蒙古王公的职任，其性质与满、汉官职任一样，是维护大一统清王朝的国家统治。

进一步分析，蒙古王公所充任的职官、担任的职差，还有以下三个特点。

一是以八旗武官居多。文职较少。

蒙古王公担任八旗都统、副都统，护军营、前锋营的统领，火器营、健锐营的总统及管神机营者，多达数十人。其平日的重要职责是训练八旗兵、轮班守卫北京城、皇宫。战时，则奉命出征。其围猎领纛大臣、演练军队的阅兵大臣，也有训练八旗兵的意义。另外，充任八旗都统、副都统者，还有办理旗务、管理旗人之责。清廷以八旗兵为维持满族主体统治的军事支柱，满族皇帝任用蒙古王公与满族王公、武官一样统辖并训练、管理八旗兵，正是在其维持军事统治方面使其发挥作用。

二是以办理边疆民族事务为主。

理藩院办理少数民族事务，官制与六部类同，但特设有别于六部的“额外侍郎”，作为蒙古王公的专缺。

蒙古王公协助皇帝所办理的事务，也大部分是边疆民族事务。如前举处理蒙古地区重大刑案、查办事件，调拨兵马，迎接土尔扈特部回归、漠北活佛朝觐，赴蒙古地区稳定该地区统治秩序，等等。此外，充当皇帝处理边疆民族事务的顾问，备咨询（见前述）。

光绪末至宣统年间，受清廷“新政”的影响，蒙古王公们纷纷向清廷上报图强变革、振兴蒙古的奏议，提出在蒙古地区兴办新式教育、工商业，开矿，畜产加工业，创办蒙古实业公司，兴办近代金融、交通、通信事业，设银行、修铁路，兴办垦务，发展、改良农牧业，以及编练新兵，加强蒙古武力，以固国防，等等[①]。

三是担任近御之职、参与机要，因而与满族及皇帝的关系，比汉族官员密近。从前举事例也可看出这一点：

清代，皇帝的贴身护卫武官——御前大臣、御前侍卫、御前行走，近御保护武官——领侍卫内大臣、内大臣、散秩大臣、乾清门侍卫，皇帝出巡时的后扈大臣、前引大臣，服务于皇帝武事机构的武官——虎枪营总统、上虞备用处（亦称粘竿处）管理大臣、善扑营总统大臣，总理行营大臣、向导处总统大臣，等等。以及守卫宫廷的护军营、前锋营、亲军营官兵，都是用满蒙旗人，不用汉军旗人，更不用汉人，汉人武进士虽有选为宫廷侍卫者，但只任用为外廷的大门侍卫，个别人选为乾清门侍卫，就属于旷世殊荣了。而这些武官，除了满洲八旗、蒙古八旗人外，还选用满族宗室王公与蒙古藩部王公。

清末，满族皇家对满汉关系敏感，事关满族爱新觉罗王朝命运抉择的御前会议，皇室召集的参加者，只有满、蒙王公，而无汉官。

可见满族皇帝是把蒙古王公贵族视为关系密近者，其信任及密近程度，超过汉人。尤其是那些驻京蒙古王公额驸之家，已与满洲王公、大臣同样看待，八旗都统副都统、各兵营统领总统等长官，与满族人同样任用，满族皇帝已把他们作为维护其主体统治的自身力量。

另外，蒙古王公的身份地位也显著高于汉官。清代，官品级与爵级列入同一等级系列，公侯伯子男爵中，子爵等同正一品，公、侯、伯爵皆为超品，就是说，蒙古亲王、郡王、贝勒、贝子，爵级都在公爵之上，更高高在一品汉人大员之上。再看封爵，汉人在三藩之乱平定后，最高只有公爵，咸同时期的曾国藩、李鸿章为挽救清朝江山社稷立下汗马功劳，也仅得封侯爵，低于公爵；所以，如曾国藩、李鸿章这些汉人高官、有爵者，身份地位都远在蒙古亲郡王之下，光绪十五年满蒙王公、大臣随慈禧谒陵，大学士直隶总督李鸿章在宫门口迎驾，科尔沁蒙古亲王伯彦讷谟祜（僧格林沁之子）“竟以手麾之使下，意谓此系王公站立之所，非地方官所得僭也，文忠（即李鸿章）即逡巡而退”[②]，于此可见蒙古王公与汉人高官、侯爵身份地位之差别。

日常办理的事务，蒙古王公虽远没有汉官多，且偏重武职。但在边疆民族

---

① 以上蒙古王公之建议等等，均据白拉都其格《清末蒙古王公图强奏议概论》，载《内蒙古大学学报》（人文社科版）1997年第4期。

② 何刚德：《春明梦录》卷上，第13页，上海古籍出版社1983年版。

事务方面，在事关满族命运的重大事务上，则被满族皇帝所倚重，这是汉官所不能比拟的。

关于蒙古族等少数民族在清朝统治作用中的定位，及由此引申的国体问题，试作如下分析。

清朝国家领土，有中原直省、边疆民族两大部分。从现在所看到的资料得出之看法，大致是，清廷在满族为主体统治的框架下，中原直省，主要依靠汉官辅助，边疆民族地区，主要依靠蒙古等本民族之人辅助，本民族人还在本民族地区担任官员，以实施管理。同时还应看到，无论是汉人绿营，还是蒙古军队，都与八旗官兵一样，是清廷绥服边疆、巩固中原乃至抵御外侵保卫整个国家的军事力量。而且，满族皇帝与蒙古王公的关系比汉官密近，把蒙古贵族的地位也置于汉官之上。所以，以前我们提到清朝统治国体，在叙述满族为主体统治的前提之下，仅提“满汉联合统治”，不提蒙古族，是不全面的。以往传统的汉族中原王朝，其版图从未有像清朝那样确定到广袤的边区并长期稳固施治，其参与统治的民族也基本无少数民族。但到清朝时产生了变化，民族边区也在版图之内，少数民族尤其是蒙古族已成为国家统治民族中的重要一员；所以，我们也不能再按以往的思维模式，在统治国体问题上，把蒙古等民族排除在外。蒙古族之外，西藏宗教上层及藏族官员、军队，以及回部官员伯克，在巩固本地区的边区统治中，也发挥着重要作用。基于以上认识，把清朝之国体称为是以“满族为主体、以满汉及蒙古等少数民族联合统治”，当更为确切。民国成立伊始，即宣布的汉满蒙回藏五族共和，绝不是突然形成的，而是在清朝就已经奠定了相关基础。

清朝满蒙汉官缺嬗变之研究

赵志强

有清一代，凡内外职官，按任官者民族身份的不同，分为满洲缺、蒙古缺、汉军缺和汉缺。满洲缺中，除了以普通满洲人补放的官职外，又有宗室缺和内务府包衣缺。汉军缺与汉缺，虽分别设立，但从其本质而言，差异极微，在实际操作过程中，也往往合二为一，因此可并称汉缺。具体官缺的划分以及何种身份的人可以补放何种官缺，在《大清会典》等官修政书中记载详细，足资参阅，而从制度史的角度来看，清朝官缺经历了官缺不论族别、满洲蒙古汉复职和满汉复职三个阶段。此等演变情况在清代典籍中往往语焉不详，尤其清朝入关前的情况较为模糊，有必要加以研究，以深刻认识清朝官制演变的过程及其原因。

一、官缺不论族别

清朝的官缺制度，始于明末。万历十一年（1583）五月，建州女真首领即后来所尊清太祖弩尔哈齐[①]起兵后，戎马倥偬数十年，由近及远渐次征讨女真诸部，威震白山黑水间。在此过程中，弩尔哈齐建立金国，除官授职，开启了一个新时代的帷幕。金国乃大清王朝的前身，因此金国的建立及其除官授职实为清朝官制的渊薮。

金国建立之初，官制从无到有，尚处于草创时期。在万历四十三年（1615）以前，大约在30年时间内，弩尔哈齐出于征战和国家管理的需要，创立了八旗制度，且八旗（jakūn gūsa）武职系统的官制较为完备，若固山额真

① 清太祖御名，古今书写多不统一，本文遵从雍乾校订本《清太祖高皇帝实录》等官修典籍。

（都统）、梅勒额真（副都统）、甲喇额真（参领）、牛录额真（佐领）、分得拨硕库（骁骑校）等职莫不设置，而部院文职系统则相对滞后，虽设立贝勒、一等大臣、二等大臣、扎尔固齐（审事官）、巴克什（笔帖式）等职，颇不完备。另外，此时的征战属于女真族内部的统一战争，无论是征服者还是被征服者都是女真人，因此没有必要在官制上体现其族别。所有任职之人，也没有必要表现其族属。

随着征服战争的顺利进行，被征服或“望风归附”的人员与日俱增，国家机构逐渐完善，金国所设文武官缺不断增加，补放的官员中始有非女真人，且其数量日益增多。以蒙古人为例，在弩尔哈齐创业之际，附近蒙古人有前来归附者，编设若干牛录，附于（满洲）八旗。天命七年（1622）三月，始以喀尔喀归附之众编为一旗，以察哈尔归附之众编为一旗[①]。这两个蒙古旗，或称“蒙古二旗”，分别隶属于八旗左右两翼。在天聪八年（1634）五月之前，又有旧蒙古“左侧固山”和“左营”、“右侧固山”和“右营”之称。至天聪八年五月初五日，定“旧蒙古右营为右翼兵，左营为左翼兵”[②]。九年（1635）二月初六日，在征服察哈尔蒙古以后编审新旧蒙古壮丁时，蒙古八旗之制最终确立。

当此之时，授蒙古人以官职者为数不鲜，例如《清史稿》记载：“明安，博尔济吉特氏。其先世元裔，为蒙古科尔沁兀鲁特部贝勒……（天命）七年二月壬午，明安及同部贝勒兀尔宰图、锁诺木、绰乙喇札尔、达赖、密赛、拜音代、噶尔马、昂坤、多尔济、顾禄、绰尔齐、奇笔他尔、布颜代、伊林齐、特灵，喀尔喀部贝勒石里胡那克，并诸台吉等三千余户，驱其牲畜来归，授三等总兵官，别立兀鲁特蒙古一旗。”至天聪六年，“以内附诸蒙古所行多违令，罢蒙古旗，俱散隶诸贝勒所领牛录，明安改隶满洲正黄旗”。明安之子“多尔济亦从父来归，授备御，尚主为额驸。天命十一年，从伐扎鲁特，有盗马遁者，多尔济逐得之”。“布颜代，博尔济吉特氏。初为蒙古乌鲁特贝子。天命七年，籍所辖户口自西拉塔喇来归，尚主为额驸，予二等参将世职，隶满洲镶红旗……（天聪）五年，授礼部承政，兼右翼蒙古梅勒额真……九年，蒙古旗制定，以布颜代为镶红旗固山额真。”“恩格德尔，博尔济吉特氏。其先世元裔，为蒙古喀尔喀巴约特部长……（天命）二年，恩格德尔来朝，上以贝勒舒尔哈

---

①《旧满洲档》（二），第1103页，台北故宫博物院1969年版。

②《清太宗实录》卷18，第240页，中华书局1986年版。

齐女妻焉，号为‘额驸’……九年春正月，恩格德尔偕其妻郡主来朝，请率所部来归，上嘉其诚，与之盟，赐以敕：‘非叛逆，他罪皆得免。’命贝勒代善等帅师移所部至辽阳……旗制定，隶满洲正黄旗。”“古尔布什，亦元裔，为喀尔喀台吉，与恩格德尔同牧西喇木伦。天命六年十一月，偕台吉莽果尔，率所属六百户，驱牲畜来归……上以女妻古尔布什为额驸，赐名青卓礼克图，畀满洲、蒙古牛录各一，授一等总兵世职，隶满洲镶黄旗。”“鄂齐尔桑，博尔济吉特氏，蒙古扎鲁特部人……太宗即位，以扎鲁特部败盟，贰于明，命贝勒代善、阿敏等将万人讨之，斩倡叛者贝勒吴尔寨图，获巴克及其二子，诸贝勒喇什希布、代青、桑噶尔寨等十四人以归。上命隶满洲镶黄旗，赐衣服器用。寻授鄂齐尔桑牛录额真。”[①]又据该书记载：“武纳格，博尔济吉特氏，隶蒙古正白旗。其先盖出自蒙古，而居于叶赫。太祖创业，武纳格以七十二人来归。有勇略，通蒙、汉文，赐号‘巴克什’。岁癸丑，从伐乌喇有功，授三等副将。天命十一年……进三等总兵官。”“太宗即位，武纳格总管蒙古军，位亚扬古利、李永芳，在八大臣上。旋以蒙古军益众，分左、右二营，武纳格与鄂本兑同为固山额真。天聪……八年五月，改蒙古军左、右营为左、右翼，以武纳格为左翼固山额真。”“德穆图，武纳格长子也。初任牛录额真。崇德三年正月，擢户部承政。七月，更定官制，改右参政。四年……寻兼任梅勒额真。六年……罢参政、梅勒额真，俾专领牛录。”[②]蒙古人多在八旗和部院等国家机构任职者，由此可见一斑。

再以汉人为例，在努尔哈齐执政时期，曾以归附的汉人编设16牛录，附于（满洲）八旗。皇太极即位后，大约在天聪四年（1630），从满洲大臣之家拨出汉人3000余名，设一固山，授额驸佟养性为固山额真。时人称之为（某将领之）尼堪超哈（nikan cooha）[③]，意为汉人兵，或“旧汉兵一旗”[④]。天聪八年（1634）五月初五日，定“旧汉兵为兀真超哈”[⑤]。兀真超哈，又作乌真

① 赵尔巽撰：《清史稿》卷229，列传16。
② 赵尔巽撰：《清史稿》卷230，列传17。
③ 台北故宫博物院影印：《旧满洲档》（八），第3694页，1969年本。
④《清太宗文皇帝实录》卷13，第180页，中华书局1986年版。
⑤ 中国第一历史档案馆：《清初内国史院满文档案译编》（上），第80页。光明日报出版社1989年版。《清太宗实录稿本》之文同此，见该书第8页，辽宁大学历史系1978年本。雍乾校订本《清太宗文皇帝实录》谓：定“旧汉兵为汉军”，欠妥。见该书卷18，第240页，中华书局1986年版。

超哈，系女真（满洲）语ujen cooha的音译。兀真或乌真，意为“轻重之重”，超哈意为“兵、军”[①]。故兀真超哈或乌真超哈之言，直译为“重兵”。顺治十七年（1660）钦定：“乌真超哈，清字仍称乌真超哈，汉字称为汉军。”[②]其建制沿革，大概崇德二年（1637）七月分为二旗，四年（1639）六月分为四旗，七年（1642）七月分为八旗，汉军八旗建制最终形成[③]。在此过程中，以汉人籍隶八旗、除官授职者不乏其人。例如：“李思忠，字葵阳，铁岭人。父如梃，明辽东总兵官宁远伯成梁族子也，仕明为太原同知，罢归居抚顺。太祖天命三年，始用兵于明，克抚顺，得思忠，如梃徙还铁岭……六年，定辽阳，敕思忠收其族人，俾复故业，即授牛录额真，予世职备御。寻以获谍，进游击。”天聪五年“进二等参将”，九年“进三等梅勒章京”，崇德“七年，汉军旗制定，隶正黄旗”。“金玉和，辽东人。仕明为开原千总。太祖克开原，玉和降，授甲喇额真，予世职三等副将。汉军旗制定，隶正黄旗。天聪五年，擢礼部承政……八年，考绩，进二等副将。崇德元年，坐与吏部参政李延庚互举子弟，罢官，降世职三等甲喇章京……四年，复授甲喇额真。”“金维城，玉和子也。崇德初，师攻锦州，维城以甲喇额真奉命与梅勒额真金砺督饷，屡从伐明有功。克中后所、前屯卫二城，维城亦在行间。累官正白旗汉军梅勒额真，兼兵部参政，世职至牛录章京。”“孙得功，在明为广宁巡抚王化贞中军游击，化贞倚得功为心膂。太祖围西平堡，刘渠等赴援，令得功从。渠等战死，得功潜纳款于太祖，还言师已薄城，城人惊溃。化贞走入关，得功与进、绍贞、国志等，率士民出城东三里望昌冈，具乘舆，设鼓乐，执旗张盖，迎太祖入驻巡抚署，士民皆夹道俯伏呼万岁。时天命七年正月庚申，月之二十四日也。上授得功游击，隶镶白旗，辖降众，移驻义州……（天聪）八年，追叙得功广宁功，授三等梅勒章京。”“张士彦，（明广宁巡抚王）化贞中军守备。太祖兵至，化贞走入关，士彦降。汉军旗制定，隶正蓝旗。天聪八年，与一屏同授三等甲喇章京。”“金砺，辽东人。明武进士，为镇武堡都司。初降，授甲喇额真，予世职三等副将。天聪五年，始设六部，以砺为兵部承政。六年，上阅兵，与玉和等并赐鞍马。调户部承政。八年，考绩，进二等梅勒章

① 志宽等：《清文总汇》卷2，第34页；卷9，第41页，光绪丁酉季夏新镌本。

② 光绪《钦定大清会典事例》卷1111，第2～3页。清光绪二十五年刻本。

③《清太宗文皇帝实录》卷37，第494页，卷47，第626页、卷61，第840页，中华书局1986年版。

京……（崇德）四年，汉军旗制定，砺隶镶红旗，复为甲喇额真。五年，授吏部参政。六年，擢固山额真。迭克松山、塔山、前屯卫、中后所，授世职三等甲喇章京。”[①]汉人在八旗和部院等国家机构任职情况，由此可窥见一二。

值得注意的是，在汉军旗任职者亦有非汉人。例如：“佟养性，辽东人。先世本满洲，居佟佳，以地为氏……太祖用兵于明，明边吏民归者，籍丁壮为兵。至太宗天聪间，始别置一军，国语号‘乌真超哈’。五年正月，命养性为昂邦章京，谕曰：‘汉人军民诸政，付尔总理，各官受节制。尔其殚厥忠，简善黜恶，恤兵抚民，毋徇亲故，毋蔑疏远……’又谕诸汉官曰：‘汉人军民诸政，命额驸佟养性总理，各官受节制。其有势豪嫉妒不从命者，非特藐养性，是轻国体、亵法令也，必谴毋赦！如能谨守约束，先公后私，一意为国，则尔曹令名亦永垂后世矣。’”“石廷柱，辽东人。先世居苏完，姓瓜尔佳氏。明成化间，有布哈者，为建州左卫指挥。布哈生阿尔松阿，嘉靖中袭职。阿尔松阿生石翰，移家辽东，遂以‘石’为氏。石翰子三：国柱、天柱、廷柱。万历之季，廷柱为广宁守备，天柱为千总。太祖师至，巡抚王化贞走入关，天柱先与诸生郭肇基出谒，且曰：‘吾曹已守城门矣。’翌日入城，廷柱从众降，授世职游击，俾辖降众。”天聪五年，劝降明总兵祖大寿，“是时佟养性为乌真超哈昂邦章京，廷柱为副”，“六年，养性卒，廷柱代为昂邦章京”[②]。

除此之外，自努尔哈齐征讨明国，与明朝分庭抗礼以后，明朝官民人等投诚者为数众多。例如：“太祖克开原，（金）玉和与同官王一屏、戴集宾、白奇策，守堡百总戴一位降；下广宁，游击孙得功，守备张士彦、黄进、石廷柱，千总郎绍贞、陆国志、石天柱降；收辽河诸城堡，参将刘世勋，游击罗万言、何世延、阎印，都司金砺、刘式章、李维龙、王有功、陈尚智，备御朱世勋、黄宗鲁，中军王志高，守堡闵云龙、俞鸿渐、郑登、崔进忠、李诗、徐镇静、郑维翰、臧国祚、周元勋、王国泰，各以所守城堡来降。”[③]此等投诚官员之中，为努尔哈齐原官委用者为数亦多。例如：天命三年（1618）四月，抚顺之役，明守城游击李永芳投降，努尔哈齐命其以原官统率所属人马[④]。六年（1621）三月，金军既克辽阳，于“二十四日，释辽阳狱中官民，查削职闲居者复其原职，设游击八员、都司二员，委之以事”[⑤]。

---

①②③ 赵尔巽撰：《清史稿》卷231，列传十八。

④《满文原档》第一册，第89～90页，台北故宫博物院2005年本。

⑤《满洲实录》卷7，第331页，中华书局1986年版。

金军攻取辽阳后，努尔哈齐又设立都堂、总兵官等职，并授阿敦阿哥、阿巴泰阿哥、达尔汉侍卫等亲重之臣为都堂，以管理汉民行政事务，而其下属在各地管理汉人事务者多为前述原官录用的参将、游击等官员[①]。唯其如此，天命七年（1622）正月二十六日，金国汗努尔哈齐谕众汉人内称："一应案件，先勘断于守堡、备御。守堡、备御带领，勘断于参将、游击。参将、游击带领，勘断于都堂、总兵官。都堂、总兵官勘断后，禀告八王。若系小案，则八王等公审了结。若系大案，则奏于汗。"[②]

总而言之，努尔哈齐起兵后，在女真人原有狩猎组织的基础上，建立牛录制度，继而扩大为八旗制度，把所有社会成员都编入旗籍，以旗统兵，以旗统人，而其社会成员包括八旗的各级官员都是女真人。与此同时，努尔哈齐绍述完颜，建立金国，委任大小官吏，以管理国家共同事务。这些官吏绝大多数是女真人，夹杂其中的非女真人可谓凤毛麟角。随着征服战争的顺利推进，不但女真各部基本趋向统一，而且周边其他民族或主动归服或被武力征服，且人口日益增多。于是，其社会成员便有了旗人和民人之分。旗人是指编入八旗的国人，包括女真、蒙古、汉人等各民族的成员。民人是指编入民籍的国人，主要是汉人。与之相适应，金国的官制发生了重大变化，即努尔哈齐仿照明朝官制，增添了都堂、总兵官、副将、参将、游击、都司、备御、守堡等官职，副将以上委以亲重之臣，参将以下任用投诚人员。尽管如此，所有官位依然都是单纯的，女真、蒙古、汉等族任职高低虽有差异，但没有按族别划分职位。究其原因，显然是金国以女真人居多，各级官吏中女真人也绝对处于优势地位，非女真人身居高位者凤毛麟角点缀而已，多数人只能担任末等微职，因此政治上处于下风。在这种情况下，官位实无按族别划分之必要。

二、满蒙汉复职制

天命后期，随着金国在金明战争中攻城略地，势如破竹，国力日益壮大，其蒙古、汉人等非女真人口迅猛增加。人多势众，政治上自然有所诉求。而努尔哈齐要统驭众多蒙古、汉人等非女真人口，也需要扩大统治阶层，吸收一部

① 白新良著：《清代中枢决策研究》，第4页，辽宁人民出版社2002年版。
②《内阁藏本满文老档》第五函，第34册，第1511～1513页，辽宁民族出版社2009年版。

分蒙古、汉人等进入这个阶层，让其中一些优秀成员参与国家机务。金清之际，正是在这种情势下，满洲、蒙古、汉人复职制度应运而生。

那么，国家官缺按族别划分满洲、蒙古、汉缺始于何时呢？从清朝入关前形成的满文档案记载来看，始于天命后期实行的“八王共治国政”制度。天命七年（1622）三月初三日，阿敏台吉、莽古尔泰台吉、皇太极、德格类、岳托、济尔哈朗、阿济格阿哥以及多铎、多尔衮询问努尔哈齐：“天所予之政，何以底定？天所锡之福祉，何以永承？”[①]当此之时，努尔哈齐进一步阐述和丰富了八王共治国政制度的内涵，开启国家官缺按族别划分的序幕。努尔哈齐谈到官制改革及审判程序时，根据八王共治国政及国民构成的特点，指出：

> jakūn wangsa hebedefi jušenamba[n] jakūn: nikanamba[n] jakūn: monggo amba[n] jakūn ilibu: jakūn amban i fejile jušen duilesi jakūn: nikanduilesi jakūn: monggo duilesi jakūn ilibu: geren duilesi duilefi ambasa de ala ambasa toktobufi jakūn wangsa de uwesimbu: toktoho uile be jakūn wangsa beidekini jakūn wangsa argangga jalingga niyalma be amasi bederebu: tondo sijirhūn niyalma be dosimbu: jakūn wangsaijakadejušen baksi jakūn:nikan baksijakūn: monggo baksi jakūn sinda: ...[②]

其意为：八王商议后，设立女真大臣八员、汉大臣八员、蒙古大臣八员。八大臣之下，设立女真理事官八员、汉理事官八员、蒙古理事官八员。众理事官审理后，禀于诸大臣。诸大臣裁定后，奏于八王。既定之事，八王其审之。八王其却奸宄之人，晋忠直之人。于八王处，补放女真巴克什八员、汉巴克什八员、蒙古巴克什八员。此段老满文原档，见下图：

---

① 《旧满洲档》（二），第1047页，台北故宫博物院1969年本。

② 《旧满洲档》（二），第1051～1052页，台北故宫博物院1969年本。参阅该档第1257页，amba均作amban。

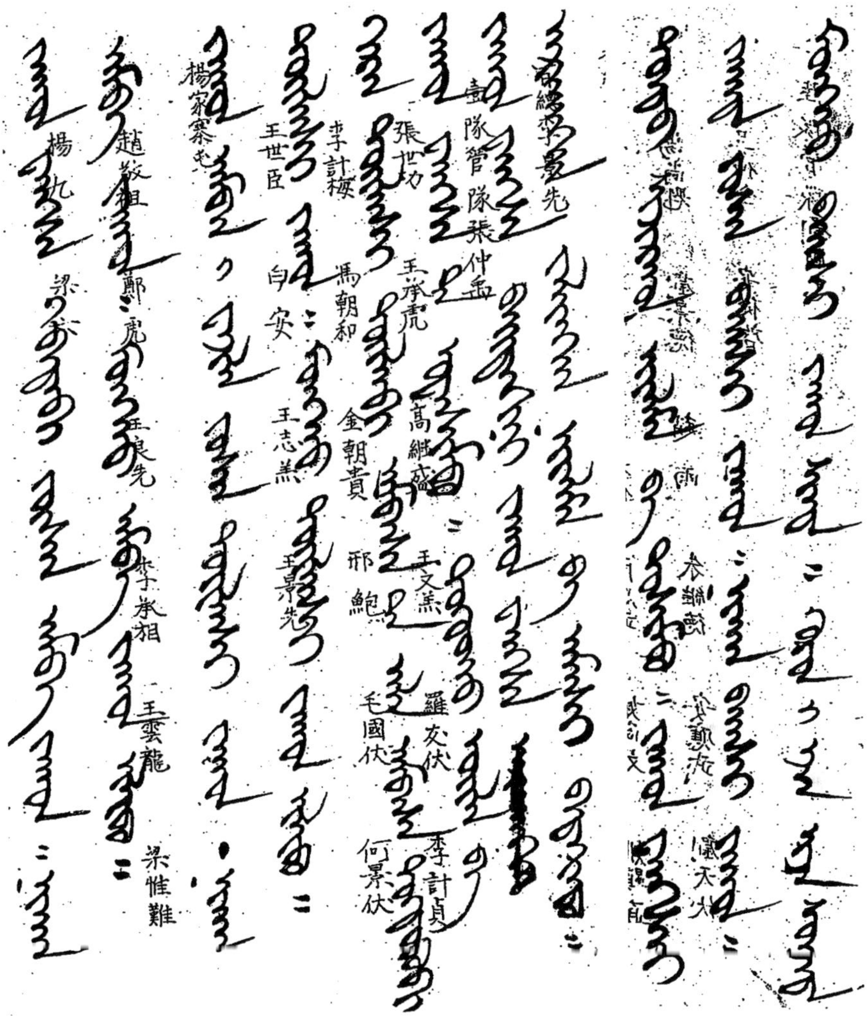

不可否认，努尔哈齐将女真、蒙古和汉人一视同仁，欲使女真、蒙古和汉人在官场上并驾齐驱，平起平坐，这是难能可贵的。努尔哈齐建国之初，即有个别汉族士人参加政权管理，如当时的朝鲜人申忠一著《建州纪程图记》一书，内云："歪乃本上国人，来于奴酋处，掌文书云，而文理不通。"所谓"上国"，即指明朝。该书又云："此人之外，更无解文者，且无学习者。"[①]由于自抚顺之役起，明朝军民先后投降者数以万计，努尔哈齐开始任命众多汉人担任

①申忠一：《建州纪程图记》，第18页，辽宁大学历史系1979年本。

各级军政官职，以统治广大汉人。以汉官管理汉人，有利于缓和民族矛盾，并对当时社会的稳定、政权的巩固发挥了积极作用。特别需要注意的是，在官制中，把女真、蒙古和汉人并列并重，充分体现了努尔哈齐的民族平等观，对后世民族政策产生了重大影响。

几年后，努尔哈齐龙驭上宾，皇太极继承汗位，是为清太宗。在清太宗皇太极统治时期，金国正式建立了女真、蒙古、汉人复职制度。以设立六部为例，天聪五年（1631）七月，皇太极召集诸贝勒大臣议定官制，设立吏、户、礼、兵、刑、工六部，每部派贝勒一人管理部务，设立女真、蒙古、汉承政、参政、启心郎若干员，并酌量事务繁简补授笔帖式若干员[①]。兹据天聪五年七月初八日《定六部档案》记载，列表如下[②]：

		吏部	户部	礼部	兵部	刑部	工部
贝勒（或台吉）		1	1	1	1	1	1
承政4员	蒙古	1	1	1	1	1	1
	女真	2	2	2	2	2	2
	汉	1	1	1	1	1	1
参政14员	蒙古	4	4	4	4	4	4
	女真	8	8	8	8	8	8
	汉	2	2	2	2	2	2
启心郎4员	女真	2	2	2	2	2	2
	汉	2	2	2	2	2	2
笔帖式10~18员	女真	8	16	8	16	8	8
	汉	2	2	2	2	2	2
仓官10员	女真	–	8	–	–	–	–
	汉	–	2	–	–	–	–
税官12员	女真	–	8	–	–	–	–
	汉	–	4	–	–	–	–
章京		每牛录1员	每牛录1员	每牛录1员	每牛录1员	每牛录1员	每牛录1员
差役		每旗1人	每甲喇1人	每甲喇1人	每甲喇1人	每旗2人	每牛录1员

① 《清太宗实录》卷9，第124页，中华书局1986年版。

② 李光涛、李学智编著：《明清档案存真选辑》（二集），图板3第2~5页。台北“中央研究院”历史语言研究所1973年版。

此后，金国相继设立了都察院和理藩院，与六部并称“六部二院”。其任职情况，也与六部大同小异。

由于部院承政设置过滥，满洲、蒙古、汉官之间难免彼此推诿，互相掣肘。更有甚者，因不通女真语言，有些汉官形同虚设，如：天聪六年（1632）正月，刑部汉承政高鸿中奏言：“臣不通金语，在别部犹可，而刑部时与贝勒大人计议，是非曲直，臣一语不晓，真如木人一般，虚应其名，虽有若无。”[①]有鉴于此，内院大学士“范文程、希福、刚林等奏请：每衙门止宜设满洲承政一员，以下酌量设左右参政、理事、副理事、主事等官，共为五等”。此建议为皇太极所采纳，“于是，命吏部和硕睿亲王更定八衙门官制”[②]。至崇德三年（1638）七月二十五日，颁布部院新官制。此前于天聪九年（1635）十月十三日，皇太极下令改族名jušen（诸申）为manju（满洲）。因此，新颁官制中，“女真”均变为“满洲”了。现根据《清初内国史院满文档案译编》记载，将六部新颁官制，列表如下[③]：

		吏部	户部	礼部	兵部	刑部	工部
承政		1	1	1	1	1	1
左右参政5员	满洲	2	2	2	2	2	2
	汉	2	2	2	2	2	2
	蒙古	1	1	1	1	1	1
理事官		4	10	4	10	6	8
副理事官		6	16	6	16	8	10
启心郎		3	3	3	3	3	3
主事		2	2	2	2	2	2

女真（满洲）、蒙古、汉人复职制度也集中体现了皇太极任用和优待汉官的政策。皇太极即位后，纠正天命末年的失误，恢复优礼汉官的政策，量才委

① 罗振玉编：《天聪朝臣工奏议》，引自潘喆、孔方明、李鸿彬编：《清人关前史料选辑》（二），第3～4页，中国人民大学出版社1989年版。

②《清太宗实录》卷42，第559页，中华书局1986年版。

③ 中国第一历史档案馆：《清初内国史院满文档案译编》（上），第342～343页，光明日报出版社1989年版。

任，尤其对待归顺的汉族官吏优礼有加。例如：金军攻克大凌河城后，皇太极“召集大凌河归降各官于内庭，大宴之”，“亲以金玉卮酌酒，赐副将等官”，并令巴克什达海传谕曰：“我国虽财用未充，必尽力恩养尔等。近因北方蒙古有事，会见尔等甚迟，勿以我为忌尔等也。”又如：副将尚可喜率领所属兵民来归顺时，皇太极盛情招待，“赐座于御座左侧”，并授为总兵官，颁发敕书，表示“凡有一切过犯，尽皆原宥”[①]。任用和优待汉官的政策，取得了巨大成功，众汉官感激涕零，情愿肝脑涂地，为皇太极效命，为金国取代明朝的统治出谋划策。皇太极逝世后不到一年，清朝就能入主中原，与众多汉官受到皇太极的任用和优待而宁愿肝脑涂地密切相关。

三、满汉复职制度

清朝入关以后，官制又从满蒙汉复职变为满汉复职，即体现了精简原则，又突出了满汉联合。清朝入关未久，统治者将满洲、蒙古视为一家，在制度层面将满洲与蒙古融为一体，因而在国家最高职官层面裁减蒙古缺，推行满汉复职制度，以示满蒙一家，满汉联合，共治大清国政。顺治元年（1644）五月，摄政和硕睿亲王多尔衮进京后，即下令“各衙门官照旧录用”，并令“在京内阁、六部、都察院等衙门官俱以原官同满官一体办事”，实以故明降官为各部院衙门的副职。五年（1648）七月，设六部汉尚书、都察院汉左都御史各一员[②]，满汉复职正式制度化。

至雍正年间，创设办理军机事务处，简称军机处，最终在中央最高决策层面实现了满汉联合。雍正八年（1730），以西北军事渐紧，清世宗胤禛设立军机处，任命大学士马尔赛、张廷玉、蒋廷锡、尹泰、内大臣・步军统领阿齐图、内大臣・理藩院尚书特古忒、兵部尚书查弼纳、理藩院侍郎纳延泰为军机大臣，专办西北军务。十年（1732）三月，又铸“办理军机印信”[③]。军机处成立后，在办理西北军务的同时，也奉命议奏其他地区的军政、外交、八旗事务，迅速成为新的中枢决策机构。

---

①《清太宗文皇帝实录》卷37，第486页；卷10，第146页；卷18，第238页，中华书局1986年版。

②《清世祖实录》卷5，第2、3页；卷39，第6～7页。

③《清世宗宪皇帝实录》卷116，第2页。

军机处体制特殊，有官而无吏。其官制亦颇为简练，仅有军机大臣和军机章京两级官员。军机大臣，俗称“大军机”，为军机处的主要官员，分设满、汉各若干员。据光绪《会典》记载，简任军机大臣，“于满汉大学士、尚书、侍郎、京堂内特简，无定员”[①]。事实上，以总督奉命入值者，亦有之；军事统帅如将军、提督奉召觐见，在京期间，命其在军机处行走者，亦有之；按照“祖制”，亲王未有充任军机大臣者，但嘉庆以降，间有亲王先后在军机处行走者，亦有之。满汉军机大臣中，各有首领一员，时人誉为“揆首”，亦称“领袖”，而满洲首领位在汉首领之前。军机章京，俗称“小军机”，亦曰“司员”，满汉分设，为军机大臣的属官。选用军机章京，初无定额，或多或少，视事务繁简而定，俱由军机大臣挑取。清仁宗颙琰亲政后，始定员额以及相应的规章制度。军机处的设立，体现了清世宗以及后世诸帝满汉并重的深谋远虑。

从民族文化的角度来看，满汉复职制度是金清时代满蒙汉势力此消彼长的必然结果。汉文化对女真及其先世的影响源远流长，蒙古文化自蒙元以降对女真人的影响也不容忽视，女真（满洲）人在东北的崛起，清朝对全国的统治，无不得力于蒙古、汉人及其文化。据文献记载，在清太祖时期，金国较多地吸收了蒙古文化和汉文化的诸多元素，如官爵制度、语言文字等等。随着金国势力的强大，情况有所变化。清太宗皇太极即位以后，特别重视本民族的文化建设，积极推广女真（满洲）语言文字的使用，大力提倡以服饰、骑射、语言为核心的满洲旧道。在这种形势下，汉文化和蒙古文化作为金清王朝的异族文化开始为女真（满洲）统治者所排斥，直至乾隆时代未尝停息。

在金清时代，作为一种异族文化，汉文化首先遭到排斥。例如，天聪八年（1634）四月初九日，金国汗皇太极谕曰：“朕闻国家承天创业，各有制度，不相沿袭，未有弃其国语反习他国之语者……今我国官名，俱因汉文从其旧号……嗣后，我国官名及城邑名俱当易以满语，勿仍袭总兵、副将、参将、游击、备御等旧名。凡赏册书名，悉为厘定……毋得仍袭汉语旧名，俱照我国新定者称之。若不遵新定之名，仍称汉字旧名者，是不奉国法，恣行悖乱者也，察出决不轻恕。”[②]这种更改汉语官名、城邑名为女真语名称的举措，旨在排挤

① 光绪《钦定大清会典事例》卷3，第1页，清光绪二十五年刻本。

②《清太宗实录》卷18，第237页，中华书局1986年版。具体更改情况，见拙著《清代中央决策机制研究》，第83～84页，科学出版社2007年版。

汉族文化，倡导女真文化。再如，崇德元年（1636）十一月十三日，清太宗皇太极谕曰："先时，儒臣巴克什达海、库尔缠屡劝朕改满洲衣冠、效汉人服饰制度，朕不从，辄以为朕不纳谏。朕试设为比喻，如我等于此聚集，宽衣大袖，左佩矢，右挟弓，忽遇硕翁科罗巴图鲁劳萨挺身突入，我等能御之乎？若废骑射，宽衣大袖，待他人割肉而后食，与尚左手之人何以异耶！朕发此言，实为子孙万世之计也，在朕身岂有变更之理！恐日后子孙忘旧制、废骑射以效汉俗，故常切此虑耳。"至崇德三年（1638）七月又规定："有效他国衣冠、束发裹足者，治重罪。"[①] 此后在康熙、乾隆年间，也时有此等谕旨。

紧随汉文化之后，蒙古人及其文化也遭到排斥。例如，崇德元年（1636）六月初六日，清太宗皇太极谕曰："沙金者佛法也，嗣后，勿言之为沙金，以我国语说之为'发芬'……'道喇密'一词为蒙语，嗣后，无论书之言之，概禁用'道喇密'一词，皆用'阿尔胡达密'一词。外藩归降蒙古使者，勿称'额儿钦'，若来进牲畜财物，即称之为'来朝进牲畜财物'，若来告事，则谓之'来奏言'。内外和硕亲王、多罗郡王、多罗贝勒等互派之使者，则谓之'额儿钦'，亲王、郡王下遣使者往贝勒、贝子等处，亦谓之'额儿钦'。未封王之大小贝勒、贝子等之使者，若来亲王、郡王处馈送诸物，则不称'额儿钦'，谓之'馈送之人'。"[②]清朝入关未久，便掀起了排斥蒙古文化的小高潮。顺治十三年十二月二十五日（1657年2月7日），"命太庙牌匾停书蒙古字，止书满汉字"。[③]十四年（1657）正月初十日，"工部奏言，凡各坛庙门上扁额，或从太庙例，去蒙古字，止书满汉字，或仍用旧额。得旨：如太庙例。"[④] 十七年（1660）三月十七日，"裁国子监蒙古祭酒、司业，增设满洲监丞一员、笔帖式四员"[⑤]。康熙元年（1662）十一月二十一日，"吏部以刑部蒙古员外郎员缺，开列拖沙喇哈番阿穆瑚琅等请补。得旨：世祖章皇帝时，部院补授蒙古官，仍准留任。以后补授之蒙古官，俱着裁去"[⑥]。当然，在特定机构如理藩院以及蒙古人生活的地区，蒙古人依然得到统治者的重用，蒙古文化也受到统

---

① 赵尔巽等：《清史稿·太宗本纪二》卷3，第58、64页，中华书局1976年版。

② 中国第一历史档案馆、中国社会科学院历史研究所译注：《满文老档》（下），第1497页，中华书局1990年版。

③《清世祖实录》卷105，第821页，中华书局1985年版。

④《清世祖实录》卷106，第826页，中华书局1985年版。

⑤《清世祖实录》卷133，第1030页，中华书局1985年版。

⑥《清圣祖实录》卷7，第127页，中华书局1985年版。

治者的尊崇。

女真（满洲）人建立自己的政权后，随着领土的扩大，民族成分的增多，统治者刻意关注本族文化，积极发展本族文化，也是理所应当，无可厚非的。尤其入关以后，在中原地区，满洲人可以排斥蒙古文化，而不可能完全排斥汉文化。从长远来看，要统治人数众多的汉人，尤其不能排斥汉文化。唯其如此，在排斥蒙古文化和汉文化的同时，又自觉不自觉地吸收汉文化，实际排斥的就只有蒙古文化了。例如：天聪二年（1628）三月初七日，以皇太极之弟多尔衮、多铎从征有功，dorgon de mergen daicing, dodo de erke cūhur seme gebu buhe. 意为："赐多尔衮号为墨尔根戴青、多铎号为额尔克楚虎尔。"[①] 按，daicing（戴青）、cūhur（楚虎尔）均为蒙古语，意思分别为"统帅""将军"。至崇德元年（1636）四月二十三日，mergen daicing beile be hošoi mergen cin wang, erke cūhur beile be hošoi erke cin wang …… obuha. 意为："册封……墨尔根戴青贝勒为和硕睿亲王，额尔克楚虎尔贝勒为和硕豫亲王。"[②]显然，多尔衮的新封号中删除蒙古语daicing（戴青），只保留满语mergen（智，蒙古语亦有之），与之对应的汉文作"睿"。多铎的新封号中删除蒙古语cūhur（楚虎尔），只保留满语erke（雄壮），与之对应的汉文作"豫"。至于cin wang，更是汉语"亲王"的音译借词。前述清朝入关以后牌匾上去掉蒙古字，只写满汉文，也是如此。这是满汉复职制度自其产生之日起，直至清朝灭亡，能够延续300年之久的根本原因。

至于汉军缺，是随着汉军八旗的设立而产生的官缺。汉军八旗是八旗组织的三个组成部分之一。早在努尔哈齐执政时期，以归附的汉人编设16个牛录，附于（满洲）八旗。皇太极即位后，大约在天聪四年（1630），从女真大臣之家拨出汉人3000余名，设一固山，授额驸佟养性为固山额真。时人称之为（某将领之）nikan cooha（尼堪超哈）[③]，意为汉人兵，或"旧汉兵一

---

① 中国第一历史档案馆整理、编译：《内阁藏本满文老档》第8册，第4168页，第20册，第481页，辽宁民族出版社2009年版。

② 中国第一历史档案馆整理、编译：《内阁藏本满文老档》第13册，第6964~6965页，第20册，第696页，辽宁民族出版社2009年版。

③《旧满洲档》（八），第3694页，台北故宫博物院1969年版。

旗”[①]。天聪八年（1634）五月初五日，定“旧汉兵为兀真超哈”[②]。兀真超哈，又作乌真超哈，系女真（满洲）语ujen cooha的音译。兀真或乌真，意为“轻重之重”，超哈意为“兵、军”[③]。据此，兀真超哈或乌真超哈之言，用汉语直译，意为“重兵”。崇德二年（1637）七月，分为二旗。四年（1639）六月，分为四旗。七年（1642）七月，分为八旗。至此，乌真超哈八旗建制最终形成[④]。顺治十七年（1660）钦定：“乌真超哈，清字仍称乌真超哈，汉字称为汉军。”[⑤]由此，在国家官制中设立汉军缺。这是比较特殊的。有清一代，只有汉人既有汉缺，又有汉军缺，其他民族都没有两种官缺，譬如满洲人绝大部分隶属于八旗，一部分人没有被编入八旗之中，在国家官制中只有满洲缺，不设满洲旗缺，实际在中央和地方机关任职的满洲官员又出自满洲八旗。又如蒙古人一部分被编入蒙古八旗，也有少量的在满洲八旗和汉军八旗之中，绝大部分人隶属于盟旗，在国家官制中只有蒙古缺，不设蒙古旗缺，实际在中央和地方机关任职的蒙古官员又出自蒙古八旗。

在实际操作中，汉军缺与汉缺有往往合二为一，即不论汉军、汉人一并铨选。比如，康熙三年（1664）闰六月二十六日，“先是，吏部以补授总督、巡抚、通政使、府尹、光禄寺卿此数员缺，奉旨不论汉军、汉人，已经遵行。其内三院大学士、六部尚书以下，鸿胪寺少卿以上，或汉军缺出，或汉人缺出，亦应不分别汉军、汉人，照《品级考》将应升官员拟出。上以关系官员升转定例，命议政王贝勒大臣、九卿、科道会同酌议，勿令壅滞。至是，和硕显亲王福寿等集议具奏。一议，凡升补在外各官，既不论汉军、汉人，应将在内各官，亦不必分别汉军、汉人。今后补授内院大学士、六部尚书以下各项员缺，停其分别补授，将汉军、汉人一体升转。又一议，查得内院大学士、六部侍郎以下，旧设有汉军员缺，今已裁去者，汉人之缺亦有裁去者。若将汉军、汉人

---

①《清太宗实录》卷13，第180页，中华书局1986年版。

② 中国第一历史档案馆：《清初内国史院满文档案译编》（上），第80页，光明日报出版社1989年版。《清太宗实录稿本》之文同此，见该书第8页。辽宁大学历史系1978年本。雍乾校订本《清太宗文皇帝实录》谓：定“旧汉兵为汉军”，欠妥。见该书卷18，第240页，中华书局1986年版。

③ 志宽等：《清文总汇》卷2，第34页；卷9，第41页，光绪丁酉季夏新镌本。

④《清太宗实录》卷37，第494页。卷47，第626页、卷61，第840页，中华书局1986年版。

⑤ 光绪《钦定大清会典事例》卷1111，第2～3页，清光绪二十五年刻本。

通融升补，恐缺少人多，难免壅滞。今天下大定，事务繁多，似应将汉军、汉人裁过之缺，酌其衙门繁剧，量行议复，以疏壅滞。得旨：依前议。堂官员缺，汉军官员每衙门不得过一员”①。乾隆七年（1742）二月十三日，“命定汉军考职就铨例。谕：国家定制，汉军人员俱归并汉缺，一体录用。其另置有汉军额缺者，虽选用之法微有不同，亦仍由汉缺升转。惟外官主簿以下等微员，旧例不用汉军，故贡监考职，至县丞而止。朕意，嗣后汉军贡监应一体准其考取主簿、吏目等职衔，有愿改降各项杂职者，亦准改降。其如何另立班次、分别铨选之处，该部酌议具奏”②。旋于是年三月，“吏部议奏：汉军归并汉缺，其贡监应一体考取主簿、吏目职衔，愿改降者，准以吏目、巡检、典史用。其选法，主簿、吏目于四选一升后用一人，巡检、未入流于在京书办一应一捐后用一人。改降者，不准递行告降。从之”③。显然，汉军缺与汉缺起初“选用之法微有不同”，后因汉军也是汉人，将汉军人员都归并汉缺一体录用。

综上所述，清朝（包括金国时期）满蒙汉官缺的嬗变是其单一民族国家向多民族国家发展，一个地方性政权向全国性政权过渡的必然选择，也是满洲、蒙古、汉文化此消彼长的必然结果。女真（满洲）的崛起，清朝的建立并统治全国将近三个世纪之久，都得益于这种官缺制度。对于这样一种复职制度，我们不能简单斥之为“以汉治汉”而全盘否定。在一个多民族的国家，这种复职制度至少在维护国家统一和促进民族团结方面具有积极意义，发挥了重大作用，这是应该充分肯定的。

---

①《清圣祖实录》卷12，第190~191页，中华书局1985年版。
②《清高宗实录》卷160，第20~21页，中华书局1985年版。
③《清高宗实录》卷163，第48页，中华书局1985年版。

论清帝东巡与赐奠满洲异姓勋臣

常越男

清代康熙、乾隆、嘉庆、道光四朝，皇帝出关“东巡”，亲临盛京，“恭谒祖陵”。有清一代，东巡有十次，分别是康熙十年（1671）、二十一年（1682）、三十七年（1698）、乾隆八年（1743）、十九年（1754）、四十三年（1778）、四十八年（1783）、嘉庆十一年（1806）、二十三年（1818）、道光九年（1829）。清帝东巡，在形式上拜谒祖陵，敬畏祖先，表达孝思；同时，也有笼络满蒙贵族，表彰功臣，巩固边疆的考虑。展谒祖陵之际，赐奠开国功臣，成为清帝宣扬君臣之道、倡导忠主忠君、笼络满洲大臣的重要举措。清帝东巡期间，以著有功勋而获得赐奠的满洲异姓大臣，主要有扬古利、额亦都、费英东。

一

清朝政权的建立，离不开满洲将士的浴血奋战，“后先奔走，共成筚路蓝缕之烈”。清军入关之前，众多的满洲将领殒命沙场，葬于关外。例如，扬古利、费英东、额亦都、何和礼、安费扬古、扈尔汉，等等。其中，扬古利、费英东、额亦都三人，葬于先帝陵寝附近，因军功卓越、开国之功显著，获得了清帝东巡赐奠的待遇。

扬古利，舒穆禄氏，隶满洲正黄旗，世居库尔喀。其父郎柱，为库尔喀部长，率先归附努尔哈赤，受到厚待，扬古利随侍。后其父为部人所杀，扬古利手刃杀父者，年仅十四岁。扬古利先后参加了征伐辉发部多璧城、朱舍里路、讷殷路、安褚拉库路、哈达、蜚悠城、乌喇、渥集部的战争，皆有战功。在著

作者系北京市社会科学院满学研究所副研究员。

名的萨尔浒之战中，扬古利“与贝勒阿巴泰等争先赴敌，破其军”[①]，扬古利带伤继续作战。天命六年（1621）三月，扬古利从太祖攻沈阳，率兵冲锋在先，进攻辽阳，取得胜利。天聪年间，扬古利又多次攻打明军，略通州、蓟州等处，伐察哈尔、伐明。崇德初年，扬古利又帅师伐明，打了多次胜仗。崇德元年（1636）十二月，扬古利随从太宗攻打朝鲜。二年（1637）正月，扬古利在朝鲜督战之时，被鸟枪击中身亡。

扬古利深受努尔哈赤信任，娶努尔哈赤之女，号“额驸”。天聪八年（1634）五月，扬古利因军功卓著，进“超品公”，仅亚于贝勒。他“以开国功臣封王，尚主，为异姓诸臣之冠”[②]。身后被追封为“武勋王”。雍正九年（1731），大学士等遵旨议奏，给予始封人员“美名”，“一等公扬古利，为英诚公”[③]。

费英东，瓜尔佳氏，隶满洲镶黄旗。万历十六年（1588），随其父苏完部长索尔果来归，“骁果善射，引强弓十余石”[④]。后任扎尔固齐，听讼治民。费英东先后参加了征伐瓦尔喀部、哈达、渥集部、乌喇、叶赫等部的战役。乙卯年（明万历四十三年、1615），设五大臣，参与军国重务，费英东位列其间。“费英东事太祖，转战，每遇敌，身先士卒，战必胜，攻必克，摧锋陷阵，当者辄披靡。国事有阙失，辄强谏，毅然不稍挠：佐太祖成帝业，功最高。”[⑤]《清史稿》的评价，既针对费英东的军功，也包括了他在国家的政事决策、民事诉讼等方面的成就。

努尔哈赤重用费英东，将皇长子褚英之女许配给他。天命五年（1620），费英东卒。天聪六年（1632），被追封为直义公。顺治十六年（1659），“允为开创佐命第一功臣”[⑥]，进爵为三等公。雍正九年（1731），给予美名，“三等公费英东，为信勇公”[⑦]。

额亦都，钮祜禄氏，隶满洲镶黄旗。明万历八年（1580），额亦都开始追

---

①《清史稿》卷226，《扬古利传》第31册，第9192页，中华书局1976年版，以下版本同。

② 昭梿：《啸亭杂录》卷2，第52页，中华书局1997年版。

③《清世宗实录》卷104，雍正九年三月戊子。

④《清史列传》卷4《费英东传》第1册，第173页。

⑤《清史稿》卷225《费英东传》第31册，第9180页。

⑥《清世祖实录》卷123，顺治十六年正月壬寅。

⑦《清世宗实录》卷104，雍正九年三月戊子。

随努尔哈赤，先后征伐尼堪外兰、攻图伦城、色克济城、舒尔格布占城、巴尔达城、尼麻喇城、张家城、索尔和村、抵御叶赫等九国、攻诺音佛和多城、讨赫席黑、鄂漠惠苏鲁、佛纳赫村、讨东海兀集部、讨吴喇国、击取叶赫游牧之蒙古，在统一满洲诸部落的战斗中表现出众。他“归太祖最早，巍然元从，战阀亦最多”[①]。额亦都为建州女真、金国效力多年，忠诚职守，“凡攻城野战，皆以身先士卒，奋勇图功，身经百战，创痕遍体，威名四布，所向无敌”[②]。同时，他也被列为五大臣之一。

天命六年（1621），额亦都以疾卒于辽阳，努尔哈赤躬临哭奠。“（天命）十年，迁都沈阳，移葬于城北铺虎岭之阳山里红屯。”[③]“额亦都初授一等总兵官，康熙间改袭一等精奇尼哈番，乾隆元年改一等子。”[④]

清代的世职，也称为世爵，是家族可以世代承袭之爵位。作为异姓勋臣，扬古利、费英东、额亦都得到了相应的世职。清初，世职最高的是扬古利（超品公、一等公[⑤]），其次是费英东（三等公）、额亦都（一等子）。其中，额亦都的世职为一等总兵官，乾隆年间称为“一等子”，其后代图尔格、阿里衮、丰升额等陆续进爵为二等公、一等公。乾隆四十三年（1778），上谕做出了调整：“信勇公费英东，当我朝创业时，首先率所部来归，继从太祖征剿诸部，屡挫明兵，厥功最大，实与扬古利、额亦都同为开国勋臣之冠，自应并锡上公，用彰渥报。乃扬古利原封一等公，额亦都仅得二等公，经朕晋封一等，而费英东子孙所袭，尚系三等公爵，不足以昭酬庸茂典，著加恩晋封为一等公，俾元勋世胄，永膺茂赏。”[⑥]自此，三位勋臣的世爵都归为一等公。

配享太庙，也是勋臣的一种殊荣。崇德元年（1636），始建太庙，以费英东配享，“我朝异姓勋臣侑飨清庙，以直义公为首”[⑦]。而另一位勋臣额亦都，在同一时期与费英东一起配享太庙。据《镶黄旗钮祜禄氏弘毅公家谱》的记

---

①《清史稿》卷225，《论》，第31册，第9190页。

② 讷亲：《镶黄旗钮祜禄氏弘毅公家谱》，《北京图书馆藏家谱丛刊》（民族卷），第43册，第26页。

③ 讷亲：《镶黄旗钮祜禄氏弘毅公家谱》，《北京图书馆藏家谱丛刊》（民族卷），第43册，第18页。

④《清史稿》卷225，《额亦都传》，第31册，第9178页。

⑤ 文献中有称扬古利为“超品公”“一等公”两种说法。《八旗满洲氏族通谱》卷6，载：“其次子塔瞻袭超品公后，缘事削超品公为一等公。”

⑥《清高宗实录》卷1048，乾隆四十三年正月辛未。

⑦ 李元度：《国朝先正事略》卷1，第8页，《图昭勋公事略》，岳麓书社1991年版。

载，“崇德元年，太宗文皇帝追封公为弘毅公，配享太庙”[①]。清军入关后，顺治元年（1644）九月，清廷将太祖、太宗的神主牌位“奉安太庙”。在代祭仪式上，“代祭官之后，捧二功臣牌位进西庑殿内跪安，正义公费英东牌位于左，至勇公额亦都牌位于右”[②]。至此，费英东与额亦都的牌位随太祖、太宗由盛京太庙移到北京太庙。到顺治九年（1652），为费英东、额亦都立墓碑[③]。而另一勋臣扬古利，配享太庙的时间，要晚于费英东和额亦都，“顺治中，世祖命配享太庙”[④]。乾隆年间，在详阅配享太庙的诸臣名单后，指出：“其中如费英东、额亦都诸臣，皆佐命元勋，汗马百战，功在旂常。是以，侑享大烝，俎豆勿替。”[⑤]

二

东巡祭祖的缘起，早在顺治朝。顺治十年（1653），世祖谕内三院：“自登极以来，眷怀陵寝，辄思展谒。但彼时朕年冲幼，未获举行。每届祀期，瞻仰在天之灵，徘徊几筵，不禁陨涕，以致寝食俱废，日夜靡宁。今将躬诣山陵，稍展孝思。议政诸王大臣、满汉九卿等官，其详议以闻。即传谕礼部知之。”[⑥]此次东巡的计划，因“畿内水灾，方遣大臣赈济，又南方弗靖，屡发禁兵”[⑦]等因，未能成行。此后又有几次讨论，终顺治一朝，皇帝东巡未能如愿。康熙十年（1671）九月，圣祖第一次东巡，到达盛京，御清宁宫大清门。圣祖亲自拜谒福陵、昭陵，对侍臣感慨道：“朕展谒山陵，惓惓在念。念得至发祥重地，拜谒陵寝，用展孝思。祭礼已成，朕怀大慰。”[⑧]此后，一直到道光九年（1829），清帝共十次东巡，至盛京祭祖。

清帝在东巡祭祖的同时，祭奠功臣墓，其形式分为遣官代祭、亲临赐奠[⑨]

---

① 讷亲：《镶黄旗钮祜禄氏弘毅公家谱》，《北京图书馆藏家谱丛刊》（民族卷），第43册，第18页。
②《清世祖实录》卷8，顺治元年九月壬子。
③《清世祖实录》卷64，顺治九年四月乙卯。
④《清史稿》卷226，《扬古利传》，第31册，第9195页。
⑤《清高宗实录》卷363，乾隆十五年四月己丑。
⑥《清世祖实录》卷75，顺治十年五月丁丑。
⑦《清世祖实录》卷82，顺治十一年三月丙申。
⑧《清圣祖实录》卷36，康熙十年九月辛未。
⑨ 亲临赐奠这种情况，有时是先有遣官致祭，皇帝随后亲临祭酒。

两种方式。根据《清实录》[①]的记载，统计如下表：

时　间	方　式	祭奠顺序
康熙十年九月	遣官代祭	无载[②]
康熙二十一年二月	遣官代祭	扬古利、费英东、额亦都
康熙三十七年十月	亲临赐奠	扬古利、费英东、额亦都
乾隆八年九月	亲临赐奠	扬古利、额亦都、费英东
乾隆十九年九月	遣官代祭	扬古利、额亦都、费英东
乾隆四十三年八月	亲临赐奠	扬古利、额亦都、费英东
乾隆四十八年九月	亲临赐奠	扬古利、额亦都、费英东
嘉庆十年八月	亲临赐奠	额亦都、扬古利、费英东
嘉庆二十三年九月	亲临赐奠	额亦都、扬古利、费英东
道光九年九月	亲临赐奠	额亦都、扬古利、费英东

由上表可见，清帝东巡祭奠异姓勋臣，主要采用的是亲临赐奠的方式。皇帝亲临赐奠始于康熙三十七年（1698）十月，上谕内大臣等曰："开国佐运勋臣杨古利、费英东、额亦都三人，效力甚可嘉尚。此三人墓，朕祭昭陵之日，亲临奠酒。"随后，三勋臣的后裔福善等人，上疏请求圣祖停止亲自祭奠，圣祖又谕："太祖、太宗开国定鼎，尔祖辅佐勋劳，尔等未必详悉。朕比年来观阅实录，知尔等之祖于开创时功绩懋著，深属可嘉。朕既亲来谒陵，必当临尔祖墓奠酒。尔等毋庸再奏。"[③]由此可见，圣祖顾念三勋臣的"功绩懋著"，亲自祭奠。

据《清实录》的记载，三勋臣赐奠的顺序，康熙年间，分别是：扬古利、费英东、额亦都。乾隆年间，额亦都排在费英东之前，变成：扬古利、额亦

① 资料来源：《清圣祖实录》卷36，101，190；《清高宗实录》卷201，卷472，卷1065，卷1189；《清仁宗实录》卷149，卷346；《清宣宗实录》卷160。

②《清圣祖实录》记载："遣官祭诸王暨功臣墓。"《清圣祖实录》卷36，康熙十年九月辛未。另，据《清史稿》记载，康熙十年，清圣祖谒陵的同时，"遣官分诣颖亲王、克勤郡王、直义公费英东诸勋贵墓酹酒"。《清史稿》卷86，《礼志》第10册，第2590页。

③《圣祖仁皇帝圣训》卷51，《四库全书》版。

都、费英东。嘉道年间，额亦都又排在扬古利之前，顺序变为：额亦都、扬古利、费英东[①]。这种顺序的变化，可能是一种单纯的祭祀安排顺序的变化，或是不同时段对三勋臣功勋评价的变化，也可能与三勋臣家族发展、子孙仕途升迁的变化有关。

除了亲临赐奠、遣官致祭之外，清帝还有为三勋臣立碑、赋诗赞颂。康熙三十七年（1698），清圣祖东巡亲临赐奠三勋臣之后，康熙三十九年（1700），圣祖又敕立《开国佐运勋臣武勋王扬古利直义公费英东弘毅公额亦都碑》。该碑文中写道："当我列祖之隆兴也，一时人材蔚起，猛士如云，战将如雨，以艺勇称以功名显者，不可胜数。而功冠诸臣，为一代元勋，则有开国佐运忠勇王扬古利、直义公费英东、弘毅公额亦都，尤为杰出焉。朕尝恭览列祖实录，考三臣行事折冲，行间则战以胜，攻必克，平居则矢忠直，赞谋画。丰功伟绩，至今焜耀简编，未尝不缅想英风，兴怀往迹。昔人创造艰难，枕戈擐甲栉风沐雨之劳，恒流连往复，不能去于怀也。岁在戊寅，朕巡行旧京，展祀陵寝，追维祖宗功德隆盛，并及当时佐命之臣。邱陇所在，皆遣官致祭。而于三臣之墓，特亲至奠醊，以示优崇，仍复专官祭享。盖功在社稷，以死勤王，古人原有明禋之典。朕笃念勋庸，用申异数，并为文勒诸贞石，以昭示于无穷焉。"[②]碑文赞扬三勋臣"功冠诸臣"，并强调"亲至奠醊，以示优崇"。

清帝赋诗称颂三勋臣，以清高宗为著。清高宗东巡期间，写了大量的诗文，其中，在祭奠扬古利、额亦都、费英东的同时，有赋诗的惯例。主要有两种形式，一种是将三勋臣作为整体进行赋诗；一种是分别对某位勋臣赋诗。

乾隆八年（1743），高宗东巡祭祖，感慨三勋臣的陵墓在福陵、昭陵之间，"松楸相望，犹见当日君臣相得之概"，赋诗："虙池麦饭共艰辛，想象当年鱼水亲。何必大风思猛士，林林扈跸有宗臣。"[③]在同一时期所作《盛京赋》中，提到："佐命之勋，曰费英东、额亦都、希福，绩茂萧张。曰有坐谋，曰有折冲，既彬彬而济济，亦赳赳而彭彭。其余附凤而攀龙者，盖车载与

---

①《清实录》是按照不同日期赐奠某个功臣来记载的。而《钦定大清会典事例》记载较笼统。康熙年间，统一记为"费英东、额亦都、杨古利"，而乾嘉时期，记为"杨古利、费英东、额亦都"。参照《钦定大清会典事例》（光绪）卷447，《礼部·群祀·巡幸祭先代名臣先贤忠烈祠墓暨本朝名臣》。

②《辽宁旧方志·盛京通志》卷5，第一函，第150页，辽宁民族出版社2013年版，以下版本同。

③《御制诗初集》卷18，乾隆八年，《四库全书》版，以下版本同。

斗量。”[①] 由此可见，高宗对创业之初君臣之谊的称颂，肯定了费英东、额亦都等满洲大臣的开创之功。

乾隆十九年（1754），高宗作《过功臣费英东扬古里等墓题句志感》一诗：“桥山栢里郁相望，开国同心想杜房。一二荩臣兹扈跸，逸勤胥及尔宁忘。躬临酹酒当年事，遣奠依然表旧劳。动我怆然翘望处，山陵气接朔云高。”[②] 诗中说明了皇帝亲临赐奠、遣大臣致酹等对功臣的特殊待遇，皆是为了表彰勋臣的功劳。

除了赋诗对勋臣进行整体的褒扬之外，清高宗还分别赋诗称颂。高宗在赐奠之后，赋诗次数最多的是额亦都，分别在乾隆八年、四十三年、四十八年。

《酹功臣额亦都墓》（乾隆八年）：“坐享八纮泰，宁忘百战功。佐周曾有望，兴汉不徒冯。金简香生绿，椒浆玉泻红。荩臣陪祀事，式绍乃家风。”[③] 此诗表彰了额亦都的卓越军功，陪祀先帝的荣誉。

《赐奠额亦都墓》（乾隆四十三年）：“冠世称勇独，丁年识主真。忠摅实异众，恩顾亦超伦。风雨精神会，松楸碑碣陈。元孙能继勇，奕世有良臣。”[④] 此诗讲述额亦都少年追随努尔哈赤，英勇作战，也表扬了其家风纯良，后继有人。

《赐奠功臣额亦都墓》（乾隆四十八年）：“自古逢开创，必资英济臣。白山圣人作，东海卓材彬。嘉尔忠秉素，宁惟勇绝伦。枌榆佳域护，一德永相亲。”[⑤]此诗既赞扬了额亦都的卓越才能、忠诚英勇，也表达了君臣相亲的情谊。

三首诗中，高宗称赞额亦都的忠主精神与卓越军功。同时，对其后代提出继承家风的希望。在乾隆四十三年的诗中，高宗还称赞了额亦都的元孙丰升额“征剿金川，奋勇著绩。嘉其克绍祖风，于公号加‘继勇’以旌之，惜因病不能永年，抚念为之嗟悼”[⑥]。

此外，清高宗在乾隆四十三年、四十八年，也分别赋诗，歌颂扬古利、费英东。

康乾嘉道时期，清帝东巡之际就近赐奠三勋臣，以皇帝亲临赐奠的形式为

① 《辽宁旧方志·盛京通志》卷10，第一函，第217页。
② 《辽宁旧方志·盛京通志》卷13，第一函，第285页。
③ 《御制诗初集》卷18，乾隆八年。
④ 《御制诗四集》卷53，乾隆四十三年，《四库全书》版，以下版本同。
⑤ 《御制诗四集》卷100，乾隆四十八年。
⑥ 《辽宁旧方志·盛京通志》卷15，第一函，第317页。

主，以赋诗、立碑，予以褒扬称颂。乾隆中期之后，清帝五次东巡，皆以亲奠的方式。乾隆四十一年（1776），钦定修《贰臣传》，都体现了这一时期对臣节的强调，褒扬功臣、贬斥贰臣。

三

清帝谒盛京三陵，有固定的仪式。康熙十年（1671），圣祖谒福陵，“率诸王贝勒文武大臣等行礼，上三献爵，举哀，众皆举哀”。第二日，“上诣福陵，陈牲帛于隆恩殿，读祝，行告成礼”[①]。圣祖谒陵的仪式，为后世所沿用。乾隆年间，高宗谒祖陵，“礼节准康熙时例”[②]。嘉庆十年（1805），仁宗谒永陵，“御素服，诣启运殿后阶，三跪九拜，有司进奠几，三拜三奠爵。讫，举哀。翼日朝服行大飨。谒福陵、昭陵亦如之”[③]。

东巡诸帝赐奠功臣的时候，有固定的仪式。从清初到清中期，皇帝赐奠的仪式逐渐制度化。清帝赐奠功臣，“坐而奠酒”[④]。

康熙三十七年（1698），圣祖首次赐奠功臣的仪式如下：“上临勋臣武勋王扬古利、直义公费英东、弘毅公额亦都墓。设床、偏西北向。上坐床上，置奠池。各奠酒三卮。随从王大臣、侍卫等及勋臣等子孙，皆于坟院内叩头。”[⑤]此次圣祖亲奠功臣，皇帝敬三杯酒，而随从的亲王、大臣、侍卫等，需行叩头礼。

乾隆时期，高宗谒祖陵，照康熙三十七年之例进行，礼部对相关的一些仪式进行了细化，载入仪注。与康熙年间不同的是，这一时期对随从皇帝亲奠功臣的王、贝勒等行礼的制度进行了调整。乾隆八年（1743），高宗在亲奠克勤郡王等园寝之前，在谕旨中提到：“据礼部援引皇祖圣祖亲奠功臣坟墓之例，随驾之皇子王等皆随行礼，此次随驾之皇子王贝勒等，应随行礼具奏。朕已降旨依议。但思从前随驾之皇子王等，皆系皇祖子孙，是以均随行礼。此次随行之王贝勒内，有朕之叔辈或朕之兄弟辈，非从前随驾之皇子王等可比，每祭酒时亦随行礼，似属未便。朕亲临祭酒，功臣即为荣宠之至。克勤王园寝，王贝勒等仍随往。功臣扬古利等坟墓，不必随往。此后朕之子孙若随来，朕降旨遵

① 《清圣祖实录》卷36，康熙十年九月丁卯、戊辰。
②③ 《清史稿》卷86，《礼志》，第10册，第2592页。
④ 《清仁宗实录》卷133，嘉庆九年八月己卯。
⑤ 《清圣祖实录》卷190，康熙三十七年十月己未。

行。再蒙古王额驸王大臣坟墓，皆不必随往。著令礼部记载。”[①] 高宗认为，随行的叔辈、同辈的亲王、贝勒等在功臣墓前行礼，并不合适，并强调由皇帝本人亲临祭酒，对功臣已经是“荣宠之至”，王、贝勒不必随往行礼。

嘉庆年间两次东巡，“亲诣赐奠及遣官致祭并遣官赐奠之处，均著照乾隆八年例举行”[②]，不允许擅自增删。如嘉庆十年（1805）八月，行在礼部在赐奠的仪式之外，又具奏了辞陵的仪注。辞陵的典礼，是仁宗在恭谒裕陵时候的一个临时性礼仪，不属于谒祖陵的仪式。仁宗批评礼部，“今率将辞陵仪注缮录进呈，均属错误”[③]。

同年，仁宗亲临克勤郡王、扬古利、费英东、额亦都等坟院赐奠。在此之前，礼部又奏拟进仪注，并有前引大臣恭导。礼部的此次上奏，遭到了仁宗的批评，认为“所奏殊属非是”，并指出：“朕追念勋臣，亲临酹酒，礼以义起，一切服色仪节，自可随时准酌而行，亦何须前引大臣恭导。即如在京屡有赐奠王大臣之事，礼部从未呈递仪注。今于赐奠功臣，详叙礼仪，先期呈进，几与祭祀大典同例。岂协以尊临卑之义乎？”出于对“以尊临卑”之义的强调，上谕：“吏部如奉旨亲临克勤郡王岳托、功臣杨古利、费英东、额亦都墓赐奠，不进礼部，不奏派前引大臣。”[④]

嘉庆年间，礼部奏请增加辞陵的仪注、赐奠时的前引大臣，皆遭到仁宗的批评。表现了仁宗在东巡赐奠仪式上对祖例、旧例的遵循。

此外，清帝东巡赐奠三勋臣的同时，还酌情赏赐其后代子孙，以展鸿恩。

扬古利、额亦都、费英东作为关外三勋臣，在清初即获得国家的褒扬。从康熙三十七年开始，清帝在东巡中，先后7次亲自对三人进行赐奠，此外就是遣官代祭。乾隆时期，又调整了三人的世职、配享太庙等事宜。朝廷施恩，荣及后代，勋臣的子孙们也会获得赏赐。清帝东巡，赐奠开国功臣，这是宣扬君臣之道、倡导忠主忠君、笼络满洲大臣的重要举措。同时，乾嘉时期，对三勋臣赐奠仪式上的讨论，赐奠的仪式、参与人员等方面的变化，显示了这一时期对君臣尊卑之义的强调。

---

① 《清高宗实录》卷201，乾隆八年九月癸卯。
② 《清仁宗实录》 卷145，嘉庆十年六月庚午。
③ 《清仁宗实录》卷148，嘉庆十年八月乙未。
④ 《清会典》（光绪朝）卷35，第313页，中华书局1991年版。

清代东北地区行政管理体制演变探析

孟繁勇

东北地区自古以来就是战略要地。从战国时期燕国直至辽金元明，历代王朝在东北都设置了行政机构。明代在东北实行了卫所制度，分为直辖卫所和羁縻卫所。清朝与以往历代王朝完全不同，入关前在东北实行八旗制度，入关后对东北地区的管理体制进行了制度创新，实行了以八旗制为主体的多种管理体制并存的体制，这种体制构建保证了清代东北地区二百余年的长治久安。至晚清时期，东北地区又普遍设立州县，建立了行省体制，在管理体制上实现了与内地的一体化。学术界对清代东北地区的行政管理体制虽有论及，但对其如何演变这一重大问题，尚未见有专文进行系统论述。本文试对这一问题进行分析和探讨，不当之处，敬请方家斧正。

一、清入关前至清初东北地区行政管理体制的新变化

从战国时期燕国时始，就在东北地区设郡。秦汉魏晋南北朝隋代因袭之，仍实行郡县制，但其管辖范围只局限在辽东一隅。唐代先后在东北设置都督府和节度使，还设立了羁縻府州。辽金时期在东北实行京、路、府、州、县制。元代实行行省制度，在东北地区设立了辽阳行省和岭北行省。明朝初年，曾在东北地区设置州县，但后来“悉更郡县，以为军卫”①。明代在东北地区的行政建置主要为辽东都司和奴儿干都司，其下普遍设立了卫所。辽东地区的卫所由明朝直接管辖，而奴儿干都司实行的是“官其酋长”的羁縻统治，由当地各少数民族首领充当卫所长官。弘治年间，奴儿干都司被撤销。此后，明朝主要

作者系辽宁省社会科学院历史研究所副研究员。本文为2014年国家社会科学基金项目重大项目《盛京城考古与清代历史文化研究》阶段性成果，项目批准号：14ZDB038。

①《明太祖实录》卷233。

是通过辽东都司统治东北地区。卫所是一种军事屯驻性质的管理机构。明朝之所以建立卫所，是缘于东北“边鄙瓯脱之俗，华夷杂糅之民，迫近胡俗，易动难安，非可以内地之治治之也”[①]。因此，建立卫所是明朝为加强东北边防而采取的一项重要措施，也是明朝的一项制度独创。

明万历十一年（1583），努尔哈赤以十三副铠甲起兵，开始了统一女真各部的征程。在统一女真各部的过程中，努尔哈赤创立了八旗制度。每三百人编一牛录，五牛录为一甲喇，五甲喇为一固山（旗）。八旗组织是集军事、行政、生产诸项职能于一身的社会组织，旗人“出则为兵，入则为民，耕战二事，未尝偏废”[②]。万历四十四年，努尔哈赤在赫图阿拉建立了后金政权，建元天命。天命三年（1618），努尔哈赤正式起兵反明。天命十一年，努尔哈赤病逝，其第八子皇太极即汗位，年号天聪。天聪十年（1636），皇太极正式称帝，并改国号为“清”，改天聪十年为崇德元年。经过努尔哈赤、皇太极父子两代人的努力，清朝在入关前基本上统一了东北地区。在统一的过程中，后金（清）军每攻占一地，即要求汉人剃发易服，并废除原来明朝的卫所，代之以八旗制度对地方进行管理。《八旗通志》记载“国初按旗分处，各有定界”[③]。例如，天命七年（1622），八旗驻防情况是“镶蓝旗驻白土厂。正白、两红旗驻义州。两黄、正蓝、镶蓝旗驻锦州”[④]。清朝统治下的东北地区就是一个大八旗社会。最北处驻防点是宁古塔。崇德元年（1636）六月，吴巴海“进三等梅勒章京，移镇宁古塔”[⑤]，负责管辖黑龙江、乌苏里江流域。宁古塔梅勒章京的设置，标志着东北地区设立行政建置的开始。在入关前，清朝还曾设立都堂衙门管理汉人事务，但不久即撤销。清入关前在东北地区实行的八旗制度，是一种“兵民合一”的军事色彩极强的管理体制，八旗制下全民皆兵。从某种意义上说，八旗制与明代在东北地区实行的卫所制度有相似之处。

顺治元年（1644），清军入关，清朝即迁都北京。世祖福临任命正黄旗内大臣何洛会为盛京总管，留守盛京，统辖东北地区。在盛京总管之下，又分设

---

①《全辽志·序》，见金毓黻主编：《辽海丛书》第一册，第496页，辽沈书社1985年版。

②《清太宗实录》卷7，天聪四年五月壬辰。

③ 鄂尔泰：《八旗通志》卷18，第325页，《土田志一》，东北师范大学出版社1985年版。

④《满文老档》太祖朝，卷35。

⑤ 赵尔巽等撰：《清史稿》卷230，第9319页，《吴巴海传》，中华书局1998年版。

宁古塔、熊岳、凤凰城三城总管，分辖各地城守官，确立了八旗驻防制下的三级管理制度。盛京总管统辖体制仍然是清入关前八旗制度的延续。“总管”这一名称倒也十分贴切，非常符合八旗制度的特点。因为八旗组织本身便是军政合一的社会组织，作为八旗组织的最高长官，自然是总管其中的一切事务。顺治三年，清廷晋升盛京总管为“昂邦章京，给镇守总管印，户礼刑工四曹悉隶留守之昂邦章京掌焉”[①]。由此可见，清入关之初，东北地区各项建置都不甚完善，一切事务都由盛京总管统辖。

二、东北三将军分辖体制的建立

清初，盛京总管统辖东北地区的时间只持续了十年，东北地区的行政管理体制即开始发生重大变化。明末清初之际，我国黑龙江流域开始遭受沙俄的入侵。为了加强东北北部的边防，顺治九年（1652），清廷派遣梅勒章京沙尔虎达领兵驻守宁古塔。因为盛京总管坐镇盛京，处于东北南部，距离北部黑龙江流域过于遥远，在当时交通和通信条件较为落后的情况下，不利于指挥抗击沙俄的战争。因此，清廷在派沙尔虎达镇守宁古塔的第二年，即顺治十年，就对东北地区行政区划做出了重大调整，升沙尔虎达为宁古塔昂邦章京，与盛京昂邦章京平级，形成盛京、宁古塔两昂邦章京分治东北的局面。康熙元年（1662），盛京与宁古塔昂邦章京分别改称为辽东将军和宁古塔将军。康熙四年，辽东将军改称为奉天将军。康熙十五年，宁古塔将军衙门由宁古塔南迁至吉林。康熙二十二年，为了加强黑龙江流域的边防，抗击沙俄入侵，清廷又设置了黑龙江将军辖区，任命萨布素为首任黑龙江将军。至此，在清入关后，历经近四十年的不断调整，东北地区最终形成了奉天、宁古塔、黑龙江三将军分辖的格局，东北地区的行政管理体制初具规模。为了与奉天府尹相区别，乾隆十二年（1747），奉天将军又改称为盛京将军。乾隆二十二年，宁古塔将军改称为吉林将军。清代东北三将军辖区的建立，表明清代中央政权对东北边疆地区实现了较历代都较为有效的直接管辖，这对促进东北开发、巩固东北边防起到了积极作用，标志着清代国家“大一统”的程度达到了一个新的高度。

在东北实行的将军辖区体制不同于关内行省体制，也不同于关内各省八旗

---

①阿桂等纂修：《盛京通志》卷39，第696页，《职官一》，辽海出版社1997年版。

驻防。清朝“于各省分设八旗驻防官兵，以将军、副都统为之董辖，虽所司繁简略异，而职任无殊。惟盛京、吉林、黑龙江将军，俱以肇邦重地，俾之作镇，统治军民，绥徕边境，其政务较繁而委任亦最为隆钜。核其职掌，盖即前代留守之比，与各省将军之但膺阃寄者不同”[①]。将军辖区体制是八旗制度在行政区划设置上的表现形式。东北八旗驻防“以城为纲”，即根据各个城市的重要程度不同而设置不同的职官，“自将军而下，最重要者则设副都统驻扎，次则设城守（尉）驻防，次则协领、骁骑校驻防。盖城守尉隶副都统，协领、佐领隶城守尉，骁骑校等官复隶协领、佐领，而皆隶于将军。其设官之数，皆准设兵多寡，因地异宜，以奋武卫固疆圉”[②]。驻防八旗除遇有战事奉调出征外，平时的任务主要是管理旗地，征收地租，缉捕盗贼，维持治安。同时，清朝还在“八旗佐领下，各设族长，管束同族之人。独立小户并令其兼管”[③]。按照清朝的制度，八旗组织“专理旗务，不与民事”[④]，因而对汉人设置州县进行管理，实行的是旗民分治的原则。

清廷还把东北地区很多少数民族按照八旗体制组织起来，布特哈八旗和打牲乌拉就是其中的重要组成部分，颇具地方和民族特色。康熙八年（1669），清廷设索伦总管，统一管理黑龙江流域的索伦、鄂伦春等少数民族，称之为布特哈八旗。“盖布特哈为打牲部落之总称，故东北数千里处山野，业捕猎者，悉隶之。”[⑤]其旗下成员的主要任务有四项：定期巡边、奉调出征、垦荒习农、狩猎贡貂。布特哈八旗是清廷把鄂伦春等少数民族原有的氏族部落制与满洲八旗制度相结合而形成的，既兼顾了各民族的原有组织结构，又体现了鲜明的满洲特色。

打牲乌拉是专为皇室采捕贡品而设的机构，也是按八旗制度组织起来的军事化的生产组织。打牲乌拉最初直属京师总管内务府，乾隆年间改由吉林将军管理，但重大事务仍直接听命于京师总管内务府和皇帝。其生产任务是采获人参、貂皮、东珠、鱼类、松子、蜂蜜等东北地区的各种土特产。除完成生产任务外，打牲乌拉牲丁还要随时听从清廷调遣，出征作战。雍正十年（1732），

---

① 长顺修：《吉林通志》卷60，第6册，第3899页，文海出版社1965年版。
② 阿桂等纂修：《盛京通志》卷51，第849页，辽海出版社1997年版。
③《钦定户部则例》卷1，台北：成文出版社1968年版。
④ 徐世昌：《东三省政略》卷5，吉林文史出版社1989年版。
⑤ 何秋涛：《朔方备乘》卷2，文海出版社1964年版。

又从牲丁中拣选千人为兵，编为十佐领，成为驻防八旗。乾隆五年（1740），又专设打牲乌拉协领衙门，其属下官兵平时与打牲机构共同进行采捕，并操演骑射，战时奉调出征，肩负生产与作战双重任务，体现了八旗旗人亦兵亦民的特点。

三、陪都体制的确立

盛京作为清入关前的都城，在清入关后又被尊为陪都，受到格外的、特殊的重视。清廷为“隆重陪都体制”，于顺治十四年（1657），废辽阳府，于盛京城设奉天府，置府尹，秩正三品，视同京师顺天府，此为陪都之特殊规制。清廷规定：“凡满洲、蒙古、汉军八旗事务，则统之于奉天将军；凡民人事务，则统之于奉天府尹。”[①] 盛京将军与奉天府尹分辖旗民，遂形成旗民分治的二重制管理体制。奉天府尹虽然名曰奉天一府之尹，实则其管辖范围却是盛京将军辖区内的所有州县，甚至连吉林将军辖区设置的州县一度也归奉天府尹管辖。

除奉天府外，顺治十五年（1658），清廷又设立了盛京礼部。次年，又设户、工二部。康熙元年（1662），设立刑部。康熙三十年，又设立盛京兵部，统称为盛京五部。至此，历经数十年的不断完善，盛京的陪都体制基本完备。设五部，惟缺吏部，这是因为“以其地官员无多，仍由京中铨选，故不备”[②]。五部均不设尚书，只设侍郎，而且侍郎以下各官，“俱系满缺，间用汉军、汉人，出自特简”，这突出地体现了“龙兴之地”满洲旗人处于垄断地位的特点。盛京五部直隶清廷中央，但与盛京将军衙门的户、礼、兵、工、刑五司有密切联系。盛京礼部管理盛京的祭祀活动，并管理祭田。盛京户部掌管户部官庄，征收旗地租税，管理旗人户口婚姻等事。盛京工部负责营造修缮坛庙、陵寝、宫殿、城垣、官署等，管理采山木场。盛京刑部负责旗民案件的审理，并兼理边外蒙古刑狱。盛京兵部负责检阅军器，监理旗员会射，管理驿

① 乾隆官修：《清朝文献通考》卷271，第2册，第7276页，浙江古籍出版社1988年版。

② 昭梿：《啸亭杂录》卷4，第106页，《盛京五部》，中华书局1980年版。

站，稽察边门，拣选下级武官[①]。乾隆十七年（1752），清廷又设立盛京内务府，负责管理皇室在盛京的财产和进贡事宜及各种差役。盛京内务府下设广储司、会计司、掌礼司、营造司、都虞司等机构。盛京内务府总管大臣一职，由盛京将军兼任。奉天府尹、盛京五部同盛京将军在职权上多有交叉；因此，在很多事情上还须与盛京将军协商解决。盛京五部的管辖范围不止局限于盛京将军辖区，而是涉及整个东北地区。例如，盛京户部掌管整个东北地区的财政大权，负责“支给盛京、宁古塔、黑龙江官兵俸饷等事”[②]。盛京工部负责向盛京及黑龙江各兵营供应火药[③]。将军和府尹分辖旗民，管理范围是以旗与民的身份来界定的，形成相对独立的两个管理系统。盛京五部则不论旗民，只以具体事务分工，又把旗民分治的两个系统重新整合[④]。

清代陪都盛京与明代陪都南京，二者作用大不相同。明朝以南京为陪都，“官僚仍旧并置，而实无职业可任，于是投闲置散者，则一切屏之于南京”[⑤]。而清代置盛京为陪都，不仅是为了尊崇故都，更重要的是通过奉天府、盛京五部等陪都机构的设置，加强对大后方东北的经营建设；同时，也是为了加强对东北三将军的监督和控制。光绪元年（1875），署盛京将军崇实论及盛京将军与陪都机构的关系时曾说：“溯其（将军）建基之初，原与五部隐相兼摄。”[⑥]魏源对清朝统治者这种驾驭官员的手段也有很精辟的评价：“虽各省提镇、驻防将军，掌兵柄而不擅财赋，与文臣互牵制焉。于封建有其名无其实，于藩镇收其利去其害，损益百王二千年之法，至是而大定。”[⑦]盛京将军与陪都机构的关系也经历了多次调整。最初是盛京将军、奉天府尹、盛京五部三方分权并立。乾隆二十七年（1762），改由盛京将军节制奉天府尹。乾隆三十年，又改为从盛京五部侍郎中拣派一人，兼管奉天府尹事务，简称兼尹。尤其是由盛京户部侍郎兼管奉天府尹事务时，既掌管东北地区的财政大权，又负责管理民人

---

① 《清会典》（光绪朝）卷40，第362页；卷25，第210页；卷62，第579页；卷57，第535页；卷52，第490页，中华书局影印本1991年版。

② 中国第一历史档案馆译编：《雍正朝满文朱批奏折全译》，第357、358页，黄山书社1998年版。

③ 长顺修：《吉林通志》卷51《武备志二》，第844页，吉林文史出版社1986年版。

④ 任玉雪：《清代东北地方行政制度研究》，复旦大学2003年博士学位论文，第56页。

⑤ 纪昀等纂：《历代职官表》卷49，第956页，上海古籍出版社1989年版。

⑥ 朱寿朋：《光绪朝东华录》，光绪元年七月，第112页，中华书局1958年版。

⑦ 魏源：《圣武记》卷2，第81页，中华书局1984年版。

事务，地位尤为重要，大有与盛京将军分庭抗礼之势。崇实就曾指出“兼尹归于户部，与将军更易抗衡”[①]。陪都体制在东北地区的管理体制中占有非常重要的地位，对东北地区的历史发展产生了重要影响。

四、民户州县制、边民姓长制与东蒙盟旗制的设置

除了八旗驻防制和陪都体制之外，清廷还根据各民族、各地区的实际情况，在东北部分地区实行了民户州县制、边民姓长制和东蒙盟旗制，形成了“一地多制”的管理体制格局。

（一）民户州县制的设置

清入关之初，迁都北京，百万军民“从龙入关”，东北地区遂出现了“沃野千里，有土无人”[②]的极度空虚局面。为改变这一状况，从顺治六年（1649）起，清廷开始鼓励关内汉人到辽东垦荒。顺治十年，还颁布了《辽东招民开垦授官例》，对招民至东北达到一定数量者，授予官职。随着关内汉人的不断涌入，清廷于顺治十年设辽阳府，置辽阳、海城两县，以管理汉人，这是清代东北设州县之始。康熙元年（1662），又增设锦县。三年，增设广宁府，辖广宁、锦县与宁远州，后改广宁府为锦州府。又在辽东增设承德、开原、铁岭、盖平四县，改辽阳县为州，从而在盛京地区形成了两府、九州县的建制。顺治十四年，清廷设奉天府之后，盛京地区的州县统由奉天府尹管辖。

因为关内中原地区人多地少，资源紧张，而关外地广人稀，资源丰富，因此，从清初开始，关内汉人即开始向东北地区迁移。随着关内移民不断增加，东北地区设置的州县和八旗制下的理民机构也在不断增加，并且随着移民逐渐向北迁移，州县制也逐渐由南向北逐步推广。盛京地区是东北最早设立州县的地区，随着关内移民的不断增加，雍正十二年（1734），清廷在辽南设置复州与宁海县，又在辽西设置义州。随着关内移民涌入吉林，吉林地区也曾设立州县管理汉人。雍正四年，“船厂地方添立永吉州”，“宁古塔地方添立泰宁县”，“白都讷地方添立长宁县”，俱隶于奉天府尹[③]。乾隆元年（1736），裁撤长宁

---

① 朱寿朋：《光绪朝东华录》，光绪元年七月，第112页，中华书局1958年版。
②《清圣祖实录》卷2，顺治十八年五月丁巳。
③《清世宗实录》卷51，雍正四年十二月戊寅。

县、泰宁县，均隶属于永吉州。乾隆十二年，又裁永吉州，改设吉林厅，由隶属于奉天府尹，改隶属于吉林将军。吉林厅设理事同知，“所有旗民交涉、人盗命案，及从前应办民人刑名、钱谷、杂税等项，俱令同知办理，详报该将军完结”①。嘉庆五年（1800），又增设长春厅。嘉庆十六年，又增设白都讷厅。吉林、长春、白都讷三厅分辖所属民户，统归吉林将军管辖。黑龙江地区长期未设州县，直至咸丰初年才设呼兰厅理事同知，这是黑龙江地区“设置州县之开始”②。东三盟地区由于关内移民的涌入，乾隆年间也开始设立州县。乾隆五年（1740），始设塔子沟厅。乾隆三十九年，又设三座塔厅和赤峰州。后塔子沟厅改为建昌县，三座塔厅改为朝阳县，赤峰州改为赤峰县，俱隶于承德府。虽然清廷于乾隆五年在东北地区开始实行封禁令，禁止汉人移民东北，但由于种种复杂原因，封禁令并没有得到真正严格地贯彻实行，实际上是禁而不止，关内移民仍然大量涌入到东北地区。例如，嘉庆年间，清廷曾多次严令吉林将军驱逐关内流民，但实际上却是“每查办一次，辄增出新来流民数千户之多”③。

关内移民源源不断地涌入东北，开垦了大量的土地，与旗人拥有的旗地相对应，称之为民地。清朝将东北州县所属民户统一编成社甲进行管理。在实行旗民二重制的盛京地区，清朝将旗地和民地截然分开，以区分旗民界限。然而，满汉民族融合和经济交流是不可阻挡的历史趋势，旗民界限逐渐被突破。乾隆四十年（1775），盛京侍郎兼管府尹富察善、奉天府尹铭通奏称：“奉天各州县及旗庄地方，旗民杂处，并无旗界民界之分。”④

（二）边民姓长制的设置

在松花江、乌苏里江和黑龙江下游流域以及滨海和库页岛广阔地区分布着赫哲、费雅喀、鄂伦春等众多少数民族，他们隶属于吉林将军辖下的三姓副都统辖区，清廷对他们“各设姓长、乡长，分户管辖”⑤，这种制度称之为边民姓长制。姓长、乡长的任命最初要经过将军衙门派员考核后，再呈报礼部，最

---

①《清高宗实录》卷300，乾隆十二年十月壬戌。
② 黄维翰：《呼兰府志》序，第1页，成文出版社有限公司1974年版。
③ 长顺修：《吉林通志》卷2，第24页，吉林文史出版社1986年版。
④《清高宗实录》卷998，乾隆四十年十二月乙巳。
⑤《清朝文献通考》卷271，第7279页，浙江古籍出版社1988年版。

后由皇帝任命。姓长、乡长的职责是办理贡貂、支应公差及调解边民纠纷等。这些少数民族被编户入册后，每户每年向清廷交纳一张貂皮作为贡赋，而清廷则给予回赏，称为“贡貂赏乌绫制度”。乾隆十五年（1750），确定了吉林边民贡貂户数为2398户，以此作为固定的数额，嗣后不再增加，这是清朝“滋生人丁永不加赋”的赋役政策在吉林少数民族地区的具体体现。此外，清政府还用毛青布与边民进行貂皮交易，还有不定期的活兽、皮毛交易等，都是以物易物。清廷还实行联姻制度，允许边民携带聘礼，进京迎娶宗室之女。其实所谓宗室之女，多为吉林将军预购民女充替宗女，清廷还陪送一份丰厚的嫁妆。内地民女以“宗女”身份出嫁到吉林边疆少数民族地区之后，地位甚为高贵，被尊称为“皇姑”。这种联姻制度对加强内地与边疆地区的联系，促进边疆地区的开发起到了重要作用。嘉庆朝以后，随着清朝国势日衰，联姻活动也随之停止。需要指出的是，清朝在吉林境内边远少数民族地区实行的边民姓长制度，并非以前历代王朝常见的羁縻统治方式，而是将当地少数民族纳入到三姓副都统辖区进行管辖，使这一地区成为具有鲜明民族和地域特色的行政区域，体现了清朝统治者不分华夷的民族观和中外一体的政治理念①。因此，边民姓长制的实行具有历史的进步性。

然而，清廷在实行边民姓长制的地区，不设州县，不派流官，不驻军队，边防极度空虚，导致了库页岛在乾隆年间即被沙俄、日本秘密侵占。乾隆五十四年（1789），“俄人在本岛南岸母子泊地方置政厅，设监狱，立教堂，驻守备兵，复移殖人民，谋实业之发展，俄人至本岛之西岸测量，横加强暴，又至南格里地方肆行劫掠，居民不堪其扰”。日本对库页岛也有渗透，主要集中在渔业开发方面。乾隆五十五年，日本松前藩王在该岛库孙克丹哥尔萨可夫及西拉努斯等处设局管理渔业。与俄国赤裸裸地武力占领相比，“日本藩王仅对渔业之管理置有少数小吏，在国防上尚无设施也”。嘉庆十一年（1806），俄国沙皇命胡斯图到库页岛尼华湾遗留俄文铜版以为占领该岛之标志。铜版文曰：“胡斯图受俄罗斯国皇帝之命占领此岛，遗铜版于此。”② 从乾隆末年俄国开始控制库页岛时起，直至鸦片战争爆发前这一段时期，虽然库页岛居民仍然向清廷

① 程妮娜：《古代中国东北民族地区建置史》，第533、534页，中华书局2011年版。

② 石荣暲：《库页岛志略》卷1，《沿革篇》，引自沈云龙主编：《近代中国史料丛刊》第48辑，第57～59页，文海出版社1970年版。

缴纳貂皮，“贡貂赏乌林”制度也一直没有中断[①]，但清朝对库页岛的实际控制权已经丧失了。这也反映了边民姓长制度在边防方面较为松弛，存在巨大的漏洞和隐患，导致库页岛在鸦片战争之前即沦于俄、日之手，其历史教训当永为后人所铭记。

（三）东蒙盟旗制的设置

清代在蒙古地区实行盟旗制，其中哲里木盟、卓索图盟与昭乌达盟，毗邻东北，通称东三盟。后来由于汉族移民大量涌入，这一地区先后设立州县，分别隶属辽吉黑三省；因此，东三盟的历史成为清代东北历史的重要组成部分。东三盟的管理体制比较特殊，既直接隶属于理藩院，同时又受临近的将军或都统节制。“凡哲里木盟重大事件，科尔沁六旗以近奉天，故由盛京将军专奏。郭尔罗斯前旗一旗，以近吉林；郭尔罗斯后旗、扎赉特、杜尔伯特三旗，以近黑龙江，故各由其省将军专奏。”[②]东三盟计14部，26旗，824佐领，“每旗设（札）萨克一员，总理旗务，世袭罔替”[③]。其职责包括管理旗地、编查户口、领兵作战、审理案件等，下设协理台吉、管旗章京、梅伦章京、札兰章京、苏木章京等。各旗之上设盟，盟设盟长。盟长平时无权发号施令，只是在战时领兵出征作战，并每隔三年，定期召集会盟，处理盟务并检阅军队。盟旗首领每年春节还要入京朝贺。清朝皇帝也经常到塞外巡视。清帝在木兰围场行围打猎时，各部王公要轮流扈从，参加行围，称为“围班”。这些措施，加强了清廷与各部的联系，增强了东三盟对清廷的向心力。蒙古盟旗制中的旗和佐领是清朝参照八旗组织形式，并结合蒙古游牧部落的组织结构设置的。在蒙古地区推行的盟旗制度也体现了清廷对蒙古“分而治之”的统治政策，它既防止了各部落的联合，同时也避免了某一部落势力过于强大。清廷为尊重蒙古的风俗习惯特制定了蒙古律例，蒙古人犯罪一律按蒙古律处罚。为限制蒙古牧民进入辽东汉人农耕地区并避免蒙汉民族纠纷，清廷还修建柳条边，“插柳结绳，以界蒙

---

① 郝建恒：库页岛（词条），引自《中国大百科全书：中国历史Ⅰ》，第538页，中国大百科全书出版社1992年版。

② 赵尔巽等撰：《清史稿》卷518，第14327页，中华书局1998年版。

③ 理藩院修，杨选第、金峰校注：《理藩院则例》卷6，内蒙古文化出版社1998年版。

古”[①]。柳条边遂成为蒙古族游牧地区与汉族农耕地区的分界线。清朝还推行民族分治政策，不仅禁止蒙汉通婚，还禁止汉人出古北口、喜峰口进入蒙古地区垦荒居住。但这一禁令不可能阻挡历史发展趋势，关内汉族移民仍大量涌入东三盟，并使这一地区的社会生活和行政管理体制等都发生了巨大的变化。

概而言之，清代前期东北地区的行政管理体制是以八旗驻防制为主体，但盛京、吉林、黑龙江三地又分别有所不同。盛京地区实行的是盛京将军与奉天府尹分治旗民的旗民二重制管理体制。吉林则是将军统辖下的旗民分治，加上在边疆少数民族地区实行的边民姓长制。黑龙江则是将军统辖下的单一八旗制。

五、晚清时期东北地区州县的普遍设置与行省体制的最终确立

晚清时期，中国逐步沦为半殖民地半封建社会，东北边疆危机也日益深重。沙皇俄国在第二次鸦片战争中侵占了东北地区100多万平方公里的领土，并且侵略的势头仍咄咄逼人，有增无减。而东北地区的行政管理体制也暴露出了诸多弊端，已经不能适应和应对严峻的局势。在此背景下，清朝统治阶级不得不对原有的行政管理体制进行必要的改革，以挽救危亡。东北地区先后经历了三次主要的改革，即崇实改革、赵尔巽改革和徐世昌改革，这几次改革使东北地区的行政管理体制发生了重大变革，推动了州县的普遍设立，并促使东北地区最终建立了行省体制。

光绪元年（1875），署盛京将军崇实到任后，经过调查研究，向清廷提出《变通奉天吏治章程》。主要内容在于加强盛京将军和奉天府尹权限，削弱盛京五部的权力，调整旗民地方各官职权。长期以来，盛京将军与奉天府尹都是实行旗民分治，而这次改革大大扩大了盛京将军的权力，“将盛京将军一缺改为管理兵刑两部、兼管奉天府府尹事务，即仿各省总督体制，例加兵部尚书衔，另颁总督奉天旗民地方军务关防一颗，并兼理粮饷字样，以便管带金银库印钥，且可稽核户部出入”。此举，使盛京将军的权力几与内地行省的总督相当。同时，还加强了奉天府尹的权力，“将奉天府府尹一缺加二品衔，以右副

① 高士奇：《扈从东巡日录》卷下，引自《辽海丛书》（一），第225页，辽沈书社1985年版。

都御史行巡抚事。旗民各务悉归专理，俾与将军相承一气，不致两歧”。这使奉天府尹的权力与内地巡抚的权力相仿。同时，还大大削弱了盛京五部的权力。崇实还建议“奉省地方一切案件，无论旗民，专归同通州县等官管理”。崇实改革总的指导原则是“仍存五部之名以隆体制，兼仿督抚之例以一事权”[①]。崇实改革不仅统一了事权，而且在高层打破了旗民分治的界限，为盛京地区逐渐向行省体制转变创造了必要条件，至此，陪都体制业已名存实亡。此次改革亦是东北地区行政管理体制发生重大变革的序幕。在这次改革的推动下，东北又出现了设置州县的高潮，又陆续设立了一批新的府厅州县。同时，又有一些州县的行政区划规格升级。

19世纪末20世纪初，“龙兴之地”的盛京地区在短短的十余年间先后经历了甲午战争、沙俄侵略东北战争、日俄战争三次战争的洗劫和蹂躏。此时，由于内忧外患的日益加深，清政府的统治摇摇欲坠。为挽救岌岌可危的统治，清廷被迫在光绪二十七年（1901）宣布实行新政。在全国实行新政的大背景下，清政府又对东北地区的行政管理体制进行了重大改革，改革又是从盛京开始实施。光绪三十一年，赵尔巽就任盛京将军。赵尔巽到任后，上奏十二条建议，其中就有改革东北地区官制的内容。六月，清廷谕令盛京礼部侍郎景厚、刑部侍郎儒林、工部侍郎兼兵部侍郎钟灵“均著来京当差，所有五部事务著归盛京将军兼管”[②]。在赵尔巽的建议下，清廷裁撤了盛京五部和奉天府尹，陪都机构只保留了无涉地方实权的盛京内务府。至此，盛京五部、奉天府尹、盛京内务府的权力完全归于盛京将军，使其权力与内地行省总督相当，陪都体制至此彻底废除。赵尔巽还上奏《更定奉省官制折》，提出了一系列的改革措施。但这些措施未及实行，光绪三十三年，赵尔巽就调任四川总督。他虽然调走，但其改革还是为盛京地区乃至整个东北地区向行省体制转变创造了必要条件。他后来曾回忆说：“东省官制，自光绪三十一年臣到任后，将五部侍郎及所属各缺奏诸一律裁并，纯用行省制度，然仅属于奉天一隅。”[③]就在赵尔巽调走的当月，清廷即颁布谕旨：“盛京将军著改为东三省总督，兼管三省将军事务，随时分驻三省行台。奉天、吉林、黑龙江各设巡抚一缺，以资治理。徐世昌著

---

① 朱寿朋：《光绪朝东华录》，第1册，第112～114页，光绪元年七月，中华书局1958年版。

②《清德宗实录》卷546，光绪三十一年六月戊午。

③ 刘锦藻：《清朝续文献通考》卷139，第9007页，浙江古籍出版社2000年版。

补授东三省总督，兼管三省将军事务，并授为钦差大臣，奉天巡抚著唐绍仪补授，朱家宝著署理吉林巡抚，段芝贵著赏给布政使衔，署理黑龙江巡抚。”[①] 至此，盛京、吉林、黑龙江三将军辖区被裁撤，正式建立了奉天、吉林、黑龙江三省，行省制度在东北地区最终得以确立。东三省的建立，是继元代之后在东北地区第二次建立行省制度，但又远非元代行省可比，有人曾评价：“元代疆域宽广，甲于前代，以今东三省之大，仅设一辽阳省。以吉林省之大，仅设开元、海兰两路，其建置亦可谓疏阔，无怪延至明季，部落纷起，各自为治。”[②] 清末在东北建立的行省的完善程度要远远超过元朝的辽阳行省。东北地区在行政管理体制上与内地实现了一体化，这对促进东北社会的发展进步具有极其重大的意义。

光绪三十二年（1906），赵尔巽恳请清廷派人到奉天实地调查。清政府鉴于“东三省民物凋残，疮痍未复”，遂派商务尚书载振、民政部尚书徐世昌前往东北查勘。徐世昌二人一同考察了东北地区，并共同上陈《密陈通筹东三省全局折》，建议在东北“破除旧制，改设行省，并设总督一员，委以全权”[③]。次年，他的建议即被清廷采纳实施。东北建省后，徐世昌被任命为首任东三省总督。他到任后，遂会同三省巡抚联衔上奏《拟定东三省职司官制及督抚办事要纲折》以及《附东三省职司官制章程》。其中规定：奉、吉、黑三省“各建行省公署，以总督为长官，巡抚为次官”[④]。各省公署内设承宣、谘议二厅和交涉、旗务、民政、提学、度支、劝业、蒙务七司。其中还提及地方民官体制应略为加崇，拟多置府、厅、州，增设道，以便监督[⑤]。徐世昌此项提议获准实行后，东三省行政管理体制的改革得以全面展开，不仅陆续裁撤了许多城市的副都统，还增设了许多道、府、厅、州、县机构。除奉天省仍保留盛京、兴京、金州副都统，但实际上已经名存实亡外，东三省的副都统全部被裁撤，而代之以设置州县进行管理，这标志着旗民二重制管理体制的完全废止。截至宣统三年（1911），东三省普遍设立了州县。其中，奉天省辖四道、八府、八

① 朱寿朋：《光绪朝东华录》，第5册，第5647页，光绪三十三年三月，中华书局1958年版。

② 王世选修、梅文昭纂：《宁安县志》卷1，引自黑水丛书：《秋笳余韵（外十八种）》（下），第1890页，黑龙江人民出版社2005年版。

③ 李鸿文、张本政：《东北大事记》，第346页，吉林文史出版社1987年版。

④《清德宗实录》卷572，光绪三十三年四月辛未。

⑤ 徐世昌：《东三省政略》卷5，第832～834页，吉林文史出版社1989年版。

厅、六州、三十三县。吉林省辖四道、十一府、一州、五厅、十八县。黑龙江省辖三道、七府、六厅、一州、七县[①]。至此，东北地区长期以来实行的以八旗驻防制为主体，多种行政管理体制并存的管理体制格局被普遍实行的州县制所代替。

六、结 语

从清入关前至清末近三百年间，东北地区行政管理体制的变化大致经历了三个阶段：即清入关前至清初的单一八旗制阶段；从清初至晚清时期实行的以八旗驻防制为主体，陪都体制、民户州县制、边民姓长制、东蒙盟旗制等多种行政管理体制并存的阶段；清末普遍设立州县、建立行省的阶段。这种管理体制的演变体现了历史发展的大势所趋。在清代东北历史上，以八旗驻防制为主体、多种行政管理体制并存的阶段最长，大约延续二百余年，这一阶段也是历代以来东北地区行政管理体制类型最多，体制最完善的阶段。东北地区这种“一地多制”的制度设计，是清朝的独创，体现了清朝统治者因俗而治、因地制宜、因时制宜、因族制宜的体制创新精神，它符合东北各民族、各地区的实际情况和特点，使东北地区实现了长治久安。除了清初一个时期东北地区受到沙俄的外患威胁之外，从康熙二十八年（1689）签订《尼布楚条约》划定中俄边界直至鸦片战争之前，东北地区在一百五十余年的时间里总体上保持了安定局面。东北大部分地区实行八旗驻防制，八旗制下人尽皆兵，不仅有效地抵御了沙俄的入侵，而且有利于消弭内乱的发生，维护了社会的稳定。东北地区内部没有出现大规模的农民起义和动乱，也没有出现大的叛乱事件，同时也没有大的自然灾害的发生。满蒙汉和其他各民族长期和睦共处，民族矛盾并不尖锐，并且满洲（族）的文化和传统得以长期保存，东北遂成为清朝最巩固、最安全的大后方，这是清朝统治政策的成功之处，也是其历史功绩所在。清朝在东北地区管理体制的设计上有创新之处，这对当代中国的制度设计和创新也有现实的参考和借鉴意义。

但应该指出的是，东北地区的这种管理体制也有一些弊端。在旗民分治的体制下，极易造成旗署和民署官员遇事推诿，相互掣肘的状况，造成行政效率

---

① 赵尔巽等撰：《清史稿》卷55～57，《地理志》二、三、四，中华书局1998年版。

低下，政务废弛。而将军“以武备之职，任文治之事”①，且将军事权过重，更不利于对地方的治理。尤其是在吉林边远地区，长期实行边民姓长制，不派官员和驻军，边防松弛，给沙俄和日本蚕食和侵占我国领土留下了可乘之机，导致库页岛在乾隆末年即被俄、日侵占。因此，在清末全国实行“新政”的大背景下，东北地区普遍设立州县，以州县制取代其他体制，也是历史发展的大势所趋，并对后来东北地区的行政建置产生了深远的影响，为今日东北地区的行政区划奠定了基础。

总而言之，清代东北地区的行政管理体制从清入关前至清初的单一八旗制，至清末完全转变为州县体制，并建立了行省，最终实现了东北地区的行政管理体制与内地的一体化，既与关内移民的大量流入有关，也与统治阶级的制度创新和主观改革有密切关系，是各种因素共同作用的结果，体现了恩格斯所说的历史合力的作用，反映了历史发展的必然趋势。

---

① 徐宗亮:《黑龙江述略》卷3，第43页，黑龙江人民出版社1985年版。

皇太极时期决定明朝命运的重大战役

周喜峰

皇太极统治时期从后金天命十一年（1626）皇太极继位到清崇德八年（1643）去世，共计17年。这一时期，先后经历了天聪、崇德两朝，正是后金政权不断发展壮大到清朝建立并日益强大的时期。与此同时，这一时期是明王朝的明熹宗天启末年和明思宗崇祯年间，也是明王朝在内忧外患中不断走向衰落日趋灭亡的时期。从表面上看，明朝的灭亡是李自成大顺农民军造成的，但实际上，导致明王朝灭亡的主要因素是后金—清王朝。从努尔哈赤起兵反明，攻占辽东，到皇太极招抚蒙古，征服朝鲜，与明朝对峙，大大小小的战役双方发生了十数次，其中真正决定明朝命运的战役都发生在皇太极时期。这些决定明王朝命运的主要战役有己巳之役、大凌河之战、松锦大会战。在这些战役中，明王朝损兵折将，财力枯竭，且迅速衰败，日趋灭亡。在决定明清双方命运的松锦大会战之后不久，明王朝就灭亡了。

一、后金天聪三年的己巳之役

己巳之役是后金天聪三年（明崇祯二年，1629）十月至后金天聪四年（明崇祯三年，1630）正月后金大汗皇太极率军突袭北京以及明军阻击后金军的一场战役。由于天聪三年是己巳年，故称己巳之役。

天聪三年（明崇祯二年，1629），后金汗皇太极在征服朝鲜和漠南蒙古之后，经过数月准备，于“十月初二日，即丑日巳刻，谒堂子，率兵起行”[①]，出征伐明。皇太极亲率号称十余万满洲八旗大军从沈阳出发，避开宁远、锦州

作者系黑龙江大学历史文化旅游学院教授。

① 《满文老档》下册，第940页，中华书局1990年版。

等明蓟辽总督袁崇焕驻守的宁锦防线，取道蒙古，以蒙古喀喇沁部骑兵为向导，实行大迂回进攻北京。后金满洲八旗和蒙古军兵分三路，于十月二十六日深夜至次日上午，左右两翼部队突破长城，从龙井关和大安口进入关内[①]。崇祯皇帝得知后金军已经突破长城，进军关内的消息后，大为震惊，立即宣布京师戒严，并急令各地兵马驰援。蓟辽总督袁崇焕闻讯，先遣山海关总兵赵率教入山海关往援，自己督部将祖大寿等率部星夜千里入卫京师。赵率教统领的明军四千骑兵在遵化城和三屯营（今属河北）间遇到后金军队伏击。经过激战，赵率教中箭而死，其所率领的明军全军覆灭。后金军主力迅速西进，十一月初三，攻克遵化城[②]，明驻遵化巡抚王元雅、三屯营总兵朱彦国自杀殉国。

十一月初九，袁崇焕率军到了蓟州（今天津蓟县）。同日，刘策率军抵达蓟州并援守蓟州，尤世威驻防于通州蓟州两地之间。第二天，袁崇焕上疏崇祯："入蓟州稍息士马，细侦形势，严备拨哨，力为奋截，必不令敌越蓟西"[③]，想在此与后金军决战。但袁崇焕并没有集中兵力阻击后金军，却将兵力分散布防于蓟西各地。他下令刘策回守密云，命尤世威回防昌平。

攻占遵化城后，皇太极指挥后金军于十一月十三日，进攻到蓟州，十四日，进军到三河县，十五日，后金主力渡过通州河[④]。就这样，皇太极没有与袁崇焕决战，率领后金兵轻易越过蓟州直趋北京。袁崇焕无奈，只得率领关宁九千骑兵，于十一月十九日，驰抵京师城下。二十日，后金"大军逼燕京。上（皇太极）营于城北土城关之东，两翼营于东北"[⑤]。明朝大同总兵满桂、宣府总兵侯世禄的驰援军队在北城德胜门外扎营，袁崇焕率领的辽东军队在南城广渠门一带扎营。明军满桂、侯世禄所部与后金军队在德胜门外展开激战，城上明军发泡配合，满桂负伤。袁崇焕率军在广渠门外与金军激战，双方互有胜败。十二月十六日，后金军队绕行北京城外，在卢沟桥击败明军[⑥]。在京城永定门外的战斗中，明军四位总兵官率领的增援部队大败，后金军"阵斩明总兵官满桂、孙祖寿，副将、参将、游击三十余人等，千总、把总无数。生擒总兵

---

①《满文老档》下册，第945页，中华书局1990年版。
②《满文老档》下册，第946页，中华书局1990年版。
③《崇祯长编》卷28，第14页。崇祯二年十一月丙申。台北"中央研究院"历史语言研究所1962年本。
④《满文老档》下册，第957页，中华书局1990年版。
⑤《清史稿》卷2，第29页，"本纪二·太宗本纪一"，中华书局1977年版。
⑥《满文老档》下册，第967页，中华书局1990年版。

官黑云龙、麻登云及参将一人”[①]。二十五日，皇太极决定停止围攻北京城，转锋东向，直奔山海关方向。十二月二十七日，后金先头部队到达明朝辽东重镇永平府，并对永平城展开进攻。天聪四年（明崇祯三年，1630）正月初四日黎明，后金军攻克永平城（今河北省卢龙县），该城兵备道郑国昌、知府张凤奇自杀[②]。天聪四年三月初二日，皇太极回到沈阳[③]。己巳之役基本结束。随后皇太极命令留守沈阳的二贝勒阿敏和贝勒硕讬率部南下，与驻守永平、遵化、滦州、迁安四城的后金军队调防[④]。时过两月，即天聪四年五月，明军孙承宗、祖大寿率军进行反攻，阿敏等贝勒率屠杀永平四城的明投降官民，弃城败回沈阳[⑤]。明军收复永平等四城。

己巳之役，是直接关乎明朝生死存亡的大的战役。皇太极率领的后金军队虽然没有能攻下明朝首都北京，但给明朝带来的社会震动和政治影响是巨大的。京师被围，庙社震惊，明朝天朝大国威严扫地。本来就急于求成的崇祯皇帝经此战役更加焦躁多疑，将东林党内阁大学士韩炉、钱龙锡、成基命、李标等全部免职。阉党余孽借机兴起，周延儒、温体仁等佞臣入主内阁，政治日益黑暗。与此同时，明朝社会受到巨大震动。京畿、京东地区遭到后金军队的大肆掳掠杀戮，永平、遵化、滦州、迁安四城官民投降后金后又惨遭屠杀，造成人心不稳，社会动荡。己巳之役对明朝经济地区的经济破坏也非常严重。后金军队侵扰的京畿地区，财富被掠，生灵涂炭，百业凋零。这使得本来就拮据的明朝经济雪上加霜。

己巳之役，使明朝京畿地区的防御体系遭到严重破坏，严重削弱了明朝的军事防御力量。从洪武年间开始，明朝统治者就非常重视对长城军事防御体系的建设，设置九边重镇，再经明朝中期的修缮加固，形成较为坚固的军事防御体系，再加上孙承宗、熊廷弼、袁崇焕等经营多年的东北宁锦防线，京畿地区的安全已不成问题。而此次战役后金兵竟然绕过宁锦防线，轻而易举地突破长城关口，直逼京师。说明明朝的长城军事防御体系已形同虚设，不堪一击。此后后金军曾先后五次突破长城关口，入掠中原，最远的一次侵犯到山东济南，

---

①《满文老档》下册，第960～961页，中华书局1990年版。
②《清太宗实录》卷6，第86页下，天聪四年正月甲申，中华书局1985年版。
③《清太宗实录》卷6，第93页下，天聪四年三月壬午，中华书局1985年版。
④《满文老档》下册，第1006页，中华书局1990年版。
⑤《满文老档》下册，第1008～1009页，中华书局1990年版。

俘获大批人畜，然后又从长城各关口返回东北，满载而归。

己巳之役，也严重削弱了明朝的军事防御力量。此次后金远途奔袭，与明军在京京畿地区展开激战。后金军队虽有伤亡，但主要将领伤亡很少。而明朝军队却是损兵折将，伤亡惨重。尤其是那些久经沙场、富有抗金经验的将士和官员，或被明廷处死，如兵部尚书王洽、工部尚书张凤翔、蓟辽督师袁崇焕；或战死疆场，如总兵赵率教、满桂、孙祖寿；或战场被俘，如总兵麻登云、黑云龙；或战败自杀，如朱国彦、遵化巡抚王元雅等；或下狱治罪，总理蓟辽保军务刘策等。此外，明军战死或被俘的副将、参将、游击、千总、把总等不计其数。明军防御力量损失过半，能与金军抗衡的关外主力只剩祖大寿所部。此后，面对金军的进攻，明军只有招架之功，毫无还击之力。

因此己巳之役，使明朝元气大伤，政治日益黑暗，经济走向凋敝，社会矛盾日趋激化。明军完全失去优势，永久性地失去了战略主动，明朝灭亡征兆日益明显，逐渐走向崩溃。

二、后金天聪五年的大凌河之战

大凌河之战是后金天聪五年（明崇祯四年，1631），由后金皇太极率领的五万军队进攻明朝辽西大凌河城的战役。

后金天聪五年（明崇祯四年，1631）正月，明朝起用老臣孙承宗为辽东经略，管理关外军务。孙承宗东出巡关，准备重新整备关外的防务。经过反复磋商，明廷决定修筑大凌河城（今辽宁省凌海市）。大凌河城位于锦州东三十余里，是屏蔽锦州和宁锦防线的前沿要地，军事位置重要。明军若要巩固辽西，就必须修筑此城，而后金要想进攻明朝，也就必拆除此城。因此，从袁崇焕主持辽政时起，明金双方对大小凌河二城争夺就非常激烈，已是两建两拆。大凌河城是明朝与后金的必争之地。

后金天聪五年（明崇祯四年，1631）七月，明朝总兵祖大寿、何可刚及十余员副将率兵正式动工重建大凌河城。大凌河城从七月中旬左右动工修复。祖大寿指挥明军在原有的城基上先筑土胎，外包砖石，筑成城墙，再修城门二座、腰台二座。后金兵围城时，由于只有半个多月的时间，大凌河城的城基、墙垣、敌楼虽已粗完工，而城上雉堞仅完成一半，就仓促闭门拒战。

后金得到明军修筑大凌河城的消息后，皇太极就决定进攻大凌河城。他指出："闻明总兵祖大寿与何可刚（纲）等副将十四员，率山海关外八城兵，并修城夫役，兴筑大凌河城。欲乘我兵未至时竣工，昼夜催督甚力，因统大军往征之。"[①]天聪五年（明崇祯四年，1631）七月二十七日，皇太极率军从沈阳出发，运载红衣大炮，并征调蒙古军队，进攻大凌河城。八月初六日，后金军进抵大凌河城郊，大凌河之战开始。

皇太极吸取了宁远、锦州攻城失败的教训，不再采用驰骑攻坚的战法，而是实施围城打援的战术。他认为："攻城恐士卒被伤，不若掘壕筑墙以围之。彼兵若出，我则与战，外援若至，我则迎击。"[②]根据皇太极的指令，后金军队在大凌河城四周城上炮火不及之处，部署围城。由正蓝旗、镶蓝旗从南面围攻大凌河城，正白旗、镇白旗从东面围攻大凌河城，正红旗、镶红旗从西面围攻大凌河城，正黄旗、镶黄旗从北面围攻大凌河城，蒙古军队各贝勒自率本部兵围其隙缝处。皇太极命令八旗各部将士环城挖了四道壕沟，并筑起一道一丈多高的土墙，将大凌河城围得水泄不通。

皇太极之所以采取围而不攻大凌河城，围城打援，他知道"明人善射精兵，尽在此城，他处无有也"。"夫明国之劲兵，尽困此城，他处援兵，无足为虑。"[③] 对于锦州等处的明朝援军，皇太极认定"昔攻取滦州永平之将士，并非彼等，乃大凌河城被围困之诸将士也"[④]。因此，皇太极此战的目的就是将明朝东北最为强大的关宁劲旅以祖大寿为首的祖家军招抚过来，为己所用。

当时大凌河城明军的兵力，据总兵官祖大寿会称：卷查除副将何可纲带领握奇营官兵155员名外，本镇原带防凌城官兵共16002员，除陆续公差及寻买战马，并于八月初五发防宁远等处官兵于永缓等2200员名，实存凌城官兵共13802[⑤]。加上夫役、商人约万余人、共有三万余人。城中配备大炮，防守较为坚固。但由于当初修建大凌河城时明朝廷内部意见不一，没有做长期驻守的计划，因此大凌河城粮食储备很少，物资严重不足。

大凌河城被围后，祖大寿毫无畏惧，率领城中军民固守坚城，抗击后金

---

① 《清太宗实录》卷9，第126页下，天聪五年七月癸巳，中华书局1985年版。

② 《清太宗实录》卷9，第127页下，天聪五年八月戊申，中华书局1985年版。

③ 《清太宗实录》卷9，第129页上、132页下，天聪五年九月庚辰，中华书局1985年版。

④ 《满文老档》下册，第1158页，中华书局1990年版。

⑤ 方裕谨：《明与后金大凌河城之战史料片断》，载《历史档案》1981年第1期。

军。除了派小部队出城袭击金军外，祖大寿先后在八月初十日、十二日、二十日和九月十九日组织四次大规模的突围行动，并对接近城下攻击的金军予以重创，但由于后金八旗兵与蒙古兵严密的围攻和夹击，明军的突围均告失败。祖大寿再也无力突围，只得固守待援。

大凌河城被金军包围，明朝朝野震惊。这不仅因为大凌河城战略位置重要，关键是祖大寿与其主力部队也在城中。己巳之役后，祖大寿的地位日益显赫，“祖家军”的实力也不断增强，受到了明朝朝野的重视。祖大寿等关宁劲旅成为明军的精锐。“盖敌人素所畏忌者，惟大寿一人，辽左半壁，实倚赖之。”[①]正如明朝吏科给事中宋玫指出的那样：“榆关外控，惟宁锦八城。而八城厚势，惟祖大寿一旅。毋论战守进退，夙将劲卒不可弃，实国家大势所关也。且大寿撄新造之版筑，即使其超轶绝伦，力能溃阵启行，势亦必借助外援，此又事理之必然者。倘文武将吏不及今并力速为声救，而漫视为可弃可存之着，俾大寿一旦力穷智索，则军声一跌，势难复振，臣恐可忧甚大，诚不可日月玩也，三協诸路兵制积弛，非关外伦比，人孱法弊，势不可用。倘敌人久缀大凌，阴谋间道，祸又不在己巳下矣。”[②]所以明朝也积极组织援兵，以解大凌河城之围。

明朝曾先后四次派兵救援大凌河城。八月十六日，明从松山派兵2000人，二十六日，锦州出兵6000人，九月十六日锦州出兵7000人救援大凌河城，结果都以失败告终。最后一次是九月二十四日，明朝派监军道张春、山海关总兵宋伟、团练总兵吴襄等率马步兵40000人救援大凌河城。经过激战，宋伟、吴襄等败逃，张春等被俘，明军几乎全军覆灭。此后，明朝再也无力救援大凌河城了。

祖大寿率部坚守大凌河城，城中粮尽便杀马吃马肉，马几乎杀尽了，开始吃人，城中的30000余人已饿死了10000多，祖大寿和将士们却一直坚持着。皇太极多次写信劝降祖大寿及其将领，但祖大寿等坚决不投降。在祖大寿陷于绝境时，皇太极仍然耐心等待，坚持劝降。后金天聪五年（明崇祯四年，1631）十月二十八日，在粮尽援绝，特别是皇太极坚持不懈的劝降和诚心感召

---

①《崇祯长编》卷51，第28页，崇祯四年十月丙寅，台北“中央研究院”历史语言研究所1962年版。

②《崇祯长编》卷50，第6页，崇祯四年九月壬午，台北“中央研究院”历史语言研究所1962年版。

下，祖大寿率部开城投降，副总兵何可纲不屈被杀。副将刘天禄而下以及各丁10000余，俱剃头陷虏[①]。十一月初九日，大凌河之战彻底结束。

大凌河之战，皇太极采取围城、攻坚、打援、招降相结合的战术，使明朝大凌河城失陷。祖大寿虽诈降后逃回锦州，但他所率领的“祖家军”将士全部投降后金，“祖家军”瓦解。皇太极获得战略性的胜利。明军归降后金的将官70余员，士兵10000余人。明朝在关外的精锐主力“关宁铁骑”已不复存在。这支最有战斗力的军队转而成为后金军的主力。皇太极对大凌河城归降将士采取重用和恩养政策，并以此为基础，组建汉军八旗，壮大了后金军队的实力，使后金更加强大。大凌河之战，明朝遭到战略性的失败，损失惨重。经此战役，具有重要战略意义的大凌河城失陷并被拆毁，锦州失去了保护屏障，明朝的宁锦防线防御体系遭到破坏，关外劲旅，丧失殆尽。因此，这场战役加速了明朝走向灭亡的历史进程。

三、清崇德五年开始的松锦大会战

松锦大会战，又称松锦之战，明清双方集结了二十多万军队参战。战争从清崇德五年（明崇祯十三年，1640）三月开始，到崇德七年（崇祯十五年，1642）四月结束，前后持续了两年多的时间，这也是一场决定明朝命运的关键性战役。

天聪十年（明崇祯九年，1636）农历五月，皇太极在沈阳称帝，定国号“大清”，改元崇德，改族名女真为满洲。此时皇太极已经彻底征服了朝鲜，统一了蒙古和黑龙江流域，内部统治稳定，国力强盛，便决定与明朝争夺天下。皇太极对诸贝勒大臣们说:“今为敌者，惟有明国耳。”[②] 他在致明朝崇祯皇帝的信中公开宣称:“自古天下非一姓所常有”，“岂有帝之裔常为帝，王之裔常为王哉”[③]? 这无疑是向明朝的公开挑战，表明皇太极已经确定了入关夺取明朝天下的战略总方针。经过几次入口之战，皇太极很清楚，要想夺取明朝天下，必须先夺山海关，要想夺取山海关，必须先破宁锦防线，夺取锦州。锦州是明军在关外整个防御体系中的一个战略重镇，是宁锦防线的核心，担负着保

① 方裕谨:《明与后金大凌河城之战史料片断》，载《历史档案》1981年第1期。
②《清太宗实录》卷20，第272下页，天聪八年十月庚戌，中华书局1985年版。
③《清太宗实录》卷46，第632页上，崇德四年七月丁巳，中华书局1985年版。

卫山海关，拱卫京师的重任，地位非常重要。锦州的得失直接关乎明王朝生死存亡的命运。

清崇德五年（明崇祯十三年，1640）三月，清太宗皇太极派兵攻占锦州城的外围据点，包围锦州城。皇太极先后派多尔衮和济尔哈朗率领八旗军在锦州城外“每面立八营，营深壕，沿城筑垛口，两旗之间，复浚长壕，近城设逻卒哨探”[①]。并且更番围困，使锦州城军民不得耕种，断绝其外援。

明朝对宁锦防线也非常重视，清崇德四年（明崇祯十二年，1639），明廷调任洪承畴为蓟辽总督，加强东北边防。得知锦州被清军包围的消息后，明朝朝廷非常着急，立即命令蓟辽总督洪承畴为统帅，率领王朴、杨国柱、唐通、白广恩、曹变蛟、马科、王廷臣、吴三桂等八位总兵，调集步骑兵共计十三万人，以解锦州之围。洪承畴根据辽西前线的形式，不敢冒进，驻兵宁远，想稳扎稳打，步步推进。由于当时明朝财政困难，朝廷主张速战速决，催促洪承畴进军。洪承畴无奈，便于崇祯十四年（清崇德六年，1641）七月二十六日在宁远誓师出兵。二十八日，明军攻抵锦州城南乳峰山一带。二十九日，明清双方在乳峰山激战，清军失利，明军取得了一些胜利。

清军统帅多尔衮，见明军来势凶猛，急忙派人向皇太极告急求援。皇太极得报后，不顾病重，率领清军主力倾巢而出，昼夜兼行500余里，八月十九日到达锦州城北的戚家堡（今辽宁凌河市齐家堡）。皇太极亲率大军到达锦州前线，与洪承畴统帅的明军在松山（今辽宁锦州松山区松山镇）、锦州地区展开决战。皇太极采取切断明军饷道、分割包围的战术，将明军围困于松山、锦州、杏山等几个城中。明军断绝粮饷，军心大乱。二十一日，洪承畴召集将领商议，决定次日凌晨分路突围。大同总兵王朴胆小怯战，一回军营便率本部人马首先乘夜突围逃跑，结果明军各部争先恐后突围逃跑。“各帅争驰，马步自相蹂践，弓甲遍野，遥望火光，谓敌兵在前，走还，迁伏，大溃。”[②]皇太极已经意料到明军可能要突围西逃，他对诸贝勒作了部署，八旗军分左右两翼和蒙古兵“比翼排列，直抵海边，各固守汛地。敌人（指明军）之遁者，有百人则以百人追之，有千人则以千人追之，如敌兵众多，则摄后迫击，直抵塔山”[③]。明军突围遭到清军围追堵截，“明兵窜走，弥山遍野，自杏山遇南沿海

---

① 蒋良骐：《东华录》卷3，第47页，中华书局1980年版。
② 谷应泰：《明史纪事本末补遗》卷5，“锦宁战守”，中华书局1977年版。
③《清太宗实录》卷57，第772～773页，崇德六年八月甲子，中华书局1985年版。

至塔山一路，赴海死者，不可胜计”[①]。总兵吴三桂、王朴等逃入杏山，总兵马科、李辅明等奔入塔山。二十六日，吴三桂、王朴从杏山出奔宁远，在高桥为清军伏击，二人仅以身免。至二十九日，清军集中兵力把明军的援兵全部歼灭。据《清太宗实录》记载："是役也，计斩杀敌众五万三千七百八十三，获马七千四百四十匹，甲胄九千三百四十六件。明兵自杏山，南至塔山，赴海死者甚众，所弃马匹、甲胄以数万计。海中浮尸漂荡，多如雁鹜。"[②]明军伤亡惨重，一败涂地。

洪承畴等人突围未成，困守松山城，几次组织突围，皆告失败。此时松山城粮食匮乏，甚至以人肉为食，明军处境艰难，军心浮动。松山副将夏承德遣人密约降清，以为内应。崇德七年（崇祯十五年，1642）二月十八日，清军应约攻城，由于有内应，明军猝不及防，松山城被清军攻陷。蓟辽总督洪承畴、总兵官邱民仰、王廷臣、曹变蛟、祖大乐等人被俘。明军被杀兵备道、副将以下官员100多人，兵3600多人。清军俘获明军1240多人，甲胄军械1500多件，各种火器3270多件。总兵官邱民仰、王廷臣、曹变蛟被杀，洪承畴、祖大乐被俘至沈阳，不久后二人剃发降清。三月八日，祖大寿率部献城投降，清军占领锦州。四月二十二日，清军用红衣大炮轰毁杏山城垣，副将吕品奇率部不战而降，松山、锦州、杏山三城尽没，至此，松锦大战结束。

松锦大会战是明清之间的最后一次殊死决战。双方各自投入十多万兵力参战。明朝调集了以蓟辽总督洪承畴和八位总兵为首的十二万将士，可以说是集中其北方的精兵强将以解锦州之围。清朝皇太极也是倾其国力，集中满洲八旗、蒙古八旗、汉军八旗，加之蒙古军队和朝鲜军队一起上阵。经过三年的浴血争夺，明军几乎全军覆灭，大部分将士及官员如邱民仰、王廷臣、曹变蛟等战死或被杀，洪承畴、祖大寿等将士投降清朝，只有总兵吴三桂、王朴等少数将官逃回宁远及山海关。这场战役"遂使重臣宿将选率晓骑，十万之众，覆没殆尽"[③]。明朝北方的主力部队消耗殆尽，东北仅剩下山海关的吴三桂一部。明王朝再也没有力量对付自己的内外敌人了。

松锦大会战标志着明朝在辽东防御体系的完全崩溃。宁锦防线是明朝经营多年的防御体系，而锦州又是宁静防线的最为关键的战略要地，因此这场战役

① 蒋良骐：《东华录》卷3，第49页，中华书局1980年版。
②《清太宗实录》卷57，第776页，崇德六年八月庚午，中华书局1985年版。
③ 谈迁：《国榷》卷97，北京古籍出版社1958年版。

就是明清双方为争夺锦州城展开的厮杀。最终明军失败，清军攻下松山、杏山两城，锦州守军投降。锦州城的失陷，明朝在辽东的最后防线仅剩下山海关。从此，明朝山海关外，仅剩下宁远一座孤城，宁锦防线彻底被摧毁。朝鲜孝宗时代著名大臣宋浚吉曾言："大明之覆亡，专由于锦州之沦陷。"[①] 可见，这场战役决定了明朝即将灭亡的命运。

总之，在皇太极时期对明朝发动的三次重要战役，既各具特色。又相互关联。三次战役都是皇太极发起的主动进攻战，明军在多数情况下被动防御或救援解围，战役规模越来越大，最终均是明军失败。在这三次递进式战役中，明朝越战越弱，清朝愈战愈强。己巳之役，皇太极指挥后金军队千里奔袭，直捣明朝京师，使明朝举国震惊，不仅取得军事上的胜利，也动摇了明朝的政治统治和经济走基础。大凌河之战，皇太极采取围城打援的战术，不仅消耗明军关外大量的有生力量，而且将明朝在关外的主力和劲旅祖大寿所部一万余精兵强将招降归己，使明朝关外无强师。松锦大会战，明清双方为争夺锦州城展开决战，明朝的十几万军队或败或降，几乎全军覆灭，宁锦防线崩溃，清兵入关只是时间问题了。皇太极曾说过："取燕京如伐大树，须先从两旁所削，则大树自仆。""今明国精兵已尽，我兵四围纵略，彼国势日衰，我兵力日强，从此燕京可得矣。"[②] 正如皇太极所言，三次战役，数以百计的明朝将官或战死，或被杀，或降清，数以万计的士兵或战死或降清，如同削去了明朝这棵大树的两旁的枝叶。早在己巳之役后蓟辽总督袁崇焕被杀时起，明朝灭亡的征兆就已经出现了，正如《明史》所言："自崇焕死，边事益无人，明亡征决矣。"[③] 到松锦会战后蓟辽总督洪承畴等兵败投降清朝，明朝灭亡的命运已经确定，从而为清朝入关建立全国政权奠定了基础。

---

① 吴晗：《朝鲜李朝实录中的中国史料》第9册，第3857页，中华书局1980年版。
②《清太宗实录》卷62，第853页，崇德七年九月壬申，中华书局1985年版。
③ 张廷玉：《明史》卷259，列传第147，"袁崇焕"，中华书局1974年版。

后金（清）与朝鲜的两次战役对东北亚格局的影响

李贤淑

16世纪末到17世纪初，东北亚地区的各种势力处于此消彼长的多变时期，其中女真族（满洲族）所居住的中国东北地区，成为这种动荡形势的核心地区。以建州女真为基础建立起来的后金政权，是这一时期东北亚局势的引领势力。17世纪初，后金（清）与朝鲜之间爆发的两次战争，对整个东北亚格局产生了决定性的作用。

后金（清）与朝鲜之间的“丁卯之役”和“丙子之役”，分别爆发于清太宗皇太极天聪元年和崇德元年。看似巧合的战争时间，反映的正是后金（清）与朝鲜的关系对激荡多变东北亚局势的重要性。以两次战争为契机，后金（清）解决了在该地区的影响力和地位问题，每次战争的胜利都成功实现了自身地位的提升，从而达到重新布置东北亚地区格局的目的。这种格局的变化，具体体现在政治、经济、军事和文化上。

一、政 治

由于地缘关系，女真与朝鲜的交往由来已久。至努尔哈赤时期，总体来讲，女真方面反复向朝鲜示好，非常希望能够与朝鲜建立友好关系。但是朝鲜比较鄙视女真，加之作为明朝的藩属国，在女真与明朝的问题上朝鲜的立场始终没有与女真站在一起。早在明万历二十年（1592），日本发动侵略朝鲜的“壬辰倭乱”之时，努尔哈赤就致书朝鲜表示欲出兵“援朝抗倭”。朝鲜认为，努尔哈赤的示好另有图谋，“若许㺚子征倭，则天朝兵马多少，朝鲜兵力强

作者系沈阳故宫博物院研究馆员。

弱，山川险易，无不详知”，“所关非细，决难听从”[①]。朝鲜十五代国王光海君即位之后，实行“两端外交”[②]政策，即在对待明朝和后金的问题上，采取与双方都保持友好的态度，所以终光海君一朝，朝鲜在明朝和后金问题上保持中立，处于观察后金与明朝发展态势的阶段。这个时期后金与朝鲜的关系处于最佳状态，但是也没有如后金所愿发展到“联金抗明”的程度。朝鲜仁祖元年（1623）李倧通过“仁祖反正”，取代光海君即朝鲜国王位，重新奉行“事大主义”[③]，在后金的背后与明军形成“掎角之势”，使后金陡然感到不安和威胁，于是双方关系恶化到一触即发的地步。

明天启元年（1621），逃到朝鲜半岛的明朝将领毛文龙，则成为皇太极发动首次攻打朝鲜“丁卯之役”的焦点。皇太极表示：“朝鲜屡世获罪我国理宜声讨。然此行非专伐朝鲜也。明毛文龙近彼海岛，倚恃披猖，纳我叛民，故整旅徂征。若朝鲜可取，则并取之。”[④]即这次后金攻打朝鲜首先“徂征”毛文龙，其次“并取”朝鲜，也就是说后金发动“丁卯之役”的首要目的是消灭毛文龙。居朝鲜皮岛的毛文龙，成为战争爆发的原因，也是后金的八旗军队一步步打入朝鲜腹地的口实和撤离朝鲜之际留兵义州的理由，即毛文龙问题贯穿“丁卯之役”的始终。

“丁卯之役”的胜利，使后金初步实现了朝鲜在后金与明朝问题上的中立立场。通过订立“兄弟之盟”，双方建立起了平等的兄弟关系，朝鲜在后金与明朝之间，不能公开支持明朝。但是，比起朝鲜与明朝的“父子”关系，后金与朝鲜之间建立的兄弟关系，显然不能保证朝鲜在后金与明朝之间保持真正的中立。事实上，从“丁卯之役”结束到“丙子之役”爆发的近10年间，双方由于在外交、贡物、互市、逃人等问题上矛盾不断，在后金天聪十年（1636）四月，终于因为拥立皇太极称帝的问题上，双方引起不可挽回的冲突。于是，清崇德元年（1636）十二月，皇太极再次发动攻打朝鲜的“丙子之役”。如果说“丁卯之役”初期，后金攻打朝鲜的作战目标不是十分确定，在取毛文龙的

---

①《朝鲜王朝实录》，宣祖三十一年二月戊午，韩国国史编撰委员会网址发布太白山史库本，以下版本同。

② 参照［朝鲜］李肯翊，《燃藜室记述》，第426页，潘喆、李鸿彬、孙方明编辑：《清入关前史料选辑（第一辑）》，中国人民大学出版社1989年版。

③《朝鲜王朝实录》，仁祖元年三月甲辰。

④《清太宗实录》卷2，天聪元年正月丙子，中华书局1985年版，以下版本同。

同时取朝鲜，结果攻取毛文龙没有成功，然后转向攻打朝鲜，那么“丙子之役”的情形却发生了变化。皇太极提出了具体的战略目标，即“取朝鲜”，完全制服朝鲜，让朝鲜国王向清帝称臣，并彻底摆脱明朝成为清朝的藩属国①。

为此，做好战前的舆论攻势，指出朝鲜“败盟逆命”的具体事实②，而且从每牛录的出兵人数到兵器、携带食粮等做了具体细致的安排③。为了祈求对朝战争中取胜、获得神灵保佑，到圜丘祀天、到太庙祭告，向祖先和天神陈述了攻打朝鲜的理由，使自己的行为正当化④。

清军在皇太极亲自统领下，经过两个月的攻击，终于迫使朝鲜签署城下之盟，即缔结了“君臣之盟”，并且根据《南汉山规则》⑤将朝鲜世子李溰、王子李淏等作为人质带到清朝的都城盛京，使其在盛京留住八年之久。通过“丙子之役”的胜利，清朝使朝鲜彻底脱离了与明朝的宗藩关系，成为清朝的藩属国，清朝获得了在东北亚地区的霸主地位。

后金（清）与朝鲜之间的“丁卯之役”和“丙子之役”，分别在皇太极天聪元年和崇德元年爆发，看似巧合的战争时间，反映的是皇太极的需要。朝鲜问题的解决，使皇太极对内获得了国家治理中的重要政治砝码，对外解决了后金（清）在该地区的影响力和政治地位问题。对朝鲜战役的最终胜利，使清朝在外交上一改屈居明朝之下的局面，大大提高了自身的政治地位，使后金（清）以战争为契机，每次都成功实现了自身地位的提升，从而对激荡的东北亚局势能够发挥自身的影响，促进了以中国东北地区为中心的各方政治势力的重新组合，达到重新布置东北亚地区格局的政治目的。后金（清）在两次战役中的胜利，不仅反映着其军事实力，也体现着后金（清）及其首领皇太极对内、对外的驾驭实力。

二、军　事

通过，“丁卯之役”和“丙子之役”两次战争，后金（清）彻底征服了朝

① 参见《朝鲜王朝实录》，仁祖十五年一月戊辰。
②《清太宗实录》卷32，崇德元年十一月己巳。
③《清太宗实录》卷32，崇德元年十一月己未。
④《清太宗实录》卷32，崇德元年十一月乙丑。
⑤《清太宗实录》卷33，崇德二年正月戊辰。

鲜，朝鲜由原来的明朝藩属国转奉清朝为宗主国。清朝同明朝抗争的总体战略布局中，臣服朝鲜是一个非常重要的举措，使明朝失去东部藩篱，清朝攻打明朝的掣肘之力消失，彻底解决了后顾之忧。清朝最终将“蒙古大元，及朝鲜国，悉入版图”[①]，解决了三面被包围的不利因素，从此可以“东顾无忧，专力中夏”，实现了对明战争中变被动为主动的军事目标。

与皇太极主要通过武力攻击解决朝鲜问题不同，努尔哈赤时期，由于自身实力的限制，女真始终避免与朝鲜发生大型武力冲突，试图通过外交手段解决与朝鲜的关系。

明万历四十七年（后金天命四年，1619），明朝为了消灭新兴的后金政权，发动了著名的萨尔浒大战。战前明朝发出咨文要求朝鲜“（派出）团练火器手七千作为声援，俟奴酋实有变动情形，本院另行知会，合兵征剿”[②]。朝鲜国王光海君尽管抵触明朝的派兵令，但也面临着无法抗拒的现实。因为，首先朝鲜是明朝的藩属国，双方保持着军事同盟的关系；其次，在明万历二十年（1592）的“壬辰倭乱”中，朝鲜遭受日本侵略朝鲜国将灭亡之际，是明军挽救了李氏朝鲜社稷，朝鲜不能忘记明朝的“再造之恩”[③]。所以，光海君尽管在后金与明朝之间实行“两端外交”，不得不任命姜弘立为都元帅、金景瑞为副元帅派出三营兵马一万余人，渡过鸭绿江援兵明军[④]。萨尔浒战役的结果，以后金军的胜利、明与朝鲜联军的战败而告终。

后金天聪年间，即从“丁卯之役”结束到“丙子之役”爆发的10年间，后金与朝鲜之间没有发生大型的正面军事冲突，尽管双方矛盾不断，在军事上朝鲜基本保持中立。比如，毛文龙在朝鲜的皮岛，明廷原本寄希望于毛文龙与朝鲜协力与明军形成犄角之势，待时机成熟之际准备攻打后金。但是，这种军事战略最终成行。这里尽管有多方面的因素，如毛文龙在主观上为了向朝廷邀功一贯独立作战、不愿意与朝鲜配合等，但是从朝鲜的角度来讲，也是极力避免参与到与后金的冲突中。朝鲜国王仁祖是通过反正即位国王[⑤]，标榜坚决反对光海君的“两面外交”，为了得到明朝的册封，甚至一再表示过“协力讨

---

① 《清太宗实录》卷61，崇德七年六月辛丑。
② 《朝鲜王朝光海君日记》，光海君十年闰四月庚午。
③ 《朝鲜王朝光海君日记》，光海君十年闰四月壬午。
④ 参见《朝鲜王朝光海君日记》，光海君十一年二月乙卯、光海君十一年二月丁卯。
⑤ 《朝鲜王朝实录》，仁祖元年五月己亥。

虏”的决心，而事实上在对待后金的西部防御问题上，执行的仍然是光海君的防御战略。

而“丙子之役”之后，朝鲜从明朝的藩属国变成了清朝的藩属国，成为清朝的军事同盟国。于是，朝鲜在军事上要听从清朝廷的调遣。

清崇德二年（1637）二月二日，“丙子之役”的主要战役结束、朝鲜国王签订“城下之盟”之后，皇太极从朝鲜班师。临行前他命令贝子硕托、恭顺王孔有德、怀顺王耿仲明、智顺王尚可喜率每牛录甲士四人及三王下全军“舁红衣炮十六位”往攻皮岛，同时依据《三田渡盟约》规定，令朝鲜出“战船五十艘”，还要求派遣“鸟枪、弓箭手等”①。

除此之外，朝鲜为清朝派兵的行动还有：即第二次调兵，于崇德三年四月，助攻关内；第三次调兵，于崇德四年正月，征伐叛逃的瓦尔喀部落；第四次调兵，是崇德四年六月，围困锦州明军。清太宗崇德三年（仁祖十六年，1638）十月至顺治元年（1644）清军入关之前，作为人质逗留沈阳的世子李溰和凤林大君李淏，曾先后四次随同清军出征攻打明军的战场和其他对明事务现场，目睹了清盛明衰的历程。世子和大君出征情况如下：

崇德三年（仁祖十六年，1638）十月初十日，由于世子“疝症”复发，不能随行，由凤林大君代为出征②。

崇德四年（仁祖十七年，1639）二月九日，凤林大君再次随同清帝率领的清军向西出征③。

崇德六年（仁祖十九年，1641）四月，清军打响了松锦战役，八月世子与凤林大君随清军前往松锦战场，到九月十八日返回盛京④。

除此之外，崇德七年（仁祖二十年，1642）十月六日⑤，世子为了调查崔鸣吉和林庆业通明事件，在清将领英俄尔岱等人的陪同下前往凤凰城，到十一月二十二日返回沈阳馆⑥。

朝鲜遵清朝之命派兵参加清与明的战役、王世子代表本国父王随清帝赴明

---

①《朝鲜王朝实录》，仁祖十五年九月甲申。
②《沈阳状启》，第99页，辽宁大学历史系1983年本，以下版本同。
③《沈阳状启》，第129页。
④《沈阳状启》，第277、296页。
⑤《沈阳状启》，第417页。
⑥《沈阳状启》，第448页。

清之战的战场，这一切说明朝鲜在军事上完全成为清朝的同盟国，彻底断绝了与明朝的藩属关系、“父子”关系，明朝与朝鲜之间的军事联盟不复存在。后金（清）对朝鲜的两次战争胜利，不仅夸示了清朝的军事力量，也改变了东亚地区的军事格局。

三、经　济

作为明朝的边疆少数民族，东北的女真各部首领接受明朝的册封，成了明卫、所的官员，部落也纳入明朝的朝贡体系。但是由于地处边远地区，实际上在地方治理和社会生活等方面几乎得不到明廷的指导和支持。于是，女真各部出于军事、经济等生存的需要，不顾明朝反对与近邻朝鲜建立了“封贡关系”。并且，朝鲜出于开拓北疆的需要，对女真各部实施羁縻政策，保持着“薄来厚往”的朝贡关系。除了朝贡之外，双边互市成为满足女真诸部物质需求的主要途径。于是，从整个女真部落来讲，除了与明朝保持朝贡关系和互市贸易之外，也有与朝鲜保持朝贡关系和互市贸易，从两个渠道获得生活必需品。

这种状况，自后金天命三年（明万历四十六年，1618年），发生了变化。因为，这一年的四月十三日，努尔哈赤以“七大恨”为由向明朝发动了军事攻击[①]。从此，与明朝边境最接近的建州女真与明朝的朝贡关系断裂，互市也停止。建州女真的铁器、农具和布匹等生活必需品，不得不从朝鲜方面获得。但是，朝鲜与女真的互市，随着女真社会的发展和势力的强大，使朝鲜陷于两难的境地。虽然，互市解决了朝鲜对军马的需求，但是大量农具和兵器的流入，不仅使建州女真社会的农业生产得到迅速的发展，其战斗力也日益提高，对努尔哈赤率领下建州女真的壮大和成长，朝鲜君臣纷纷表示忧虑[②]。萨尔浒之战后，后金在与明和朝鲜联合军的对弈中取胜，从弱者一跃变为强者，并且逐步控制了朝鲜西北的广大地域，彻底阻断了朝鲜和明朝在陆地上的通道，使双方之间的“辽路阻绝”[③]。在这种状况下，朝鲜与后金之间的公开互市贸易停止，民间贸易变得十分活跃。但是，没有与明朝之间的经济来往，只靠与朝鲜

---

①《清太祖高皇帝实录》，天命三年四月壬寅，中华书局1985年版。
② 参见《朝鲜王朝实录》，宣祖二十八年八月甲申、宣祖二十八年十月丙辰。
③《明史》卷320，列传第二百八，外国一，中华书局1985年版。

的民间贸易是远远不能满足后金社会的发展需求。

后金在“丁卯之役”结束之后，最后从义州撤兵之时增加的条件之一，就是开辟互市。于是，天聪二年（1628）二月一日，重新开启了也已关闭的中江互市（位于鸭绿江中游，在朝鲜义州的对岸）；于同年十二月，在会宁开市（位于今朝鲜咸境北道，与我国吉林省龙井市图们江隔岸相对）。

“丙子之役”之后，清朝与朝鲜的宗藩关系正式确立，朝鲜要向清朝履行称臣纳贡的义务。朝鲜向清廷纳贡，清朝则要相应地对藩属国给予一定的回赐，形成朝贡贸易。作为宗主国皇帝皇太极重新封李倧为朝鲜国王，还特意派遣英俄尔岱、马福塔、戴云到朝鲜，转达了清帝所赐“玉纽金印、诰命并黑狐套一领、制帽黑狐皮一张、貂皮百张、镀金雕鞍良马一匹”[①]。除此之外，清帝每遇朝鲜国王祝贺清朝圣节、冬至等节日进贡，也给予一定的回赐。“丙子之役”之后，清朝为了从朝鲜获得更多的生产资料和生活物品，于崇德二年（朝鲜仁祖十五年，1637），与朝鲜重新订立了互市条约，增加了开市次数[②]。在朝鲜境内的互市地点也增加若干处，经过双方几经交涉，最后确定在义州、中江、会宁以及安州、平壤、汉城等地开放互市。

“大军渡辽河，上召集诸将谕曰……及与朝鲜通市，所得货物，尽与蒙古，易其马匹，兴师致讨，此行当荷天佑……”[③]也就是说，后金（清）从朝鲜所获物资，包括互市贸易所得与“岁贡”所得，不仅供给后金本国的战事及日常所需，也被利用为从蒙古等地交易战马等物品的财源。

蒙古诸部落地处内地草原，生活方式主要以游牧为主，很多生活用品要依靠与外部的交流中获取。食盐、铁器、布匹等多依靠与中原王朝的朝贡和互市解决，也有一部分是通过海西女真转市与明朝互市。从努尔哈赤时期开始，女真对蒙古各部采用远交近攻的策略，以武力征服和联姻结亲相结合，争取了很多蒙古部落。随着后金势力的强大，接近东北地区的漠南蒙古诸部逐渐归附后金。尤其是在“丁卯之役”取胜之后，信心倍增的后金加强了对蒙古的攻势，以天聪元年（1627）林丹汗败走大西北为转折点，接近东北地区的漠南蒙古事实上基本归属后金。所以，后金一方面要满足国内的日常所需和对明战争的战事需要，另一方面也要解决脱离明朝归附后金漠南蒙古诸部的日常生活所需。

---

①《清太宗实录》卷39，崇德二年十月庚申。
② 参见《清史稿》卷526，列传三三二，属国一，朝鲜传。
③《清太宗实录》卷9，天聪五年七月庚子。

后金本国内的生产，已经远远满足不了日益强盛的后金国家的需要。

朝鲜的朝贡和互市的如意运转，不仅解决了后金统领地区人们的生活需要与对明战事所需，对稳定归附蒙古部落生活也起到非常积极的作用，为巩固和提高其在东北亚地区的政治地位具有深远的意义。

四、文　化

清太祖努尔哈赤在建立和发展后金政权过程中，发扬女真本民族传统的基础上，受到很多蒙古文化的影响。努尔哈赤建立政权之时不依汉族的传统模式建国称帝，而是模仿蒙古模式称为“天命金国汗”，而且根据蒙古文字创制满文，军事上也实行以猛安谋克制度为原型的八旗制度等。而清太宗皇太极继承父汗努尔哈赤成为后金汗王之后，开始实行“参汉酌金”的政策，更多接受中原汉族文化。这种治国方针的改变，诚然有皇太极接受汉族儒生影响改变其文化观念的因素，也与他本人乃至后金国家政治、军事、外交实力大大增强有密不可分的关系。

中国北方以游牧和狩猎文化为主，包括女真和蒙古等民族在内的很多部落仍然残留着原始部落习俗。以后金（清）对朝鲜的两次战争为契机，逐步在游牧和狩猎传统文化基础上吸收了中原汉族文化。后金（清）以明朝典制为范本，建立各种国家制度，接受儒家文化，整饬陋习，提倡新的生活方式，也积极促进与朝鲜的文化交流，尤其是“丙子之役”爆发之年的四月，皇太极改元称帝，建立大清王朝，开始在东北亚地区广泛传播中原汉族文化。

朝鲜以“小中华”自居，遵从中国的中原文化，其文化形态在明末已经是以儒家文化为治国之本的态势。于是，朝鲜人比较鄙视生产力水平比较落后的女真人，甚至称其为“夷狄”，在《李朝实录》《承政院日记》等官方史料中则称努尔哈赤为“奴贼”或“奴酋”等。在朝鲜人眼里，后金的女真人是“不知礼节”① 的人，以致后金的使臣到朝鲜时，“胡差（后金使臣）接见时下辈纷集观光”②，使后金使臣也倍感尴尬。

皇太极深知本民族与中原汉族以及与朝鲜人之间的文化差异，也坦诚地承

① ［朝鲜］《承政院日记》，仁祖五年五月甲午。韩国国史编撰委员会网上公布托草本。
② 《承政院日记》，仁祖五年六月丙申。

认本民族落后的一面，他曾经指出“汉人、高丽因晓（汉人）道理，不娶族中妇女为妻。凡人既生为人，若娶族中妇女，与禽兽何异”，于是“我想及此，方立其法”①，以立法形式欲禁止女真族收继婚等陋习。此外，皇太极还限制生殉②、禁止吸烟③和酗酒、管束娼妓和赌博等，为摒弃和整饬女真社会中残留的部落时期陋俗做了诸多努力。

后金社会不仅对内加速改变社会风尚，对外也十分注意自己国家的形象。

后金官员出使到朝鲜之后自感礼数上知之不多，所以格外注意会见朝鲜国王与官员的礼节。一次，经常往来朝鲜的大臣龙骨大带领属下官员到朝鲜，在前往会见朝鲜官员之前对属下官员讲道：“君等于礼貌时，不从俺所为，以致错误见笑之弊，今可预习。”然后亲自带领大家“闭户习礼”④。皇太极更是让前往朝鲜的后金使臣，给朝鲜国王带去国书，讲：“闻贵国有金、元所译《书》《诗》等经及四书，敬求一览，惟冀慨然。”⑤ 后金君臣在文化方面的需求和渴望可见一斑。

努尔哈赤建立的后金政权，是以建州女真部落为基础不断扩大，不仅整合了女真各部，其间也吸收了汉族和蒙古族，但是，国家的主导文化和习俗是以女真社会的固有内容为基础，后金的宫廷文化带有很多庶民百姓的民间文化，具有强烈民族特点的同时，缺乏帝王的独尊与权威，更缺少宫廷文化的典雅性与庄重性。因为努尔哈赤时期后金社会在礼仪问题上不十分考究，缺少国与家的概念，如朝鲜使臣申忠一来到建州费阿拉城时，见到元旦筵宴时努尔哈赤与本族兄弟带领女眷参加宴会，而且在宴会上努尔哈赤还“自弹琵琶，耸动其身”⑥。一直到皇太极称帝之前，后金的国家筵宴上大臣与其家眷同时列席⑦，这种状况到了崇德元年之后才有了改变⑧。还有，由于女真族敬老的习俗，努尔哈赤称汗之后，宴请本族长辈时，长辈们坐上座，自己则坐下坐西炕⑨；皇

---

①《清太宗实录稿本》，第6～7页。辽宁大学历史系1978年本。

② 参见《 清太宗实录》卷17，天聪八年二月壬戌。

③《清太宗实录》卷21，天聪八年十二月甲辰。

④《承政院日记》，仁祖六年十二月己丑。

⑤《朝鲜王朝实录》，仁祖六年十二月庚寅。

⑥《建州纪程图记》，第18页，辽宁大学历史系1978年本。

⑦ 参见《满文老档》（上），第118、第480～481页，中华书局1990年版；《清太宗实录》卷25，天聪九年九月癸丑等。

⑧ 参见《清太宗实录》卷35，崇德二年二月壬辰、崇德四年秋七月辛未等。

⑨《满文老档》（上），第622页。

太极在天聪六年元旦之前，要与四大贝勒中的其他三位贝勒代善、阿敏、莽古尔泰一起受新年朝贺，实现“南面独坐”之后，新年朝贺虽然自己独受；但是，在宫廷里的朝贺结束之后，要到兄长代善和姐姐莽古济家里拜贺等①。

这种状况，从皇太极称帝之后有了改观。皇太极称帝之后，定了元旦、万寿节朝贺礼，“诸和硕亲王、多罗郡王、多罗贝勒及大臣等复列于大政殿……俟圣汗出，御宝座毕，首由和硕亲王……行三跪九叩礼”②，即皇帝的兄长代善也要在朝拜之列，向皇帝行三跪九叩礼。称帝后的第一个新年为崇德二年元旦，皇太极正在朝鲜的“丙子之役”战场，所以免了新年朝贺。由此，皇太极称帝后的第一次新年朝贺是在崇德三年举行。这一年，清帝皇太极与皇后在崇政殿接受了大清国群臣的进表朝贺，当时朝鲜王世子代为父王进表笺朝贺时，除了呈皇帝的表文外，还有呈清朝“皇嗣”的皇太子笺文③。

如果，后金（清）在朝鲜战争中没有取得胜利，其在东北亚地区的地位没有得到提升，处于如建州女真时期一样仍然为女真之一部落、抑或作为地处辽沈地区的地方政权是一支无法与明朝抗衡的力量的话，那么学习中原汉族文化的迫切性也许不会那么强烈。由于自身力量已经强大到支配东北亚地区，所以外交上需要与明朝和朝鲜处在同一水平线的文化上进行对话。

而在“丁卯之役”结束之际，后金官员对宫廷文化仍然显得比较陌生，以致到了朝鲜宫廷居然问仪仗方面的问题，如：“……贵国无为军卫乎？臣答曰，我国之规例，国王出御之时，则例为侍卫。”④ 除此之外，对进出宫门的规矩以及宴会的分门别类等，很多繁缛的宫规不甚了解，致使朝鲜官员对后金的使臣称“犬羊不可与较礼节”⑤。

文化本无所谓落后与先进，但是文化所代表的生产力有落后与先进。代表先进生产力的文化，较之代表落后生产力的文化，更为成熟，而后者则相对更加原始一些。后金（清）政权的这种现实与需要，促使其统领下的女真（满洲族）以及中国东北诸民族和归附蒙古族，迅速接受了以农耕为基础的中原汉族文化模式，在游牧与狩猎传统文化里揉进了宗庙制度、儒家思想、礼仪规范等

---

①《满文老档》（下），第1187页。

②《内阁藏本满文老档》（20）太宗朝，第704页，辽宁民族出版社2009年版。

③《清太宗实录》卷40，崇德三年正月乙丑。

④《承政院日记》，仁祖五年五月甲午。

⑤《朝鲜王朝实录》，仁祖五年五月甲午。

代表中原汉族文化的内容，使自身的文化形态更加趋于成熟。

结 语

两次战争整体改变东北亚格局，是各种因素促成的结果。从“丁卯之役”与“丙子之役”两次战役的战争目标、战前准备到战争过程以及战后结果，都在说明战争是政治的体现，战争的胜利也在意味着后金（清）政治的胜利。即第一次战争“丁卯之役”结束之后，双方签订“兄弟”之盟，实现了后金与朝鲜之间的平等关系；第二次战争“丙子之役”结束之时，清朝与朝鲜签订“君臣”之盟，确立了清朝在东北亚地区的霸主地位。而后金（清）在东北亚地区取得霸主地位的直接结果，是重新布置了清朝、明朝、朝鲜、蒙古等国家和部落之间的关系，即由以明朝为中心的格局转化为以后金（清）为中心的局势。

“蒙古乐曲”清代两种满文译本

高 娃

一、“蒙古乐曲”的两种满文译本

“蒙古乐曲”相关记载见于《钦定大清会典》。《会典》载“太宗文皇帝平定察哈尔获其乐，列于燕乐，是曰蒙古乐曲”[①]。也就是说进入清宫的“蒙古乐曲”是清太宗皇太极于天聪九年（1635）得于蒙古林丹汗宫。《会典》还记“蒙古乐曲有笳吹、番部合奏两种及其各种所用乐器、乐人、演奏顺序，蒙古乐由什帮处承应”等信息。另记“凡乐曲，皆兼习满洲、蒙古之文，择而并奏焉”[②]。《会典》注中记“乾隆十四年，诏以蒙古各曲皆增制满洲曲文。嗣后每月乐，择其曲名之佳者，或满洲曲二、蒙古曲二，或满洲曲一、蒙古曲一。先期奏闻，至时承应”[③]。从而可知蒙满合璧“蒙古乐曲”之本产生于乾隆十四年（1749）。姚元之《养吉斋丛录》中记：“什榜（什帮），蒙古乐名，其器用笳、管、筝、琶、弦、阮、火不思之类。将进酒于筵前，鞠忌奏之，鼓喉而歌，和罗应节”[④]等。

清代以后再无人问津“蒙古乐曲”。到了20世纪70年代“蒙古乐曲”研究序幕才被揭开。最先涉及该文献译本研究的是金启孮先生的《清代汉译的“蒙古乐曲”》[⑤]一文。该文介绍清代汉译“蒙古乐曲”的内容、产生时代、歌词

---

① 《钦定大清会典》卷41，乐部。
② 《钦定大清会典》卷41，四十二，乐部。
③ 《钦定大清会典》卷42，“蒙古乐”注。
④ 姚元之：《养吉斋丛录》卷16。
⑤ 金启孮：《清代汉译的〈蒙古乐曲〉》，第200页，载《漠南集》，内蒙古大学出版社1991年版。

的满汉翻译、宫廷演奏情况等。然而，受时代局限，作者未看到满汉合璧和蒙满汉合璧版本，只是根据清代梁章钜《南省公余录》所抄录的《笳吹乐章》64首的汉译和《清会典》有关记载进行研究。金先生就译文顺序认为："汉文或即由满文再译成的也未可知"，对乐曲名称认为"这些《蒙古乐曲》原来根本没有名称，名称是译者后加上去的"，对文本思想性问题认为"几首歌不像林丹汗时原有的，很可能是清初加进去的，……《蒙古乐曲》中除去蒙古固有的思想外，又渗入了孔孟思想和喇嘛教思想……也应看到这是当时在统一国家中蒙汉藏文化交流的结果"等观点。另有，贺希格陶克陶先生对"蒙古乐曲"蒙古文本进行过较为全面系统研究。贺氏《再论蒙古宫廷歌曲》①一文，理清"蒙古乐曲"7种版本之关系，指出诸本底本为乾隆十四年（1749）形成的蒙满合璧"蒙古乐曲"本，不久由该本衍生出《笳吹乐章蒙古满洲汉文合普》重要版本，其他5种版本皆由该《合普》本衍生而出。

综上，目前发现7种"蒙古乐曲"版本，其最佳版本为《蒙满合璧"蒙古乐曲"》②（简称"底本"），由该本衍生的另一最重要版本为《笳吹乐章蒙古满洲汉文合普》③（简称"合普"本）。对比两本，我们发现同一原文拥有两种满文译文，因此，"蒙古乐曲"有两种满文译本。

二、《蒙满合璧"蒙古乐曲"》和《笳吹乐章蒙古满洲汉文合普》本结构关系

《蒙满合璧"蒙古乐曲"》竹笔抄本共有62首歌，其中后两首只有蒙古文歌名及其满文音译而无歌词，余60首均有蒙古歌名及满文音译，歌词附满文音译和意译。《笳吹乐章蒙古满洲汉文合普》本共67页，是对《蒙满合璧"蒙古乐曲"》本进行增删修改，另加汉译和乐谱（即工尺谱，本文简称曲）构成。据合普本的内容可分为三段，每段由曲名"引子"开头。具体如下：

---

① 贺希格陶克陶：《再论蒙古宫廷歌曲》，载《第十届蒙古学国际学术研讨会》论文集。

② 原件无题名，首页写"蒙古字摺一件"（共74摺），贺希格陶克陶先生名其为《蒙满合璧蒙古乐曲》本。

③ 此文本为乾隆时期的竹笔金钞本，规格29×17cm，共133页，现藏于北京故宫博物院图书馆。

第一段（1～33页）有歌曲69首，首曲的满汉名为fiyelan“引子”，有曲无词，尾曲的只有满文词曲，歌名为“manju mudan”（即“满洲曲”），无汉译。余67首均有满汉歌名和词曲。

第二段（34～64页）有32首歌曲。首尾26首只有蒙满汉曲名而无歌词，中间6首蒙满汉词曲名皆有。据《清会典》记载这段蒙古乐为“番部合奏”乐章[①]。

第三段（65～133页）有68首歌曲，此段删掉第一段69首歌曲的尾曲“manju mudan”，并在剩余68首满汉合璧歌曲前分别增加了蒙古文歌名和歌词。因此，第一段和第三段68首歌曲的满汉文译文完全相同。根据《清会典》记载这段属于蒙古乐中的“笳吹”乐章[②]。

《蒙满合璧“蒙古乐曲”》与《笳吹乐章蒙古满洲汉文合普》的歌名、歌词对应如下（为确保原意，汉文文字采用原文）：

序号	《蒙满合璧“蒙古乐曲”》	《笳吹乐章满洲蒙古汉文合普》（第三段）
1	无	《silüg》—《fiyelen》—《引子》（1:65）
2	《mangnai》（四行）共四行	《aduγu quriyaqu》—《adun bargiyara ucun》《牧馬歌》（1:65）
3	《aduγu quriyaqu》（四行）共四行	《qaγučin silüg》—《fe ucun》—《古歌》（1:66）
4	《čindamani》（四行）共四行	《čindamuni》—《keksebuku boobai》—《如意寶》（2:67）
5	《sain ǰoriγ》（后四行）共八行	《sain ǰoriγ》—《sain jorin》—《佳兆》（2:68）
6	《sain ǰoriγ》（前四行）共八行	《ünen küdelkü》—《unenggi aššan i uculen》—《誠感詞》（3:69）
7	无	《ačitan maγtal》—《bailingga maktacun i fiyelen》—《吉慶篇》（3:70）
8	《tösüb》（前四行）共八行	《türsütei》—《dursuki irgebun》—《肖者吟》（4:72）

①②《钦定大清会典》卷42，《乐部》。

续表

序号	《蒙满合璧“蒙古乐曲”》	《笳吹乐章满洲蒙古汉文合普》（第三段）
9	《qula ǰiruγ–a》（前四行）共八行	《qula ǰiruγ–a》—《kūlan joran》—《君馬黄》（5:73）
10	《qula ǰiruγ–a》（后四行）共八行	《erdem–tü ǰüil》—《erdemungge irgebun》—《懿德吟》（5:74）
11	《urtu ǰoriγ》（前两行）共四行	《engke–tü》—《elhe ba i ucun》—《樂土謠》（6:75）
12	《urtu ǰoriγ》（后两行）共四行	《urtu ǰoriγ》—《golmin jorin sarašan》—《善哉行》（6:76）
13	《toγlai emegen》（前两行及第5、6行）共十二行	《toγlai emegen》—《yobo mama》—《踏摇孃（娘）》（6:77）
14	《toγlai emegen》（后四行）共十二行	《kesigtü ǰoriγ》—《fengšengge jorin i uculen》—《頌壽詞》（7:79）
15	《toγlai emegen》（第2、3、6、7行）共十二行	《ǰoriγtu tübsin》—《ujen nomhon i ucun》—《慢歌》（8:80）
16	《taizung gungǰu》（前两行）共四行	《taizung güngǰü》—《tang gurun i gungju》—《唐公主》（8:81）
17	《taizung gungǰu》（后两行）共四行	《maγad ünen》—《unenggi yargiyan i ucun》—《丹誠曲》（9:82）
18	无	《gegeken gereltü》—《genggiyen eldengge ucun》—《明光曲》（9:83）
19	无	《baγsi tokiy–a》—《ferguwecuke sefu》—《吉祥师》（9:83）
20	《möngke busu–yin dokiy–a》（前两行）共四行	《möngke busu tokiy–a》—《ferguwecuke acabun》—《聖明時》（10:84）
21	无	《baγ–a ǰoriγ》—《ajige jorin》—《微言》（10:85）
22	《γurban bülük》（后两行）共四行	《belge tokiy–a》—《todolo acabun》—《際嘉平》（10:85）

续表

序号	《蒙满合璧“蒙古乐曲”》	《笳吹乐章满洲蒙古汉文合普》（第三段）
23	《ǰasaγ》（第1、3、2、4行）共四行	《ǰasaγ》—《sain dasan i ucun》—《善政歌》（11:86）
24	无	《ölǰeitü》—《jalafungga uculen》—《長命詞》（11:87）
25	《tübsin》（第1、4行）共四行	《uyangγatu》—《fujurungga yangsangga》—《窈窕孃（娘）》（12:88）
26	《tübsin》（第3、2行）共四行	《rasiyan čimeg》—《sabingga silenggi》—《湛露》（12:89）
27	《dörben sain kümün》（前两行）共四行	《dörben sain kümün》—《duin mergen i irgebun》—《四賢吟》（13:90）
28	《dörben sain kümün》（第3、4行）共四行	《qutuγ–tu üy–e》—《enduringge jalan—《賀聖朝》（13:91）
29	de urgun arambi》（四行）共四行	《aman angγaiqu》—《iraγu》《yebcungge sarašan》—《英流行》（13:91）
30	《iraqu》（第3、4、1、2行）共四行	《batu tokiy–a》—《akdun sabi》—《堅固子》（14:93）
31	无	《yeke saratu》—《jaluka biya》—《月圓》（15:94）
32	无	《küličenggüi》—《funiyagan ucun》—《綏歌》（15:94）
33	《süsüg güilekü》（四行）共四行	《süsüg güilekü》—《gulu akūnaha uculen》—《至純辭》（15:95）
34	无	《aγasi darqan》—《arbungga taraha》—《美封君》（16:96）
35	《sergüleng》（第7、8、5、6行）共八行	《sergülen》—《asigata sarašan》—《少年行》（16:98）
36	《sergüleng》（前四行）共八行	《maqaranza》—《maharandzan i irgebun》—《四天王吟》（16:98）
37	《uran ǰüil》（前四行）共八行	《uran ǰüil》—《faksi mudan i uculen》—《宛轉詞》（17:99）

续表

序号	《蒙满合璧“蒙古乐曲”》	《笳吹乐章满洲蒙古汉文合普》（第三段）
38	《qar–a qul–a》（四行）共四行	《qar–a qulan》—《kara kūlan》—《鐵驪》（17:101）
39	《ǰurγatai》（四行）共四行	《ǰurγatai》—《ninggun juraga i moo》—《木桓珠》（18:102）
40	《jögelen ǰokistu》（四行）共四行	《jögelen ǰokistu》—《nemgiyen acabun i ucun》—《好合曲》（19:103）
41	《qo tobuγ》（四行）共4行	《quw–a tobuγ》—《hūwanta mu》—《童阜》（19:104）
42	《aǰinai》（前4行）共八行	《aǰinai》—《》—《天馬吟 muduri morin i irgebun》（20:105）
43	《baγ–a mongγul》（四行）共四行	《yeke aǰinai》—《amba muduri morin i irgebun》—《大龍馬吟》（20:107）
44	《baγ–a iraqu》（第4、3行）共四行	《ama angγaiqu》—《angga juwambi》—《始條理》（21:108）
45	《jüges ǰegerde》（两行）共四行（有演绎）	《ǰegün ǰegerte》—《deyere jerde》—《追風赭馬》（21:109）
46	《keltegei aiǰam》（四行）共七行	《üilǰekü》—《boljon weren i uculen》—《迴波詞》（21:110）
47	《öskϋdeg》（四行）共四行	《öskϋdeg》—《mutumbi》—《長豫》（22:112）
48	《jüges ǰegerde》（四行）共四行	《tübsin》—《necin mudan》—《平調》（22:112）
49	《uqaγatu》（四行）共四行	《uqaγatu》—《ulhisungge》—《遊子吟》（23:113）
50	《borü qalǰin》（四行）共四行	《amurlingγui》—《nesuken i ucun》—《平調曲》（23:114）
51	《erkin mangnai》（四行）共四行	《erkim mangnai》—《wesihun colgorokongge》—《高士吟》（24:115）
52	《saratu》（四行）共四行	《baγ–a saratu》—《（）arhanaha biya》—《哉生月》（24:116）

续表

序号	《蒙满合璧“蒙古乐曲”》	《笳吹乐章满洲蒙古汉文合普》（第三段）
53	《yadai》（四行）共八行	《ǰadai》—《colgoroko sarašan》—《高哉行》（25:117）
54	《γurban bülük》（前两行）共四行	《γurban bülüg》—《ilan fiyelen》—《三章》（25:119）
55	《maila》（两本歌词不同）	《maila》—《hūlara honin》—《圜音》（26:120）
56	《saγudal》（前两行）共四行	《kisa》—《jerguwen》—《欄杆》（26:121）
57	《legsikü》（四行）共六行	《legsikü》—《kidungga sarašan》—《思哉行》（27:122）
58	《yadai》（后四行）共八行	《saγudal》—《teku i irgebun》—《法座引》（27:123）
59	《utulγ–a》（四行）共四行	《utulγ–a》—《yaruhan uculen》—《接引詞》（27:124）
60	《baγ–a iraγu》（前两行）共四行	《uduridqu》—《yarhūdan i uculen》—《化導詞》（28:125）
61	《sin–e ayalγu》（四行）共四行	《altan emegel》—《aisin i enggemu》—《七寶鞍》（28:125）
62	《oqur ǰoriγ》（四行）共四行	《oqur ǰoriγ》—《foholon ucun》—《短歌》（29:126）
63	《tösüb》（后四行）共八行	《tösüb》—《murungga》—《夕照》（29:127）
64	无	《γurban γubai》—《gurun de bederehe ucun》—《歸國謠》（30:129）
65	无	《blam–a dokiy–a》—《lamai sabi irgebu》—《僧寶吟》（31:130）
66	无	《deldeng blam–a》—《deldeng lama irgebun》—《婆羅門引》（31:130
67	《γurban aimaγ》（歌词不同于《合普》本）	《gurban aimaγ》—《ilan aima》—《三部落》（32:131）
68	《tabun aimaγ》（歌词不同于《合普》本）	《tabun aimaγ》—《sunja aiman》—《五部落》（32:132）

《蒙满合璧“蒙古乐曲”》与《笳吹乐章蒙古满洲汉文合普》第二段，即“番部合奏”乐章歌名、歌词对应如下：

序号	蒙满合璧“蒙古乐曲”	笳吹乐章满洲蒙古汉文合普（第二段）
1	无	《silüg》—《fiyelen》—《引子》（34）
2	无	《yeke šibang》—《amba sibang ni ucun》—《大合曲》（34）
3	《ajinai》（5、6行）共八行	《budumal》—《icebun i ucun》—《染絲曲》（36）
4	无	《aqai baiǰi》—《agu takasu》—《公莫》（37）
5	无	《törü-yin šibang》—《dasan i uculen》—《雅政詞》（39）
6	《toryan ǰoluγ-a》（八行）共八行	《Karudi》—《garudai gerudei i guwenderengge》—《鳳凰鳴》（40）
7	《uran ǰüil》（四行共六行）	《elči ulači》—《giyamulara elcin》—《乘驛使》（42）
8	无	《taolai-yin bükül》—《gūlmahūn i asu》—《兔罝》（44）
9	无	《qaturγ-a ǰiγasu》—《kenggin nimaha》—《西鰈曲》（45）
10	无	《törü-yin kögǰim》—《dasan i kumun》—《政治詞》（46）
11	无	《güǰükü degüǰing》—《deyere čeku》—《千秋詞》（48）
12	无	《qun zen》—《garu》—《鴻鵠詞》（49）
13	无	《kögtei noyan》—《simengge beile》—《慶君侯》（51）
14	无	《baqadun qatun》—《buyecuke fujin》—《慶夫人》（51）
15	无	《nanǰing γaiqal》—《julergi ba i ferguwecun》—《羡江南》（52）

续表

序号	蒙满合璧“蒙古乐曲”	笳吹乐章满洲蒙古汉文合普（第二段）
16	无	《sarim dar–a》—《aitubume wembure》—《救度詞》（53）
17	无	《yeke mongγol》—《amba monggo》—《大番曲》（54）
18	无	《baγ–a mongγol》—《ajige monggo》—《小番曲》（55）
19	无	《sergen》—《sarašan》—《遊逸詞》（55）
20	无	《mandal》—《mukden》—《興盛詞》（56）
21	无	《segselge》—《yebcungge》—《艷冶詞》（56）
22	无	《burqan baγsi》—《enduringge baksi》—《慶聖師》（57）
23	无	《mönggü ǰür》—《menggun i gio》—《白鹿詞》（58）
24	无	《sain qulaγtu》—《sain akdacun》—《合歡曲》（58）
25	无	《sariγ qaγan ingge》—《sun sara šanggiyan geo temen》—《白駝歌》（59）
26	无	《boγsurγ–a》—《wenderhen》—《流鶯曲》（60）
27	无	《ǰegüi noyan》—《kumungge beile》—《君侯詞》（61）
28	无	《ǰegüi qatun》—《kumungge fujin》—《夫人詞》（62）
29	无	《ǰegüi qasiγ–a》—《kumungge saisa》—《賢士詞》（62）
30	无	《büǰig》—《maksin》—《舞詞》（63）
31	无	《keltegei》—《untun》—《鼓曲》（64）
32	无	《neinǰi šibang》—《acabuha šibang》—《調和曲》（64）

以上列表说明《笳吹乐章蒙古满洲汉文合普》是从底本《蒙满合璧“蒙古乐曲”》60首歌曲中删去20首收纳40首，诸歌名与底本有相同也有不同，有的即使歌名相同但歌词不同。有的底本一首在《合普》本被编成两首甚至三首并且赋予了新的歌名。另外新增14首，从而，“合普”本第二、三段有词、曲的共73首，只有章名、乐谱的27首。相关研究见贺先生《再论蒙古宫廷歌曲》一文①。

在此，顺便提及与“合普本”章名有关的问题，它反映着蒙古乐曲版本的来龙去脉。金启孮先生的《清代汉译的“蒙古乐曲”》②一文将梁章钜《南省公余录》所抄《笳吹乐章》64首与仅有蒙古乐章名的《清会典》进行对比，指出《南省公余录》缺《鐵驪》、《頌禱辭》、《童阜》、《平西茄吹》等4首。我们将“合普”本69首与梁氏所抄64首核对，发现《南省公余录》漏掉章名《頌禱辭》、《鐵驪》，并将其歌词分别置于各自前一首《踏搖娘》和《宛轉詞》之后，致使原四首合为两首。另，《南省公余录》中没有列入，而列于《清会典》最后，章名为《平西茄吹》的应该是“合普”本第一段尾曲“manju mudan ”（意为“满洲曲”）的汉译，是第一段中唯一未被列入第三段的曲目。再有，《清会典》和“合普”本中的《化導詞》在《南省公余录》被名为《閻浮提》，是因抄录者漏掉歌名取歌词头三个字“閻浮提”作章名又将第四个词“界”漏掉，导致歌词语义不通，诗不押韵。另《南省公余录》将《樂土謠》抄为《樂工謠》。经对比《南省公余录》只缺《童阜》，像是无意漏掉的。

由此可见，《清会典》所列《蒙古乐曲》的“笳吹”乐68首和“番部合奏”乐31首章名分别来自“合普本”第一和第二段汉译，其中“笳吹”乐中的最后一曲《平西茄吹》是“合普本”第一段尾曲“manju mudan”（意为“满洲曲”）的汉译。《南省公余录》收录的《笳吹乐章》64首来自“合普本”第三段68首的汉译，只因抄录不慎漏掉了三首章名和一首完整歌词。

金先生文章中谈到“《南省公余录》中所录的仅是蒙古乐的‘笳吹’乐曲，没有‘番部合奏’乐曲；即‘笳吹’乐曲也只有六十四首，尚缺少四首，

---

① 贺希格陶克陶：《再论蒙古宫廷歌曲》，第十届国际蒙古学大会宣读论文，2011年8月9-13日，乌兰巴托。

② 金启孮：《清代汉译的〈蒙古乐曲〉》，第183页，载《漠南集》，内蒙古大学出版社1991年。

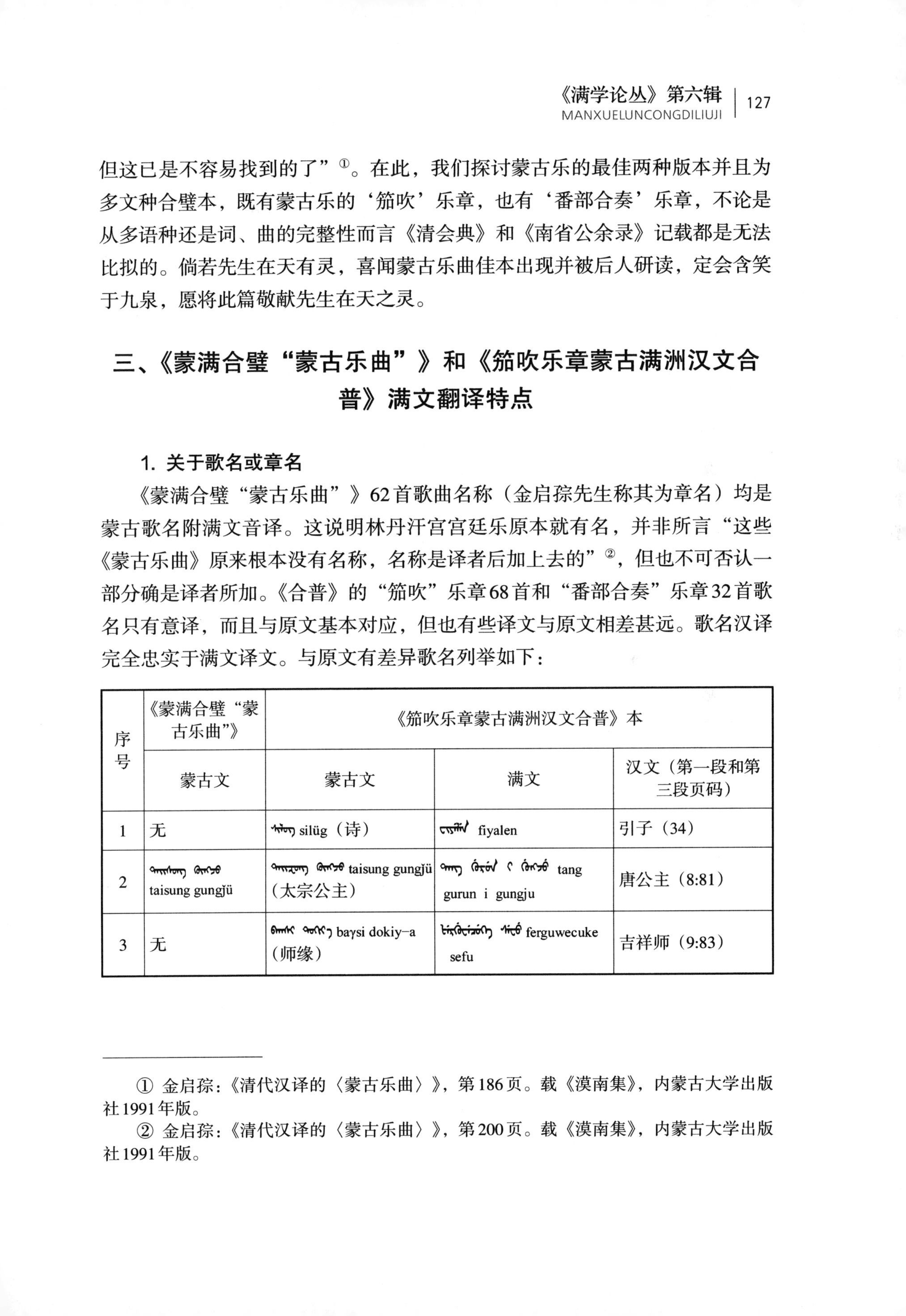

但这已是不容易找到的了”[①]。在此，我们探讨蒙古乐的最佳两种版本并且为多文种合璧本，既有蒙古乐的‘笳吹’乐章，也有‘番部合奏’乐章，不论是从多语种还是词、曲的完整性而言《清会典》和《南省公余录》记载都是无法比拟的。倘若先生在天有灵，喜闻蒙古乐曲佳本出现并被后人研读，定会含笑于九泉，愿将此篇敬献先生在天之灵。

三、《蒙满合璧“蒙古乐曲”》和《笳吹乐章蒙古满洲汉文合普》满文翻译特点

1. 关于歌名或章名

《蒙满合璧“蒙古乐曲”》62首歌曲名称（金启孮先生称其为章名）均是蒙古歌名附满文音译。这说明林丹汗宫宫廷乐原本就有名，并非所言“这些《蒙古乐曲》原来根本没有名称，名称是译者后加上去的”[②]，但也不可否认一部分确是译者所加。《合普》的“笳吹”乐章68首和“番部合奏”乐章32首歌名只有意译，而且与原文基本对应，但也有些译文与原文相差甚远。歌名汉译完全忠实于满文译文。与原文有差异歌名列举如下：

序号	《蒙满合璧“蒙古乐曲”》	《笳吹乐章蒙古满洲汉文合普》本		
	蒙古文	蒙古文	满文	汉文（第一段和第三段页码）
1	无	silüg（诗）	fiyalen	引子（34）
2	taisung gungǰü	taisung gungǰü（太宗公主）	tang gurun i gungju	唐公主（8:81）
3	无	bayisi dokiy-a（师缘）	ferguwecuke sefu	吉祥师（9:83）

① 金启孮：《清代汉译的〈蒙古乐曲〉》，第186页。载《漠南集》，内蒙古大学出版社1991年版。

② 金启孮：《清代汉译的〈蒙古乐曲〉》，第200页。载《漠南集》，内蒙古大学出版社1991年版。

续表

序号	《蒙满合璧“蒙古乐曲”》	《笳吹乐章蒙古满洲汉文合普》本		
	蒙古文	蒙古文	满文	汉文（第一段和第三段页码）
4	möngke busu-yin dokiy-a	möngke busu-yin dokiy-a （无常）	ferguwecuke acabun	聖明時（10:84）
5	töbsin	（悠扬）	fujurungga yangsangga	窈窕孃（娘）》（12:88）
6	sergüleng	sergüleng（聪睿）	asihata sarašn	少年行（16:98）
7	uquγatu	uquγatu（睿智）	ulhisungge(hergire urse i irgebun)	遊子吟（23:113）
8	oqur J̌oriγ	oqur J̌oriγ （志短）	foholon ucun	短歌（29:126）
9	无	γurban γobai（三憾）	gurun de bederehe ucun	歸國謠（30:129）
10	torγan J̌oluγ-a	karudi（凤）	garudei gerudei i guwedurengge	鳳凰鳴（40）
11	无	sain qulqatu（良马）	sain akdacun	合歡曲（58）
12	无	keltegei （萨满鼓）	untun	鼓曲（64）

此表所列歌名一半以上不见于底本，部分满、汉歌名译文与原文不同是译者将“汉、唐、宋铙歌、吟乐、词牌的名称加到蒙古歌上”①之故。例如：唐朝令狐楚的《少年行》、孟郊的《遊子吟》、汉庭歌曲《江南》、白居易的《忆江南》等等。

① 金启孮：《清代汉译的〈蒙古乐曲〉》，第200页。载《漠南集》，内蒙古大学出版社1991年版。

2. 关于歌词

《蒙满合璧“蒙古乐曲”》与《合普》两本满译文风格大相径庭。前者以蒙满典籍翻译的传统风格，即词法、词汇以及语序完全对应，内容毫无差异。《合普》本没有拘泥于原文词句，而是一种再创作。例如：底本歌名《mang-nai》在《合普本》名为《牧马歌》，底本《牧马歌》在《合普本》名为《古歌》。在此就底本《牧马歌》与《合普》本“古歌”歌词对比如下：

第一行.

aldarsiGad ebderegci irtincu -dur naiman nom\ 原文

此世成败之八经（笔者译）

algišafi efujerengge jalan i jakūn ging.（底本）

jakūn efujen šanggan be waksalaha，jalan de enteheme toktobuha（合普本）

八種成壞兮實人世之常（《合普本》汉译）

第二行

asuru endegUregsed-Un biSei buyu \原文

堕落深重之过也（笔者译）

（底本）

ja i endebufi farfabume, jaka buyen de ušabuha,（合普本）

墮迷網中兮慾鎖與情韁（《合普本》汉译）

第三行

aljiyas-i Unen kemegci mungqaG arad（原文）

是非不明之愚民（笔者译）

（底本）

jabšan baime mentuhureme arbušaha, jancuhūn de šumci dosinaha（合普本）

愚人無識兮樂兹殊未央（《合普本》汉译）

第四行

aliba UgegU-yi bui kemejU endegUrebei ay-an-i \ 原文

黑白颠倒非理也（笔者译）

（底本）

jaka šolo de holtorongge,jaci eit-ereme ainu jalidaha（合普本）

執空為有兮謬語其奚當（《合普本》汉译）

对比底本与《合普》本的《如意宝》歌词如下：

第一行

eldeb nom-i ese bisilGabasu

诸经不修（笔者译）

eiten ging be šunerakū oci（《底本》）

fuhali nomun ci gūnin jurcenjehe（《合普本》）

不澡心於羣經（《合普本》汉译）

第二行

el-e mUn cinar-i uqan UlU cidayu\ 原文

本源不明（笔者译）

da banin be same muterakū ombi.（《底本》）

fulimbuha banin mentuhurehe（《合普本》）

具本性而無明（《合普本》汉译）

第三行

enelkUi-degen surGal-i omduduGsan arad-bar

困顿轻佛乘之众（笔者译）

suilashūn de tacihiyan be heoledehe urse.（《底本》）

fucihi tacihiyan de helen ningge（《合普本》）

不服膺於佛乘說（《合普本》汉译）

第四行

erdem-ten-u mOr-i sonusbasu bar UlU qanuyu\ 原文

闻贤道却不足也（笔者译）

erdemungge ursei jurgan be donjiha

seme elerakū.（《底本》）

fujurungga yabun de duturehe，\ 原文（《合普本》）

妙行而聽熒（《合普本》汉译）

3. 关于核心词的翻译

原文的同一个核心词在《合普》本有不同的译文。如：

原文 yeke Sibang、《tOrU-yin Sibang》、《tOrU-yinkUgjim》等词在《合普》本所对应的译文分别为“amba sibang- niucun 大合曲”、“dasani uculen 雅政詞”和“dasani gurun 政治詞”。前者将核心词 Sibang 满译为 sibang ni ucun（什榜之歌），后者译为 uculen（诗词），将 kOgjm 译为 kumun（曲）。与满译 sibang ni ucun，uculen，kumun 等词对应的汉译分别为“合曲”、“詞”、“詞”。可见，核心词的蒙满汉词意相互皆有差异。《清会典》将《Sibang kOgjim-Un daGuu》译为“番部合奏”。又记“蒙古乐由什帮处承应”[①]。姚元之的《养吉斋丛录》中记：“什榜（什帮），蒙古乐名，其器用笳、管、筝、琶、弦、阮、火不思之类。将进酒于筵前，鞠忌奏之，鼓喉而歌，和罗应节。”[②] 由此可见“Sibang”意为“音乐和歌曲大合奏”。

4. 关于原文与译文歌词

《合普》本个别原文与译文歌词有所差异。例如：

歌名：《tUrU-yin Sibang》\《dasan i uculen》《雅政詞》：

dalai blam-a-yin gegeken gejU（原文）

达赖喇嘛圣明（笔汉译）

ejen genggiyen mutebumbi（《合普本》满译）

皇皇聖明（《合普本》汉译）

dalda qola Ugei ya（原文）

无幽远之分（笔者译）

---

① 《钦定大清会典》卷41、42，乐部。

② 姚元之：《养吉斋丛录》，卷16。

eldekenggegoro golmin deserembi（《合普本》满译）

無遠弗燭（《合普本》汉译）

tein bUgUde sedkilcilen（原文）

普度众生（笔者译）

ere sor sere geren（《合普本》满译）

林林眾庶（《合普本》汉译）

darui Ogede bolum ja（原文）

无思不服（笔者译）

emu gunin i dahafi ginggulembi（《合普本》满译）

無思不服（《合普本》汉译）

boGda blam-a-yi sanan（原文）

心系宝格达喇嘛（笔者译）

enteke wen be singgebumbi《合普本》满译

元化惠心（《合普本》汉译）

buyantu Uiles-i kiciyen buruGu Uiles-i debcigsen（原文）

行善去恶（笔者译）

ehe be halafi sain ombi，（《合普本》满译）

為善去惡（《合普本》汉译）

burqan-u ulus-turkUrUgtUn aijam（原文）

通往极乐世界（笔者译）

enduringge gurun de banjinjifienteheme jirgame sebjelembi，（《合普本》满译）

圣人之邦長生永樂（《合普本》汉译）

原文颂扬达赖喇嘛、佛教教义，而译文赞颂皇帝神威功德。

5.《合普》本的第一段与第三段满译个别词有差异。如：《如意宝》中

fucihi tacihiyan de helen ningge（第一段）

fucihi tacihiyan de heolen ningge（第三段）

与 相关词见于《底本》：

enelkUi- degen surGal- i omduduGsan

arad-bar

suilashūn de tacihiyan be heoledehe urse

《底本》中 heoledehe urse “怠慢者、轻视者”，在《合普》本第一和第三段分别译为 helen。

helen ningge “活口者”〈怠慢者heolen ningge〉。

另，原文《jOgelen jokistu》满译为《nemgiyen（温柔）acabun i ucun》和《（柔婉）nemeyen acabun i ucun—《好合曲》(19:103)

原文《译为《（聪明的）ulhisungge》和《hergireurseiirgebun》《遊子吟》(23:113)

原文《baG-a saratu》译为《arhanaha》和《（月成钩状）arganaha》《哉生月》(24:116)。由此可见，在《合普》本第一段出现的满文讹误在第三段得到了纠正。

6.《合普》本原文简洁、押韵，而译文添加字词略显冗长,但描写更加细腻生动形象。如：

《月圆》：

aGta-yin sain-i abadu medey-e（原文）

猎途识良马（笔者译）

sain morin fusur sembi, sahadaha de bahafi sambi（《合普本》满译）

良馬之德於田可徵（《合普本》汉译）

aGasi-yin sain-i qanilaju medey-e（原文）

相交知人品（笔者译）

sain niyalmai yabun oci, sasa guculehe de takabumbi,（《合普本》满译）

良朋之行相交乃明（《合普本》汉译）

《綏歌》：

kUlUg-Un sain-i unuju medey-e（原文）

乘骑知良马（笔者译）

yabe sain morin sembi,yaluha niyalma be selabumbi（《合普本》满译）

良马云何乘者所思（《合普本》汉译）

kUmUn-U sain-i kUndUlejU medey-e（原文）

敬之识善人（笔者译）

yargiyan sain gucu seci,yabumegoidatala ginggulembi,（《合普本》满译）

良朋云何久而敬之（《合普本》汉译）

《颂壽詞》:

unuqu-yin saiqan usun jiruG-a mori（原文）

乘骑良匹溜踢马（笔者译）

musei morin katarambi, mukei gese dulendembi,（《合普本》满译）

我馬蹀躞行如流水（《合普本》汉译）

ucaraqu-yin saiqan uran secen mergen（原文）

贤相聚上之缘（笔者译）

mutengge yebken fiheme tefi, mujilen acafi sebjelembi（《合普本》满译》

雋英滿座交親悅喜（《合普本》汉译）

uruG-un saiqan bayan noyan qoyar（原文）

权贵合好姻缘（笔者译）

mukūn hūncihin hajilambi,murušecibayan wesihun isanjimbi（《合普本》满译）

族部姻婭，咸富且貴（《合普本》汉译）

ucaraqu-yin saiqan amtatai darasu（原文）

佳饮品醇香酒

mudandarihūntahandaraburengge seci,mujakū nurei amtan（《合普本》满译）

酌酒為歡既多且旨（《合普本》汉译）

小 结

综上，进入清朝皇宫的蒙古宫廷乐曲有两种满文译本。作为底本的《蒙满合璧“蒙古乐曲”》本满文翻译遵循传统的蒙满文完全对应的译文风格，《合普》本没有拘泥原文的字词，而进行了创作性翻译，表明乾隆朝典籍翻译具有两种风格并存。该文献的汉译文较为严格的遵循了满文译本，其底本为满文，译文顺序为蒙译满，满译汉。《蒙古乐曲》原本有名称，有的名称是译者后加上去的。蒙古宫廷音乐进入清宫得到满汉翻译并搬上舞台，相对于艺术欣赏而言，其政治文化功效，更为帝王所重。因此将清代蒙满汉合璧蒙古宫廷音乐文本置于整个历史大背景之下，从政治、文化、社会的视角考察元、北元时期的蒙古宫廷音乐以及清廷礼乐中融入的蒙古音乐元素，有待挖掘其中蕴含的更深层次的历史意义。

蒙古宫廷乐——什榜乐队

北京国子监辟雍满汉文碑刻释读

关　康

北京辟雍始建于乾隆四十九年（1784），是乾隆五十年（1785）以后清代君主临雍讲学的固定场所。其本身兼具教育、礼仪的双重职能，因此成为国子监建筑群的重要组成部分。辟雍保存的《国学新建辟雍圜水工成碑记》和《三老五更说》两通满汉文合璧碑刻，对研究辟雍的兴建、清高宗废除三老五更礼仪的过程具有重要的参考价值①。

一、北京辟雍

辟雍，原系周天子为贵族宗亲子弟设立的学校。《礼记》记载："天子曰辟雍，诸侯曰頖宫。"②"辟"通"璧"，"雍"通"渠"，即环形之水。又因其状如璧，所以"辟雍"亦通"圜水"。据东汉班固著《白虎通义》："辟雍，所以行礼乐、宣德化也。辟者，璧也，象璧圆，以法天也。雍者，壅之以水，象教化流行也。辟之为言，积也，积天下之道德；雍之为言，壅也，壅天下之仪则，故谓之辟雍也。"③因此辟雍不但具有君主宣扬文教的作用，还兼具天人合一的象征意义。

作者系中国人民大学博士后。

① 现有对北京辟雍建设等问题的研究，可参考沈旸《明清北京国子监孔庙的空间格局演变》（《建筑学报》，2011年S1期）该文详细考证了明代北京庙学的建设、建筑格局的演变及明清皇帝祭祀场所及出行路线，并简介了辟雍的兴建过程。师曾志《明清国子监》（《紫禁城》，1997年第3期）一文介绍了国子监的建筑格局、教育职能等问题。但以笔者所见，目前尚未有学者注意到与辟雍有关的两通满文碑刻所包含的历史价值。

② 中央民族大学图书馆藏：《御制翻译礼记》卷5，《王制》，清刻本。本文因需比对《礼节》中部分词汇的满汉文翻译，故以下皆采用此版本。

③ 班固：《白虎通义》卷上，《辟雍》，《文津阁四库全书》，第280册，第733页，商务印书馆2005年版。

辟雍为国子监的核心建筑。北京国子监始建于元大德十年（1306），后毁于战火。明成祖时期重建。后不断扩建、修缮，成为统治者推行文化教育、祭祀儒家先圣的中心。但因种种原因，辟雍圜水阙而未建，其制难称完备。清定鼎北京后截至乾隆四十九年（1784）一仍旧制，虽屡次举行临雍大典，但因没有辟雍，皇帝只能在彝伦堂讲学，可谓有名无实。乾隆三十三年（1768），曾有兴建辟雍之讨论。时御史曹学闵建议动工，但因辟雍必不可少的圜水无处取水而遭驳回[①]。

乾隆四十八年（1783）二月，清高宗颁布谕旨，下令在国子监的彝伦堂之南动工兴建辟雍大殿、开挖圜水，并计划于竣工之后举行临雍大典："稽古国学之制，天子曰辟雍，所以行礼乐、宣德化、昭文明而流教泽，典至巨也。朕此次释奠礼成，念国学为人文荟萃之地，规制宜隆。而辟雍之立，自元明以来，典尚阙如，自应增建，以臻美备。著派礼部尚书德保、工部尚书兼管国子监事务刘墉、侍郎德成敬谨前往阅视，度地鸠工，诹吉兴建。落成之日，朕将举行临雍典礼，以昭久道化成之盛。"[②]

此外，清高宗还对圜水深度等具体问题提出意见。如圜水池蓄水应达到三尺，池壁必须采用灰土砖石等，可见其对工程的重视程度[③]。乾隆四十九年（1784）八月，工程告竣。次年（1785）二月，清高宗亲临国子监行释奠礼，举行临雍讲学。参礼之人包括宗室王公、衍圣公及各圣人后裔、大学士、翰林院五经博士、学官、进士、举人、荫生、贡生、监生、朝鲜国使臣。其程序为先由大臣进讲，再由清高宗在辟雍大殿内宣御论[④]。仪式辉煌，昭一时之盛。至此，国子监形成了以辟雍圜水为中心，北侧有彝伦堂，东西两侧有率性堂、绳愆堂，南侧有琉璃牌坊、太学门，拥有钟鼓楼、碑亭等配属建筑，并与东面的孔庙结合为一个完整的建筑群。其建筑规制保留至今。

辟雍的琉璃牌坊之北、中轴线东西两侧有重檐黄琉璃瓦碑亭两座，碑亭内各有汉白玉石碑一通。东侧碑四面刻字。阳面为汉文《国学新建辟雍圜水工成碑记》，阴面为满文《三老五更说》（ilan sakda sunja dulembuhe sere gi-

① 相关情况请参考沈旸《明清北京国子监孔庙的空间格局演变》，载《建筑学报》2011年S1期。

②《清高宗实录》卷1174，乾隆四十八年二月戊辰条，第744页，中华书局1985年版。

③《清高宗实录》卷1203，乾隆四十九年闰三月己卯条，第94页。

④《清高宗实录》卷1224，乾隆五十年二月丁亥条，第407页。

suren），左侧汉文《张廷玉三老五更议》，右侧汉文《题张廷玉三老五更议》。西侧碑两面刻字，阳面刻满文《国学新建辟雍圜水工成碑记》（gurun i juse be hūwašabure yamun de ice weilehe gurun i tacikūi yamun i mukeliyengge muke i weile šanggaha eldengge wehei ejebun），阴面刻汉文《三老五更说》。以上六篇碑文中，《国学新建辟雍圜水工成碑记》记载辟雍之修建，《三老五更说》为清高宗考证三老五更含义的御制文，以下分别考察。

二、满汉文《国学新建辟雍圜水工成碑记》

《国学新建辟雍圜水工成碑记》（以下简称《辟雍碑》）为满汉双碑。汉文在东侧碑亭碑阳。该碑螭首龟趺，碑额篆书汉文“御制”。《辟雍碑》正文14行，547字。文末刻清高宗“古稀天子之宝”“犹日孜孜”两方印。汉文碑文如下：

[1] 国学新建辟雍圜水工成碑记

[2] 名者，实之宾。实者，名之主。为学之方，应务其实，以蕲循其名。不可炫其名，以致亡其实。兴学之源，綦要于国学。国学者，天子之

[3] 学也。天子之学曰辟雍，诸侯之学曰泮水。北京之国学，自元历明以至本朝，盖五百余年矣。有国学而无辟雍，名实或不相称

[4] 焉。虽有建议请复，以乏水而格部议，至今未复。癸卯春，始有复建之谕。甲辰冬，乃观新工之竣，将于乙巳仲春行释奠礼，遂临

[5] 雍以落成焉。夫北京为天下都会，教化所先也。大典缺如，非所以崇儒重道，古与稽而今与居也。虽乏水，然有不改之井，汲以

[6] 绠而用之无穷，亦在人为之而已。于是石之鳞次，见圜斯池；水之镜澄，见明斯满；殿之据中，见隆其榱；桥之通行，见接其基。上

[7] 庠下庠，虽难考二典之制，而东序西序总不出三代之规则。是工之举也，又予知过论，所谓于不可已者，仍酌行之之意，而物

[8] 给价，工给值，原非劳民动众之为。若夫三老五更之说，予以为括于养老化俗之仪，而非天子临雍所必应并行而不遗者。盖

[9] 弗见于诗书，乃特出杜氏通典之私耳。且予向有三老五更之说，

已明辟其谬，不复缀乎词。虽然，予更有惧于是举者。夫是

[10] 举岂非复古兴学之懿，有何惧？而予惧之者，恐后之人执予复古之说，于一切衣冠典礼，皆欲效汉人之制，则予为得罪

[11] 祖宗之人，匪教伊虐，甚虑不宜也。予之子孙臣庶，体予此心，于可复古者复之，其不可复者断不可泥古而复之。夫徒慕复古之虚

[12] 名，而致有忘

[13] 祖宗之实，失非下愚而何？予不为也予。敬以是告子孙，以保我皇清万年之基也。

[14] 乾隆四十有九年岁在甲辰孟冬之月上浣御笔。

满文碑在西侧碑亭碑阳，碑体形制与东侧碑一致，唯碑额篆书为满文“han i araha”。满文正文14行，596字。文末未镌刻印章。全文如下：

[1] gurun i juse be hūwašabure yamun de ice weilehe gurun i tacikūi yamun i muheliyengge muke i weilen šanggaha eldengge wehei ejebun

[2] gebu serengge, da beyei algin, da beye serengge, gebu i fulehe, tacin doro, giyan i da, beyebe kiceme, gebu be algimbuci acambi, damu gebu be gaime, da beyebe waliyara de isibuci ojorakū, tacin be yendebure fulehe oci, gurun i tacikūci oyonggongge akū, gurun i tacikū serengge abkai jui i tacikū kai, abkai jui i tacikū be

[3] muheliyengge omo sembi, goloi beise i tacikū be hontohonggo omo sembi, gemun hecen i gurun i tacikū, yuwan gurun ci ming gurun jai musei gurun de isitala sunja tanggū funcere aniya ohobi, gurun i tacikū bisire gojime, muheliyengge omo akū ofi, gebu da beye ishunde tehererakū ohobi, udu dahūme ilibure be baime wesimbuhengge

[4] bicibe, kemuni muke akū jalin jurgan ci bederebume gisurefi, tetele umai deribume werilehekū, sahahūn gūlmahūn aniyai niyenggi-

yeri forgon de, teni dahūme weilekini seme hese wasimbuha, niowanggiyan muduri aniyai tuweri forgon de, weileme šanggafi, niohon meihe aniyai dulimbai niyengniyeri forgon de, kungdz de wecere doro be

[5] yabubuha weile šanggame jalin, tacikū de enggelenembi, gemun hecen serengge, abkai fejergi be uherileme, tacihiyan wen be nendeme deribuhe ba, aika amba kooli be yongkiyaburakū oci, bithei niyalma be wesihulere doro be ujelere, julge be kimcire, te erin de acabure doro waka kai, udu muke akū bicibe, enteheme muke bisire hūcin bifi, muke tatafi,

[6] hungkereme baitalame wajirakū be dahame, inu niyalmai icihiyara de bisire dabala, tereci jibsime sahaha wehe omo i šurdeme giyan fiyan i oho, buleku gese muke yar yur seme eyehe, dulimbade bisire deyen cokcohon i colgoroko hafume yabure doohan tob seme terkin de sirengge, dergi hūwašabukū fejergi hūwašabukū udu yoo han šūn han i fe

[7] songko be baicara de mangga bicibe, dergi mutebukū wargi mutebukū naranggi hiya gurun šang gurun jeo gurun i durun ci hon encu akū kai, tuttu ere weilen be deribuhengge, geli mini araha endebuku be saha leolen de henduhe nakaci ojorakūngge de, kemuni acara be tuwame yabumbi sehe gūnin dere jaka tome hūda salibume jaka tome hūda salibume

[8] faksi arame basa bume umai irgen be jobobume geren be suilabuha ba akū aikabade ilan sakda sunja dulembuhe be gisureci mini gūnin de enteke baita inu sakda be ujire tacin be wembure kooli de baktambuha dabala umai abkai jui tacikū de enggelenere de urunakū sasa yabume melebuci ojorakūngge waka sembi adarame

[9] saci irgebun i nomun dasan i nomun de daci umai sabuhakū kai damu du io i hafu kimcin bithei cisui leolen de bihe dabala tere anggala bi onggolo ilan sakda sunja dulembuhe gisuren de emgeri terei calabuha babe getukeleme tucibuhe be dahame te geli

dasame getukeleme arara be baiburakū, tuttu seme bi ede geli olhoro babi, ere

[10] weile deriburengge, cohome julge be dahūbume, tacin be yendebure sain baita kai, ai olhoro bab seci, mini olhorongge amaga niyalma mini julge be dahūbure gisun be fesin obume, erinde etuku mahala kooli dorolon be gemu nikan gurun i niyalma be alhūdame ohode, mini beye

[11] mafari de weile bahambime, sain be taciburengge waka, elemangga ehe de tuheneburakū seme ofi, fuhali ojorakū be jobošombikai, mini juse omosi ambasa hafasa, mini ere mujilen de acabume, julge be dahūbuci ojorongge be dahūbume, dahūbuci ojorakūngge be ainaha seme memereme julge be dahūbuci ojorakū be saci acambi,

[12] aika damu julge be dahūbume, untuhun gebu be kiceme,

[13] mafari i fe tacin be onggofi, yargiyan ufaracun de isibuci, ten i mentuhun waka seci ai bi, tuttu yaburakū ubabe cohotoi mini juse omosi de ulhibume, musei amba daicing gurun i tumen aniyai doro be karmatakini serengge kai.

[14] abkai wehiyehe dehi uyuci aniya niowanggiyan muduri tuweri ujui biyai icereme han arahangge.

比较满汉两个版本，内容无出入。唯首题有些微差别。满文“gurun i juse be hūwašabure yamun de ice weilehe gurun i tacikūi yamun i muheliyengge muke i weilen šanggaha eldengge wehei ejebun”中的“gurun i tacikūi yamun”直译为“国学衙门”，实则指“太学”。此词未在汉文题目中出现。

碑文中几个词汇的翻译值得注意。前文已经说明，辟雍为环形之水，所以“辟雍”通“圜水”。清高宗在碑文中也称：“天子之学曰辟雍，诸侯之学曰泮水。”所对应的满文为：“abkai jui i tacikū be muheliyengge omo sembi, goloi beise i tacikū be hontohonggo omo sembi。”此处满文将“辟雍”译为muheliyengge muke，即环形之水，与汉语一致。泮水为诸侯之学，《后汉书》注：

"诸侯半天子之宫，皆所以立学垂教也。"[①] 由此可知泮水之制较之辟雍稍杀，以示等第。碑文译为"hontohonggo omo"，即"半池"。

不过，乾隆朝颁布的《御制翻译礼记》对以上两词的处理与碑文不同。《御制翻译礼记・王制》的"天子曰辟雍，诸侯曰頖宫"一句，所对应的满文为："abkai jui i tacikū oci，gurun i tacikū sembi，goloi beise i tacikū oci，goloi tacikū sembi."此处的辟雍为"gurun i tacikū"，即"国学"。因辟雍为天子之学，故如此翻译是可以的。而作为诸侯之学的泮水，在汉语中亦作"泮宫""頖宫"，满文翻译成"goloi beise i tacikū"，即诸侯之学，正好与天子之学对应。这里的翻译强调两种建筑的等级，而《辟雍碑》的"muheliyengge omo"和"hontohonggo omo"分别从两种建筑有圆形、半圆形水沟的角度翻译。两种译法皆有道理，故在当时应当是可以并用的。

临雍，本意为皇帝亲往辟雍行礼。满文译作"tacikū de enggelembi"。其动词"enggelembi"有"临御之临、探头、预"三解[②]。此处显然应取临御之意。此外，文献中还有"tacikū de genembi"的用法，没有明确的君主驾临、临御等意。不过，"enggelembi"曾被明令禁止使用。据雍正朝《大清会典》，雍正二年（1724）清世宗谕："临雍大典，史册多称幸学，非宜，今应改为诣学。"[③] 满文《大清会典》译为："tacikū de genere amba kooli be suduri dangse de yooni tacikū de enggelehe sehengge acahakūbi，te halafi tacikū de genehe seme arafi acambi sehe."[④] 此处仅提到用汉文的幸学和满文的"tacikū de enggelehe"不合理，但未给出原因。笔者认为清世宗或考虑到"幸"和"enggelembi"有驾幸、驾临之意，不足以体现君主对先师、圣人的尊崇，故明令废除。汉文的"幸学"一词顺治、康熙两朝皆曾使用，如《清世祖实录》有："命幸学陪祀孔、颜、曾、孟、仲五姓生员孔尚燃等十五人俱照例入监。"[⑤] 而自雍正二年（1724）之后，"幸学"一词不见于史料。但从《辟雍碑》的满文碑文可知，满文的"tacikū de enggelembi"并未被废除。事实上，该词收入乾隆朝官方编纂的字书。如《御制增订清文鉴》解释为："ejen i

---

① 《后汉书》卷52，《列传第四十二》，第1710页，中华书局1965年版。
② 沈启亮：《大清全书》卷2，中央民族大学图书馆藏清刻本。
③ 《大清五朝会典・雍正会典》卷244，《国子监》，第3903页，线装书局本。
④ 满文雍正朝《大清会典》卷244，国家图书馆藏清刻本。
⑤ 《清世祖实录》卷69，顺治九年十月戊午条，第545页，中华书局1985年版。

beye, gurun i juse be hūwašabure yamun de enggelenefi bithe giyangnara be, tacikū de enggelembi sembi."[①] 笔者汉译为“皇帝亲往国子监讲学，谓之 tacikū de enggelembi。”可见该词成为专用词汇。

通过对碑文内容的进一步研读可以看到以下两个问题。

首先，清高宗在碑文中明言，其修建辟雍的原则是复古。考辟雍建筑形制见于文献。根据《汉书》，武帝时期公玉带曾献《明堂图》，其中“明堂中有一殿，四面无壁，以茅盖，通水，水圜宫垣”[②]。此为文献对辟雍的描述。虽然是否为公玉带本人揣测暂不得而知，但从目前考古发掘的西汉长安城[③]、北魏平城[④]、唐东都[⑤]的三处遗址可知，辟雍为一方形宫殿，周围有人工挖掘的环形流水。以西汉辟雍为例，该组建筑的格局与《明堂图》差别不大：“中心建筑的四周是一个方形的院落，它的四角各建有曲尺形的配房，各配房的四面的中距又有东、西、南、北四门的建筑，配房的外侧又有围墙与四门连接，整个构成一个方形建筑体，位于方形夯土台上；在围墙的四周，又有一圆形的大圜水沟，在大圜水沟的四边正对四门处又有长方形的小圆水沟。”[⑥] 与西汉辟雍相比，清代辟雍也有作为辟雍核心建筑的殿堂、圆形水沟。因此从文献和考古发掘资料看，北京辟雍基本符合古制。故清高宗在碑文中提到的“复古”并非自我标榜。

其次，清高宗修建辟雍时以复古为旨归，却在碑文中提醒后世子孙“于可复古者复之，其不可复者断不可泥古而复之”，甚至将此问题提高到永葆大清基业的高度。二者看似关联不大，但显然触发了清高宗对清中期满洲传统所遇到的来自汉文化的挑战。在他看来，泥古、效法汉人“衣冠典礼”很可能造成以国语骑射为基础的满洲传统的丧失，八旗子弟对本民族的认同和尚武精神的衰落必然危及清王朝的统治基础。早在入关前的崇德二年（1637），清太宗在与八旗王公大臣谈话时就特别要求汲取辽、金统治者放弃本国文化最终亡国的教训：“此本国衣冠言语不可轻变也。我国家以骑射为业，今若不时亲弓矢，

---

① 《御制增订清文鉴》卷6，《礼部礼仪类》，中央民族大学图书馆藏清刻本。

② 《汉书》卷25下，《志第五下》，第1243页，中华书局1962年版。

③ 唐金裕：《西安西郊汉代建筑遗址发掘报告》，载《考古学报》1959年第2期。

④ 王银田：《北魏平城明堂遗址研究》，载《中国史研究》2000年第1期。

⑤ 王岩：《唐东都武则天明堂遗址发掘简报》，载《考古》1988年第3期。

⑥ 唐金裕：《西安西郊汉代建筑遗址发掘报告》，载《考古学报》1959年第2期；王世仁：《汉长安城南郊礼制建筑（大土门村遗址）原状的推测》，载《考古》1963年第9期。

惟耽宴乐，则田猎行阵之事必致疏旷，武备何由而得习乎？盖射猎者，演武之法；服制者，立国之经。朕欲尔等时时不忘骑射，勤练士卒……且谆谆训谕者非为目前起见也。及朕之身，岂有习于汉俗之理？正欲尔等识之于心，转相告诫，使后世子孙遵守，毋变弃祖宗之制耳。”①清代君主始终千方百计保持满洲旧俗，至清中期，随着满汉交流的深入，拘泥旧俗越来越不合时宜，然而清高宗仍将国语骑射作为一项国策，即便在修建辟雍之时也不忘提醒后人，苦心孤诣可见一斑。

三、满汉文《三老五更说碑》

《三老五更说碑》同为满汉双碑，汉文碑刻位于西侧碑亭碑阴。该碑螭首龟趺。碑额篆书汉文“御制”。文末刻清高宗“古稀天子之宝”“犹日孜孜”两方印。正文11行，344字。其内容如下：

[1] 三老五更说

[2] 三老五更之说，不见于诗书。其见于《礼记》者，盖出乎汉儒，非孔子之言。惟《左传》“三老冻馁”之文

[3] 为最古。然《传》谓“公聚朽蠹而三老反不见养育”，非与五更相提并论也。注三老五更者多矣。或

[4] 谓上中下寿，或谓工商农，而不及五更；或谓明天地人与五行之事，或谓取象三辰五星，或谓

[5] 知三德五事者。各以臆度，不堪偻指矣。至蔡邕独断，乃有父事兄事之说，而《白虎通》之谬直以

[6] 为老、更各一人，且曰父一而已不宜有三。吁可怪哉！天子养老，即所以教孝于天下，何至以父

[7] 事之？且即其说，父一而已，则天子已自有父，今复事一人，是非二父乎？腐儒执虚文而谬大义，

[8] 真不值一喙耳。邕复解更为叟，谓豕亥之讹。夫叟与老同既，有老又何藉叟为哉？予以为三者，

① 《清太宗实录》卷34，崇德二年二月丁酉条，第446页。

[9] 天、地、人之数，养老自以三举其数耳。若夫五更，则更事之说为近，而五伦、五常莫不具于此，人

[10] 数不必其备。行之以敬诚恺悌，则中和位育将在是矣。后儒一切穿凿之论，何足数哉。

[11] 乾隆四十有三年岁在戊戌仲冬月上浣御笔

满文碑在东侧碑亭碑阴，形制与汉文碑相同。碑额篆书满文“han i araha”。与满文《辟雍碑》一样未刻印章。正文11行，共403字。内容如下：

[1] ilan sakda sunja dulembuhe sere gisuren

[2] ilan sakda sunja dulembuhe sere gisun, irgebun i nomun, dasan i nomun de tucibume arahakūbi, damu dorolon i nomun de arahangge, han gurun i bithei niyalma ci tucikengge, umai kungdz i gisun waka, fukjin dzo kio ming ni ulabun de, ilan sakda beyere yuyure de isinaha sere gisun

[3] umesi goidaha, tuttu seme ulabun de gung be ambula asarafi jeku niyaha bime, ilan sakda i gese sakdasa elemangga ujire kesi be alihakū be henduhebi, umai sunja dulembuhe be suwaliyaganjame leolehekū, ilan sakda sunja dulembuhe be sume gisurehengge umesi labdu, ememu dergi

[4] jalafun dulimbai jalafun fejergi jalafun bisirengge be henduhebi sembi, ememu weilere faksi hūdai niyalma, usin i haha be henduhe bime, sunja dulembuhe be inu jonohakūbi, ememu abka na niyalma jai sunja feten i doro be getuhekehengge sembi, ememu ilan oron sunja usiha i

[5] arbun de duibulehebi sembi, ememu ilan erdemu sunja baita be sahangge sembi, ere gese beyei gūniha tulbihe ci tucikengge be tolo-ho seme wajirakū, jai cyai yung ni emhun lashalaha bithede, ama i gese uilembi, ahūn i gese uilembi sehe gisun be hū tung ni bithe, geli

[6] tašarame ilan sakda sunja dulembuhe be šuwa meimeni emu ni-

yalma sembime, ama obuci damu emke oci wajiha, ilan bici ojorakū sehengge, ai absi aldungga, abkai jui sakda be ujirengge cohome abka fejergi de hiyoošun be taciburengge, ama obufi uilere doro bio, tere anggala

[7] ini gisurehengge, ama obuci emke oci wajiha sehe ici oci, abkai jui de beyei ama bikai, te geli emu niyalma be uileci aika juwe ama bisirengge wakao, mentuhun bithei niyalma untuhun bithei gisun be memereme, amba jurgan be jurceme balai banjibuhangge, yala emgeri

[8] injire de salirakū kai, cyai yung geli dulembuhe sere ging hergen be sakda sere seo hergen obume suhengge, uthai ši hai sere herge i calabuha adali adali sehebi, seo sere hergen uthai sakda sere hergen i adali oci, emgeri sakda sehe kai, geli seo sere kooli akū

[9] mini gūninde ilan sere hergen abka na niyalma ilan hacin i ton sakda be ujire de ilan be tukiyeme, terei ton be jorime henduhengge, sunja dulembuhe oci, baita be dulembuhe seme gisurehengge hono hanci gese, sunja ciktan sunja enteheme yooni ede yongkiyahakūngge

[10] akū, niyalmai ton be urunakū memereci ojorakū, ginggun unenggi hūwaliyasun toktoro hūwašarangge, uthai ede bikai, geren bithei niyalma eiden gūnin cihai šurdeme gamame leolehe gisun be geli dabuci ombio.

[11] abkai wehiyehe dehi ilaci aniya sunwayan indahūn tuweri dulimbai biyai icereme han i arahangge.

比较满汉碑文，内容无出入。需要注意的是三老五更的满文翻译。满文碑文译为“ilan sakda sunja dulembuhe。”其中“sakda”为“长者”，对应汉文的“老”；“dulembuhe”一词来源于“baita be dulembuhe”，有经历过事情之意，引申为有人生经验者，以对应汉文的“更”。不过，以笔者目前所见，满文通常不以“dulembuhe”指代老人，此处显然是为了对应汉文的“更”而硬译的。《御制翻译礼记》的译法与碑文相同。

考三老五更语出《礼记》："天子视学……释奠于先老，遂设三老五更群老之席位焉。"[①] 同书又记载："有虞氏养国老于上庠，养庶老于下庠。夏后氏养国老于东序，养庶老于西序。"[②] 此即古代养老于太学之制。需要注意的是，三老五更与君主祭祀孔子的释奠礼有密切的关系。皇帝临雍，三老五更亦参与其中。在祭祀时，天子还要对其行尊崇之礼："食三老五更于大学，天子袒而割牲，执酱而馈，执爵而酳，冕而揔干。"[③] 君主必须亲自为三老五更割肉奉酒，以表达尊老敬贤之意，故此项礼仪颇为隆重。

从内容上看，清高宗的《三老五更说》是对《礼记》三老五更的考察。虽然古代文献对此有一些记录，但没有对"三"和"五"的确切解释，故后代学者对此有不少争议。清高宗指责前人之说多不可取，提出"三老"的"三"是天地人三才；"五更"与"五伦""五常"有关，"更"为"更事"之意，而所谓三和五都是虚数，并非实指，任何拘泥其数目的论述都是臆测。

六年之后，清高宗忽然对"三老"有了新的理解。他在《御制三老说》中提到："兹以三余之暇，书辟雍诗册，有三老之语。临池下愰然悟曰：'三老之言，实出孟子。所谓老而无妻、老而无夫、老而无子，此非三老而何？'"他对自己的结论颇为满意，并炫耀了一下自己勤于思考的特质："夫予三老五更之说，成于戊戌，逮今又六年，求其说而不得，而笔下偶得之。是不可以不记……益见理不可不日穷。书不可不日读。"

乾隆五十年（1785），清高宗又回忆起自己很多年前曾和张廷玉探讨过是否有必要行恭敬三老五更之礼，于是找到当时的奏疏。张廷玉曾提到：该项礼仪过于隆重，非当今大臣能承受者；三老五更必须通晓天文地理、五行运转之道，但现在无人能胜任；古之三老五更学问不足已经为人诟病，今人更不能比；此礼为汉儒附会，不足采信。基于以上理由，张廷玉反对恢复此礼[④]。

张廷玉此说显然有刻意迎合君主唯我独尊心理之意，因而得到采纳。此事数十年间搁置不论。乾隆五十年（1785），辟雍已经建成，清高宗认为有必要将三老五更的问题做一个彻底的了结，以杜后人之口，因此又写了《御制题张

---

①②《御制翻译礼记》卷5，《王制》，清刻本。

③《御制翻译礼记》卷18，《乐记》，清刻本。

④《国子监志》卷86，《艺文志二》，《故宫珍本丛刊》，第95页，海南出版社2000年版。

廷玉三老五更议》，记录此事原委，并以自己数十年来学问逐渐成熟，且不掠他人之美自夸："此亦足验四十年间学问识见之效。而年少时犹未免有好名泥古之意，至今则洒然矣。兹观廷玉之议，与朕之说不约而同，树之前旌焉。因命并勒辟雍碑，以识已学之浅深及弗掩人之善也。"随后，他将自己所写有关三老五更的三篇文章和《张廷玉三老五更议》一并刻于满汉文《辟雍碑》阴、侧面。

清高宗将有关三老五更的四篇文章全部刻碑，立于辟雍，其对三老五更的考证以及对前代文人的评价本身是否正确，并非本文关注的对象。但其动机值得注意。清代有释奠及临雍讲学之礼，但无尊崇三老五更之制。清高宗曾于乾隆二年（1737）令鄂尔泰、张廷玉讨论是否有必要恢复，但最终搁而未行。乾隆四十九年（1784），兴建辟雍，并行释奠礼、临雍讲学时，也未行此礼。清高宗立碑，先以自己的考证说明古人对三老五更之说的解释有穿凿之处，以君主的身份将己说定为结论，再援引张廷玉的奏疏进行进一步详细论述，证明此项礼仪为汉代儒生附会，因此不必恢复。而且刻在御碑之侧，表明此文章虽非御制，但其主旨被君主采纳。这样君臣配合，将三老五更之礼废除掉。虽然此项仪式在唐宋明等朝代都未举行，早已名存实亡，但明令剔除，则是对祭祀礼仪的重大变更。显然，清高宗在对三老五更含义的考证、对"腐儒"穿凿之论和恢复三老五更礼仪的否定的过程中，扮演的是汉文化诠释者的角色。

四、结　语

作为少数民族建立的大一统王朝，清王朝一方面继承传统汉族王朝的统绪，另一方面延续北方民族的传统，所以其君主也身兼汉文化弘扬者、满洲传统的继承者的双重身份。故尊崇先圣、弘扬儒学的同时保持本民族传统就成为统治者合法性的重要来源。

清朝历代君主皆极力推崇文教，其中集大成者莫过于清高宗。他在位期间下令纂修四库全书、祭祀历代圣人、刻石经于国子监，按照古制建成辟雍，完善国学制度，在清代统治者看来是其文化建设方面的卓越贡献。嘉庆四年（1799）正月，清仁宗在谕令大学士等为其父拟定谥号、列举清高宗毕生在文教方面的作为时，即将复建辟雍与纂修四库全书等重大文化举措并列："又开四库以网罗载藉，刊石经以嘉惠士林；集石鼓之遗文，复辟雍之古制。精研六律，纂辑群编。此圣学渊深，文德之昭于千古也。”[①]清仁宗在《清高宗实录》序言中盛赞乃父“肇建辟雍，复古而不泥古；轨物修明，极千载一时之盛焉”[②]。兴建辟雍背后炫耀文治的意图昭然若揭。

然而，清高宗继承儒家传统的同时，还扮演着诠释者的身份。他在对三老五更的考证中斥前人为腐儒、成说为谬论。又援引张廷玉奏疏，证明三老五更礼为汉儒杜撰，将其彻底废除，并且将前后四篇相关文章刻碑立于辟雍，无疑是为了将原委昭示后人，作为千秋不易的定论。由此可见，清高宗固然尊崇儒家，但会有意识地根据自己的理解和需要诠释经典，甚至修改某些仪式。

同时，作为满洲的君主，清高宗又坚信保持以国语骑射为核心的满洲传统是维持帝国统治的基础。所以他极力推崇满洲旧俗，例如他鼓励旗人学习满语、骑射，对倾心汉文化的官员大加申斥。需要注意的是，他在位期间在全国范围内树立大量满汉合璧碑刻，即便是以弘扬儒家为目的的国子监亦不能外。在《辟雍碑》中，清高宗谆谆告诫子孙避免学习汉人的复古以致忘记祖宗之法。事实上，修建辟雍与满洲传统之间没有任何关系，但对汉俗非常敏感的清高宗仍然从“复古”预见到了后世子孙抛弃本民族传统的可能性。清高宗这种试图在满汉文化中寻求平衡，既让汉人看到其尊重儒家传统，又让旗人看到其坚持国语骑射政策的做法，既反映了他本人对满汉文化的看法，也是国策的体现。当然，旗人在文化上逐渐弃满就汉，是满汉文化交流的必然结果，这也是包括清高宗在内的君主所不能违逆的。

---

①《清仁宗实录》卷37，嘉庆四年正月壬戌条，第410页。

②《清高宗实录》序，第3页。

从《清文虚字讲约》看“语格”和“虚字”

晓 春

《清文虚字讲约》（满文书名为manju gisun i untuhun hergen i temgetu bithe）（以下简称为《虚字讲约》）是用汉语文讲解满语语法的教科书，又题《凝华集》。作者尚玉章，身份不详。清雍正二年（1724）鸣皋阁刻本，1册，二十卷。每半页6行，每行字数不等。书口白口，版心口上依次有汉文篇目、单鱼尾、汉文页码。四周双边。书的大小14.5cm×23.2cm，版框11.9cm×18.8cm。全书50页，其中序文8页，目录3页，凝华集卷之首序9页、正文30页。钤有“居士”“满汉文阁静修书屋”等印多方。有朱笔批校。竹纸，酸化严重。每卷都讲述一种满语的语格，即两大语格、独运语格、并齐语格、暂读语格、直断语格、平叙语格、设言语格、表白语格、申论语格、助气语格、体字语格、疑拟语格、点省语格、令人语格、立意语格、收煞语格-未然属、收煞语格-将然属、收煞语格-不夫属等。本文试图解释《虚字讲约》中使用的“语格”和“虚字”等语言学术语。

一、《虚字讲约》的内容及语格

《虚字讲约》分为二十卷，每卷讲述了一种语格。语格是言语的格式。据《尔雅·释诂》解释：“格，升也。”[①]《说文解字》把格和语分别解释为：“格，木长貌”[②]；“语，论也”[③]。可见，在古代“语格”就是一种说话的语气和面貌。所以“语格”的意思就是指“语调、腔调”。在《虚字讲约》里把

作者系北京市社会科学院满学研究所副研究员。

① 《尔雅·释诂》，第17页，上海古籍出版社2015年版。

② 许慎：《说文解字》（六上　木部），第278页，上海古籍出版社2007年版。

③ 许慎：《说文解字》（三上　言部），106页，上海古籍出版社2007年版。

“语格”作为语言学术语来使用，那么它的内涵是什么？下面对《虚字讲约》所述的20种语格的内容做详细的分析，解释“语格”的概念。

1. 两大语格

第一卷所讲的两大语格就是指格助词“de”和“be”。

《满语语法》[①]一书，把“de”和“be”分别归类为“位置格、方向格助词”和“宾格、经格助词”。《虚字讲约》中将“de”解释为“此字主静，自然语气，说家多有作于字，在字，解者，句中用，句末，节末，俱用”。此句主要解释了“de”所表达的语气、意思以及用法等。但解释得还不够全面，因为“de”不仅表示动作、行为以及人和事物存在地点、场所、时间，而且还表示动作、行为的方向、目的等。例如：

šanyan subargan i alin de temgetu poo sunja sindahabi

白　塔　的 山 于　信　炮 五　放

白塔山设信炮五位。（摘自《白塔山信炮章程》）

bayan niyalma hūlha de gelembi，yadahūn urse antaha de gelembi

富　人　贼 于　怕　穷　人们 客人　于　怕

富人怕贼，穷人怕客。（摘自《谚语》）

以上例句中，第一例子的“de”表示地点，第二例子的“de”表示动作行为的对象，均可以翻译为“于”字，而且运用在句中。所以《虚字讲约》中解释为“说家多有作于字，在字，解者，句中用，句末，节末，俱用”。在句子当中，格助词“de”并不能影响整个句子所表达的语气，所以《虚字讲约》讲道“此字主静，自然语气”。

《虚字讲约》中将“be”字解释为“此字主动着力语气，说家多有作将字，把字，解者，句中用，句末，节末俱用”。“be”作为宾格助词使用时，表示动作行为的直接受事者；作为经格助词使用时，表示动作行为所经过的场所、地点等。“be”不能用于句末，只能用于句中。例如：

he siowan fung li kui joo bithe be tatafi，takūraha elcin be tooha.

黑　旋　风　李 逵 诏　书　将　扯　派遣　使者 将　骂了

黑旋风李逵扯诏书骂钦差。（摘自《水浒传》）

gin loo i ama jui ebuhu sabuhū diyan ci aljafi hoton be tucime genehe.

---

① 季永海：《满语语法》，第96～99页，中央民族大学出版社2011年版。

金 老 的 父 孩子 急忙 店 从 离 城 将 出 去了

金老父女急忙离了店中，出城去了。（摘自《水浒传》）

以上例子中，第一例句的“be”表示动作行为的直接受事者。第二例句的“be”表示动作行为所经过的场所。因为“be”作为宾格的标识，表示动作行为的直接受事者。所以《虚字讲约》中解释为“此字主动着力语气”。

2. 独运语格

第二卷所讲的“独运语格”是指动词态词缀“-bu-”。

在动词词根和动词时制形式之间，接缀“-bu-”能够构成动词的被动态或是使动态。《虚字讲约》中，将“-bu-”解释为“此字兼含自然，着力，二意，字中用”。这里所说的“兼含自然，着力，二意，”是可能指“被动”“使动”两种意思。例如：

han duin minggan cooha be ming gurun i cooha be aliyabumbi.

汗 四 千 兵 将 明 国 的 兵 将 让等

汗命四千兵丁等待明军。（摘自《萨尔浒战事书文》）

be g'aldan de gidabuha.

我们 噶尔丹 于 被歼灭。

我等为噶尔丹所败。（摘自《朔漠方略》）

以上例子中，第一例子的“-bu-”表示“使动”之意：第二例子的“-bu-”表示“被动”之“意”。至于语气《虚字讲约》讲道“此字兼含自然，着力，二意”，从说话者的角度看，用于“使动态”的时候，语气自然主动，但用于“被动态”时，语气被迫、不自然。所以分别有“自然，着力，二意”。

3. 并齐语格

第三卷所讲的并齐语格主要讲述了满语动词副动词词缀“-me”。

满语词缀-me缀接于动词词干后，构成并列副动词，表达动作行为同时发生，涉及的动作行为没有先后顺序。在语法功能方面，副动词具有动词和副词两种功能，可单独或与其后动词共同充当谓语动词，又可修饰谓语动词[①]。

将“-me”接缀于动词词根后，构成并列副动词。例如：

tereci uthai balamadafi，uculeme songgume sureme tome， inenggidari

从此 就 狂 唱 哭 喊 骂 每天

① 季永海：《满语语法》，第132页，中央民族大学出版社2011年版。

halahacin i arbušambi.
各种各样 的 动作

自是遂狂，歌哭叫骂，日万状。（摘自《聊斋志异》）

sakda sun i beye šui liyan dung de bedereme jihe.
老 孙的身 水 帘 洞 于 回 来了

老孙身回水帘洞。（摘自《西游记》）

以上第一句子中，接缀“-me”词缀的“uculeme”“songgume”“sureme”“tome”等四个动词有并列关系，在分句里充当并列谓语。第二句子中的副动词“bedereme”修饰后面的动词“jihe”，并一起充当谓语。《虚字讲约》以“ombi”为例解释了“-me”的语法功能和表示的意思。例如：

ome（成为）：此字单含自然意，接整字，字末用。

obume（使成为）：此字，单含着力意，接整字，字末用。

以上例子中，“ome（成为、变为）”是词根“ombi”后接缀并列副动词缀“-me”而构成的；“obume”是词根“ombi”后连续缀接动词态词缀“-bu-”和副动词缀“-me”而构成的。所以将其意思分别解释为“单含自然意”和“单含着力意”等两种。

4. 三大语格

第四卷所讲的三大语格是指动词副动词缀“-ci”“-me”“-fi”。

《虚字讲约》以“genembi（去）”为例，解释了这三种词缀的语法功能和意思。例如：

geneci（若去）：此字义，属未然，顿住本句，转出下句，句末用。

geneme（去）：此字义，属将然，收住本句，顺出下句，句末用。

genefi（去）：此字义，属已然，收住本句，顺出下句，句末用。

上述三个例子中，“geneci”是由词根“genembi（去）”后接缀假设副动词缀“-ci”构成的，表示“若去”之意。“geneme”是由“genembi（去）”后，接缀并列副动词缀“-me”构成的，表示“正在去”之意。据《大清全书》的记载，有“正走之说，去在路中之意”①。“genefi”是由“genembi（去）”后，接缀顺序副动词缀“-fi”构成的，表示“因去”之意，《大清全

① 沈启亮：《大清全书》，第314页，辽宁民族出版社2008年版。

书》中解释为“使人去取物件之意，因去之意”[①]。

据《虚字讲约》的描述，“geneci（若去）”“geneme（正在去）”“genefi（因去）”等三个词作为副动词均可以用于分句的句末，能够起到承上启下的作用。但这三个词所表达的语气分别是“未然”“将然”“已然”等三种，“未然”“将然”“已然”分别指“现在时”“将来时”“过去时”。

分句的谓语分别接缀副动词缀“-ci”、“-me”、“-fi”时，上下两句的语法关系有区别，所以《虚字讲约》中把它分别描述为“顿住本句，转出下句”和“收住本句，顺出下句”。

《虚字讲约》中另举了“oci、ome、ofi、seci、seme、sefi”等例子，进一步说明了这三种语格。

5. 暂读语格

第五卷所讲的暂读语格是指“tetendere”“jaka”“manggi”等三个词。其中“tetendere”是让步关系连词，常用于假设副动词“-ci”后，表示“既然”之意。“jaka”作为名词使用时表示“物品、东西”之意，用作连词使用时在并列副动词“-me”后连用，即“-me jaka”形式，表示“刚……（时候），才……（时候）”的意思。“manggi”是时间后置词，常用于动词过去时后面，表示“以后”之意思。例如：

boi ejen i takūrara be alici tedendere, inu umainaci ojorakū kai.
家 主人的 派遣 将 受 既然 也 不得已 呀
既受主人所遣，亦无奈耳。（摘自《聊斋志异》）

han isinjifi, duin amba beile de bata be efulere be fonjiha manggi, duin
汗 到达 四 大 贝勒 于 敌 将 破 将 问了 之后 四
amba beile ceni nenehe hebe be tucime wesimbuhe.
大 贝勒 他们 以前 商议 将 出 奏
上至，问四大贝勒破敌策，四大贝勒具以前议告之。（摘自《萨尔浒战事书文》）

《虚字讲约》中以“genembi（去）”为例解释了“tetendere”“jaka”“manggi”所表示的意思。例如：

geneci tetendere（既然去）：此字义，属一读，含既而，更何语气，句

---

① 沈启亮：《大清全书》，第314页，辽宁民族出版社2008年版。

末用。

geneme jaka（因为去）：此字义，属一读，含才而，即便语气，句末用。

gene manggi（此例不够准确，应该过去时 genehe manggi）：此字义，属一读，含了而，又复语气，句末用。

从上述例子可以看出，“tetendere”“jaka”“manggi”等三个词均在动词后面连用，充当分句的谓语，表示的语气也很接近，所以把它们归类于一个语格。

另外，还举了“oci tetendere、seme jaka、se（应该是 sehe） manggi”等例子说明“tetendere”“jaka”“manggi”的语法意义。

6. 直断语格

第六卷所讲的直断语格是指满语动词形态词缀“-re”“-mbi”“-he”等。其中“-re”是形容动词词缀，表示现在-将来时，其后面接静词。“-mbi”是满语动词基本形式，表示将来时，在句子中充当谓语。“-he”是满语形容动词词缀，表示过去时，在句子中充当谓语。例如：

ye gung oci emu muteri be jaci cihalara niyalma.
叶 公 是 一 龙 将 非常 喜欢的 人
叶公是个非常喜欢龙的人。（摘自《叶公好龙》）

enteheme munggan i alin be forgon neihe alin sembi.
永 陵 的 山 将 季 开 山 叫作
永陵山曰开运。（摘自《御制满文盛京赋》）

tereci enduringge han genggiyen elhe boo de wesike
由此 圣 汗 清 太平 家 于 临
汗遂还清宁宫。（摘自《满文老档》）

《虚字讲约》中，以“genembi（去）”为例，解释了“-re”“-mbi”“-he”等词缀。例如：

genere（去）：此字义，亦属未然，句末用。

genembi（去）：此字义，亦属将然，句末用。

genehe（去了）：此字义，亦属已然，句末用。

从以上例子看出，“-re”“-mbi”“-he”等均可以用于句末，更重要的是它们都更够表示动作行为的时间，其中“-re”和“-mbi”表示“现在-将来时”，“-he”表示“过去时”。

《清文虚字讲约》中另举了“ojoro 、ombi、oho、sere、sembi、sehe”等例子，进一步说明了直断语格语格。

7. 平叙语格

第七卷平叙语格主要讲述了满语形容动词后接缀格助词“de”和后置词“manggi”，所表示的语气和意思。例如：

generede（去时）：此字义，首章微深一层，未然字眼，句末用。

genehede（去了时）：此字义，较首章微深一层，已然字眼，句末用。

genehe manggi（去了之后）：此字义，较首章微深一层，已然字眼，句末用。

从上述例子中可以看出，除了表示的时间有区别之外，句子中位置和表示的语气都基本一致。《虚字讲约》中，另举了“ojorode、ohode、oho manggi、serede、sehede、sehe manggi”等例子。

8. 设言语格

第八卷设言语格主要讲述“oci”“ohode”“bici”“bihede”等连词的意义和语法功能。此四个连词可以接缀于动词形态词缀“re、he、me”等后面，表示“倘若、如果”等意思。例如：

aika emu cimari andande ci gurun gukure ohode，udu hiyo i bade hoton
如果 一 清早 之间 齐 国 灭亡 的话，虽 薛 的 处 城
be cirgeme sahafi，abka ci den obucibe，naranggi tusa akū kai.
将 填地基 垒砌， 天 从 高 即使成为，终究 益 无 矣

若一旦齐亡，虽筑薛之城，使高于天，终无益也。（摘自《教科书》）

aikabade sakda niyalma bi uncarahakū bici，tese de jafabufi gamabumbihe.
如果 年老 人 我 没遇见的话， 他们 于 被抓 被拿了

若不是老汉我遇见，就被他们拿了。（摘自《水浒传》）

《虚字讲约》中，以“genembi（去）”为例，将“oci”“ohode”“bici”“bihede”解释为如下：

genere oci（若去）此句含若字义，揣度其事，直断语气，句末用。

genere ohode（若去）此句含若字义，揣度其事，虚拟语气，句末用。

genehe bici（若去了）此句含若字义，追叙其事，直断语气，句末用。

genembihede（若去了）此句含若字义，追叙其事，虚拟语气，句末用。

从以上例子中，把“oci”“ohode”“bici”“bihede”等四个词的意思解释

为“揣度其事”和“追叙其事”，将其语气分别解释为“直断语气”和“虚拟语气”等。

《虚字讲约》还举“ojoro oci、ojoro ohode、oho bici、ombihede、sere oci、sere ohode、sehe bici、sembihede”等例子进一步解释了设言语格。

9. 表白语格

第九卷表白语格主要讲述“ofi”“jakade”“be dahame”等连词。其中“ofi”“jakade”是表示因果关系，“……be dahame”是表示让步关系。例如：

kemnime malhūšame ofi，tuttu bayan de isibuhabi.

节 俭 因为 就 富裕 于 至

因为节俭，所以致富。《清文虚字指南编》

ere aniya jeku ambula bargiyaha dade geli maise tarire ucuri de teisuleme

这 年 粮食 大 丰收 原先 又 麦子 种 时 于 各自

aga bahara jakade， irgen gemu fekuceme urgunjendumbi.

雨 得 因为 人民 皆 雀跃 欢喜

今年粮食丰收，且种麦之时又逢雨，故百姓皆不胜欢喜。(摘自《常乃奏折》)

jang loo hiyan dabuki seme solinjiha be dahame，muse emu mudan geneki

长 老 香 要点燃 这样 聘请 既然 我们 一 次 去吧

长老请拈香，我们走一遭。(摘自《西厢记》)

《虚字讲约》中以“genembi”为例解释了这些连词。例如：

geneme ofi（因为去）此句含因字意，文意平断，直叙语气，句末用。

genere jakade（因为去）此句含因字意，文情用力，实喝语气，句末用。

genehe be dahame（既然去了）此句含因字意，文势直贯，轻带语气，句末用。

可见，“ofi”“jakade”“be dahame”均表示原因，但表达的语气稍有区别。即“文意平断，直叙语气”“文情用力，实喝语气”“文势直贯，轻带语气”等。

《清文虚字讲约》还举了“ome ofi、ojoro jakade、oho be dahame、seme ofi、sere jakade、sehe be dahame”等例子。

10. 申论语格

第十卷申论语格主要讲述满语连词“cibe”“bicibe”“seme”等。在句子中这些连词常常与“udu”“uthai”等词互应，以“udu……-cibe”“udu……

bicibe”、“uthai……seme”形式出现，表示让步关系。例如：

udu endebuku akū secibe，inu ser sere babe olhošorakūci ojorakū.

虽 过错 无 如此，又 稍微 把处 不慎重 不可

虽说无过，亦不可不慎其微。（摘自《清文虚字指南编》）

gebu adali bicibe，daci gemu emu hala.

名 相同 虽， 本 都 一 姓

虽各位名号，然实本一姓。（摘自《朔漠方略》）

uthai fu rin saha seme，gūnici hūwanggiyarakū dere.

就 夫 人 知道了 即使，若想 无妨 也

便夫人知道料也不妨。（摘自《西厢记》）

《清文虚字讲约》中以“genembi”为例，解释了这些连词的语法功能和意思。例如：

genecibe（虽去）：此句含虽字义，未然字眼，直言语气，句末用。

genehe bicibe（虽去了）：此句含虽字义，已然字眼，直言语气，句末用。

genembi seme（即使要去）：此句含虽字义，未然字眼，极言语气，句末用。

genehe seme（即使去了）：此句含虽字义，已然字眼，极言语气，句末用。

《清文虚字讲约》还举了“ocibe、oho bicibe、ombi seme、oho seme、secibe、sehe bicibe、sembi seme、sehe seme”等例子解释了申论语格。

11. 助气语格

第十一卷助气语格主要讲述了动词副动词缀“hai/hei/hoi”“tala/tele/tolo”等。其中将“hai/hei/hoi”按元音和谐律分别缀加动词词干后，表示动作、行为连续不断。将“tala/tele/tolo”按元音和谐律分别缀加动词词干后，表示“直至”“直到”之意。例如：

tere aha be ucarafi šukilara jakade bucehe，tuttu ofi ukame yabuhai

那 奴才 将 遇见 用拳头打 因为 死了， 因如此 逃 走着

ubade isinjiha.

这里 来了

正迎着那厮，被洒家三拳打死，因此逃至这里。（摘自《水浒传》）

fudzi hendume，inenggidari ebitele jeme，mujilen be baitalara ba akū oci，

孔子 说， 每天 直到饱 吃， 心 将 不用 处 无 若，
mangga kai sehebi.
难 矣 说了

子曰：饱食终日，无所用心，难矣哉。（摘自《清话问答四十条》）

《清文虚字讲约》中以"genembi（去）"为例，解释其意义。

genehei 此句含不止神气，句末用。

genetele 此句含至神气，句末用。

上述例子中，把"hai/hei/hoi"所表示的意思解释为"不止神气"，把"ta-la/tele/tolo"所表示的意思解释为"至神气"，所以其二中词缀所表示的语气似乎相反。

《清文虚字讲约》另举了"ohoi、otolo、sehei、setele"等例子解释了"hai/hei/hoi""tala/tele/tolo"等词缀所表示的语气。

12. 体字语格

第十二卷体字语格主要讲述了形容动词词缀"-la、-le、lo"和指示代词"dari"。按元音和谐律在动词一般过去时与现在-将来时的"-ra、-re、-ro"之后分别接缀"-la、-le、lo"等词，表示"所有""凡是"的意思。指示代词"dari"用来指代动作、行为，这时要单独放在表示动作、行为动词的一般过去时之后，另外，"dari"也可以指代时间，这时要与时间名词连写。例如：

amba cooha dulekele bai bata urse oci，dahalarakūngge akū.
大 军 所有经过 处的 敌人们 若， 不从的 无

大兵所过之处，敌人无不投顺。（摘自《清文启蒙》）

taidzung ni forgon de，cooha tucike dari，urui juleri yabume helen be
太宗 的 时 于， 兵 出 每， 常常 前 走 哨 将
jafame bata be efulembi.
抓 敌人 将 破

太宗时，每行兵常有前锋擒哨破敌。（摘自《八旗氏族通谱》）

《虚字讲约》中以"genembi（去）"为例，讲述满语形容动词词缀"-la、-le、lo"和指示代词"dari"。例如：

genehele 此字句含凡字神气，句末用。

genedari 此字句含每字神气，句末用。

可见，满语形容动词词缀"-la、-le、lo"和指示代词"dari"的意思是相

对对立的。

《清文虚字讲约》中，另举了“ohole、ohodari、sehele、sehdari”等例子解释了体字语格。

13. 疑拟语格

第十三卷疑拟语格主要讲述满语动词的疑问式，词缀有“-o”“-n”，表示对动作、行为的疑问或反问的口气。例如：

jang šeng hendume, si emhun genembio, geli aika niyalma be aisilabumbio.
张 生 说 你 独自 去吗？ 又 何 人 将 让帮助
张生云：你独自去？还是要人帮扶着？（摘自《西厢记》）

ere ucuri si terebe sabuhao.
这 机会 你 把他 看见了吗
这一向你见他了么？（摘自《百条》）

ing ing hendume, si fu rin de alahao akūn.
莺 莺 说 你 夫 人 于 告诉 否
莺莺云：你曾告夫人知道也不？（摘自《西厢记》）

以上的例子中，“aisilabumbio”和“sabuhao”“alahao”“akūn”等动词均表示疑问之意。

《虚字讲约》中以“genembi（去）”为例，讲述满语动词的疑问式。例如：

genereo（请去吗？）此句是婉问语，么字义，未然字眼，节末用。

genembio（去吗？）此句是婉问语，么字义，将然字眼，节末用。

geceheo（去了吗？）此句是婉问语，么字义，已然字眼，节末用。

generakūn（不去吗？）此句意同上，含不字义，未然字眼，节末用。

genehekūn（没去吗？）此句意同上，含未字义，已然字眼，节末用。

从以上例子可以看出，因为词根的形态变化的不同，表示的动作行为的时间有“未然字眼”、“将然字眼”、“已然字眼”之区别，意思又肯定与否定之分。上述例子中，“genere”“genembi”“generakū”等动词均表示现在将来时，所以其后接缀疑问词缀“-o”“-n”，依然表示现在、将来时的意思。“gecehe”“genehekū”等词表示过去时，所以其后接缀疑问词缀“-o”“-n”，也表示过去时。其中，“genere”“genembi”“gecehe”等三个动词表示肯定之意，所以其后面接缀“-o”“-n”，也表示肯定意思。“generakū”“genehekū”等二词表示否定之意，所以其后面接缀“-o”“-n”，也表示否定之意。

《虚字讲约》中，另举了“ojoroo、ohoo、ojorakūn、ohakūn、ombio、sereo、sembio、serakūn、sehekūn”等例子解释了疑拟语格。

14. 点省语格

第十四卷点省语格主要讲述满语动词名动词，满语的动名词兼有名词和动词的两种功能，满语动词名动的词缀是“-ngge”。例如：

ini boode dosici，gar gar seme songkorongge besergen de bihebi

他的 家 若进 呱 呱 这样 遵照者 床 于 在

入其室。则呱呱者在床上矣。（摘自《聊斋志异》）

《虚字讲约》一书以“genembi（去）”为例，解释了名动词。例如：

generengge（去的）：此句是直解语，的字义，未然字眼，节末用。

genehengge（去过的）：此句是直解语，的字义，已然字眼，节末用。

generekūngge（不去的）：此句意同上，含不字义，节末用。

genehekūngge（没去的）：此句意同上。含未字义。节末用。

上述例子中，因为词根的形态变化的不同，表示的动作行为的时间有“未然”“已然”之区别，意思又肯定与否定之分。

《虚字讲约》中，另举了“ojoronge、ohongge、ojorakūngge、ohakūngge、serengge、sehengge、sarakūngge、sehekūngge”等解释了点省语格。

15. 令人语格

第十五卷令人语格主要讲解满语动词的命令式。满语动词的词根形式和词根后接缀“cina”“kini”表示发出命令者向承命者发出的命令或指示。其中满语动词的词根形式和“cina”表示直接命令语气。《清文启蒙》里解释为“是呢字，罢字。在字尾联用。乃使令他人之词。此字向尊长言说不得”[①]。“kini”表示间接命令语气。例如：

cang ping ni dooli de afabufi，erin akū ciralame baicabu.

昌 平 的 道官 于 交代 不时 严 察

责令昌平道官不时严察。（摘自《顺治朝上谕》）

ume dabali mamgiyame fayara，majige hibcan ocina.

别 过于 浪费 稍微 节省 成为

不要过于耗费了，稍省俭些吧！（摘自《清文虚字指南编》）

① 舞格寿平：《清文启蒙》卷3，第31页，清雍正八年刻本。

elehe seci uthai erdeken i amgakini.

足 若 就 早点 的 叫睡

足，宜早寝。（摘自《聊斋志异》）

以上句子中，“baicabu”“ocina”“amgakini”都表示命令语气，其中“baicabu”“ocina”是直接命令之意，“amgakini”是间接命令之意。在句子充当谓语。

《虚字讲约》一书以“genembi（去）”为例，解释了满语动词的命令式。例如：

gene（令去）：此句是直令语，节末用。

genecina（令去）：此句是婉令语，节末用。

genekini（叫去）：此句是转令语，节末用。

上述例子中，“gene”是动词的词根形式，表示对方的直接号令或命令。“genecina”是动词词根后接缀“-cina”构成的，相对而言，表示更婉转一点儿要求对方做某种事情的意思。“genekini”是动词词根后接缀“-kini”构成的，表示通过对方间接要求第三者实施某种事情的意思。所以，《虚字讲约》将其区分为“直令语”“婉令语”“转令语”等。

《虚字讲约》里还举了“oso、ocina、okini、se、secina、sekini”等例子解释了令人语格。

16. 凝华集卷第十六：立意语格

第十六卷立意语格主要讲述动词请愿式的词缀“-ki”“-kini”。其中将“-ki”接缀于动词词干后，表示主体的欲望和祈请。将“-kini”接缀于动词词干后，表示主体对某些事或人的祝愿和婉转的要求。例如：

emu mentuhun niyalma hūdai bade genefi emu juru ice sabu be udaki sembi

一 愚蠢 人 买卖 处 去 一 双 新 鞋 将 买 要

有个愚人想到市上买双新鞋。（摘自《愚人买鞋》）

tere mimbe honin be wakini sembi

他 将我 羊 将 要杀 说

他想让我杀羊。

以上例子中，动词“udaki”直接表达了“某愚人买鞋的欲望”，但动词“wakini”表达了第三者对主体的要求。可见，这两种词缀的区别为表达欲望的时候，一个是直接的，一个是间接的。《虚字讲约》以“genembi”为例解释了“-ki”“-kini”词缀。例如：

geneki sembi（想去）此句是自然欲语，节末用。

genekini sembi（要让去）此句是欲人语，节末用。

上述例子中，将“-ki”“-kini”所表达的语气分别描述为“自然欲语”“欲人语”，“自然欲语”是主体自然表达的愿望和欲望，“欲人语”是主体对第三者的要求或愿望。

《虚字讲约》中另举“oki sembi、okini sembi、seki sembi、sekini sembi”等例子解释了立意语格。

17. 凝华集卷第十七：收煞语格-未然属

第十七卷收煞语格-未然属讲述了“-ki”“re”“mbi”等三个动词词缀。因为此三个词缀，均可以用于句末，表示现在将来时。所以把它命名为“收煞语格-未然属”。《虚字讲约》以“genembi”为例解释了“-ki”“re”“mbi”等三个动词词缀。

geneki（要去）此句是将欲语气，节末用。

genere（在去）此句是实叙语气，节末用。

genembi（去）此句是泛言语气，节末用。

可见，“-ki”“re”“mbi”等三个动词词缀虽然都能表达现在将来时的共同点，但所表达的语气有“欲语气”“实叙语气”“泛言语气”的区别。

《虚字讲约》中另举“oki、ojoro、ombi、seki、sere、sembi”等例子解释了收煞语格-未然属。

18. 凝华集卷第十八：收煞语格-将然属

第十八卷收煞语格-将然属讲述了并列副动词缀“me”“fi”和助动词“bi-”的连用形式。《虚字讲约》以“genembi”为例解释了“me”“fi”和助动词“bi-”的连用形式。例如：

geneme bi（正在去）此句是直示语气，未然字眼，节末用。

genefi bi（在去了）此句是直示语气，已然字眼，节末用。

geneme oho（决定去）此句是泛言语气，未然字眼，节末用。

genefi oho（去了）此句是泛言语气，已然字眼，节末用。

geneme ohobi（去来着）此句是指实语气，未然字眼，节末用。

genefi ohobi（去了来着）此句是指实语气，已然字眼，节末用。

geneme bihe（去来着）此句是叙往泛言语气，未然字眼，节末用。

genefi bihe（去了来着）此句是叙往泛言语气，已然字眼，节末用。

geneme bihebi（曾经去来着）此句是叙往指实语气，未然字眼，节末用。

genefi bihebi（曾经去了来着）此句是叙往指实语气，已然字眼，节末用。

《虚字讲约》中另举“ome bi、ofi bi、ome oho、ofi oho、ome ohobi、ofi ohobi、ome bihe、ofi bihe、ome bihebi、ofi bihebi、seme bi、sefi bi、seme oho、sefi oho、seme ohobi、sefi ohobi、seme bihe、sefi bihe、seme bihebi、sefi bihebi”等进一步解释了收煞语格-将然属。

19. 凝华集卷第十九：收煞语格-已然属

十九卷收煞语格-已然属主要讲述满语动词的过去时。《虚字讲约》以“genembi”为例解释了“-he”结尾的词和助动词“bi-”连用形式。例如：

genehe（去了）此句是泛言语气，节末用。

genehebi（已去了）此句是指实语气，节末用。

genembihe（曾经要去了）此句是叙往泛言语气，未然字眼，节末用。

genehe bihe（曾经去了）此句是叙往泛言语气，已然字眼，节末用。

genembihebi（曾经已要去）此句是叙往指实语气，未然字眼，节末用。

genehe bihebi（曾经已去了）此句是叙往指实语气，已然字眼，节末用。

《虚字讲约》中另举“oho、ohobi、ombihe、oho bihe、ombihebi、oho bihebi、sehe、sehebi、sembihe、sehe bihe、sembihebi、sehe bihebi”等例子解释了收煞语格-已然属。

20. 凝华集卷第二十：收煞语格-不未属

第二十卷收煞语格-不未属主要讲述动词否定式“-kū”和助动词“bi-”的连用形式。《虚字讲约》以“genembi”为例解释了“-kū”“-kū bi”“kū bihe”“-kū bihebi”等形式。例如：

generakū（不去）此句是泛言语气，含不字义，节末用。

genehekū（没去）此句是泛言语气，含未字义，节末用。

generakūbi（不去来着）此句是指实语气，含不字义，节末用。

genehekūbi（没去来着）此句是指实语气，含未字义，节末用。

generakū bihe（不去）此句是叙往泛言语气，含不字义，节末用。

genehekū bihe（没去）此句是叙往指实语气，含未字义，节末用。

generakū bihebi（原来不去）此句是叙往指实语气，含不字义，节末用。

genehekū bihebi（原来没去）此句是叙往指实语气，含未字义，节末用。

以上例子中，所表达的语气分为“泛言语气”“指实语气”“叙往指实语气”等。此分类的主要依据为助动词“bi-”所表示的时间。

《虚字讲约》中另举“ojorakū、ohakū、oharakūbi、ohakūbi、ojorakū bihe、ohakū bihe、ojorakū bihebi、ohakū bihebi、serakū、sehekū、serakūbi、sehekūbi、serakū [bihe]、sehekū bihe、serakū bihebi、sehekū bihebi”等例子解释了收煞语格-不未属语格。

从上述二十种语格所讲述的内容有动词形态词缀、后置词、连词、助动词等。而且把这些语法归类时，并没有语法规律去归类的，主要根据所表达的语气来分类的。把语气分为“泛言语气”“指实语气”“叙往指实语气”“欲语气”“实叙语气”“泛言语气，婉问语”“文意平断，直叙语气”“文情用力，实喝语气”“文势直贯，轻带语气”“直示语气”“将欲语气”“主动着力语气”等多种。所以“语格”是用通过语法手段表达的一种多种语气，是属于修辞概念。

二、虚　字

虚字是中国传统语法研究的重要内容。从现代语言学的观点来看，由于孤立语缺乏显性的词形变化，表达语法意义的方式以辅助词和语序为主。在中国，传统语言学在虚字研究方面取得了辉煌的成就。前人对虚字的句法功能和表达功能及其差别的认识也非常深刻，分类也十分精细。汉代人就已经有了虚字与实字的概念。《尔雅》十九篇中的前三篇释古、释训、释言中就有不少虚字，后十六篇都是实字。《说文解字》把“者、宁、皆、各”这类字称为词，如别事词、语气词、愿词、俱词、异词。可见，作者已经注意到被称为词的这类字与其他字的差别。到《文心雕龙》，已经能根据虚字在句子中的位置，将虚字分为发端、札句、送末三类。唐代柳宗元《答杜温夫书》中说：“所谓乎、与、耶、哉、夫者，疑辞也；矣、耳、焉、也者，决辞也。”这说明虚字的表达功能上的差异已经得到注意。孔颖达认为“凡辞都不为义”，已经明确指出虚字的主要特点是不表达实际意义。这些都说明，古人早就有实字与虚字的类别概念，只不过 正式的名称或术语罢了。“实字”这两个名称产生于何时，难以准确考证。不过，在汉代，这两个名称就已经被广泛使用。如周辉《清波杂志》卷七：“东坡教诸子作文，或辞多而意寡，或虚字多，实字少，皆批谕之。”[①] 范文《对状夜语》：“‘夜潮人到廓，春雾鸟啼山’，每句的眼是实字，而‘无风云出塞，不夜月临光’的首是虚字。”[②] 一般认为，南宋末人张炎首先明确区分实字与虚字。他在《词源》卷下中说：“词与诗不同，词之句语有二字三字四字至六字者，若堆叠实字，读且不通，……合用虚字呼唤，单字如‘正’‘但’‘甚’‘任’之类，两字如‘英是’‘还又’‘那堪’之类，三字如‘更能消’‘最无端’‘又却是’之类，此等虚字却要用之得其所。”[③] 后来，出现了专门研究虚字的著作。如元代卢以纬的《助语辞》，清代袁仁林的《虚字说》，刘淇的《助字辨略》，王引之《经传释词》等，当然，古人对虚字的理解和划分因人因时而有所不同。

清代满文文献中最早使用“虚字”概念的满语文教科书式有沈启亮的《大清全书》的第十五卷“清书指南”，在序里写道：

> 夫汉书中有之、乎、者、也等虚字，连贯得法，斯为章句通儒。然汉文于吟咏之间，抑扬高下，寻绎其理，或可自悟一、二。若清书中亦有如之、乎、者、也等虚字，不得其传，则翻清之法，虽有深心者，不能自悟也。清书中有一定不移之体，失其体，纤毫之间，如隔千里。

可见，“虚字”这概念来自于汉语的研究，沈启亮依靠汉语文的学习经验，总结满语文学习方法，认为满语文中也存在着诸多如汉语“之、乎、者、也”等虚词，其意义灵活多变，因此准确掌握虚词的语义与用法十分重要。“清书指南”由“满文十二字头”“德喜乌朱”“满洲杂话”“翻清虚字讲约”等内容构成的。“翻清虚字讲约”的内容有满语动词、名词的形态词缀以及其他虚词等。所以满语的虚词的范围远远超越了汉语研究所提的“虚字”的概念。

《清书指南》里开始区分虚字和实字的概念，例如：“be 虚字解，即汉文将字、把字，实字解我等。”意思是“be”作为虚词用时，表示“将”“把”等意思，用作实词用时表示“我等”的意思。“虚字与实字相对，凡字有事理可

① 郑奠等编：《古汉语语法学资料汇编》，中华书局 1984 年版。
② 转引自王海芬：《马氏文通与中国语法学》，安徽教育出版社 1991 年版。
③ 参见胡奇光：《中国小学史》，第 226、324 页，上海人民出版社 1987 年版。

解者，曰实字。无解而惟以助实字之情态者，曰虚字。”[①]

《虚字讲约》序里写道：

> 曰玩味字义，古者，圣人造字，以代结绳之政，而字传，盖有六义焉，一曰，象形，二曰，假借，三曰，指事，四曰，会意，五曰，转注，六曰，谐声。而清字之中有专指一语，一事者，为实语；有体贴口气神情者，为散语；有并无字尾之可变迁者，为整语；有特设为表白其音状者，为形容语；有字语，不等，确行其义者，为未然语；有两语联属而成一语者，为相连语。亦有六义焉。清语，有一字有一语者，有两字合为一语者。兼有五六字，合为一语者，不等。又有一语含两义者，有一语含数义者。又不等。务须确考，详明其字音义，维何，某字神奇，维何，某字切汉，某字义。一一较正直实。不得含糊假借，大约实义犹为易晓。虚义之间，疑似者多，深究者众。则尤宜加严。若字义不明。何以为文，故学清书者，必以此为先务也。

可见，《虚字讲约》中，据满语词汇的意思分为实语、散语、整语、形容语、未然语、相连语等六种。把黏着语的特点解释为“清语，有一字有一语者，有两字合为一语者。兼有五六字，合为一语者，不等”。另外，进一步提倡了满语虚词的复杂性。

《清文启蒙》的第三卷有“清文助语虚字”的内容。作者舞格寿平将“虚字”与“助语”放在一起作为章节名称，以便加深对满语虚词的理解。这可能受到刘淇的《助字辨略》和袁仁林的《虚字说》的影响的结果。

《助字辨略》中长白人国泰所撰的序里有如下记载：

> 《助字辨略》者，确山刘老人所著也。老人世为济宁人，博闻强记，生平喜著书。性恬淡，不妄与人交，然亦以此见重于世，当世士大夫，无不知有刘老人者。其在京师，与先伯祖尚书公友善。老人既没，其幼子无所依怙。雍正年间，蒙恩旨赏入旗籍为汉军。尚书公以其为故人子，尝拊而育之。离别隶汉军，而居处饮食衣服，一切俾得

① 马建忠：《马氏文通》，第19页，商务印书馆1983年版。

与诸子齿。今其在者，老人之孙也。予幼时，亲见其往来予家，如家人礼，窃疑其非同姓而亲近若是。既而知其由先世及老人之故，予因奇其事而志之，至于今不忘。

可知刘淇老人博闻强记、喜好著书，虽然生性恬淡却不随便交友，因此博得了很多官员与读书人的尊重。国泰伯祖官至尚书，和刘淇关系十分要好。刘淇去世后，尚书抚养刘淇之子，视同己出，这件事还惊动了雍正皇帝，尚书蒙恩旨把刘淇之子赏入汉军八旗。由此可见，刘淇与当时满族高官亲如一家的友情事迹，对《助字辨略》在满语文学者中传阅起到了促进作用[①]。

《清文启蒙》的“清文助语虚字”里讲述了名词、动词的形态词缀以及感叹词、连词、后置词等虚词。显然在此书中，所讲的虚词助语的内容已远远超越了汉语语法学界所界定的 “虚字”的概念。

乾隆年间编写的《清语易言》中，并没有使用“虚字”这个术语，而用了“助语”，这说明研究满语的学者们对“语言”和“文字”两种概念有了新的认识，有意去区分其两种概念。《清语易言》的序文有：

旗人在京与汉人杂居年久，从幼既先学汉语，长成而后，始入清学读书学清语，读书一二年间虽识字晓语，清语不能熟言者皆助语不能顺口，话韵用字字意无得讲究之故耳，所以清语难熟言矣。愚将诸凡助语，皆于告诉之一句话上注出，又连话音用字字义，作为一书，虽然浅陋不全，初学者，若先将书熟读，助语能顺口。

《清文虚字指南编》中记为：

清文之难，纯在虚文，而不在实字。起合之准绳，非虚文无以达其意；贯穿之脉络，非虚文无克传其神。学者不得其准绳，则起合无以辨，则贯穿无由明。

可见，《清文虚字指南编》依然强调满语的虚词之难，《清文虚字指南编》

① 关辛秋：《汉语虚字研究对满语语法研究的影响》，载《满语研究》2013年第1期。

中所讲的虚词还是包括满语动词、名词的形态词缀以及其他虚词。

总而言之，满语研究使用的“语格”“虚字”等语言学术语，均源于汉语研究，但其概念不是完全对应于汉语研究者们所界定的概念。

论清代颁发汉文《时宪书》始末

春 花

清代曾用“大统法”[①]、“西洋法”、“回回法”[②]三种历法，清廷入关前，早在崇德年间采用明廷所用的“大统法”，编制颁发了满洲、蒙古、汉文《历书》[③]。自顺治元年（1644）清廷入主中原，至宣统三年（1911）溥仪退位，采用“西洋新法”，编制颁布了《历书》，命名《时宪历》，因康熙初年“历法之争”，康熙四年（1665）复用“大统法”，编制颁发了康熙五年至七年（1666—1668）的《历书》；康熙七年（1668）再改用“回回法”，编制颁发了康熙八年（1669）的《历书》。但几次改“历”，仍用《时宪历》名，至乾隆元年（1736）因避乾隆帝御名“弘历”下一字“历”讳，改称《时宪书》（以下统称《时宪书》）。

清代依三种“历法”所编的满、蒙、汉字《时宪书》，共274种，其版本有内府精写本、钦天监刻本、各省布政司刻本等多种，内府精写本有大黄绫本、黄绫袖珍本、蓝绫袖珍本三种，前两种均为恭进皇帝的《时宪书》。其大黄绫本是御用而准备的《上历》，每年满、汉文各进呈一册，其规格比钦天监刻本大，具有黄绫封面和黄绫函套。蓝绫袖珍本是自康熙十一年（1672）开始造修的民用《时宪书》模本，具有蓝绫封面和蓝绫函套。每年另写满、汉文各

作者系故宫博物院图书馆研究馆员。

①“大统历”：明朝使用的历法，也称“大统法”，由明代西域扎玛里鼎参照《回回历》，改订元代郭守敬等“授时历”而成，其基本天文数据和计算方法来自元代的“授时历”，所依据的理论还是“地心学”。

②“回回科”：使用伊斯兰历法，推算天象，补充“历书”的机构。

③“历书”：是按一定“历法”排列年月日及四时节令，并提供有关数据的书，也叫“日历”。“历法”是编制历书的原理和方法，也就是以天文数据为依据，安排年月日。如：计算各节气将发生在哪天？日月位置及每月的大、小和每日的干支名称以及何时加闰月？何时发生日食、月食及程度和其他行星位置等。这是天文学中一个最古老的部分。

一册，均黄绫封面，合为一个黄绫函套，进呈皇帝。黄绫袖珍本、蓝绫袖珍本规格比钦天监刻本要小。三种精写本体例基本一致，其中《上历》有关占卜内容与两种袖珍本有区别。该三种精写本也与钦天监刻本有一定的区别。钦天监刻本，内容由以下七个部分组成：

1. “都城顺天府节气时刻表”；
2. “年神方位之图”；
3. “各地方日出入时刻表”；
4. “各地方节气时刻表”；
5. “十二个月日期表”；
6. 后附“六十纪年表”；
7. 末列“编者职名表”。

《上历》未收“各地方日出入时刻表”“各地方节气时刻表”“编者职名表”，《民历》（各省刻印本，以下统称为《民历》）未收“各地方日出入时刻表”“各地方节气时刻表”。由钦天监刻印的《时宪书》有满、蒙、汉文三种文字，主要为每年十月一日于午门外颁历目的刊行，故以下统称《颁行历》。《民历》是在各省布政使司各自刊刻而成的，均为汉文，没有满、蒙文本。

清代《时宪书》，无论《上历》还是《颁行历》《民历》，造修完毕后，均于十月初一日举行颁发仪式。早在入关前自崇德元年（1636）开始采用“大统历”，编纂刻印次年的《历书》，并于十月初一日颁发。如“崇德二年丁丑，冬十月，乙未朔，定历法，颁满洲、蒙古、汉文历”[①]；“崇德四年己卯，冬十月，甲申朔颁历”[②]。至于在哪儿举行什么样的仪式？笔者未找到相关的依据。

顺治元年（1644）清廷入关后，五月份决定采用“西洋历法”，并开始编纂《顺治二年时宪书》，据清代五朝《大清会典》记载，颁发满、蒙、汉文《时宪书》的种类及颁发范围逐渐扩大。因颁发对象不同，颁发种类和颁发方式也不尽一致。本文分析馆藏历年《时宪书》，又根据《大清会典》《奏案》《黑图档》《奏销档》等史料及清代各种笔记资料，归纳、总结了汉文《时宪书》颁行历程。

---

①《太宗文皇帝实录》卷39，第1页，崇德二年十月，中国第一历史档案馆电子版。
②《太宗文皇帝实录》卷49，第1页，崇德二年十月，中国第一历史档案馆电子版。

一、午门外为高层官员颁行

一般每年八月末或九月初，由钦天监题奏：《时宪书》已刻印成书。至十月初一日在午门外举行隆重的颁发仪式。如顺治元年（1644）十月初二日，清廷在午门外第一次举行了颁发《顺治二年时宪书》仪式。

“鸿胪寺上进历仪注，十月初二日钦天监进历先一日，鸿胪寺执事官设历案一于武英殿中，又设案一于殿外东王门檐下，是日早文武百官各具朝服侍班，上御武英殿升座，内臣传历门，执事官方进，锦衣卫传鸣鞭鸣鞭讫鸿胪寺堂官跪奏，执事官行礼，起身一揖退。内赞赞入班鞠躬五拜叩头兴平身，赞各供事。鸿胪寺堂官，传赞礼执事官引钦天监官就拜位，鸣赞赞鞠躬，四拜，兴，平身内，赞立于东王门外，赞进历。序班二员，从丹墀引钦天监官至东王门外，钦天监官捧历，从东王门进殿内，内赞随入，钦天监官至案前立定，内赞赞跪。鸿胪寺堂官传跪外赞亦赞跪内赞赞进历，钦天监官将历跪置于案奏钦天监进《顺治二年御览月令》等历，奏毕司礼监官捧上御览毕，又奏皇太后历、亲王历，俱在午门外请命司礼监官捧进，得旨是钦天监官同司礼监官承旨毕。内赞赞钦天监官俯伏兴平身，鸿胪寺堂官传俯伏，外赞亦赞俯伏兴平身，钦天监官从东边门出，鸿胪寺堂官传起案执事，捧案置殿东。执事官引钦天监官，仍就拜位。鸣赞赞鞠躬四拜兴平身，一揖退对赞赞百官排班，班齐，鸣赞赞鞠躬四拜，兴平身。鸿胪寺堂官一员，殿内跪奏传制自叩四头一揖一躬，从东王门出，至丹陛上西立，称有制鸣赞赞跪，传制官传钦天监进《顺治二年时宪歷》给赐百官颁行天下，传毕。内赞立于传制官后，赞颁历，待内臣分颁毕。外赞赞俯伏兴四拜，兴平身，鸿胪寺堂官殿内跪奏，礼毕鸣赞赞礼毕，鸣鞭。上回宫。”①

---

①《世祖章皇帝实录》卷8，第11～12页，顺治元年九月，中国第一历史档案馆电子版。

根据上述记载，其集体程序大体以如下三个步骤进行。

第一步：钦天监送《时宪书》仪仗队至午门外。

十月初一日黎明，由钦天监监正率领属下官员，各穿朝服集聚钦天监，并在钦天监堂中设香亭一，龙亭一，左右采亭八。乐部和声署陈乐于香亭前，将恭进帝、后及妃嫔的《时宪书》置于龙亭内，奉颁王以下《时宪书》放于采亭内。仪仗队出发前，钦天监各级官员于香亭、龙亭、采亭前各行一跪三叩礼，然后銮仪卫校尉依次升亭起行，香亭在前，龙亭在中，采亭在后，仪仗及鼓吹前导，和声署导迎乐作，奏“禧平之章”，送《时宪书》仪仗队由长入安左门，至午门外停止。此时王公及文武百官早已身穿朝服，在午门前集合。鸿胪寺官员在午门外正中设黄案一，黄案两旁设红案二，钦天监官员奉恭进呈帝、后及妃嫔的《时宪书》，陈于正中的黄案上，奉颁王以下《时宪书》放于两旁的红案上。

准备就绪之后，由钦天监官员先入午门为皇帝及后妃进呈《时宪书》，然后由鸿胪寺官员再为午门外聚集的王公及文武百官颁发《时宪书》。

第二步：入午门为皇帝及后妃进呈《时宪书》。

顺治元年十月初二日，紫禁城内分别在武英殿正中、皇太后宫门前正中各设黄案，年幼的顺治帝升座在武英殿，两宫皇太后升座在各自的宫内大殿，由钦天监官员二人举黄案，另由序班二人导引，由午门中门入紫禁城。钦天监官员一人捧进呈皇帝的《上历》，至武英殿东王门外停止，听到赞进之后，进至武英殿大殿正中所设黄案前，将《上历》置于所设黄案上，跪奏钦天监恭进《上历》之事。之后由司礼监官员将黄案上《上历》捧上，让皇帝御览。钦天监官员行一跪三叩头礼，退。钦天监另一官员捧进呈两宫皇太后的《时宪书》，置于太后宫殿门前所设黄案上，一跪三叩头礼，退。之后由各自司礼监官员恭进皇太后的《时宪书》。礼成后钦天监官员撤黄案，推出紫禁城。

自顺治十年（1653）至康熙初年，十月初一日颁朔仪式，只对皇帝、皇后、皇太后，或太皇太后恭进《时宪书》。如：

> 十年题准：“每年十月朔，恭进御览《历日》及皇太后、皇后前……康熙元年十月朔，照顺治间例，于太皇太后、皇太后、皇上、

皇后前。”①

至康熙十五年（1676）开始对皇太子进呈《时宪书》，自十六年（1677）又对妃、嫔也进呈《时宪书》。如：

十五年进皇太子《历日》，十六年进贵妃、嫔《历日》。②

总之，在宫内进呈《时宪书》的范围逐渐扩大，其进呈礼仪逐渐完善，以往钦天监官员行一跪三叩礼进呈；至康熙中期，由礼部官员行三跪九叩进呈；皇上升座在乾清宫，皇后生坐在坤宁宫。

第三步：午门外为王公及文武百官颁发《时宪书》。

在午门外一般鸿胪寺官员主持颁发王公及文武百官《时宪书》。因颁朔前期，由礼部行宗人府传王公，吏部传文职官员，兵部传武职官员，颁朔当日王公及文武百官均穿朝服俱齐集午门外，在东西阙下行礼，恭候颁历。鸿胪寺鸣赞官员二人立于甬道左右，纠仪御史二人、礼部司官二人立于鸣赞官之北，皆东西面宣制；鸿胪寺官员一人立于纠仪官之北，面西。鸣赞官赞齐班，由鸿胪寺官员引亲王、郡王、贝勒、贝子、公等，按顺序翼立甬道内，再引文武百官立于甬道左右，皆面北。东班西上，西班东上，赞进皆进，赞跪皆跪。宣读官宣制："某年《时宪书》颁给众官，晓谕天下，宣毕。"王公及百官均行三跪九叩礼，领《时宪书》，退。其跪领顺序为：先王公以亲王、郡王、贝勒、贝子、公为序跪领，之后八旗及部院、府、寺、监、卫各官，皆按品级顺序跪领，最后鸣赞官宣布礼毕。

起初，亲王、郡王、贝勒以上者，各依次令府属官员跪领。至乾隆十九年（1754）规定王公均亲自跪领。如：

亲王、郡王、贝勒以上，各依次令，府属官员跪领；贝子、公等，依次跪领。③

---

①② 伊桑阿等撰：《大清会典》卷71，第3页，康熙二十九年（1690）精写本，第141册。

③ 伊桑阿等撰：《大清会典》卷71，第2页，康熙二十九年（1690）精写本，第141册。

乾隆十九年定："孟冬颁朔午门，亲王、郡王、贝勒令亲领行礼。"①

无论王公，还是百官，若无辜不到午门跪领《时宪书》者，或不穿朝服者，次日参奏议处。如：

雍正十二年覆准："每逢颁朔之日，八旗都统、各部院堂官，各率所属，并诸王府祗领属官，咸朝服祗俟午门外行三跪九叩礼。御史二人，监礼部委满汉司官二人收职名；如有公事不克亲赴，豫行知会；其无故不到及不朝服行礼者，指名参处；务恪遵定制，整齐敬谨，以光大典。"②

乾隆十六年奏准："孟冬颁朔，请由钦天监豫日行文，至期贝子、公以下，至文武正贰各官，咸朝服祗俟依次跪领，恭俟宣制，行三跪九叩礼。如有无故不到者，纠仪御史，于次日参奏，照无故不朝参律议处。"③

可见，王公及百官必须到午门跪领《时宪书》，这些人还必穿朝服。但有时由于特殊原因，王公及文武百官身穿补服午门外跪领《时宪书》。如：

（光绪七年九月初五日）管理钦天监事务和硕惇亲王臣奕誴等谨题，为颁时宪书事。光绪八年时宪书例应于本年十月初一日颁赐诸王、贝勒、文物各官，原系俱穿朝服在午门外行礼跪领，现准礼部文称，今本年十月初一日颁朔，系在孝贞显皇后大事期年之内，所有是日受朔之王公百官及执事各员，均穿补服行礼。为此谨具题闻。④

---

①《大清会典事例》卷315，光绪五年（1879）精写本，第101册。

② 张廷玉等纂：《钦定大清会典则例》卷62，第4～5页，乾隆二十九年（1764）武英殿刻本，第120册。

③ 张廷玉等纂：《钦定大清会典则例》卷62，第5页，乾隆二十九年（1764）武英殿刻本，第120册。

④ 中国第一历史档案馆、北京天文馆古观象台编：《清代天文档案史料汇编》第191页，礼部档案，历法，"管理钦天监事务奕综题颁时宪书本"，大象出版社1997年版。

其实朝服、补服均是清代礼服，礼服是重大典礼及祭祀活动时穿用，其中朝服是最主要的配套礼服形式，还佩有朝珠、朝冠、朝鞋等。而补服是穿于朝服之外的褂式服装。因光绪七年（1881）三月份慈安太后晏驾，所以十月初一日颁发次年《时宪书》时令王公及文武百官穿补服，以显示不同于常年。

由此可见，至乾隆年间颁朔礼仪制度更加完善。因品级地位不同，进呈皇帝、后妃，或颁给王公贵族及文武百官的《时宪书》品种、装潢也不尽相同。如：

> （乾隆七年十月初一日）恭进缮录清汉字御览《时宪书》各一本，刷印清汉蒙古字《时宪书》各一本，清汉字《七政时宪书》各一本；皇太后、皇后，刷印清汉蒙古字《时宪书》各一本，清汉字《七政时宪书》各一本，均用黄绫面套。皇贵妃、贵妃、妃刷印清汉蒙古字《时宪书》各一本，清汉字《七政时宪书》各一本，均用金黄绫面套。嫔刷印清汉蒙古字《时宪书》各一本，清汉字《七政时宪书》各一本，用红绫面，无套。以上时宪书均不钤"时宪书印"，黄棉纸包封。颁赐《时宪书》于王公，均清汉蒙古字《时宪书》各一本，清汉字《七政时宪书》各一本；王、贝勒用红绫面，贝子、公用黄表纸面。公主给清汉蒙古字《时宪书》各一本，用红绫面均红棉纸包封。①

总之，进呈皇帝、后妃的《时宪书》文种多，装潢奢华。其中恭进皇帝的《时宪书》品种最多，装潢最别致。清初恭进皇帝的《时宪书》有缮录满、汉字《御览时宪书》各一本，刷印满、汉字《时宪书》各一本，满、汉字《七政时宪书》各一本。用黄绫面套，黄罗销金包袱包封。

恭进皇后的有刷印满、汉字《时宪书》各一本，满、汉字《七政时宪书》各一本，均用黄绫面套，黄罗销金包袱包封。恭进皇贵妃、贵妃、妃的有刷印满、汉字《时宪书》各一本，满、汉字《七政时宪书》各一本，均用金黄绫面套，金黄罗销金包袱包封。恭进嫔的有刷印满、汉字《时宪书》各一本，满、

---

① 张廷玉等纂：《钦定大清会典则例》卷158，第3~4页，钦天监，乾隆二十九年（1764）武英殿刻本，第120册。

汉字《七政时宪书》各一本，用红绫面，无套，红罗销金包袱包封。以上《时宪书》均不钤《时宪书印》。

颁赐王公有满、汉字《时宪书》各一本，满、汉字《七政时宪书》各一本。亲王、君王用红绫面，红罗销金包袱包封；贝勒用红绫面；贝子、公用黄表纸面。公主给满、汉字《时宪书》各一本，用红绫面，均红棉纸包封。可见，颁赐亲王、君王、贝勒《时宪书》品种也较多，装潢也较体面。颁给公主的品种少；颁给贝子、公以下及文武百官的《时宪书》品种少，装潢简略。

至康熙年间恭进皇帝的《时宪书》品种又增加两种。如：

> 康熙十一年，每年用满字小本《民历》五本，汉字小本《民历》五本，俱用蓝绫面，五套；又满汉字兼写小本《民历》一本，用黄绫壳套，同《凌犯历日》进呈。①

可见，康熙十一年（1672）开始增加的《时宪书》品种有：蓝绫面满、汉字袖珍本《民历》各五本，黄绫面满汉合璧字袖珍本《民历》一本，《凌犯历日》一本，共十二本。当然颁发《时宪书》所用包袱也具有时代特色。如：

> 乾隆十七年（1752）奏准："进呈《时宪书》及颁给诸王《时宪书》，俱改用榜纸包封。"②
>
> 乾隆四十六年（1781）奉旨："所有钦天监每年进呈《时宪书》着照前例，仍用销金包袱包裹进呈，至亲王应得之《时宪书》亦着照前例，赏用包袱。钦此。御览《时宪书》，皇太后、皇后《时宪书》，用黄罗销金包袱包封；皇贵妃、贵妃、妃《时宪书》，用金黄罗销金包袱包封；嫔《时宪书》，用红罗销金包袱包封；亲王《时宪书》，用红罗销金包袱包封，其郡王、贝勒、贝子、公主《时宪书》，仍用红

---

① 伊桑阿等撰：《大清会典》卷161，第4页，钦天监，康熙二十九年（1690）精写本，第141册。

② 托津等编：《钦定大清会典事例》卷830，第19页，钦天监，嘉庆二十三年（1818）武英殿刻本，第440册。

棉纸包封。”①

以上是恭进皇帝、后妃及午门外颁发《时宪书》的品种，其中包括汉文《时宪书》。午门外聚集受领《时宪书》的官员包括北京、盛京、直隶各部院衙门官员三品以上者及八旗都统以上官员。其余官员所用《时宪书》，等午门外颁发仪式结束后，由各旗，或各部、衙门统一从钦天监领取，各自分发。

二、为基层官员发给《时宪书》

钦天监修造的《时宪书》颁发范围除了包括皇家及宗室成员之外，包括京城各部院、衙门官员；此外，还包括直隶九府、奉天府、锦州府、盛京、吉林、黑龙江、山海关、马兰镇、泰宁镇、大兴县、宛平县、热河、广昌县及三处陵寝衙门供职的官员。十月初一日午门外颁发《时宪书》难以涉及所有官员，于是颁发三品以下官员及八旗都统以下官员所用《时宪书》，一般等午门外的《时宪书》颁发仪式结束后，十月初三日由各旗，或各部、衙门等统一从钦天监领取，之后各自分发自己管辖基层官员。如：

> 至颁给百官《时宪书》，三品以上官应仍于午门外祇领，其余满汉文武有顶戴官员，万三千余人，一时难以遍给，往来拥挤，恐无以肃观瞻而昭典礼，应照向例于午门外行礼后，各赴钦天监祇领。②
>
> 雍正七年议准：“直隶、盛京等处文武衙门官，各给一本，应领清字、汉字、蒙古字《时宪书》，行文赴监支取。”③
>
> 其八旗满洲官员给清字，蒙古官员给蒙古字，汉军官员给汉字《时宪书》各一本，均交各旗分发。各衙门汉官每人给汉字《时宪书》一本，交各衙门分发，其各衙门坐书于初三日行文赴监支取。守

---

① 托津等编：《钦定大清会典事例》卷830，第19～20页，钦天监，嘉庆二十三年（1818）武英殿刻本，第440册。

② 托津等编：《钦定大清会典事例》卷252，第7～8页，礼部授时，颁朔进春，嘉庆二十三年（1818）武英殿刻本，第440册。

③ 张廷玉等纂：《钦定大清会典则例》卷62，第3页，乾隆二十九年（1764）武英殿刻本，第120册。

陵官员及山海关副都统、盛京、吉林、黑龙江将军，盛京五部侍郎、内务府总管、佐领，马兰镇、泰宁镇等处文武官各给一本。应领清字、蒙古字、汉字《时宪书》行文赴监支取。直隶九府、奉天、锦州二府，每府给汉字《七政时宪书》二本，《时宪书》千本，大兴、宛平二县，每县给七政《时宪书》二本，《时宪书》九十本。热河理事同知给汉字《时宪书》三百本，广昌县给汉字《时宪书》二百本，具文申监支。①

各衙门坐历，另于初三日行文赴监支取，共享汉历二万四千三百余本，直隶八府、奉天、锦州二府，每府给民历一千本。朝鲜国王给汉民历一百本，以上历日，俱用印。②

从上述记载可知，钦天监颁发汉文《时宪书》的范围较广，每年共颁发24300本，其颁发量非常可观，这些《时宪书》均该有钦天监印章。其中仅算发给各府、县的《时宪书》，共计11680册。每年十月初三日，各旗或各部、衙门各派人持行文赴钦天监领取《时宪书》时，不举行仪式。钦天监用红棉纸包封分发。分发规则为每人发给一本，汉官发汉文本，满官发满文本，蒙古官员发蒙古文本，这些《时宪书》均具黄裱纸封面。因京师及直隶各府之外的各地路途遥远，从钦天监支领的《时宪书》，一般要通过兵部护送。如：

盛京将军拨领催兵丁部给兵票、火票沿途供车。钦天监颁发盛京等处《时宪书》，据兵部火票沿途供车，其发吉林、黑龙江等处者，由部重给火票，自盛京递送。③

总之，恭进皇帝、后妃的《时宪书》均不签印章，而颁发臣子、官员《时宪书》均加盖印章。

---

① 张廷玉等纂：《钦定大清会典则例》卷158，钦天监，第4～5页，乾隆二十九年（1764）武英殿刻本，第120册。

② 尹泰等撰：《钦定大清会典》卷110，第11页，礼部五十四，雍正十年（1732）武英殿刻本，第134册。

③ 张廷玉等纂：《钦定大清会典则例》卷139，第38页，乾隆二十九年（1764）武英殿刻本，第120册。

三、各直省布政使司颁发本省《时宪书》

清初沿明制，设山西、山东、河南、陕西、南直（《顺治五年时宪书》内改称“江南”）、湖广、浙江、四川、江西、福建、广西、贵州、云南、广东十四省，每年春节前钦天监官员将编好的《民历》《七政历》模本，呈上皇帝御览，次年二月初一日前刷印《民历》模本28本。四月初一日前将钦天监所印《民历》模本，通过兵部驿站发送各省布政使司衙门，每省给两本。自康熙至乾隆年间又增设了安徽、湖南、甘肃三省，遂《时宪书》模本刷印数量也增加。各省布政使司衙门接到《时宪书》模本后，将其中一本加盖钦天监印收藏，另一本用于刻印。《时宪书》刻印之后，均加盖钦天监印，至十月初一日各省颁发本省督抚及属下道、府、州、县，并各自举行颁发仪式。如：

> 直省布政使司各给钦天监《时宪书》印，贮于库。岁四月钦天监以奏准来岁《时宪书》式颁各布政使司刊刻成书，钤以所贮监印。孟冬月汇送督抚署。督抚设香案陈《时宪书》，礼生引赞率所属文武官，朝服望阙行三跪九叩礼，祗领讫布政使司乃分发专城之道、府转行所属州、县分驻之提镇转行所属标、营，到日行礼祗领均与会城同乃颁布民间。①

颁发范围包括本省督抚及属下道、府、州、县任职的大小文武官及在籍有职官举人、贡生等，每人各给一本。此外各省战略要地驻防八旗满洲官员和八旗蒙古官员亦由本省颁发汉文《时宪书》。如：

> 七年议准：“令各省布政使司亦应照例，请自八年为始，每岁四月由钦天监颁发考定《时宪书》式，令各布政使司敬谨刊刷，钤盖库贮‘钦天监时宪书印’信。凡见任文武大小官及在籍有职官、举人、贡生等，各给一本，以彰敬授人时之意。其刊刻纸墨、工价，各动用

① 张廷玉等纂：《钦定大清会典》卷27，第2页，礼部仪制清吏司，授时，乾隆二十九年（1764）武英殿刻本，第120册。

正项钱粮。”[①]

以上所述，各省颁发《民历》刻印所用纸墨笔砚及工价经费由本省公费报销。

四、为各藩属国颁发汉文《时宪书》

清廷藩属国有朝鲜、琉球、暹罗、安南、缅甸、苏禄、南掌等，其中朝鲜国是最早朝贡清廷的国家；早在崇德二年（1637）清军入侵朝鲜，将国王世子当人质，从此朝鲜国王臣仆纳贡，有年贡、节贡。崇德六年（1641）琉球（今日本冲绳）国王闻声，请求册封。其余暹罗（今泰国）、缅甸、苏禄（今菲律宾）、南章（今老挝）、安南（今越南）等藩属国均自雍正年开始朝贡清廷。这些国家与大清国间的朝贡关系主要体现在三个方面，其一，这些国家定期对清廷朝贡；其二，清廷册封这些国家的国王；其三，清廷对这些国家颁发汉文《时宪书》。

清廷对朝鲜、安南、琉球三个藩属国曾颁发钦天监所印汉文《时宪书》。但由于各藩属国所处位置远近不同，朝贡时间不同，朝廷对其颁发《时宪书》的时间及颁发方式、颁发品种均不同。

（一）由礼部对朝鲜国颁发《时宪书》

顺治元年（1644），清廷接受西洋新历法，编纂《顺治二年时宪书》时，其“各省节气时刻表”、“日出日落时刻表”内均列有“高丽”国名，即“朝鲜”。不知什么缘故，至《顺治五年时宪书》内改称“朝鲜”。自顺治十八年（1661）始朝廷命礼部对朝鲜国王颁发汉文签《时宪书》一百本。如：

十八年议准：朝鲜领时宪书。[②]

---

① 张廷玉等纂：《钦定大清会典则例》卷62，第4页，礼部仪制清吏司，授时，乾隆二十九年（1764）武英殿刻本，第120册。

② 张廷玉等纂：《钦定大清会典则例》卷93，第42页，乾隆二十九年（1764）武英殿刻本，第120册。

朝鲜国王，给汉民历一百本，以上《历日》，俱用印。[①]

发给朝鲜国的一百本汉文《时宪书》均加盖钦天监印章。至雍正七年(1729)，颁给朝鲜的《时宪书》除了原定一百册之外，另给国王一本红绫封面汉文《时宪书》。

至雍正七年《历象考成》成书……朝鲜国王给红绫面汉字《时宪书》一本，其官属给黄纸面汉字《时宪书》百本，由礼部颁发，以上均钤时宪书印。[②]

即颁给朝鲜国的《时宪书》变成一百一册，其中国王所用一本为黄绫封面，其余均具黄裱纸封面。后来规定，每年十月初一日朝鲜朝贡使臣在午门外跪领《时宪书》。如：

以次颁给王公及文武百官时宪书，各跪领讫，皆退。朝鲜陪臣在班末行三跪九叩礼毕，祗受如仪。[③]

朝鲜国朝贡使臣每年来京城朝贡的同时支领《时宪书》，其在京期间的食宿由礼部安排，一般使臣到达及回国时各宴请一次，并对使臣及随从给予丰厚的赏赐。

十八年议准："朝鲜领时宪书，差来使臣赏银三十两，通事八两，从人各四两，凡有咨部事件赍咨官及通事从人赏银同。"[④]

又定朝鲜遣使入贡及谢恩领《时宪书》官役住宿给秫秸，正副使

---

① 尹泰等撰：《钦定大清会典》卷110，第11页，礼部五十四，雍正十年（1732）武英殿刻本，第134册。

② 张廷玉等纂：《钦定大清会典则例》卷158，第5页，钦天监，时宪科，乾隆二十九年（1764）武英殿刻本，第120册。

③ 托津等编：《钦定大清会典》卷29，礼部，第10页，嘉庆二十三年（1818）武英殿刻本，第440册。

④ 张廷玉等纂：《钦定大清会典则例》卷93，第42页，乾隆二十九年（1764）武英殿刻本，第120册。

每人日七束，书状官五束，大通官三束，从役十人三束，马十四二束。①

赏赐朝鲜使臣的银两及所支领的《时宪书》刷印费用、装潢费用均由户部出资，而他们在京期间的这些食宿费用及装用《时宪书》的箱笼等，由工部支领。

刊造《时宪书》刷印纸包封纸装潢绫绢颜料，于户部支领；肇墨版片棕麻及颁发直隶、盛京、蒙古部落、朝鲜应用箱笼等物于工部支领。②

朝鲜使臣在京城办完公事之后，由盛京将军衙门负责护送朝鲜使臣及《时宪书》，由盛京户部报销其回国沿途各项费用。如：

朝鲜国遣使进贡及领《时宪书》，据盛京礼部行盛京将军往回拨兵护送，据盛京户部火票部给兵票火票，沿途应廪粮车两……回日据兵部兵票换给盛京工部文部给火票。③

至清末，有时候朝鲜国人遇到以外事情来中国。若此时已刊印次年《时宪书》，也可使他们顺便带回的情况。如：

二年朝鲜国人十名，遭风飘至琉球，附贡船至闽，委员送京父。该国领《时宪书》赍咨官顺带回国。④

---

① 张廷玉等纂：《钦定大清会典则例》卷139，第66页，乾隆二十九年（1764）武英殿刻本，第120册。

② 张廷玉等纂：《钦定大清会典则例》卷158，第9页，乾隆二十九年（1764）武英殿刻本，第120册。

③ 张廷玉等纂：《钦定大清会典则例》卷139，第40页，乾隆二十九年（1764）武英殿刻本，第120册。

④ 托津等编：《钦定大清会典事例》卷400，第15-16页，礼部，嘉庆二十三年（1818）武英殿刻本，第440册。

总之，朝廷自入关前开始对朝鲜颁发《历书》，入关后自顺治年至宣统年间始终对朝鲜国颁发《时宪书》，均由礼部负责颁发汉文《时宪书》。至嘉庆十四年（1809）编纂《嘉庆十五年时宪书》时，其满蒙文本均复用“高丽”名，汉文一致用“朝鲜”一名。

（二）通过边疆省巡抚衙门颁发其他藩属国《时宪书》

虽说清廷曾对朝鲜、琉球、安南三个藩属国颁发汉文《时宪书》，但与朝鲜相比，颁发琉球、安南的时间较为晚，并颁发地点改为临界边疆省巡抚衙门。

至乾隆五十四年（1789），安南国王奏请清廷颁给《时宪书》，于是乾隆帝命将安南国国名载入《时宪书》“各省节气时刻表”内，并将钦天监所印汉文《时宪书》发给广西督抚衙门，规定每年以朝鲜之例，发给安南国王二十本。

> 五十四年钦天监奏准：安南照朝鲜之例，以北极高度及偏西度，载入《时宪书》。①
>
> 于十月朔日，支领《时宪书》，今安南远在南交，若每年照朝鲜国之例，遣陪臣到京谨领，返国时已逾春正元旦之期，该国臣民转未能及时遵奉，殊非体念远人之道。今谕该部，即将《五十五年时宪书》发往，交该督等即委员赍至镇南关，令该国镇目，转交国王祇领，嗣后每年即着该部照朝鲜国请领数目，将《时宪书》发交广西，令该抚照此次之例，届期颁给。无庸该国遣使赴京，以示体恤。……谕军机大臣曰：阮光平支受封爵，抚有安南，知敬奉天朝正朔，求颁给《时宪书》，自应准其所请，由报先行发给《五十五年时宪书》二十本，嗣后着礼部每年查照朝鲜国之例，颁发《时宪书》。②
>
> 越南国《时宪书》发交广西巡抚，委员赍至镇南关转交祇领。③

---

① 托津等编：《钦定大清会典事例》卷252，第10页，礼部，嘉庆二十三年（1818）武英殿刻本，第440册。

②《大清高宗纯皇帝实录》卷1344，第4～6页，乾隆五十四年十二月乙卯，第一历史档案馆编电子版。

③ 托津等编《钦定大清会典》卷29，第10页，礼部，嘉庆二十三年（1818）武英殿刻本，第440册。

自乾隆五十四年（1715）开始给安南国王颁发《时宪书》。虽说当时皇帝下令将安南国国名载入《时宪书》“各省节气时刻表”内，但《乾隆五十四年时宪书》《乾隆五十五年时宪书》内均没有来得及加入安南国名。至乾隆五十五年（1716）二月编纂次年《时宪书》时增加了安南国名。后来议定，以朝鲜之例颁发一百〇一本。

朝鲜、越南国，各给红绫面汉字《时宪书》一本，黄纸面汉字《时宪书》百本，由礼部颁发，皆钤以钦天监时宪书印。[①]

后来由于安南国内政权交替，将国名改称“越南”。于是嘉庆八年（1803）编造《嘉庆九年时宪书》时，将在“各省节气时刻表”内“安南”国名改为“越南”。

清廷对琉球颁发《时宪书》更为晚，至嘉庆十四年（1809）朝廷奏准琉球国国名载入《时宪书》内，并通过福建省巡抚衙门，每年以朝鲜之例，发给琉球国王《时宪书》，遂于《嘉庆十五年时宪书》“各省节气时刻表”内增入了琉球国名。

十四年奏准：琉球国太阳出入节气时刻，载入《时宪书》。[②]

又谕：礼部奏请将新定《时宪书》，如何发交琉球国祇领之处，敕下福建巡抚详议章程一折琉球久列藩封，极为恭顺，惟因地悬海外，不能克期往来，是以历来《时宪书》均未经颁发，今必责令每年专遣使臣远涉重洋，前来祇领，非所以示体恤，若将《时宪书》存贮福建巡抚处遇便发交，则节候已过，颁发徒为具文，转非核实之道，所有琉球应领之《时宪书》竟可毋庸颁给，支将该国星度节候，详细

---

① 托津等编《钦定大清会典》卷62，第2页，钦天监，嘉庆二十三年（1818）武英殿刻本，第440册。

② 托津等编《钦定大清会典事例》卷830，第14页，钦天监，嘉庆二十三年（1818）武英殿刻本，第440册。

推准，增入《时宪书》内以垂久远，该部即遵谕行。[①]

总之，清廷最早由礼部对朝鲜国颁发黄裱纸封面的汉文《时宪书》100本，后来变成101本，并在午门颁发。接着安南国王申请，起初朝廷给安南国颁发《时宪书》20本，后来也变成101本，通过广西省巡抚衙门颁发。最后清廷对琉球国颁发《时宪书》，也以朝鲜之例颁发101本，通过福建省巡抚衙门颁发。这些为藩属国颁发的《时宪书》，均为加盖印章的钦天监刻印本，而不是各省刻印本。因朝廷对朝鲜、越南、琉球等藩属国设立义学，教习汉语、汉文，为此这些国臣民汉语水平提高较快，逐渐发往清廷的表章都用汉文书写，也能使用汉文《时宪书》。如：

十三年议准：……入贡诸国，朝鲜、琉球、安南表章本用汉文，无须翻译；苏禄、南掌文字馆内原未肄习，与暹罗表章，率由各省督抚令通事译录。[②]

而其余暹罗、缅甸、苏录、南章四个藩属国国名从未载入《时宪书》内，因这些藩属国人汉语水平不高，也就没有使用汉文《时宪书》的需求。但这只是一个猜测，至于什么原因没有颁发，笔者也没有查到有关这些国家请求清廷颁发《时宪书》的记载。

五、平民百姓购买《时宪书》

清代官员使用《时宪书》均为免费颁发。然而百姓所用《时宪书》均要购买，京城百姓从钦天监购买，京外百姓从各自省份的布政使司衙门购买，但价格很低廉，每本定价一分二厘。

七年议准钦天监每年给发各衙门《时宪书》外，听匠役备纸刷印

① 《大清仁宗睿皇帝实录》卷211，第8～9页，嘉庆十四年五月癸亥，第一历史档案馆编电子版。

② 张廷玉等纂《钦定大清会典则例》卷95，第6页，乾隆二十九年（1764）武英殿刻本，第120册。

售卖，以便民用。今各省布政使司亦应照例，请自八年为始，每岁四月由钦天监颁发考定《时宪书》式，令各布政使司敬谨刊刷，钤盖库贮“钦天监时宪书印”信。凡见任文武大小官及在籍有职官、举人、贡生等，各给一本，以彰敬授人时之意。其刊刻纸墨、工价，各动用正项钱粮。至于各省民户繁多，势难遍给，应将所刻书版发贮公所，听匠役或书坊备纸刷印，赴布政使司钤盖“钦天监时宪书印”，发卖每本定价一分二厘，俾深山、僻壤咸知时序月令，仍饬该地方官严禁伪造，务使官书广布，以便民用。如有伪刻私书及捏称缴官于定价外需索等弊，将该有司从重治罪督抚如不察究并严加议处。①

封建社会朝廷独家把持天文观测机构及《历书》的编印等事宜，只许在皇城建立天文台，只许由皇朝编历颁行。平民百姓既不能设天文台，又无权编历，违者治罪。如：

凡伪造诸衙门印信及历日符验、夜巡铜牌、茶盐引者，为首雕刻斩。②

伪造各衙门印信，钦给关防、历日、符验、茶盐引，雕刻未成及成而未行，为首者，已行。为从者，知情行用者。③

其历日面页，开载“钦天监依西洋新法印”造《时宪历日》，颁行天下。伪造者依律处斩，有能告捕者，官给赏银五十两……。④

总之，每年钦天监刻印的汉文《时宪书》颁发范围很广，共颁发2万～3万多本。除了十月初一日在午门外颁发之外，均从钦天监支领，盛京、吉林、黑龙江地区所用《时宪书》均由盛京将军衙门通过驿站护送。每年对朝鲜、安

---

① 张廷玉等纂《钦定大清会典则例》卷62，第4页，礼部仪制清吏司，授时，乾隆二十九年（1764）武英殿刻本，第120册。

② 伊桑阿等撰《大清会典》卷122，第13页，钦天监，康熙二十九年（1690年）精写本，第141册。

③ 尹泰等撰《钦定大清会典》卷182，第15页，刑部三十四，雍正十年（1732）武英殿刻本，第134册。

④ 尹泰等撰《钦定大清会典》卷246，第12页，钦天监一，雍正十年（1732）武英殿刻本，第134册。

南、琉球等藩属国各发给100本，另给各国王1本。颁发朝鲜的《时宪书》，从礼部支领，后在午门外发给，由盛京将军衙门通过驿站护送。颁发安南、琉球的《时宪书》，分别由广西省巡抚衙门、福建省巡抚衙门发给。而各直省各自刻印的汉文《时宪书》，则于十月初一日各自举行颁发仪式。这些汉文《时宪书》中只有恭进皇帝、后妃的《时宪书》不加盖印章，其余《时宪书》封面和第一页均钤印，以防民间私自伪造《时宪书》。

《平定准噶尔勒铭格登山之碑》汉文碑文比较研究

乌日鲁木加甫

《平定准噶尔勒铭格登山之碑》（简称《碑》）为清朝乾隆时期以汉、满、托忒、藏等四体合璧碑刻文献。该碑文记载了乾隆二十年（1755）清军分两路进军伊犁，讨伐准噶尔达瓦齐汗的过程。为了纪念此次胜利，乾隆皇帝亲撰《平定准噶尔勒铭格登山之碑》碑文并勒石于这次战役的主要战场格登山。碑文以碑首、碑身、碑座三个部分组成。此碑为淡蓝色花岗岩石，通高2.99米，碑首为呈半圆状，高0.54米，周边有花边，花边里有“双龙戏珠”图案。正面有“皇清”二字，背面有“万古”二字。碑身为长方形，高1.70米。碑座为0.75米，周有花边，花边里有“沧海红日”图案。全碑周有花纹，碑首与碑身厚为0.25米，碑座厚为0.55米。碑身正面刻有满、汉两种文字。汉文共8行，满文共8行。背面刻为托忒、藏两种文字。托忒文共9行，藏文共20～30行字（因藏文部分已磨损以至看不清，所以大概数为20～30行）。由此可见，该碑不仅是研究清朝与准噶尔关系的珍贵资料。也是对研究这四种文字弥足珍贵的资料。

一、碑文汉文转录

本人做田野调查，记录了原碑铭的汉文和满文有如下。

汉文碑文[①]：

平定準噶爾勒銘格登山之碑

格登之崔嵬賊固其壘叶我師堂堂其固自摧格登之巇嶭賊營其穴我師洸洸其營若綴師行

作者系中央民族大学蒙古语言文学系博士研究生。

① 本文所录汉文碑文均选用原文，未作简化。

如流度伊犁川粤有前導為我具船度河八日遂抵格登面淖背崖藉一昏冥曰擣厥虚曰殲厥

旅豈不易易將韜我武将韜我武詎曰養寇曰有後謀大功近就彼衆我臣已有成辭火炙崑岡

懼乖皇慈三巴圖魯二十二卒夜斫賊營萬衆股栗人各一心孰為汝守汝頑不靈尚竄以走

汝竄以走誰其納之縛獻軍門追悔其遲於恒有言曰殺寧育叶受俘赦之光我擴度漢置都護唐

拜將軍費賂勞衆弗服弗臣既臣斯恩既服斯義勒銘格登永昭億世

乾隆二十年歲次乙亥夏五月之吉御筆

满文碑文的拉丁转写①：

[1] jun gar be necihiyeme toktobuha babe gedeng alin de ejeme ili-buhaeldengge wehei bithe

[2] gedeng alin ten colgorombi geren hūlha kūwaran be akdulambi gehun iletu musei cooha isinjime genggume akdulaha ba dartai efu-jembi ere gedeng alin haksan hailashūn bihe genggedehe eldengge ho-ronggo [ ] [ ] [ ] [ ] uthai efulebuhe [ ] [ ] cooha be yabuha

[3] yala ili bira de dosika yaruha urse juleri [ ] yaya jahūdai be muse de alibuha julesi ili bira be jakūn inenggi doohan jurgalafi gebumegedeng de isinaha julergi de lebenggi amargi [ ] judun ba ej-elefi [ ] seme [ ] [ ] terei untuhun be [ ] [ ] [ ] terei geren [ ] [ ]

[4] ombi ere sain ja muteburengge wakao eiterecibe musei horon be asarambi musei horon be asararangge maka [ ] hūlha be [ ] orose-me amala bodoki seme ofi [ ] ede badaraka esei geren musei aha emgeri [ ] [ ] [ ] [ ] [ ] [ ] [ ] [ ] ba

[5] acarahū seme gūninaha tuttu ilan baturu be tucibuhe dubei coo-hasa be orin juwe anabuhe tuba yabume hūlhai kūwaran be dobori gi-danabufi tumen geren dargime šurgecehealbatu meimeni gūnin jafaha-

① [ ] 标记为表示漫漶不清的词。

bi ainahai sini funde karmatambi ainu si bodoheme ulhirakū [ ] sembi [ ] uleme burulaha

[6] simbe we bibume halbuha siderileme huthufi coohai kūwaran de benjihede sitabuha seme untuhuribodonggiyaha onggolo niyalma kemuni oshodoho [ ] anggala oci sehe [ ] guwebuhengge onco [ ] be bi [ ] [ ] han gurun uheri karmatara hafan ilibuha [ ] tang gurun [ ] giyanggiyūn

[7] unggifi tuwakiyabuha jufeliyen caliyan [ ] geren jobocibe jušen ome dahajiha ba endenggi sabubuha emu adali dahaci jurhan i fulehulembi erebe gedeng alin de ejeme folobufi enteheme [ ] jalan de ulhibume

[8] abkai wehiyehe orici aniya niohon ulgiyan juwari biyai sain inenggi han i arahangge

二、碑铭汉文与不同版本碑文汉文比较

记载有汉文碑文的文献主要是《钦定皇舆西域图志》①《大清一统志》②《钦定新疆识略》③《西域水道记》④《新疆图志》⑤《清高宗实录》⑥《清高宗御制诗文集》⑦《新疆历史文物》⑧《新疆风物志》⑨《伊犁地区县市概况》⑩《伊犁风物志》⑪

---

① 《钦定皇舆西域图志》卷22，台湾商务印书馆影印本。

② 和珅等纂修：《大清一统志》卷415，清光绪二十三年（1897）石印本。

③ 松筠等：《钦定新疆识略》，上海古籍出版社影印道光元年武英殿刻本。

④ 徐松著：《西域水道记》卷4，清光绪年间（1875—1908）石印本。

⑤ 袁大化修，王樹枏、王学曾纂：《新疆图志》卷13，清宣统三年（1911）刻本。

⑥ 《清高宗纯皇帝实录》卷499，《御制平定准噶尔勒铭格登山之碑》。

⑦ 清高宗弘历：《清高宗御制诗文全集》第10册，中国人民大学出版社1993年版。

⑧ 新疆维吾尔自治区博物馆编：《新疆历史文物》，文物出版社1977年版。

⑨ 《新疆风物志》，新疆人民出版社1985年版。

⑩ 伊犁地区地方志编纂委员会：《伊犁地区县市概况》（内部发行），伊犁地区地方志编纂委员会1986年本。

⑪ 伊犁地区志编纂委员会：《伊犁风物志》，新疆人民出版社1994年版。

《西域碑铭录》[①]《〈平定准噶尔勒铭格登山之碑〉碑文浅释》[②]《伊犁地区的“平定准噶尔勒铭格登山之碑”和“平定准噶尔勒铭伊犁之碑”考》[③]《伊犁格登碑》[④]《格登山碑文考证释译》[⑤]等。下面用表格的形式对碑文的内容作比较。

碑铭汉文与书籍记载汉文碑文对比表

序号	文献 内容	钦定皇舆西域图志（1782）	大清一统志（1897）	新疆识略（1821）	西域水道记（1875—1908）	新疆图志（1911）	清高宗实录（1985）	乾隆御制诗文集（1993）
碑名	平定準噶爾勒銘格登山之碑	御製平定準噶爾勒銘格登山碑文	御製平定準噶爾勒銘格登山之碑	平定準噶爾勒銘格登山之碑	高宗純皇帝聖製勒銘格登山碑	高宗純皇帝平定準噶爾勒銘格登山碑文	御製平定準噶爾勒銘格登山碑文	平定準噶爾勒銘格登山之碑
1	格登之崔嵬，賊固其壘	–	–	–	–	–	–	–
2	叶我師堂堂，其固自摧	–	–	–	缺（叶）字	–	缺（叶）字	–
3	格登之巀嶭，賊營其穴	格登之巀嶭，贼营其穴	–	–	–	格高之巀嶭，賊營其穴	格登之（ ）嶭，賊營其穴	–

① 戴良佐著：《西域碑铭录》，新疆人民出版社2013年版。

② 周轩：《〈平定准噶尔勒铭格登山之碑〉碑文浅释》，载《新疆大学学报（哲学社会科学版）》1981年第4期，第73~78页。

③ 杨天在：《伊犁地区的“平定准噶尔勒铭格登山之碑”和“平定准噶尔勒铭伊犁之碑”考》，载《调查与研究》1989年第5期，第35~37页。

④ 赖洪波：《伊犁格登碑》，载《新疆地方志通讯》1983年第2期，第42~44页。

⑤ 杨永平：《格登山碑文考证释译》，载《乌鲁木齐成人教育学院学报（综合版）》1995年第4期，第35~38页。

续表

序号	文献 内容	钦定皇舆西域图志（1782）	大清一统志（1897）	新疆识略（1821）	西域水道记（1875—1908）	新疆图志（1911）	清高宗实录（1985）	乾隆御制诗文集（1993）
4	我師洸洸，其營若綴	–	–	–	–	–	–	–
5	師行如流，度伊犁川	师行如流，渡伊犁川	–	–	–	–	–	–
6	粵有前導，為我具船	–	–	粵有前導，爲我具船	–	–	–	粵有前導，爲我具船
7	度河八日，遂抵格登	渡河八日，遂抵格登	渡河八日，遂抵格登	渡河八日，遂抵格登	渡河八日，遂抵格登	渡河八日，遂抵格登	渡河八日，遂抵格登	渡河八日，遂抵格登
8	面淖背巖，藉一昏冥	面淖背岩，籍一昏冥	–	面淖背巖，藉一昏寞	面淖背巖，藉一昏寞	面淖背巖，籍一昏冥	–	–
9	曰擣厥虛，曰殲厥旅	–	–	–	–	曰擣其虛，曰殲厥旅	–	–
10	豈不易易，將韜我武	–	–	–	–	–	–	–
11	将韜我武，詎曰養寇	–	–	–	–	–	–	–
12	曰有後謀，大功近就	–	–	–	–	–	–	–
13	彼衆我臣，已有成辭	–	–	–	–	–	彼（ ）我臣，已有成辭	–
14	火炙崑岡，懼乖皇慈	–	火炎崑罔，惧乖皇慈	火炎崑罔，懼乖皇慈	火炎崑罔，懼乖皇慈	火炎崑罔，懼乖皇慈	–	火炎崑罔，懼乖皇慈
15	三巴圖魯，二十二卒	–	–	–	–	–	–	–

续表

序号	文献 内容	钦定皇舆西域图志（1782）	大清一统志（1897）	新疆识略（1821）	西域水道记（1875—1908）	新疆图志（1911）	清高宗实录（1985）	乾隆御制诗文集（1993）
16	夜斫賊營，萬衆股栗	–	–	–	–	–	夜斫賊營，萬（ ）股栗	–
17	人各一心，孰為汝守	–	–	–	–	–	–	–
18	汝頑不靈，尚竄以走	汝顽不灵，尚窜以走	–	–	–	–	–	–
19	汝竄以走，誰其納之	汝窜以走，谁其纳之	–	–	–	–	–	–
20	縛獻軍門，追悔其遲	–	–	–	–	–	–	–
21	於恒有言，曰殺寧育	–	–	於恒有言，曰殺（ ）育	–	於恆其言，日殺寗育	–	於恒有言，曰殺（ ）育
22	叶受俘赦之光我擴度	–	–	–	受俘赦之，光我擴度	受俘赦之，光我擴度	受俘赦之，光我擴度	–
23	漢置都護，唐拜將軍	–	–	–	–	–	–	–
24	費賂勞衆，弗服弗臣	–	–	–	–	–	–	–
25	既臣斯恩，既服斯義	–	–	–	–	–	–	–
26	勒銘格登，永昭億世	勒铭格登，永诏亿世	勒銘格登，永詔億世	勒銘格登，永詔億世	勒銘格登，永詔億世	勒銘格登，永詔億世	勒銘格登，永詔億世	勒銘格登，永詔億世
27	乾隆二十年歲次乙亥夏五月之吉御筆							

序号	文献 / 内容	准噶尔历史文物（1977）	新疆风物志（1985）	伊犁地区县市概况（1986）	伊犁风物志（1994）	西域碑铭录（2013）
碑名	平定準噶爾勒銘格登山之碑	平定准噶尔勒铭格登山碑	平定准噶尔勒铭格登山之碑	格登山记功碑	平定准噶尔勒铭格登山碑	平定准噶尔勒铭格登山碑
1	格登之崔嵬，賊固其壘	–	–	–	–	–
2	叶我師堂堂，其固自摧	缺（叶）字	缺（叶）字	缺（叶）字	缺（叶）字	–
3	格登之巖嵘，賊營其穴	–	–	格登之巖嵘，贼营其穴	–	–
4	我師洸洸，其營若綴	–	–	–	–	–
5	師行如流，度伊犁川	–	–	–	–	–
6	粤有前導，為我具船	–	–	–	–	–
7	度河八日，遂抵格登	渡河八日，遂抵格登	渡河八日，遂抵格登	渡河八日，遂抵格登	渡河八日，遂抵格登	渡河八日，遂抵格登
8	面淖背巖，藉一昏冥	面淖背巖，籍一昏冥	面淖背（ ），籍一昏冥	面淖背岩，籍一昏冥	面淖背岩，籍一昏冥	面淖背岩，籍一昏冥
9	曰擣厥虚，曰殲厥旅	曰（ ）厥虚，日殲厥旅	–	曰梼厥虚，曰歼厥旅	–	–
10	豈不易易，將韜我武	–	–	–	–	–
11	将韜我武，詎曰養寇	–	–	–	–	–

续表

序号	文献 内容	准噶尔历史文物（1977）	新疆风物志（1985）	伊犁地区县市概况（1986）	伊犁风物志（1994）	西域碑铭录（2013）
12	曰有後謀，大功近就	–	–	日有后谋，大功近就	–	–
13	彼衆我臣，已有成辭	–	–	–	–	–
14	火炙崑岡，懼乖皇慈	火炎昆冈，惧乖皇慈	–	火炎昆冈，慎乖皇慈	火灸昆冈，惧乖皇慈	火炎昆冈，惧乖皇慈
15	三巴圖魯，二十二卒	–	–	–	–	–
16	夜斫賊營，萬衆股栗	–	–	–	–	–
17	人各一心，孰為汝守	–	–	–	–	–
18	汝頑不靈，尚竄以走	–	–	汝顽不灵，尚窜以走	–	–
19	汝竄以走，誰其納之	(缺) 谁其纳之	–	尚窜以走，谁其纳之	–	–
20	縛獻軍門，追悔其遲	–	–	–	–	–
21	於恒有言，曰殺寧宥	于恒有言，曰杀宁宥	–	–	–	–
22	叶受俘赦之光我擴度	缺（叶）字	缺（叶）字	缺（叶）字	缺（叶）字	缺（叶）字
23	漢置都護，唐拜將軍	–	–	–	–	–
24	費賂勞衆，弗服弗臣	–	–	–	–	赍赂劳众，弗服弗臣

续表

序号	文献 内容	准噶尔历史文物（1977）	新疆风物志（1985）	伊犁地区县市概况（1986）	伊犁风物志（1994）	西域碑铭录（2013）
25	既臣斯恩，既服斯義	–	–	既承斯恩，既服斯义	既承斯恩，既服斯义	–
26	勒銘格登，永昭億世	勒铭格登，永诏亿世	勒铭格登，永诏亿世	勒铭格登，永诏亿世	勒铭格登，永诏亿世	勒铭格登，永诏亿世
27	乾隆二十年歳次乙亥夏五月之吉御筆	乾隆二十年，岁次乙亥，夏，五月之吉御笔	乾隆二十年，岁次乙亥，夏，五月之吉御笔			乾隆二十年岁次乙亥夏五月之吉乾隆御笔

序号	文献 内容	《平定准噶尔勒铭格登山之碑》碑文浅释（1981）	伊犁地区的“平定准噶尔勒铭格登山之碑”和“平定准噶尔勒铭伊犁之碑”考（1989）	伊犁格登碑（1983）	格登山碑文考证释译（1995）
碑名	平定準噶爾勒銘格登山之碑	平定准噶尔勒銘格登山之碑	平定准噶尔勒铭格登山之碑	平定准噶尔勒铭格登山之碑	平定准噶尔勒铭格登山之碑
1	格登之崔嵬，賊固其壘	–	–	–	–
2	叶我師堂堂，其固自摧	缺（叶）	缺（叶）	缺（叶）	缺（叶）
3	格登之巘嵲，賊營其穴	–	–	–	–
4	我師洸洸，其營若綴	–	–	–	–
5	師行如流，度伊犁川	–	–	–	–

续表

序号	文献 内容	《平定准噶尔勒铭格登山之碑》碑文浅释（1981）	伊犁地区的“平定准噶尔勒铭格登山之碑”和“平定准噶尔勒铭伊犁之碑”考（1989）	伊犁格登碑（1983）	格登山碑文考证释译（1995）
6	粤有前導，為我具船	–	–	–	–
7	度河八日，遂抵格登	–	–	渡河八日，遂抵格登	度河八日，帝抵格登
8	面淖背巖，藉一昏冥	面淖背岩，籍一昏冥	面淖背岩，籍一昏冥	面淖背岩，籍一昏冥	面淖背岩，籍一昏冥
9	曰擣厥虚，曰殲厥旅	–	曰祷厥虚，曰歼厥旅	曰（　）厥虚，曰歼厥旅	–
10	豈不易易，將韜我武	–	–	–	–
11	将韜我武，詎曰養寇	–	–	–	将韬我武，（　）曰养寇
12	曰有後謀，大功近就	–	–	–	–
13	彼衆我臣，已有成辭	–	–	–	–
14	火炙崑岡，懼乖皇慈	火炎昆冈，惧乖皇慈	火炎昆冈，惧乖皇慈	火炎昆冈，惧乖皇慈	火炎昆冈，惧乖皇慈
15	三巴圖魯，二十二卒	–	–	–	–
16	夜斫賊營，萬衆股栗	–	–	–	–
17	人各一心，孰為汝守	–	–	–	–
18	汝頑不靈，尚竄以走	–	–	–	–

续表

序号	文献 内容	《平定准噶尔勒铭格登山之碑》碑文浅释（1981）	伊犁地区的“平定准噶尔勒铭格登山之碑”和“平定准噶尔勒铭伊犁之碑”考（1989）	伊犁格登碑（1983）	格登山碑文考证释译（1995）
19	汝竄以走，誰其納之	–	安窜以走，谁其纳之	–	–
20	縛獻軍門，追悔其遲	–	–	–	–
21	於恒有言，曰殺寧育	–	–	–	–
22	叶受俘赦之光我擴度	缺（叶）字	缺（叶）字	缺（叶）字	缺（叶）字
23	漢置都護，唐拜將軍	–	–	–	–
24	費賂勞衆，弗服弗臣	–	–	–	–
25	既臣斯恩，既服斯義	既臣斯恩，既服斯以	–	–	–
26	勒銘格登，永昭億世	勒铭格登，永诏亿世	–	–	–
27	乾隆二十年歲次乙亥夏五月之吉御筆	乾隆一十年岁次乙亥夏五月之吉御笔	乾隆二十年岁次乙亥夏五月之吉御笔	乾隆二十年岁次乙亥夏五月之吉御笔	乾隆二十年岁次乙亥夏五月之吉御笔

根据上表内容对比：

［1］碑名：《清高宗纯皇帝实录》《新疆图志》《钦定皇舆西域图志》《西域水道记》《新疆识略》《伊犁风物志》《准噶尔历史与文物》《西域碑铭录》等书籍上均记载为“平定准噶尔勒铭格登山碑文”，比碑上少一“之”字。《伊犁地区县市概况》上记载为《格登山记功碑》。

［2］叶我師堂堂，其固自摧：叶，念xié，同“协”。在碑铭中，叶字用小号字体靠左边排列。《清高宗纯皇帝实录》《西域水道记》《伊犁地区县市概

况》、《新疆风物志》《伊犁风物志》《准噶尔历史文物》《〈平定准噶尔勒铭格登山之碑〉碑文浅释》《伊犁地区的“平定准噶尔勒铭格登山之碑”和“平定准噶尔勒铭伊犁之碑”考》《伊犁格登碑》《格登山碑文考证释译》等书籍中均无此字。

［3］格登之巀嶭：《新疆图志》为“格高之巀薛”。“巀薛”，山高峻的样子；若再用一高字，岂不重复，“高”应是“登”之误。《钦定皇舆西域图志》《伊犁地区县市概况》为“格登之巀嶭”。“巀嶭”：山名，在陕西省泾阳、三原、淳化三县交界处。《清高宗纯皇帝实录》为“格登之（　）嶭”。缺“巀”字。

［4］師行如流，度伊犁川：《钦定皇舆西域图志》为“渡伊犁川”。

［5］度河八日：诸本中均为“渡”。度，亦可通。

［6］遂抵格登：论文《格登山碑文考证释译》为“帝抵格登”。“遂”：追赶，追逐，驱逐，放逐。“帝”：上帝，天帝。“帝”显系“遂”之误。

［7］面淖背巖：《新疆风物志》为“面淖背（　）”，缺“巖”字。

［8］藉一昏冥：诸本中均为“籍”。古文中“藉”与“籍”可通。

［9］曰擣厥虚：《新疆图志》为“曰擣其虚”。其和厥可通，作代词，指达瓦齐叛军。《伊犁地区县市概况》，《伊犁地区的〈平定准噶尔勒铭格登山之碑〉和〈平定准噶尔勒铭伊犁之碑〉考》为“曰梼厥虚”。“梼”念［tao］，不通，当是“擣”之误。

［10］曰殲厥旅：《准噶尔历史文物》为“日殲厥旅”。“日”显系“曰”之误。《伊犁格登碑》为“曰（　）厥虚”，缺“殲”字。

［11］詎曰養寇：《格登山碑文考证释译》为“（　）曰养寇”。缺“詎”字。

［12］曰有後謀：《伊犁地区县市概况》为“日有后谋”。“日”显系“曰”之误。

［13］彼衆我臣：《清高宗纯皇帝实录》为“彼（　）我臣”。缺“衆”字。

［14］火炙崑岡：“炙”，诸本中均为“炎”。但应尊重碑上铭文，以“炙”为妥。“岡”：《新疆图志》《大清一统志》《西域水道记》《新疆识略》《乾隆御制诗文集》为“罔”“岡”与“罔”字形相似。当是“岡”之误。

［15］懼乖皇慈：《伊犁地区县市概况》为“慎乖皇慈”。“懼”恐惧，害怕；“慎”谨慎，慎重。“懼”显系“慎”之误。

［16］夜斫賊營，萬衆股栗：《清高宗实录》为“夜斫賊營，萬（　）股栗”，缺“衆”字。

［17］汝竄以走：《伊犁地区县市概况》为“尚窜以走”。《准噶尔历史文物》为缺此句。论文《伊犁地区的〈平定准噶尔勒铭格登山之碑〉和〈平定准噶尔勒铭伊犁之碑〉考》为“安窜以走”。“汝”代词，指“你”多用于称同辈或后辈。“尚”尊崇，重视；喜欢，爱好。“安”安定，平静。“汝”显系“尚”，“安”之误。

［18］誰其納之：《准噶尔历史文物》为缺此句。

［19］於恒有言，曰殺寧育：《新疆图志》为“於恆其言，日殺寗育”。《新疆识略》为“曰殺（寕）育”。《乾隆御制诗文集》为“曰殺（　）育”。《准噶尔历史与文物》为“曰殺寧宥”。碑上铭文“寧”字为“寗”“寍”“寕”等。从上下文看，都应为“寧”。“日”显系“曰”之误。“育”显系“宥”之误。

［20］叶受俘赦之　光我擴度：叶，念xié，同“协”。在碑铭中，叶字用小号字体靠左边排列。《清高宗纯皇帝实录》《新疆图志》《西域水道记》《伊犁地区县市概况》《新疆风物志》《伊犁风物志》《准噶尔历史文物》《西域碑铭录》《平定准噶尔勒铭格登山之碑——碑文浅释》《伊犁地区的〈平定准噶尔勒铭格登山之碑〉和〈平定准噶尔勒铭伊犁之碑〉考》《伊犁格登碑》《格登山碑文考证释译》等书籍中均无此字。

［21］費賂勞衆，弗服弗臣：《西域碑铭录》为“赉賂勞衆”。“費”花费，耗费；“赉”赏赐，赐予；两字意义不同，以碑上铭文“費”为妥。

［22］既臣斯恩，既服斯義：《伊犁地区县市概况》《伊犁风物志》为“既承斯恩”。从上下文看，都应为“臣”，既文从字顺，又承上启下。

［23］勒銘格登，永昭億世：诸本均为“永詔億世”。“昭”显著，显扬；“詔”詔书，詔告。两字都可通。但应尊重碑上铭文，以“昭”为妥。

三、小　结

本文通过碑铭汉文与不同版本碑文汉文的对比，指出不同版本碑文汉文的语句差异及缺损文字，试图展示不同版本碑文汉文以《钦定皇與西域图志》，《清高宗纯皇帝实录》为依据。

1. 碑名：“平定準噶爾勒銘格登山之碑”。《钦定皇與西域图志》为“平定準噶爾勒銘格登山碑文”，比碑上少一“之”字。诸本中均为“平定準噶爾勒銘格登山碑文”。

2. “叶”，念xié，同“协”。在碑铭中，叶字用小号字体靠左边排列。《清高宗实录》中无此字。诸本中均无此字。

3. 藉一昏冥：《钦定皇輿西域图志》为“籍一昏冥”。诸本中均为“籍一昏冥”。

4. 勒銘格登，永昭億世：《清高宗实录》《钦定皇輿西域图志》中“勒銘格登，永诏億世”。诸本均为“勒銘格登，永诏億世”。

达斡尔族族源和秽貊—夫余族系民族的联系

戴光宇

关于达斡尔族的族源，有契丹后裔说、室韦说、蒙古同源说、女真同源说、索离说①、黑水国说② 等许多说法，都很有道理。笔者不敢标新立异，只想在梳理前人诸说的基础上，对我们所掌握的新材料进行一些具体的分析，尤其重点分析一下达斡尔族族源同秽貊—夫余族系的联系。

笔者曾在各民族学者论著中查阅有关达斡尔族族源的论述，这些论述基本的套路是相近的，主要是围绕达斡尔族究竟是否契丹后裔做了许多讨论，讨论的方式多种多样，但往往跳不出原有的框框，未能得到新的真知。是或不是契丹后裔这个问题谁都绕不开，但谁又都说不清。相比之下，达斡尔语的语音和词汇中表现出来的一些迹象把笔者的思路从纠结这个问题上引开，这些线索体现出达斡尔族同比契丹这一中古民族更为古老的一些古代民族相联系的文化因素。

除了一些鄂温克语借词外，达斡尔语词汇大部分和蒙古语相通，还有相当一部分和女真—满语相通，但的确有两个词——“铁”“鹰”和《辽史》中的契丹语相通，其中“铁”（kasoo，契丹语“曷术”）一词满语和蒙古语都没有，是它的特色。不过，仅这两个词既不能说明他们是契丹后裔，也不能说明他们不是契丹后裔，这是显而易见的。达斡尔语和朝鲜语的某些方言一样音节

作者系北京市社会科学院满学研究所助理研究员。

① 日人池尻登所著《达斡尔族》中提到了“索离说”，引据扶余王子东明的神话，指出索离和达斡尔居地相同，生活也相同。孟定恭记布特哈沿革说：“索离之后索伦也，仍在该处不少。”又说斯地土传和东明神话尚相符。见陈志贵《试谈达斡尔族的族源问题》，黑龙江省达斡尔族学会、齐齐哈尔市达斡尔族学会编印：《达斡尔族族源研究》，第62页，1997年本。

② 郭挺：《浅议达斡尔族族源问题》引用花灵阿《达斡尔索伦源流志》，清道光二十七年满文传抄本。

收尾的k、b、t辅音变为r的现象（可以看作一种类似“儿化”的开音节倾向），一些和蒙古、西伯利亚都不同的东北亚类型的语音强弱化、同异化、词首n变为l，以及音节连接处添减鼻音等特征，指明了这个民族同古代秽貊民族有密切联系。

清初由黑龙江以北精奇哩江流域南迁至嫩江流域的达斡尔族，不但因在保卫北疆、抗击沙俄侵略过程中做出重大贡献、付出巨大牺牲而广为人们所知，更因其族源成分复杂，保留着东北亚和北亚民族的许多古老文化特征，被誉为古代东胡民族的“活化石”。比如，有一首达斡尔族摇篮歌，歌词“be，be，nyonyoyi bebuli yo，be，be”和满族、锡伯族的摇篮歌基本一样，但曲调却和裕固族的摇篮歌有几分相似，裕固族摇篮歌①的开头也有类似呼唤的两个长音“贝、贝”，然后急转直上，悠远而悲怆，富有草原风格。据学者研究，这类曲调可以追溯到遥远的匈奴时期②。

清初，达斡尔族和鄂温克族、鄂伦春族常被统称为“萨哈尔察部”或“索伦部”，但狭义的“索伦部”是指鄂温克族中的一部分。由于达斡尔族和鄂温克族这两个民族关系密切，记录在“索伦部”名下的，既有达斡尔族的活动，也有鄂温克族的事项，具体史实需要根据语境加以鉴别。在黑龙江流域的民族语言里，“索伦”意即“上游”，“赫哲”意即“下游”，而满、蒙语言把朝鲜分别叫作solho和solonggos，其词根也与索伦有关。清代史书对达斡尔族早有记载，但最早以达斡尔一名的本音出现的，是在《清实录·圣祖仁皇帝实录》康熙五年（1666）：“查打虎儿有一千一百余口……”齐齐哈尔市富裕县等地和达斡尔语共生的三家子满语里一般没有“索伦”的说法，却把“朝鲜”（solho）读作′solo，对达斡尔的称呼则从其本名。

一、文献对达斡尔族族源的记载

1. 各民族早期文献的记载

可靠的达斡尔族历史，是自16世纪初始见于记载的，如清乾隆时期达斡

① 田联韬主编：《中国少数民族传统音乐》，第十四章，中央民族大学出版社2001年版。

② 杜亚雄著：《中国各少数民族民间音乐概述》（修订版），第178页，上海音乐学院出版社2014年版。

尔族郭贝勒氏阿那保家传《勤勇公纪恩录》[①] 追溯阿那保祖先世系到乌默特的四世祖萨吉达库，他约在15世纪末和16世纪初居住在精奇哩江东岸布丹河北的“郭贝勒阿彦”[②]。

直接的记载如蒙古世系谱记载塔吉古尔[③] 部落曾于正德年间（1506—1521）向札萨克图纳贡，这大概是近古以来有关达斡尔族最早的记载[④]。

朝鲜《李朝宣祖实录》丙申（二十九年，1596）正月丁酉条[⑤] 记南部主簿申忠一上书陈述出使建州时所见的“蒙古沙割者”（朝鲜音sa hal ja）部人，即对应着清代文献中的“萨哈尔察”，即贡“黑貂皮”的部落。

《苏联大百科全书》第十三卷载，1639年当沙俄东侵匪帮先遣部队出现在维季姆河畔的时候，他们从当地埃文基人那里听到“达乌尔”的名称：“在17世纪，当俄罗斯人出现于黑龙江中游之际，他们（达呼尔人）为最大的居统治地位的部族。”[⑥]在俄国人的记录中，还详细记载了黑龙江达斡尔人的各个群体的名称[⑦]，如黑龙江以其头人名字命名的拉弗凯、多沙乌、桂古达尔、班布拉伊、托尔加等群体和结雅河（精奇哩江）上的巴尔达奇、多普蒂乌尔两个群体。17世纪30年代俄国人在阿尔丹河、阿姆嘎河河口还遇见一小批名称不详的达斡尔人，大概这些达斡尔人从结雅河地区来到阿尔丹河上游，后来又沿阿尔丹河向下航行去了。此外，结雅河地区还有一些达斡尔化了的通古斯人巴雅吉尔人、赛马吉尔人、“图尔羌人”（古尔千人?）和波坎乡、谢洛贡氏族、戈古尔乡、赛布奇乡使用通古斯语名称的部分达斡尔群体。

---

① 1953年中央民族学院调查组在达斡尔族地区发现，满文，孟希舜口译。

② 乌默特于1640年和巴尔达奇同时投清，见《清实录》和《开国方略》。

③ 古清尧：《清代前期达斡尔著族——精奇里哈拉史地考》，《中国边疆史地研究》1994年第4期。引自《达斡尔社会历史调查》，第218～219、187页，内蒙古人民出版社1985年版。塔吉古尔又作达奇鄂尔或达奇果尔。据呼伦贝尔盟达斡尔族调查材料，称达斡尔为“达乞奥尔”。

④ 古清尧：《清代前期达斡尔著族——精奇里哈拉史地考》，《中国边疆史地研究》1994年第4期。引自《达斡尔社会历史调查》，第218～219、187页，内蒙古人民出版社1985年版。

⑤ 王锺翰辑录：《朝鲜〈李朝实录〉中的女真史料选编》，第255、262页，辽宁大学历史系1979年本。

⑥ 乌力斯·卫戎：《达斡尔族族称的确认》，黑龙江省达斡尔族学会、齐齐哈尔市达斡尔族学会编印：《达斡尔族族源研究》，第96页，1997年本。

⑦ Б·О·多尔吉赫：《俄文史料中记载的十七世纪黑龙江各民族的民族成分与分布》。郭燕顺、孙运来：《民族译文集》第一辑，第30～40页，吉林省社会科学院苏联研究室1983年本。

在沙皇俄国从西伯利亚侵入我国东北的过程中，曾对黑龙江流域的部族进行过细致的调查，这里的两个最重要的族群就是蒙古语族的达斡尔人和满——通古斯语族的“久切尔人”。所谓久切尔，笔者认为来自“女真”一名，指那些尚未被纳入满洲民族共同体当中，后来成为“新满洲”组成部分的虎尔哈等部的女真人，他们自古和达斡尔人的接触非常密切。俄国的新土地“发现者”从17世纪50年代起开始把自布列亚河至奇集湖之间的所有黑龙江居民称作“久切尔”或“杜切尔”“丘恰尔”“如切尔”，他们最初是从达斡尔人那里听到这一称呼的。从布列亚河口至小兴安岭（俄国人称之为“久切尔人石山”）的黑龙江上游久切尔人被满洲人称为“索伦人”，哈巴罗夫匪帮称之为“戈古里人”。17世纪的俄国史料指出，“久切尔人”和“博格多依人”[①]的地域是以“虎尔哈毕拉”即牡丹江为界的。俄国史料中还提到了“久切尔人”中的氏族“萨克素鹿”（saxsur）。笔者推测，按照黑龙江流域不同部族之间的语音对应，它可能和赫哲人对达斡尔人的称呼“达赫素鹿”有关或后来满族的姓氏“扎斯瑚哩”有关。根据哥萨克的报道，17世纪中叶，久切尔人的屯落截至乌苏里江江口的下边，其下游居住着纳特卡人（又作“纳塔人”[②]“鄂纳蒂尔卡人”[③]“阿枪人”[④]）。涅吉达尔人对那乃人中剃发的称为果尔蒂赫（goldix），对那乃人中不剃发的和乌尔奇人（满珲人）称作恩阿特库（ngatku）[⑤]，但俄国人也将包括除满洲人之外的黑龙江流域的果尔特人（也读作“果格迪”，和“戈古里”这一族名密切相关）、纳特卡（来自ngatku一词——笔者）人等族群统称为“久切尔人”。

2. 达斡尔族内部对于自身族源讨论的得失

在达斡尔族内部，有关自身族源的传说和讨论很多，笔者曾通读过黑龙江省达斡尔族学会、齐齐哈尔市达斡尔族学会编印的《达斡尔族族源研究》等达

---

① 即建立清朝的满洲人，boγda蒙古语意为“神圣的”，乃是蒙古人对清朝皇帝的称呼。

②③ Б·О·多尔吉赫：《俄文史料中记载的十七世纪黑龙江各民族的民族成分与分布》。郭燕顺、孙运来：《民族译文集》第一辑，第30–40页，吉林省社会科学院苏联研究室1983年本。

④ Н·А·里普斯卡娅《那乃人》，郭燕顺、孙运来：《民族译文集》第一辑，第170页，吉林省社会科学院苏联研究室1983年本。

⑤ Л·Я·斯特忍堡《涅吉达尔人》。郭燕顺、孙运来：《民族译文集》第一辑，第202页，吉林省社会科学院苏联研究室1983年本。

斡尔族人编写的讨论本族族源的论文集，将其中最值得讨论的几个问题归纳如下：

（1）契丹后裔的提法是何时产生的

敖兴然先生文章对于清朝官方为确定达斡尔族族源的调查有一条重要记载：“达斡尔族清朝初期不敢说是契丹后裔达斡尔部，而说索伦部……因此，归清前后只称萨哈尔察部或索伦部……到清同治年间上边派人到黑龙江调查回来说是‘女真’后裔，‘上边不信’，于光绪六年（一说二十二年）又派人调查，回来时说是契丹后裔，就此定案，没有再考察。”[①]

从这条记载来看，说是契丹后裔的提法是清末才见诸官方记载的，目前尚未见到有文献提出达斡尔族是契丹后裔的明确记载，而从语言上看，据史书记载：“室韦语与库莫奚、契丹、豆莫娄国同。”[②]如果语言材料能证明达斡尔语同契丹人的语言有关，那么，这同样也证明了达斡尔语同上述几种语言都有关。众所周知，豆莫娄是“北夫余之裔”，也就是说这些前鲜卑时代的蒙古语族人群，其语言是大同小异的。这从北魏时期入塞的一些部落的语言也可以看出：和蒙古高原的拓跋鲜卑、柔然等不同，当时东部的一些鲜卑部落，和后来的契丹一样，其语言以蒙古语族成分为主，但也受到满——通古斯语语音和词汇的强烈影响[③]。

（2）“亡辽后裔”库烈儿为何许人

一些达斡尔族老学者撰文记述，在旧社会，有些达斡尔家庭里曾供奉“库烈儿”佛，据说这是一位性情暴劣的佛爷[④]，有人推测这与辽亡时率领契丹人北迁领袖库烈儿公的名字有关。但陈志贵先生认为，说“达斡尔族来源于契丹，并不是说达斡尔族没有契丹族以外的成分”。他在文章中提到了达斡尔传说：“辽亡，当时有一少部分契丹人由西拉木伦、喀拉木伦逃到黑龙江、精奇里江、西勒克尔、格尔必奇、鄂嫩河等地，以游牧狩猎和种荞麦、燕麦为生。又传他们的祖先曾率部南征。这样的传说在达斡尔民间普遍流传，他们并不知

---

① 敖兴然：《达斡尔族源探讨》，黑龙江省达斡尔族学会、齐齐哈尔市达斡尔族学会编印：《达斡尔族族源研究》，第47页，1997年本。

②《北史·室韦传》。

③ 戴光宇：《试论鲜卑语、契丹语和满语的关系》，载《满语研究》2014年第2期。

④ 欧南·乌珠尔：《达斡尔族的名称及其来源》。黑龙江省达斡尔族学会、齐齐哈尔市达斡尔族学会编印：《达斡尔族族源研究》，第93页，1997年本。

道有契丹遗人库烈儿等北迁的记载。”①

塔娜先生在她的《达斡尔传萨满教holier神探源》一文当中对霍列尔神的来历有着令人信服的考证。文中说：“holier一词系鄂温克语词汇，其义为‘蛇’。那么，holier神就是蛇神。”② 她考证holier barkan是达斡尔萨满教的始祖神，大致有五种称呼。1. maloo神（瑷珲地区达斡尔人的称谓）；2. huaimar（西炕，上位）神；3. da barkan（首席神，海拉尔地区的称谓）；4. hojoor（根子，妈妈的娘家）神；5. holier神。

其中，maloo系鄂温克语借词，指居室内正对着门的位子。这个位子在诸多北方民族中均被视为至尊至贵的位置。而鄂温克人所说的maloo神并不是指一个神，而是指将主神及副神的偶像一并装入的桦皮匣子或兽皮袋子。鄂温克语称萨满的神灵为sewen，称其偶像为sewenki，有时将二者音译作“色文”“舍沃克”。所以，人们往往称sewen为maloo神。由此可见，达斡尔族的“霍列尔神”可能和库烈儿无关。

卜林先生“不同意契丹辽亡余部北移之说，更不同意汗祖率部北上的讹传，但不排除契丹统治时期，或者早期邻近蒙古地区的别部”，“逐水草北上，或是契丹派别部北居”。“惟独辽亡后裔北上之说，无论是诸方面的历史情节，都是不吻合历史的。显然是把达族民间的萨吉勒迪汗当民族存亡之际率部逃离的传说，虚构于辽亡余部逃离之中。”③

笔者梳理达斡尔族内部关于契丹后裔说的各种讲述，发现自近代以来，直到目前为止，这一说法从未得到有力的证据支持，如果不到民间走访长者，则这方面的研究很难取得更深的进展。以笔者在满族地区调查的经验，一些农村的老人提供的只言片语，有时的确能对族源的探讨起到重要的指导作用。

（3）蒙古说中应该破除的误会

成书于东北军阀统治时期及伪满年间的《达斡尔蒙古考》（阿拉坦嘎达氏）和《达古尔蒙古嫩流志》（无署名）提出鞑靼后裔论及蒙古同源论，达斡

---

① 陈志贵：《试谈达斡尔族的族源问题》，黑龙江省达斡尔族学会、齐齐哈尔市达斡尔族学会编印：《达斡尔族族源研究》，第60页，1997年本，文中引（元）许谦：《白云集》卷；黄缙：《金华文集》卷27。

② 塔娜：《达斡尔传萨满教holier神探源》，载《内蒙古社会科学（人文版）》1996年第4期。

③ 卜古达·卜林：《达斡尔族源考》，黑龙江省达斡尔族学会、齐齐哈尔市达斡尔族学会编印：《达斡尔族族源研究》，第31页，1997年本。

尔族属于蒙古语族应是没有问题的，但《嫩流志》第一章第五页将萨吉勒迪汗之名附会于蒙古开辟祖先巴塔赤罕之第十六代孙海都之第三子“抄真干儿贴该”（原文如此，“干”的繁体与“斡”字形相似，查《蒙古秘史》应作抄真斡儿帖该）[①]，则尤为不能令人信服。若从达斡尔族哈拉莫昆中来看，华拉斯hw-als（hurlas）、鄂勒特elet（elete）、克音（keiin）等哈拉的确和古代蒙古族的豁鲁剌思、兀鲁兀惕、乞颜等部落的名称很近似，他们大概和参与形成古代蒙古人的某些氏族有关。从前文看，清入关前的朝鲜史料是把达斡尔族明确地称为“蒙古沙割者”的，这大概和达斡尔语言主流同蒙古语较为接近有关。

二、达斡尔族同秽貊—夫余族系联系的探讨

1. 萨吉哈勒迪汗传说和汉文古史记载的比较

我们在研究中发现，达斡尔族的主体是源于契丹还是室韦现在还难以确定，但可以确定的是，这个民族语言和文化的底层都和曾建立我国东北地区最古老的民族政权的土著民族秽貊—夫余人有着千丝万缕的联系。但这些联系是原生的还是南迁嫩江以后吸收的，我们目前还难以定论。我们可以仅举达斡尔族家喻户晓的萨吉哈勒迪汗兵败过江时鱼鳖搭桥的故事为例来考查达斡尔族同古代夫余族系的联系。

在东北的满（主要是“新满洲”）、蒙古、朝鲜、赫哲、达斡尔、鄂温克、鄂伦春等民族中，都有鱼鳖搭桥或冰封江面母题的传说，详见笔者在实地调查基础上写出的专著《三家子满语语音研究》[②]。这些传说越靠近夫余故地，故事的情节越接近夫余东明王的传说。《黑龙江志》载，每年秋天大马哈鱼“自海逆水而上，入江驱之不去，充积甚厚，当地人竟有履鱼背而渡者”[③]。即使在今天，在黑龙江里，当大马哈鱼的鱼汛来临时，还是满江都是鱼，渔民们有“踩着鱼背能过江”[④]的说法。按一般情况推论，在上古时代，东北平原的大江里，鱼鳖的个头和数量一定远远超过当今，故上述传说应在某

---

① 卜古达·卜林：《达斡尔族源考》，黑龙江省达斡尔族学会、齐齐哈尔市达斡尔族学会编印：《达斡尔族族源研究》，第15页，1997年本。

② 戴光宇著：《三家子满语语音研究》，第40页，北京大学出版社2012年版。

③④《东北：马蹄形的富饶》，载《中国国家地理》2008年10月东北专辑，总第576期。

种程度上反映了历史的真实。

汉族古史上关于夫余王东明的记载可以说是这类传说的滥觞。夫余的王室出于北夷橐离（上古音构拟为thaklĭai[①]），相传北夷橐离国的侍婢有身孕，王欲杀之，婢对曰："有气大如鸡子，从天而下，我故有娠。"后产子，"捐于猪溷中，猪以气嘘之，不死。复置马栏中，欲使马杀之，马复以口气嘘子，不死。王疑以为天子。令其母收取奴畜之，名东明，令牧牛马。王恐夺其国也，欲杀之。东明走，南至掩淲（上古音构拟ĭamsĭe，中古音构拟ĭɛm sĭe）水，以弓击水，鱼鳖浮为桥，东明得渡；鱼鳖解散，追兵不得渡。因都王夫余，故北夷有大夫余国焉。"[②]高句丽的祖先出自夫余，这个民族对祖先事迹的追溯同样提到了鱼鳖搭桥的传说，只是由于方言的差异，先祖"东明"变体为"邹牟""朱蒙"[③]。

夫余主要来源于秽人与貊人，其中秽人是"东夷别种"[④]。国外学者据史书记载北夫余之裔豆莫娄语言与契丹同，以及布里亚特蒙古的族称和"夫余"二字的上古音bĭwaʎĭa（其中ʎ代表颚化的l，按当时鱼部已由先秦的a变为ɔ来看，《三国志》中记载的这个名称和先秦时"凫臾"二字同音）相似，断定夫余属蒙古语族，笔者认为这样定论为时尚早。近年来国内外许多学者通过对古代朝鲜史料《三国史记》中高句丽地名的研究，指出属于秽貊—夫余族系的高句丽语中有相当一部分词汇和今天的日本—琉球语相通[⑤]，但我们不排除高句丽人的统治阶层貊人可能讲古代蒙古语族东部的某种方言的可能，因为考古发现表明，公元前3世纪具有发达的青铜文明和王权政治的游牧民族貊人从蒙古草原东部东迁统治东北东部和朝鲜半岛的定居农耕渔猎土著秽人并融合为秽貊

---

① 李珍华、周长楫编撰：《汉字古今音表》，中华书局1999年版。

②《后汉书·东夷传》。

③ 江应梁主编：《中国民族史》，第65、66页，民族出版社1990年版。

④《逸周书·王会篇》。

⑤ 徐德源：《高句丽族语言微识录》。《中国边疆史地研究》2005年3月第15卷第1期。［美］Christopher I. Beckwith（白桂思）著：《Koguryo，The Language Of Japan's Continental Relatives（高句丽语——日本语在大陆的亲属语言）》。

之前，秽和貊的区别是明晰的，二者的分布基本上是以沈哈铁路为界[①]。

据史书记载，夫余、高句丽、沃沮、秽等民族的语言是相似的[②]，南北朝至隋唐时期朝鲜半岛西南部的百济也来自夫余："百济者，其先盖马韩之属国，夫余之别种。"[③]"出自索离（saklĭai，与"櫜离"thak lĭai是一个词，这样词首th~s的交替在今天松嫩平原的一些语言中仍可见到）国"，是夫余王"东明之后"[④]。只有挹娄 "其人形似夫余，言语不与夫余、句丽同"[⑤]。

古代蒙古语称呼一个部落的男子，是在部落名称后加词缀"歹"（对应着达斡尔语里的"迪"），称呼一个部落的妇女则是在部落名称之后加词缀"真"。萨吉哈勒迪汗或萨吉尔的汗的名称，其词根"萨吉哈勒"或"萨吉勒"和"索离"的古音sak lĭai是否有关呢？根据目前的资料，笔者尚难考证。为了说明和古代东北亚部落名称相关的一些问题，这里引用敦煌吐蕃文献中几条记载并加以说明。

2. 敦煌吐蕃文献中和达斡尔族源有关的重要记载

敦煌吐蕃文献中有一份珍贵的关于回鹘人对东北亚民族记载的卷子，为我们研究达斡尔族源提供了重要的线索。这份藏文卷子的编号是P.T.1283，为北方若干国君王统的叙记文书[⑥]，它是伯希和在1908年从敦煌劫往巴黎的，藏文原题是《北方若干国君之王统叙记》，原文现存109行。从字体、正字法、语法结构和行文风格等方面看，它跟其他敦煌古藏文文书（如编号为P252的古藏文历史文书）是同一时期的作品，约产生于公元八至九世纪之间。现在让我们来看一下藏学家王尧、陈践两位先生译文中有关东北民族的部分：

往昔，回鹘王颁诏：北方究竟有多少国君？命五名回鹘人前往侦

---

① 王建新、刘瑞俊：《先秦时期的秽人和貊人》，载《民族研究》2001年第4期。王建新：《濊人与倭人》。《北京论坛（2004）文明的和谐与共同繁荣——东亚古代文化的交流：考古分会论文或提要集》（Beijing Forum（2004）The Harmony and Prosperity of Civilizations—Cultural Intercourse of Ancient East Asia：Collection of Papers And Abstracts on Archeology）。

②《三国志·魏书三十·乌丸鲜卑东夷传》。

③《周书·百济传》。

④《北史·百济传》。

⑤《三国志·魏书三十·乌丸鲜卑东夷传》。

⑥ 王尧、陈践译注：《敦煌吐蕃文献选》，第159~166页，四川民族出版社1983年版。此译文中汉字注音并不全都符合汉语中古音规范，是何部落读者可自己考证。

查。此即其回报文书，系取自玉府也。

……

诸小部落中无国君，胜兵六千人，其东境，有一部落。蕃人称之为“黑”（He），汉人称之为“黑子”（He-tse），突厥人称之为“奚”（Dad-pyi）。部落酋长名为钟瓮牙（Cong-bong-ya），“奚”部之人，将其祖先颅骨镶以金银，用作酒器云。

在“奚”人之东，突厥人称之为貊句丽（Mug-lig），汉人称之为高丽（Kevu-li）。上东（Shang-tong）地方权臣名为羌冲齐（Chang-Chung-Chi）者之辖区。高丽境内之人，下颏垂于胸口，食人肉，将父母年迈者及其他老迈之人，裸裎杀死。

其东，名为蛮子百济（Mon-ba-beg-tse）部落，其人平素不着衣衫。

其南，有人如鱼，恒居于水中。

再南，为蛮人（Mon-ba），肌肤黧黑，眼白，头发有如水马鬃毛，丛丛杂乱。而善游如鱼。

“奚”人之北境为“鞑子”（Da-sre）部落。帐篷支架悉用鱼骨，覆盖于篷上遮罩物，高贵者用鱼皮，贫者用白桦树皮。

上述记载中有几条重要内容值得我们注意：1. 奚人之东的高丽，其突厥语名称Mug-lig的词根Mug来自“貊”的中古音，似问题不大，而突厥语后缀-lig一般表示某地的人，Mug-lig可能就是“貊人”的意思，和汉族史书对高句丽的记载相符；2. 奚人北境的（Da-sre）部落，译为“鞑子”似有误，从古藏文转写来看，奚人被汉人叫作“He-tse”（奚子），其中第二个字“tse”是“子”的对音，从Da-sre部落“帐篷支架悉用鱼骨，覆盖于篷上遮罩物，高贵者用鱼皮，贫者用白桦树皮”的记载来看，这个部落和黑龙江流域到日本海的达斡尔、赫哲等民族风俗相似，俄国旅行家们记载的构成黑龙江流域民族的重要部落的名称“加克素鹿”“萨克素鹿”读音同“Da-sre”相近，果尔特人（即赫哲人——笔者）称达斡尔人为达赫素鹿[1]，则和“Da-sre”基本相同，因

---

① 郭燕顺、孙运来译：《民族译文集》第一辑，第127页，吉林省社会科学院苏联研究室1983年本。

为黑龙江流域的民族语言里，s前面的促音x等一般只起到隔音避免s被同化元音同化为浊的作用，至于其本身是否发出来并不重要。

3. 貊（貉）与俄国学者记载的神秘“哈”人

唐初颜师古注释《汉书·高祖纪》说：“貊（上古音meak）在东北方，三韩（上古音ɣan）之属皆貊类也。”据韩国学者研究，源于三韩的新罗等国，其语言与夫余、高句丽等民族是有区别的。现代朝鲜语是以半岛南部的新罗语言为基础发展来的，它和秽系民族的语言有较大的差别。近年来，学术界倾向于认为貉（貊）应属于发祥于蒙古草原的北狄游牧民族，这有许多确切的记载可考。如《竹书纪年》记赵武灵王二十四年推行胡服骑射时，将胡服称为“貉服”，可见古书“貉”（上古音ɣak）与“胡”（上古音ɣa，而“匈奴”二字的上古音构拟按《汉字古今音表》作xǐwɔŋ na，笔者认为“匈”和“胡”不完全等同）通用。此外，从史书记载貉系各族活动的范围来看，也正是北方或东北方的草原地带。从上古音来看，“胡”“貉”“韩”三个字读音很相近，只是阴声韵、入声韵和阳声韵的区别。上古汉语“阴阳对转”的规律，这三个音可以互通。

俄罗斯学者记录到黑龙江下游一些土著民族传说中有一种神秘的古代民族“哈”人，其名称与我国上古史书中记载的“貉”（貊）人基本相同。这条记录实属珍贵难得，郭燕顺、孙运来二位先生的《民族译文集》第一辑中已译为中文，内容十分精彩，研究达斡尔族源的学者有必要认真阅读，这里由于篇幅所限就不赘述了[①]。其中最主要的观点是黑龙江下游的果尔特人（赫哲人）认为黑龙江边具有明显远东风格的萨卡奇·阿梁岩画是当初三个太阳晒化大地时由果尔特人从中接受萨满教的渔猎农耕民族“哈”人留在当时松软的岩石上的，“哈”人也被叫作“尼堪哈”，还留下了不少文物，果尔特人里一些人认为他们是汉人或朝鲜人，但最流行的说法是，他们既不是汉人，也不是朝鲜人，而是某个特殊的民族，作者斯特忍堡根据同“哈”人有关的磨盘、银锭等文物曾在达斡尔族地区发现过类似的，而果尔特人又常常把“哈”人同他们对达斡尔人的称呼“达克素鹿”“加克素鹿”混为一谈，认为“哈”人和达斡尔人的先民

① 郭燕顺、孙运来：《民族译文集》第一辑，第138页，吉林省社会科学院苏联研究室1983年本。

有着密切的联系[①]。

三、达斡尔族的“哈拉”“莫昆”对族源研究的意义

1. 达斡尔族“哈拉”“莫昆”对探索本民族历史的价值

达斡尔族的姓氏结构可分为：“哈拉”（hala）、“莫昆”（mokon）、“比力格”（birig）三种[②]。其中“哈拉”是远血缘的统一体，“莫昆”是近血缘的统一体，“比力格”是亲血缘的统一体，这是氏族社会发展的必然结果。整个达斡尔族以“哈拉”为重，卜林先生认为它是早期宗源及其祖姓的代表。然而，齐齐哈尔一带的达斡尔族则不然，他们重“莫昆”要胜于“哈拉”。其他地区的达斡尔族后代知其“哈拉”，不知其“莫昆”，“莫昆”正处于失传之中。“比力格”已被多数人所忘却，现在已经开始失传，唯独在德都（即五大连池）、新疆一带的达斡尔老人中保留着。古清尧先生在《清代前期达斡尔著族——精奇里哈拉史地考》一文中指出，除“哈拉”“莫昆”外，达斡尔族本有表示氏族的本民族称呼，诸如“华尔吉”“斡尔阔”“爱满”等等[③]。

简要论之，达斡尔族的哈拉、莫昆为东北亚民族史研究显示出一些线索。在各哈拉、莫昆中，有些明显与蒙古语族语言相同的名称如敖拉（山）、朱如古（心）、和勒格（肝）等却一般未见于蒙古部落，古代蒙古人虽然兴起于斡难河，但也未见有像达斡尔族这样以斡难为名的氏族，相反，由精奇哩江支流克音河取姓而来的克音姓氏和黑龙江地区的黑叶、何叶尔以及蒙古的乞颜等氏

---

① 但另一方面，由于秽系民族语言的开音节化倾向，“哈”也和“秽”的上古音huat接近，斯特忍堡称，一些果尔特人（在绰拉剔村）断言，“哈族‘居住在中国之外’。在另一个地方，即在猛安村，人们使我们相信，哈族原来远居在太阳升起的海边，后来又经黑龙江下游来到这里，这儿住二三年，那儿住四五年，而后就迁到宏格力河上去了。当时，果尔特人已经定居在黑龙江上，而哈人则先于汉人来到这里。在涅尔根村，人们说，哈人同果尔特人征战，但汉人把他们赶跑了”。果尔特人还说，“在哈族人居住的地方，庄稼长得非常好”，他们从事农业和捕鱼。这是和秽人一样的生产方式，故而我们也不排除“哈”是秽人的可能。不过，秽与貊融合之后，被统称为“貊”（貉）也是可能的。笔者不敢轻易跟随，但也不敢轻易否定斯特忍堡的观点。

② 卜林：《达斡尔族的“哈拉”“莫昆”》，第100~105页，黑龙江省达斡尔族学会、齐齐哈尔市达斡尔族学会编《达斡尔族族源研究》，1997年本。

③ 古清尧：《清代前期达斡尔著族——精奇里哈拉史地考》，载《中国边疆史地研究》1994年第4期。引自《达斡尔社会历史调查》，第218~219、187页，内蒙古人民出版社1985年版。

族读音甚为接近，鄂勒特、华拉斯等名称也像是和蒙古部落同源，其中是否有某种联系有待考证。此外达斡尔族哈拉莫昆中还有和鄂温克族相同的杜拉尔氏以及和满族相通的孟尔登氏（“新满洲”有墨尔哲勒氏、墨尔迪勒氏）。这些都为我们研究东北及蒙古地区民族的起源提供了重要的线索和佐证。从这些线索出发，笔者联想到东北嫩江流域的一些带有其他地方蒙古族当中都不具有的一些特殊语音特征的蒙古语土语，使用这些土语的人们究竟是当地原有土著，还是由蒙古高原南迁而来的呢？让我们对照历史记载加以讨论。

2. 原属兀良哈三卫的蒙古部落和夫余人的关系初探

根据古老的传说，迭儿列勤（“一般的”蒙古，包括捏古思和乞牙惕两种）蒙古十八部落中弘吉剌惕、亦乞列思、合勒讷惕、弘里兀惕、豁罗剌思、额勒只斤等六个部落出自一个祖先。是从一个金器里生出的三个儿子繁衍而来。

据拉施特《史集》记载，弘吉剌惕部及其各个分支的禹儿惕（老营）都在合剌温-只敦的那边（即大兴安岭以东）的“兀惕古城墙”（即金界壕，今达斡尔语称为“乌尔科”，这个词在一些通古斯语里即“门”的意思）之地，与亦乞剌思、豁罗剌思部落在一起。

根据传说，弘吉剌惕部落出自一个金器（阿勒坛·忽都合）中生出的三个儿子。

> 长子：主儿鲁黑-蔑儿干，弘吉剌惕所属诸部落的祖先。
>
> 次子：忽拜-失列。他有两个儿子：亦乞剌思和斡勒忽讷惕。
>
> 三子：秃速不-答兀。他有两个儿子：合勒讷惕和弘里兀惕。
>
> 其中，弘里兀惕有迷薛儿-玉鲁（书中说“玉鲁”ölük即突厥语“尸体”的意思）、豁罗剌思、额勒只斤三个儿子。成吉思汗的女祖先-感光生子的阿阑-豁阿即出自豁罗剌思（今天称为郭尔罗斯）部落，其感光所生的三个儿子之后，称为“尼伦”（蒙古语“腰”，意即出自阿阑-豁阿贞洁之“腰”）蒙古。①

① ［波斯］拉施特主编：《史集》第一卷第一分册，余大钧、周建奇译，第261～272页，《弘吉剌惕部落》一节。

按照《史集》记载，分布于今天嫩江草原的郭尔罗斯（豁罗剌思）部落本是弘里兀惕部落的分支，由于中古蒙古语词首的字母h常有脱落现象，笔者推测，尽管前人多认为“翁牛特”来自汉语“王”这一词根，但弘里兀惕可能就是后来的“翁牛特”一名的前身，因为明代史书把翁牛特记作“汪流”“往流”“冈留”“罡留”、“罔留”等，其中两种记音保留着古代蒙古语词首的擦音h的变体[①]。这些部落和乌济叶特（和满族的窝集部名称相同，均和汉魏时的沃沮有关，满语weji意为森林）等部落明代均隶属于兀良哈三卫，和鞑靼、瓦剌等普通的蒙古部落不同，嫩江流域的一些部落直到明朝还保留了“福余卫”的名称，似可和语言学上的证据相互印证。

据《前郭尔罗斯简史》记载，明朝建立后，郭尔罗斯部归撒汉河卫管辖。北元与明朝对峙时期，郭尔罗斯部的人口、兵力大减，地域也大大缩小，无力与任何政权抗衡，所以保持中立地位。他们一直沿松嫩两江流域游牧，人们称他们为高勒钦或高勒楚德，即沿江河的人或沿江河的人们。汉语音译为卦勒察，与《满洲实录》中满文记载一致[②]。

由于郭尔罗斯等部落居住在嫩江流域的时间是如此之早，其语言很可能是受到当地秽貊族系遗民的影响而具有了特殊的发音习惯，至今仍保留并传承着夫余人古老的语音特征。今天居住在嫩江流域的达斡尔族中也有叫作hwals或hurlas的哈拉，富裕县的蒙古族中也有呼尔拉特氏，可见豁罗剌思部落早期在嫩江流域的分布应该是较为广泛的。

应该注意，新罗有金氏的始祖生于鸡林中一个金椟的传说，而韩语中一些和蒙古语相通的词的读音和嫩江流域的蒙古语土语（当地称nutuγ un kele，即故乡的话）一样也有把“普通的”蒙古语词首的辅音强化现象（如把s或č读为t以及把h读为p，例如“月亮”蒙古文做sara，韩文做dal；“石头”蒙古文做čilaγu，韩文做dol），今天在几乎遍布整个嫩江流域的地区内，郭尔罗

---

① 李俊义、梁文美：《翁牛特语义及翁牛特部先祖考辨》，载《赤峰学院学报》（汉文哲学社会科学版）2010年4月。宝音德力根：《往流、阿巴噶、阿鲁蒙古——元代东道诸王后裔的统称、万户名、王号》，载《内蒙古大学学报》（哲学社会科学版）1998年第4期。

② 刘加绪主编：《前郭尔罗斯简史》，第77页，辽宁民族出版社2005年版。

斯、杜尔伯特、扎赉特[①]等部落的原有的[②]蒙古人，其土语中常有把蒙古文词首的字母s强化，读如字母t的现象，例如“坐”saγu读如taγu，“奶”sü读如tü（达斡尔语词首很少出现这样的情况，但词中有）。这和魏晋时期史书上“索离”~“櫜离”的交替应为一脉相承。

四、简短的结论

综上所述，笔者得出如下结论：蒙古语民族在拓跋鲜卑向蒙古高原发展之前应有过一个在东北和朝鲜半岛扩张的时期，笔者推测这可能和考古发现显示的上古时期（约公元前3世纪左右）貊人带着其独具特色的青铜镜、青铜铎文化向东北腹地、朝鲜半岛和日本列岛等地迁移，统治秽、韩等民族的过程有关。种种迹象表明：夫余系民族在大陆上消亡后，其古老定居文明的主要文化因素不仅融入了朝鲜（韩）民族，在大陆腹地更是全面地为满语支诸民族所继承。达斡尔族和通古斯语支的民族也继承了一部分秽貊—夫余人的文化因素。通过对语音和词汇的分析，笔者认为满族继承的多是属于东夷族系的秽人的语言文化，而达斡尔族则主要继承了东胡—貉（貊）人的语言文化[③]。

东北地区是中华文明的三大发祥地之一，中国最早的玉龙的故乡，历史悠久，文化灿烂，底蕴深厚，有许多曾经震撼世界的民族从这里走出。曾经有一个时期，为了增加自己民族的凝聚力与自豪感，各民族的部分学者喜欢攀附古代某个有影响力的有名民族，把自己说成是这个民族的后代，而对此外一些真正能够指示本民族族源的线索视而不见（事实上，这些民族本身可能比学者们攀附的民族具有更悠久的历史和灿烂的文化）。现在时代不同了，这样的风气如果延续下去，很有可能会使东北各民族研究协会乃至研究机构的功能退化为仅仅是本民族内部联络友谊、宣泄情感的老乡会，这正是今天这个时代研究本民族文化史的学者需要反思的。现今网络和通信技术已经相当发达，动动手指

---

① 笔者的同学，家住扎赉特旗的陈斯日古楞，曾专程前往当地询问知情人，得知扎赉特旗具有这种口音的人在巴达尔胡镇和巴彦乌兰苏木各有一个村，其他苏木也有分布，据长辈讲他们才是正宗扎赉特王的后代。

② 即在科尔沁部落来到这里之前。

③ 我们细听朝鲜族和东部蒙古人的语音和音乐，二者有时的确表现出一定的相似性，三拍子的达斡尔族民歌在这个民族的音乐中也占据着一个显著的位置。对这个问题还有待进一步研究。

什么样的信息我们都可以在转瞬之间获取，对于一些问题，网友常常比专业学者研究得更深入（当然不是所有领域），评论也常常比正文更耐人寻味，故弄玄虚的猜测言辞早已味同嚼蜡。学术研究的真正价值在于求真，并切实地开发民族文化本身具有的软实力。因此笔者认为，理性对待自己先人的文化遗产，使民族心理逐渐成熟起来，用科学的眼光重新审视我们曾经视之为真理的一些论述，乃是时代对东北各个现代民族提出的要求。

白鸟库吉的“满洲”史研究[①]

N.哈斯巴根

在近代日本的“满洲”史研究史上，东京帝国大学的白鸟库吉是与京都帝国大学的内藤湖南齐名的泰斗式人物。然而，白鸟库吉与记者出身的内藤湖南不同的是，他是接受新式教育、掌握西方近代史学研究方法的第一代学者，其研究领域非常广泛，其中在“满洲”史研究方面成绩突出，具有开创性意义。

一

白鸟库吉的经历与日本近代教育学术制度的嬗变密切相关。

1894年，中日甲午战争爆发。当年，日本参谋本部编纂课编纂《满洲地志》1卷。其后，日本军部也陆续编纂过几部有关“满洲”地区的地志，如1905年的《满洲要览》等。1911—1912年间，“关东都督府”在实地调查报告的基础上编纂很详细的地志《满洲志》16卷。1918—1919年间又编出较为简便的《满洲地志》2卷。另外，1914—1915年，“满铁调查课”刊行《满洲旧惯调查报告》之《内务府官庄》《蒙地》《皇产》《一般民地》等，侧面为我国东北地区的社会经济研究提供了实地调查的资料[②]。

帝国大学时期，原来的学部制也被分科大学制所代替，文学部称为文科大学。1887年，东京帝国大学增设文科大学史学科，聘请德国人里斯讲授西洋

作者系北京市社会科学院满学研究所研究员。

①按照我国出版物规范用词相关规定，本文以作者角度直接叙述的“满洲”“满洲国”“满铁”等词汇均按照相关规定进行了规范，在转引的原著文献中，为保持史料原貌，所引历史文献中反映文献立场观点的一些特殊用词，如：满洲国、满洲、满蒙、满韩等，未做规范处理，特此说明。

② 和田清：《历史教育》7—9，1932年。

史为主的东西交涉史。里斯是德国近代实证学派史学大师兰克教授的著名弟子。里斯来东京大学讲授历史课，这成为日本近代史学史上划时代的事件。1893年引进欧美大学的讲座制。明治三十年（1897），因成立京都帝国大学，为示区分，原帝国大学改为东京帝国大学。1904年，东京帝国大学文科大学将原9学科合并设立哲学科、史学科、文学科三大学科。1910年，在东京帝国大学文科大学建立国史学、东洋史学、西洋史学三个学科，日本近代教育学术史上史学专业的三足鼎立格局基本形成①。

白鸟库吉（1865—1942）出生在千叶县，本名仓吉。1887年白鸟库吉进入帝国大学新设的史学科，师从里斯，接受了兰克学派史学实证主义的教育。1890年毕业于东京帝国大学文学部史学科并被聘为学习院教师，与市村瓒次郎一起讲授史学科的课程。白鸟承担东洋诸国史，市村承担“支那”史。1904年那珂讲师退职，白鸟开始在东京帝国大学任职，讲授《支那北部居住民族的历史》《塞外民族史》《极东民族文化史》《塞外民族文化史》《满韩上代史》《满韩民族史》等亚洲北部的民族史②。

19世纪90年代，白鸟在《史学杂志》上发表《朝鲜的古传说》③等论文。1898年在《史学杂志》上发表《契丹女真西夏文字考》，开始关注中国东北地区的古代民族。1899年，他向万国东洋学者大会提交《突厥阙特勤碑铭考》《匈奴东胡诸民族语言论》和《乌孙考》三篇论文，得到欧洲学界的肯定。1900年他获得文学博士学位。当年，发表《关于支那北部古代民族的种类》④一文。

1901年，白鸟进行第一次“满洲”调查。当年，他发表题为《戎狄对汉族的影响》⑤一文提出，从很早开始亚洲分为南北两部分，北部是沙漠地带，南部是沃土，地理上的相差反映到历史上，北部是勇敢的游牧民族，南部是从

---

①《东京帝国大学学术大观·总说·文学部》，第18、29、38、188~194、286~302页。东京：国际出版印刷社，1942年。窪寺纮一：《东洋学的开端：那珂通世及其时代》，第258~259页，平凡社2009年版。

②《东京帝国大学学术大观·总说·文学部》，第188~194，286~302页。石田幹之助：《白鸟库吉先生小传》，《东方学回想》1，“白鸟库吉博士”，刀水书房2000年版。《白鸟库吉全集》第十卷，“白鸟库吉著作目录”，岩波书店1969年版。

③《史学杂志》5-12。

④《史学杂志》11-4。

⑤《东洋哲学》8-1。

事农耕的文化民族建立的国家。在南北的对立抗争过程中亚洲历史在展开。以后又发表《满洲在历史上的地位》[①]一文，白鸟继续发挥以上的观点指出，亚洲地理以长城、西藏高原、里海、黑海为界限分为南北两部分。此大陆四五千年的历史也无非是这南北两个民族对抗的历史。他认为“满洲”地处于南北两大势力的会合点。这种把亚洲民族分类为两部分的观点始终贯穿在白鸟的史学论著中。这与我国现行的主流史学观点存在较大差异。

从明治末至大正年间，白鸟有关中国东北地区区域史、满族史的专业论著，如在《历史地理》杂志上发表的《关于黑龙江的异名》《关于唐代华太岛》《关于兀良哈以及刀伊的名义》《肃慎考》等；在《东洋学报》上发表的《汉朝朝鲜四郡疆域考》《丸都城以及国内城考》等；在《史学杂志》上发表了《东胡民族考》《室韦考》；在《东洋学报》上连载了《朝鲜语与乌拉尔阿尔泰语的比较研究》等长篇论文，白鸟库吉逐渐建立了在日本东洋史学界的权威地位。

二

1901年，白鸟开始在欧洲游学，先后到过德国、法国、匈牙利等国家，广泛接触到了当时欧洲乌拉尔—阿尔泰学的著名学者和论著等。1903年底经西伯利亚回国。他在欧洲游学后的观点是，欧美学者已经在中国、蒙古、中亚的研究上建立了权威，提倡日本学界转向欧美人少有涉及的“满鲜”历史地理研究[②]。他又说明为具体编纂而需要做的事情：1. 地理学调查；2. 人类学调查；3. 遗迹调查；4. 文书记录及遗物调查。白鸟从欧洲回国后，一直以他这种观点努力说服学者、实业家、政治家等，但一直没有找到一个有力的支持者。后来，在友人的介绍下见到在中国东北推行日本殖民侵略政策的“南满铁道株式会社”（简称“满铁”）总裁后藤新平，得到了后藤新平的大力支持。

后藤新平，在青年时代，留学过德国。曾担任“台湾总督”儿玉源太郎的助手。在后藤看来，以往台湾统治的无为是因为缺少科学的殖民政策。他强调“殖民政策是生物学”，即殖民政策必须在生物学基础上进展，在熟悉当地民俗

---

① 《斯民》2-1。
② 白鸟库吉：《满鲜史研究三十年》。

习惯，以制定和实施适当的政策。1900年，后藤委托京都大学教授冈松参太郎在台湾进行“旧惯制度”调查。其结果就是1905年刊行《清国行政法》的第一卷。其后，至1913年共出了六卷本[①]。有关“满洲”经营，他提出了“文装的武备”一说，即以文事设施为基础，为其他的侵略而做准备，一旦有危机时给武断行动提供方便。后藤任“满铁”总裁后，五个月之内就在大连本社设立了由“旧惯调查班”“经济调查班”“俄罗斯调查班”组成的调查部，留下了大量的调查资料。

1908年，在麻布狸穴的“满铁”东京支社内，以白鸟库吉为主任的“历史调查部”成立。当年年底，又因机构改革，“调查部”降格为“调查课”[②]。刚开始时，除了白鸟库吉外，松井等、箭内亘、稻叶岩吉等都参与到“调查课”的研究活动[③]。不久，池内宏和津田左右吉也加入进来，承担唐代以前的历史研究[④]。

1913年，白鸟库吉监修，箭内亘、稻叶岩吉、松井等撰写的《满洲历史地理》第一卷、第二卷刊行，同时又有德语版发行；津田左右吉著《朝鲜历史地理》第一卷、第二卷刊行。白鸟的设想是，第一期研究事项中松井等承担辽金史，箭内亘承担元明史，稻叶承担明末清代史。第二期研究事项中松井等承担隋唐时代；箭内亘承担南北朝及汉魏时代的一部分；稻叶承担汉代的一部分。从刊行的两卷本《满洲历史地理》来看，他们确实按照白鸟的设计承担了各自相应的部分。白鸟在序言中从学术研究的立场和“满韩”经营两个方面强调了中国东北地区和朝鲜历史地理研究的必要性。在他看来，“我们的任务是，‘满鲜’史研究或者历史的基础在于地理，其地的历史地理几乎从未被我国学者所关注，而‘支那’和朝鲜人所编著的论著又很少有可靠的，因此感觉

---

① 山根幸夫：《明清史籍研究》，岩文出版1989年版。

② 小林英夫：《满铁调查部的轨迹》，第42～43页，藤原书店2006年版；井上直树：《帝国日本与〈满鲜史〉——大陆政策与朝鲜满洲认识》，第128页，塙书房2013年版。

③ 松井等（1877—1937），东京神田出身，1901年东京帝国大学文科大学史学科毕业。日俄战争时，作为步兵少尉参加过辽阳、奉天等地会战。1906年，他任东京帝国大学史料编纂工作，开始了他的学术生涯。箭内亘（1875—1926），福岛县出身，东大文科大学毕业，1907年第一高等学校讲师。稻叶岩吉，后文有专门介绍。

④ 池内宏（1878—1952），东京府出身，1904年东京大学文科大学毕业。1913年东京大学讲师。津田左右吉（1873—1961），岐阜县出身，1871年东京专门学校毕业。1896—1908年，在关东地区各中学任教师。

到我们首先要阐明这些是必要的。”[①]

其中《满洲历史地理》两卷和《朝鲜历史地理》两卷的内容中，他们把“满洲”作为一个历史区域，关注从汉代至清初时期在该区域成立的政治实体或中原历代王朝在该地区的统治等纵观历史发展过程，主要是对有关历史地理问题进行梳理性的研究。

后藤之后，中村是公任“满铁”总裁时期，历史调查课依然按照后藤的设计进行各项研究活动。但是，到了野村龙太郎任“满铁”总裁时，作为副总裁的伊藤大八认为，以政治经济利益为目的的公司里没有必要有研究所。1915年，在“满铁”东京支社的“历史调查课”被废止。当时，经过白鸟的努力，“满铁”又把研究调查事业委托给东京帝国大学。作为其最初的经费由“满铁”出资3000元，其后5年每年出5000元，实业得到了延续发展[②]。其主要成果就是《满鲜地理历史研究报告》，到1941年为止，共出版了16卷。

白鸟库吉博士用毕生的精力去研究朝鲜、蒙古和中国北部等地区的历史与地理。同时，他也主导成立过学术团体，参与一些社会活动。1905年，从欧洲留学归来后，白鸟博士与鸟居龙藏等人组织学术团体“亚细亚学会”，1907年又和“东洋协会”合并，协会内成立“东洋协会调查部”。1909年，刊行《东洋协会调查部学术报告》第一册，是《东洋学报》的前身[③]。1914年，白鸟又任东宫侍讲，给日本的皇太子（即1926年以后的昭和天皇）讲授日本史、东西洋史等。1924年，东洋文库成立，白鸟任东洋文库理事和研究部长，创办《东洋文库论丛》《东洋文库研究部欧文纪要》等出版物，对东洋文库的创建和研究工作起过重要作用。他搜集的《白山黑水文库》最终也归并到东洋文库中[④]。

继承发展白鸟史学的有众多其门下弟子。如东京大学的池内宏和和田清，早稻田大学的津田左右吉，东洋文库的石田幹之助，京都大学的羽田亨等。1925年白鸟教授退职以后，在东京帝国大学文学部有其弟子和田清继承了他

---

① 《满洲历史地理》第一卷“序”。

② 井上直树：《帝国日本与〈满鲜史〉》，塙书房2013年版。

③ 《东洋学系谱》1“白鸟库吉”，大修馆书店1992年版。《东洋学事始》，第345页，平凡社2009年版。

④ 《东洋文库名品》，第12～13页，东洋文库2007年版。《白山黑水文库》的绝大部分已经在东京大地震中烧毁。

的研究和教学衣钵[①]。

三

怎样理性地评价、总结和吸收包括“满洲”史研究在内的日本中国史研究成果的问题，依然是今天我们无法回避的一个重大课题。我们必须重新面对那段复杂的历史、学术史，并分人物、分时段、分论著以比较的角度去全方位评价近代以来日本“满洲”史研究方面有贡献的学者，进而对日本的“满洲”史研究地位予以新的评介。

本文只是以日本“满洲”史研究泰斗白鸟库吉博士为例，简单地梳理了白鸟在该研究领域所取得的成绩。他努力的方向是想把日本的东洋学提高到西欧的水准。“博士的研究方法的特色，用一句话概括即采用西洋式的研究方法。”[②]他的历史教学和研究是从地理位置离日本最近的朝鲜开始，并逐渐向西扩展的。“只是从教授开始进入研究工作的白鸟博士的研究范围在唐代以前的前代历史，而从新闻界出身的内藤博士的论题大体上属于近世史，两相对照，不得不说是非常有趣的事情。”[③]正因为他的研究领域在地域上很广，思考和解决了很多区域史地中的疑难问题。1932年，和田清评价说：“在‘满蒙’史研究上最大功绩者当属白鸟库吉博士。”[④]白鸟库吉作为领导者之一，在日本近代东洋学研究上有开创之功，他所研究的具体问题和历史观点的影响持久。

考察白鸟库吉那一代日本学者对“满洲”的调查、研究的历史背景，与当时日本政府所推行的“大陆政策”是分不开的。具体地讲，在白鸟库吉的学术经历中，与“满铁”的合作很密切，他提出的一些政治倾向性很强的论点，当然今天的我们是不可取的。

---

①《东京帝国大学学术大观·总说·文学部》，第286～302页。

②③④ 和田清：《历史教育》7-9，1932年。

安德森的“遗产”
——以柯娇燕、杜赞奇的中国著述为中心

王鸿莉

本尼迪克特·R. 奥戈尔曼·安德森（Benedict R. O’Gorman Anderson）一生中最重要也是最知名的作品是《想象的共同体：民族主义的起源与散布》（*Imagined Communities: Reflections on the Origin and Spread of Nationalism*）（下文或简称为《想象》）。该书初版于1983年，12年后增补两章，于1991年再版。书一问世，即在学界引起巨大震动与反响，迅速被译为多种文字，在全球范围内广泛传播。甚至，有读者将之称为“民族主义研究的《圣经》”；虽有过誉，但不可否认的是，“《想象的共同体》是三十年来有关民族主义的研究中（也是全部社会科学理论中），被征引和讨论最多的文本之一”[①]。2015年，安德森先生离世，这本书就是他留给世界的宝贵遗产。

安德森1936年生于中国云南昆明，2015年12月病逝于印尼东部城市玛琅，享年79岁。似乎冥冥中有宿命，安德森生命的最初和最终都在亚洲的东南。安德森的学术生涯也与亚洲紧密相关。他长期从事东南亚区域研究，在印尼、泰国等地进行了多年的人类学田野调查，学习东南亚多种语言，故而对当地的反殖民民族主义运动始终抱以真诚而深切的同情。《想象》一书直接的写作动机也与亚洲相关，1978—1979年爆发的中南半岛危机，这一全新的亚洲政治变化，促成了安德森对于民族主义运动的全面反思和整体梳理。而对亚洲地区的持续考察也使他贡献出全书别具意义的一章《最后一波》，他对殖民地民族主义复杂性的思考远超一般意义上的民族主义研究者。

作为中国读者，可能颇为好奇，安德森如何看待中国以及中国的民族主义。事实上，在2014年安德森访问中国清华大学进行的系列讲座中，这也是

作者系北京市社会科学院满学研究所助理研究员。

① 汪辉：《“民族主义”的老问题与新困惑》，载《读书》2016年第7期。

最常被问及的问题。《想象》一书提到过中国吗？生于中国、长久浸润于亚洲的安德森确实提到了中国，甚至提及了中国的儒教以及中国语言文字状况。但《想象》一书认真研讨了中国的民族主义吗？事实上，并没有。安德森在七十三年后重返中国时，面对读者对中国民族主义的提问，他的回答往往是含混的，说中国是“幸运的”或是“经验性的”。

这种奇妙的错位造成的结果是：一方面安德森理论影响极大，讨论历史或现实的中国民族问题都难以忽略“想象”一说的理论挑战（无论是赞成还是反对其理论）；另一方面，安德森本人的中国表述苍白乏力，“想象”一说并未对中国的历史阐述构成直接挑战。而这一阐释的空场首先被“近水楼台”的美国汉学家占位、填补。借助安德森及其他后现代理论（无论是借鉴还是批驳），汉学家拥有了新的阐释空间、视角和动力，得以重新书写和诠释中国历史，尤其是“民族”“民族国家”等议题。这其中的著名代表有柯娇燕和杜赞奇。

柯娇燕：《第二句话》

自2010年前后，“新清史”在中国大陆学界渐成一门“显学”。不论是将其视为一种学术思潮，或是一个学术流派，美国“新清史”成为国内跨学科讨论的一个热点——讨论“新清史”的学人并不局限于清史研究者[①]。

就大陆学界而言，较早的全景式的对“新清史”的介绍引进，并与之批评对话的成果集中显示于《清朝的国家认同——“新清史”的研究与争鸣》

① 对“新清史”学派的介绍、批评自然以专业的清史研究者为重心，除此之外，尚有不少其他学科方向的学者加入进来。比如，姚大力以元史研究闻名学界，近年来渐趋开始对满洲/满族的研究；他是国内对“新清史”学派较早进行绍介的学者，也曾就“新清史”若干问题与汪荣祖发生论争。其学生孙静的博士论文以满洲认同意识为研究中心（《满族形成的再思考——清中期满洲认同意识研究》，复旦大学博士论文，2005年），修改完善之后以《“满洲”民族共同体形成历程》（2008年）为题出版，此书是国内较早借鉴利用并回应“新清史”学派理论方法的史学著作；另姚大力、孙静曾合撰《“满洲”如何演变为民族——论清中叶前“满洲”认同的历史变迁》一文也是以“满洲”认同为讨论对象。后文将详细论述的、被柯娇燕反批评的何启龙和钟焓，二人的研究也都更偏重于元史，并非专业的清史研究者。（参考刘迎胜：《刘迎胜谈建国以来的元史研究》，《东方早报·上海书评》2016年6月26日。）另如，中国中古史研究者罗新，其新著《黑毡上的北魏皇帝》（2014）也对新清史学派的观点、视角有所借鉴及呼应。以上只是笔者的简单列举，可以发现在中国史领域，侧重民族史的研究者更容易对“新清史”学派发生兴趣并与之对话或批评。

（2010年）与《清代政治与国家认同》（2012年）这两本论文集。之后，汪荣祖、姚大力的相关论争等诸多笔战又将“新清史”多次推上了舆论的风口浪尖。对于大陆学界的种种热议，“新清史”的当事人们的回应与面对策略并不完全相同，欧立德往返于中美之间，多次与中国学者进行面对面的交流，Pamela Kyle Crossley，（以下使用其通用中译名柯娇燕）则更多是通过网络实时参与了这一场不见面的“对话”之中。

柯娇燕并不承认有所谓之“新清史”学派，也并不自居为其中之一员，但是因其观点、著作，学界仍多将她视为“新清史”学派的代表人物之一。随着“新清史”进入中国，柯娇燕与中国学人也有了更多的交流。对于柯娇燕（正如同对于“新清史”学派），既有支持提倡影者，同时不乏激烈地批评与论争。

对于中文学界的批评或赞赏，柯娇燕的即时回应园地之一是她的学术博客[①]。柯娇燕的学术博客包括两部分内容，一部分为“勘误表”（Errata），另一部分为“评论”（Comments）。“勘误表”中包括三本书：《孤军》《满洲人》和《什么是全球史》，读者阅读以上各书时可以参考。“评论”部分，就笔者所见，开始于2013年，目前已有十七篇。柯娇燕第一篇评论《Yuan Buddhism and Qing Legitimay》（《元代佛教与清合法性》，2013年4月13日）回应的是何启龙的批评，而柯娇燕所有评论当中最重要的对话对象之一是钟焓。

2013年，钟焓发表长文《北美“新清史”研究基石何在——是多语种史料考辨互证的实证学术还是意识形态化的应时之学？（上）》[②]。钟文对北美“新清史”学派进行了较为系统的梳理，并进行了整体批评。全文第四节“‘七宝楼台，拆下不成片段’：从对柯娇燕著述的史实抽查管窥‘新清史’学风的非实证性”纯以柯娇燕著述为检讨对象，其篇幅之长、考辨之细令人印象深刻。钟焓对柯娇燕《满洲人》等论著及《创造蒙古人》等论文进行了“抽样检查”，指出柯文中数量繁多且水平低级的史料错误，尤其是在中亚史、蒙古史等方面。雄文一出，引人注目。之后，又有《“新清史”学派的着力点在于话语构建——访中央民族大学历史文化学院副教授钟焓》（《中国社会科学报》2015年5月6日）、《柯娇燕著作存在诸多史实错误》（《中国社会科学

---

① 网址见http：//www.dartmouth.edu/~crossley/comment.shtml

② 钟焓：《北美“新清史”研究基石何在——是多语种史料考辨互证的实证学术还是意识形态化的应时之学？（上）》，载达力扎布主编：《中国边疆民族研究》（第七辑），中央民族大学出版社2013年版，以下版本同。

报》2015年5月13日)、《北美“新清史”研究的学术误区》(《中国民族报》2016年1月8日)、《学术与政治的交集:简析“新清史”学者的意识形态倾向》(上)(《中国民族报》 2016年1月15日)、《学术与政治的交集:简析“新清史”学者的意识形态倾向》(下)(《中国民族报》 2016年1月22日)、《关于“新清史”研究的几点私见:来自局外人的观察》(人民大学讲座,2016年6月2日)等相关报纸访谈、笔谈或讲座。这些文章所涉内容大体以《北美“新清史”研究基石何在》这一长文所展示出来的学术判断为基准。

柯娇燕虽然对钟焓《北美“新清史”研究基石何在》这一学术长文未予以正面回应,但通过博客也对钟焓予以许多不客气地回击,其中代表性的两篇是《Nihilist for a Day!》(2016年1月24日)和《第二句话》(2016年4月15日)。两篇博客均有专门的言说对象。《第二句话》(2016年4月)发表于后,但回应的是前一年即2015年5月《中国社会科学报》的访谈;发表于1月的《Nihilist for a Day!》则属于即时回应,针对的是当月《中国民族报》上钟焓所发表的文章。因中间存在一个时间差,易使人混淆文章的对应关系。

上述所列文章虽多,但其实有学术长文和报刊短文之分野[①]。上述文章除钟焓《基石何在》是发表于学术刊物上的长篇学术论文外,其余系发表在报刊上的访谈、笔谈或者网络上的学术随笔文章。因为篇幅、栏目等诸多考虑,报刊文章一方面涉及了报纸编辑的裁剪、编辑等问题,一方面也会出现作者为了适应报刊要求而对复杂问题简化处理的可能,未必能显现当事人最为审慎的学术原貌。如柯娇燕不满钟焓使用一篇访谈就轻易推断她的语言能力一样[②],柯娇燕对于钟焓所言“历史虚无主义者”等质疑也有可能走偏。根据《中国民族报》的编者按,“反对历史虚无主义”更似是报刊编辑所拟的系列文章的大标题,不可算作钟焓之文的内容。柯娇燕的文风犀利,但也坦率指出“钟教授并

---

① 这里的分类是粗疏的,学术并不能用文章长短以及发表地作为评判标准。报刊文并不意味着非学术性,相反围绕“新清史”的诸多论战学术文皆依赖于报刊而发表。这里只是试图展示,不同的报刊、不同的栏目乃至“编者按”“访谈”等和报刊紧密相关的一些设计有可能会对报刊文产生微妙的影响。而这些报刊的“微调”在跨文化的学术交往中有时会产生意想不到的结果。

② 访谈指汪立珍:《美国著名满学家、清史专家柯娇燕谈满学与清史》,载《满族研究》2010年第3期。钟焓的论述见《北美“新清史”研究基石何在——是多语种史料考辨互证的实证学术还是意识形态化的应时之学?(上)》,载《中国边疆民族研究》(第七辑)。

未解释为什么我们是‘虚无主义者’——这一称呼单单存在标题里”[①]。因为“虚无主义”本来就不是钟焓的标题。这一误会可能更多源于柯娇燕对于中国国内文字发表渠道机制的隔膜，但确实造成了柯娇燕对于钟焓更多的质疑——此文中，柯娇燕甚至显示出对钟焓英文阅读能力的不信任，这一点笔者并不敢苟同。柯娇燕曾在博客中使用“unbridgeable gap”（不可逾越的距离）一语来展示某种交流困境，而这也是笔者在阅读柯博客的过程中的深切感触。虽然拥有即时交流的网络，但限于各自的思想背景乃至对他国文化的美化/妖魔化的想象，技术手段的进步不一定就能直接带来彼此的接纳与理解。如将这一微小的错位事件放置到围绕“新清史”交流的诸多争议的旋涡中考察，笔者以为，考察“新清史”的传播，必须考虑到学术之外的因素，考量到媒介的力量。2010年之后，学界之内，“新清史”是超乎“清史”专业的一种学术思潮；学界之外，“新清史”是媒体最热衷追捧或批判的一学术流派或思潮。围绕“新清史”，官方/民间、传统纸媒/新兴互联网等各种性质的媒体都参与其中；有些甚至是笔战的组织者[②]。媒体的推手作用，其是非功过需谨慎斟酌，有宣传之功，也不乏误导之嫌[③]。

回到钟、柯具体的论争。钟焓、柯娇燕互相批评的烈度并不低，钟焓直陈柯娇燕的屡屡硬伤，柯娇燕则捍卫自己结论的有效性，史料的某些错漏并非“真正的错误”。而在众多媒体以及双方拥趸的加入后，双方的争论从相对单纯的学术对话愈发演变为具有多重复杂意味的“非对话”状态，有立场之别，也有意气相争，非学术所能简单涵盖之。而在双方这一场始终没有直接“对话”的互相“喊话”和“回应”中，笔者最感兴趣的话题是“安德森”，或许这也是二人争论中很值得继续延伸的一个话题。

在《“新清史”学派的着力点在于话语构建——访中央民族大学历史文化

---

① Pamela Kyle Crossley：The Second Sentence. http：//www.dartmouth.edu/~crossley/comment.shtml.

② 媒介平台的另一重功用是，相关兴趣者的自发聚集。微博、微信、知乎、豆瓣等网络平台都有“新清史”小组或兴趣者的聚集。他们往往自发翻译或介绍“新清史”学派的最新著作，同时也特别关注围绕“新清史”的种种争议。笔者以为，专业的学术期刊、文化类报刊等正式出版物上的纸面“新清史”，与这些借网络而发布的见解、看法一起构成了国内对于“新清史”介绍和争鸣的完整场域（网络“新清史”并非简单地将相关论著或论文的搬运上网）。

③ 比如钟焓本来题名“关于‘新清史’研究的几点私见：来自局外人的观察”的讲座，在某些新闻报道中，标题一变而为“‘新清史’研究存在哪些误区?”。

学院副教授钟焓》（报到2015年5月6日）这一访谈中，钟焓提出：

……（柯娇燕）其他一些错误则深植于其貌似牢不可破的理论体系中。最刺眼的一例就是作者迫不及待地要将安德森《想象的共同体》中提出的命题适用于帝制晚期的中国：即反映民族历史文化传统的书籍的大量刊印会为民族主义的传播发展埋下种子。①

柯娇燕对于钟焓的所有回应中，最有力度和攻击性的就是针对钟焓提出她是安德森信徒的反攻。2016年4月15日，柯娇燕发布博客《第二句话》：

在本书中，安德森确实被提到了，他出现在下面的第二句话中："这一阐释（想象的共同体）具有一种富有吸引力的通用性，因为它可以被，也已经被广泛施加于各种各样的民族历史之上。然而，无论这一范式在描述社群概念（communitarian concepts）被宣传为民族认同（national identities）的过程中如何有效，它都未能捕捉到任何民族叙事个案的实质。文化碎片略显拙劣地拼凑成这类身份认同，而这些碎片又有着截然不同的源头。它们本身从理论上讲并非中立，亦不可交换。"我在书中第二句话里想表达的意思，和钟焓的表述刚好相反。我写道，我对"想象共同体"理论解释力的充分性持怀疑态度，并且试图超越这套理论，而钟却说我有一套基于安德森模式的"不可破的理论体系"。我不知道这种错误如何解释，但一个令人沮丧的事实是，如果不发明或改变文字的原意，钟焓似乎不能读通本书的第一段（或者第二个句子）。②（马亮译本）

这篇博客的题名，就出自上述引文中的"第二句话"；指的是柯娇燕最重要的著作《半透明之镜：清帝国意识形态中的"历史"与"身份"》

① 唐红丽：《"新清史"学派的着力点在于话语构建——访中央民族大学历史文化学院副教授钟焓》，载《中国社会科学报》2015年5月6日。

② Pamela Kyle Crossley： The Second Sentence. 网址为 http：//www.dartmouth.edu/~crossley/comment.shtml。中文译本采用司马亮译本，见 https：//www.douban.com/note/554475456/。

(*A Translucent Mirror: History and Identity in Qing Imperial Ideology*. Berkeley and Los Angeles: University of California Press, 1999)（下文简称《透镜》）全书的第二句话。柯娇燕对于钟焓的批评虽有不少回应和解释，但无疑对于钟焓错误提及她与安德森之关系这一点的痛击最为有力。这一回应颇有釜底抽薪的意味，如若对于代表作《透镜》全书的第二句话都未读到，那么之前钟焓对于柯娇燕长篇累牍的攻击似乎都丧失了应有的分量，甚至可以怀疑作为批评者的钟焓是否完整阅读过作为批评对象的柯娇燕的著述。从柯娇燕的行文中，不难感受到当她发现钟焓这一错误时的某种兴奋：通过钟焓对于她和安德森之间关系的误解似乎可以直接推断出钟焓是一名误读者，是一位不合格的批评者。或由于此中因果，柯娇燕痛快醒目地直以《第二句话》为题。

从2013年到2016年，钟焓与柯娇燕的互相批评时断时续地维持着。而在钟焓、柯娇燕争论的同时，柯娇燕的代表作之一《孤军：满人一家三代与清帝国的终结》于2016年3月在中国翻译出版，其中文译者陈兆肆撰文《“外塑抑或内生”：关于满人族群认同的探讨——柯娇燕〈孤军〉述评》予以介绍。文中一段值得专门引出：

> 长期以来，我们耳熟能详的客观主义民族理论认为，同一民族具有本质而稳定的客观特征，即所谓共同语言、共同的地域、共同的经济联系以及共同的文化心理特征。但近年来，客观主义民族理论受到严重的动摇，一则受到英国霍布斯鲍姆“政治型民族”理论的挑战，此派理论强调政治力量对民族的形塑建构之功。当然，该派理论并不忽视文化、语言于其间的凝合之效，唯相对更为强调政治疆域、政治强力的形塑作用。这种理论强调政治建构的主观性，无疑也一定程度上消解了民族的客观性。另则受到“民族认同”理论的冲击甚深，此派理论大致认为民族的形成主要基于族群的自我认同，而其认同的媒介则并不固化，或法律，或地理，或文化，或历史，不一而足。极端发挥此派理论者，如美国学者安德森，更认为民族乃一“想象之共同体”，并无本质而稳定之特征而言。柯娇燕显然深谙民族理论演进递变的复杂一面，在其《孤军》一书中，既受到“政治型民族”理论的影响，同时也隐含“民族认同”理论的分析，实未将两派理论作两元对立。相反，其既强调清廷上层的政治建构形塑之功，也重视满洲底

层（或言“中层”更为恰当）民众的心理认同，并将两者描述成前后相继的线性递嬗模式。柯娇燕透过满人的历史指出，并不存在一个客观而稳定的满人族群，实际是始则受到政治的外部形塑，继则由文化层面的潜移默化，终则于满人的内在心理认同，族群之特性才逐渐浮现历史的舞台。①

与钟焓对柯娇燕的批判不同，陈兆肆对于柯娇燕及“新清史”更多持肯定立场。但支持者陈兆肆在解读柯娇燕时，使用的阐释框架中“安德森”仍是重要的一级，当然他提示了柯娇燕在借鉴民族理论时的复杂性。柯娇燕自认不是“想象的共同体”模式的奴隶。

可无论是她的支持者还是她的反对者都试图通过安德森来解析她的著作。如果说柯娇燕意欲摆脱的正是安德森理论的某种有限性，但她的中国解读者们又不断地试图给她套上“安德森”的标签。这实在是一个有趣的现象，在我们的阐释中，为什么论及族群、涉及认同，安德森就成为一个绕不过去的标志般的存在。当我们试图理解柯娇燕族群认同的理论时，为什么下意识第一个浮现出来的人物是安德森。

而安德森仿若幽灵般的存在感，不仅体现于钟焓、陈兆肆对于柯娇燕的认知，其实同样指向了柯娇燕自己。柯娇燕并不完全认同安德森的理论，可她最重要的著作《透镜》第二句话就不得不提到了安德森的名字，而《透镜》全书的第一句话其实也是针对安德森理论的有感而发。当柯娇燕意欲展开自己的历史考察时，首先需要处理和面对的同样是安德森。

钟焓、陈兆肆立场有异，发现则一。柯娇燕虽然指出安德森“想象共同体”一说“未能捕捉到任何民族叙事个案的实质”，但这并不能否认二者的深刻关联。那么柯娇燕和安德森的关系究竟如何？同时，为什么钟焓、陈兆肆都试图借助安德森来理解柯娇燕？柯娇燕的著作中，直接讨论分析安德森之处很少，基本集中于《透镜》的“第二句话”，缺乏更多的直接论述。这里，本文将引入第二位汉学家——杜赞奇，借助他对于安德森的直接分析，来更深入地反思安德森与历史学家们的关系。

① 陈兆肆：《“外塑抑或内生”：关于满人族群认同的探讨——柯娇燕〈孤军〉述评》。www.douban.com/group/topic/85799673/

杜赞奇："想象的民族：谁想象？想象什么？"

杜赞奇（Prasenjit Duara 1950— ）的成名作是《文化、权力与国家：1900—1942年的华北农村》（以下简称《文化、权力与国家》）。该书出版于1988年，随即获得1989年度的美国历史学会费正清奖以及1990年度的亚洲研究学会列文森奖。出版于1995年的《从民族国家拯救历史：民族主义话语与中国现代史研究》（下文简称《拯救》）是杜赞奇的第二本著作，也是本文重点考察的著作。与《文化、权力与国家》相比，《拯救》一书写作极快、成书较易，于是令杜赞奇颇有不解的是，在中国该书的反响似乎更大。其实，这可能是杜赞奇先生的误解。《拯救》因其标志性的题目及当时令人耳目一新的史观，在更广泛的学科层面获得了更大范围的流行。但于专门的地方社会研究中，杜赞奇《文化、权力与国家》一书的深层影响则得到了体现。

《拯救》一书提出一种复线的历史观："一种试图既把握过去的散失（dispersal），又把握其传播（transmission）的历史。"[①] 如果说线性历史观是直线的、进化的、强调因果论；复线历史观则注重考察历史话语形成的具体过程，强调现在同样决定过去，力图恢复在历史话语形成过程中散失的那些历史。后者不仅是多线、多层的，而且始终将历史话语置于过去与现在的对话和斗争当中。杜赞奇对于线性历史的反思是从讨论黑格尔开始。黑格尔的《历史哲学》是西方学术传统中有关线性的、进化论历史的最重要著作。而黑格尔的线性历史观又"通过三种相互交叉的资源预设于我们的语言：马克思主义，韦伯的宗教社会学及民族主义的意识形态"[②]。从对线性历史观的"历史"反思中，杜赞奇提炼出线性历史的困境，并进而提倡一种"复线"的史观。杜赞奇运用这一史观以及相应地论述思路，试图调整、或者颠覆已有的历史论述格局，也就是他所希望的"打破中国历史的叙述结构的稳定性"[③]。

---

① ［美］杜赞奇著，王宪明、高继美、李海燕、李点译：《从民族国家拯救历史：民族主义话语与中国现代史研究》，第50页，江苏人民出版社2009年版。

② ［美］杜赞奇著，王宪明、高继美、李海燕、李点译：《从民族国家拯救历史：民族主义话语与中国现代史研究》，第18页，江苏人民出版社2009年版。

③ ［美］杜赞奇著，王宪明、高继美、李海燕、李点译：《从民族国家拯救历史：民族主义话语与中国现代史研究》，第5页，江苏人民出版社2009年版。

而历史又是与民族国家紧紧捆绑在一起的。“现代社会的历史意识无可争辩地为民族国家所支配。”[①]“如果说历史是存在的方式，是使得现代性成为可能的前提；那么民族国家就是代理，是实现现代性的历史主体。”[②]换言之，现代历史的主体是民族国家，我们讲述的历史都是“民族国家”史——不管是意识形态的认同，还是学科体系的建构、教科书的编撰都以“民族国家”为主体（虽然，杜赞奇对于“民族国家”这一主体的真实性很是存疑）。而近代以来，中国的历史叙述就被“民族国家”所绑架，在“民族国家”话语的压抑之下，多重的、复线的历史散失而去。杜赞奇此书的目的即是召唤和重现那些被民族国家这一宏大话语所压抑的其他各种层面的历史。

同为研究中国历史且又关注“民族”问题的美国汉学家，杜赞奇和柯娇燕对于彼此的著作和观点颇为熟悉。杜赞奇的两本名著都是柯娇燕《透镜》一书的参考书目，虽然杜赞奇的名字只是在注中提到了（见柯氏著作导言注74）[③]，这更多是源于柯娇燕的论述对象与杜赞奇的研究较少直接相关。同样，杜赞奇《拯救》一书的参考书目也囊括了1995年前柯氏已出版的《孤军》一书以及其他重要论文。更有意味的是，杜赞奇《主权与真实性：“满洲国”与东亚现代进程》（2003）一书更是直接以“满洲国”为研究对象，这一方面是《拯救》一书论题水到渠成的发展，同时也与柯娇燕的研究时段完美接榫。杜氏在讲述中国历史时，曾多处直接引用了柯娇燕的研究。柯娇燕的名字在《拯救》中至少出现了三次[④]，杜赞奇对她的引用主要是借鉴其满洲研究，

---

① [美] 杜赞奇著，王宪明、高继美、李海燕、李点译：《从民族国家拯救历史：民族主义话语与中国现代史研究》，第1页，江苏人民出版社2009年版。

② 此句系自译，原中译有误。原文为：“My argument is that if History is the mode of being, the condition which enables modernity as possibility, the nation-state is the agency, the subject of History which will realize modernity.”原译为：“我认为，如果说历史存在的模式，是促使现代性生成的条件，那么历史也就是始作俑者，是实现现代性的历史主体。”相关内容可参见Duara Prasenjit. *Rescuing history from the nation: Questioning narratives of modern China*. p.20. Chicago: The University of Chicago Press, 1995. [美] 杜赞奇著，王宪明、高继美、李海燕、李点译：《从民族国家拯救历史：民族主义话语与中国现代史研究》，第20页，江苏人民出版社2009年版。

③ Crossley Pamela Kyle: *A Translucent Mirror: History and Identity in Qing Imperial Ideology*. Berkeley: University of California Press, 1999.

④《从民族国家拯救历史》一书2009年出版的中译本，柯娇燕被译为克罗斯雷，欧立德译作艾略特。由此小例，可观不同学科之间的壁垒与陌生；也可看出在2009年的中文学界，“新清史”学派——虽然柯娇燕本人并不认同此说法——尚未被大范围接受和普及。

用以呈现满族身份认同的历史。有一处值得特别提出：

> 外国，尤其是美国的中国史研究，并没有密切参与创造一个特定的中国民族主体［尽管帕米拉·克劳斯雷（1990a）关于汉学研究一直墨守汉化即儒家同化主义的范式的看法不无道理］，但参与了把民族国家建构为迈向现代性的历史进程的载体……中国史研究的中心叙述结构仍与欧洲模式或启蒙模式联系在一起，而揭示这个历史模式的压抑作用更广泛、批评性更强的历史则仍多阙如。[①]

这里颇可显示出柯娇燕的特立独行，即使在美国诸多汉学家当中，柯娇燕也呈现出某种独具一格。这可能是源于她的族群研究为她展示出了不同的“中国想象”。至于杜赞奇所言“并没有密切参与创造一个特定的中国民族主体”，更多的可能是由于在20世纪90年代包括之前的美国汉学界多以研究近现代中国为中心，中国古代历史和民族研究的从业者发声相对较少罢了。在“新清史”的热潮之下，加入这一“创造”之人相信不会是少数。但杜赞奇和柯娇燕的相互致意，更侧重于具体问题的绍介以及分享共通的理论话语，而非理论的碰撞。

与对柯娇燕具体的引用相比，安德森无疑是杜赞奇全书理论主要对话者和反思者。全书导论唯一的小节的标题就是：“想象的民族：谁想象？想象什么？”这显然有与安德森对话的意味。与安德森“放之四海而皆准”的“民族国家”理论话语相比，杜赞奇强调的是民族主义的历史性和有限性。从历史言之，民族国家之前就不乏自觉的政治共同体；就现实言之，民族国家也不能竭尽全部的个人认同。所以，民族认同变动不居，这就导致了我们从历史和现实

---

①［美］杜赞奇著，王宪明、高继美、李海燕、李点译：《从民族国家拯救历史：民族主义话语与中国现代史研究》，第25页，江苏人民出版社2009年版。《拯救》一书出版于1995年，于今有二十年。二十年间，曾经被启蒙所压抑的历史早已成为学界研究的各种热点。以文学研究为例，突破了以“五四”文学、文化为核心的新文化研究格局：时段上溯下延，注重近代文学及20世纪40、50年代文学的研究；空间上开拓了租界文化、沦陷区文学研究、伪满地区文学研究等新方向；而曾经新文化人的论敌，不管是曾经的“桐城谬种、选学妖孽”，还是学院派的学衡，抑或是被新文化人打压的“鸳鸯蝴蝶派”等都全部浮出水面，成为近现代文学研究的热点。由此可观，杜赞奇当年的分析和判断都颇有洞见。只不过现在的状况似乎不是中心话语压抑边缘话语，而是渐渐走向了另一个极端：比如，在一片众声喧哗之中，“五四”反倒落寞了。

中屡见不鲜的状况：民族主义在多大程度上支持了民族国家的建立，也能在多大程度上颠覆民族国家。民族认同这一不稳定的状况，“不仅因为它或为非主流的认同形成原则（如宗教的而非语言的原则）所分裂，因为忠诚被转移到某个亚群体（即使这一亚群体是新近才形成的）而分裂，还因为所有真正的民族主义都有一种跨国界的想象力：泛亚洲主义、大亚细亚主义、泛欧洲主义、泛伊斯兰主义、什叶教、犹太教等”①——比照现实，这一对民族认同变化深层原因的分析值得留意。杜赞奇尤其强调了民族认同之外的性别认同和阶级认同，以及后两者如何与民族认同的话语相裹挟、纠缠或分离。不同情境之下，各种话语交织，有时民族话语笼罩一切，有时阶级话语独占鳌头，而性别话语在20世纪之后渐趋活跃。以下具体论之。

安德森对于“民族/民族国家”（Nation）的经典定义是：“它是一种想象的政治共同体——并且，它是被想象为本质上是有限的，同时也享有主权的共同体。”②这一定义建立在安德森对于世界从中世纪到现代的巨大变化和转折的归纳之上，“民族”的出现有其深刻的文化根源：世界性宗教共同体、王朝及神谕式的时间观念的没落——“人们理解世界的方式，正在发生根本的变化”③。“人们会开始寻找一个能将博爱、权力与时间有意义地联结起来的新方法。”④而在印刷资本主义的作用之下，“民族国家”这一共同体脱颖而出，成了这一新方法。因此，在安德森这里，“民族/民族国家”绝非从古至今延绵不绝的某种共同体，“‘民族’本质上是一种现代的（modern）想象形式——它源于人类意识在步入现代性（modernity）过程当中的一次深刻变化”⑤。简言之，安德森的“民族国家”是“现代的”民族国家。

杜赞奇并不认同安德森这一判断，从经验、学理等层面一一予以批驳。

---

①［美］杜赞奇著，王宪明、高继美、李海燕、李点译：《从民族国家拯救历史：民族主义话语与中国现代史研究》，第11页，江苏人民出版社2009年版。

②［美］本尼迪克特·安德森著，吴叡人译：《想象的共同体：民族主义的起源与散布》，第5页，上海世纪出版集团2003年版。

③［美］本尼迪克特·安德森著，吴叡人译：《想象的共同体：民族主义的起源与散布》，第23页，上海世纪出版集团2003年版。

④［美］本尼迪克特·安德森著，吴叡人译：《想象的共同体：民族主义的起源与散布》，第36页，上海世纪出版集团2003年版。

⑤ 吴叡人：《认同的重量：〈想象的共同体〉导读》，［美］本尼迪克特·安德森著，吴叡人译：《想象的共同体：民族主义的起源与散布》，第9页，上海世纪出版集团，2003年版。

最直接的反思来自于经验。中国和印度是杜赞奇最主要的研究对象，而这两地的历史经验显然与安德森（或盖尔纳）的论述并不相符（无论是中心地方之间的互动，还是文化观念的共同分享等）。早在“现代”之前，早在安德森（或盖尔纳）详细论述的“印刷资本主义”之前，中国就存在着多层的文化与身份认同。这里或可引入中国学者在阅读安德森时最直接自然的提问。葛兆光曾言“在文化意义上说，中国是一个相当稳定的‘文化共同体’，它作为‘中国’这个‘国家’的基础，尤其在汉族中国的中心区域，是相对清晰和稳定的，经过‘车同轨，书同文，行同伦’的文明推进之后的中国，具有文化上的认同，也具有相对清晰的同一性，过分强调‘解构中国（这个民族国家）’是不合理的，历史上的文明推进和政治管理，使得这一以汉族为中心的文明空间和观念世界，经由常识化、制度化和风俗化，逐渐从中心到边缘，从城市到乡村，从上层到下层扩展，至少在宋代起，已经渐渐形成了一个‘共同体’，这个共同体是实际的，而不是‘想象的’，所谓‘想象的共同体’这种新理论的有效性，似乎在这里至少要打折扣”[①]。这段论述，似可看作很多中国学者在阅读“想象的共同体”一说时的直观反映。

更重要的反思是对安德森的理论批判。杜赞奇认为这一把现代与前现代两极化的观念方式存在根本性的问题，并再次将这一观念方式上溯至黑格尔的启蒙观。杜赞奇根本不认同有什么一个“绝对的统一的自觉的主体”，更不用说这一个主体是要到现代才出现了。杜赞奇信任的是——“有关群体[②]的总体化的表述与叙述结构的存在”[③]。随后，杜赞奇详细论证了“群体”以及有关“群体”的“叙述结构”：

首先，借助于中国历史学家和美国汉学家的研究，杜赞奇大体勾勒了中国政治共同体的“历史模式”。这些政治共同体不同于现代的民族国家，但又确然存在。杜赞奇指出：“帝制时代中国社会对政治群体的表述，至少可以分出两种：一种是建立在先天性原则之上的排他性的以汉族为中心的表述。第二种

---

① 葛兆光：《重建关于“中国”的历史论述——从民族国家中拯救历史，还是在历史中理解民族国家?》，载《二十一世纪》2005年。

② 这里的群体，英文原文为“community”，换成更为学界熟悉的译法，也就是安德森“imagined communities”（想象的共同体）之共同体。

③［美］杜赞奇著，王宪明、高继美、李海燕、李点译：《从民族国家拯救历史：民族主义话语与中国现代史研究》，第54页，江苏人民出版社2009年版。

是建立在中国精英阶层的文化价值观念与学说基础之上的表述。”[①] 用杜赞奇在后文的表述，前者倾向于“种族主义”，后者则是一种“文化主义”，而“文化主义”与“种族主义”总是相互纠缠在一起。上述这种横向的大型的政治共同体的分类和研究是传统史学关照的重点，杜赞奇这里的叙述更多是一种复述。在此基础上，提出了他更感兴趣的方向，“个人、阶层或群体不仅认同于此处所列的一种或数种不同的群体表述，而且也认同于其他身份，如省籍、语言、教门等”[②]。尽管这些认同的历史群体“可能在以后会从社会的意义上消失，但其遗迹却存活于历史记忆之中并不时前来光顾现在”[③]。

之后，是杜赞奇论述的重点，也是杜氏的自家发明，清晰地展示出了他的史观。

在这一部分，杜赞奇自创了一个概念“discent”（英文descent与dissent的合体，中译为“承异”），并且直言这一概念是“解构性”的。这一语汇发明，直接体现出解构主义思潮对杜赞奇的影响。所谓“承异”，无非是继承与变异的合体，每一次的继承都同时发生着变异（历史本是如此，继承本非复制，只不过解构主义自觉地从认识论的高度反思这一问题）。

“承异”是“叙述结构”的特点，“叙述结构”则是杜赞奇更为核心的概念。比如这一小节的标题即是“群体封闭的解析与承异的叙述结构”。“叙述结构”是一种多层级的概念，在杜赞奇看来，“儒家的礼制”“语言”“种族”这些都是叙述结构，均可对民族界限做出不同的划分。其中，有些是占统治地位的叙述结构，也就是族群划分的刚性边界；有些是潜在的叙述结构，是族群划分的柔性边界[④]。那究竟什么是“叙述结构”呢？在杜赞奇的原文里，大多数时候就是“Narrative”（叙述）。杜赞奇将叙述理解为一种“承异”的叙述，不是顺流而下的演进，更近似一种始终处于互相斗争、对话的多层次、复线的动力系统。这一分析模式“向那种认为群体是稳定的、像物种进化一样逐渐形成一种民族自觉的观念（历史）提出挑战。它强调为了实现特定的认同目标而在

---

① ［美］杜赞奇著，王宪明、高继美、李海燕、李点译：《从民族国家拯救历史：民族主义话语与中国现代史研究》，第59页，江苏人民出版社2009年版。

②③ ［美］杜赞奇著，王宪明、高继美、李海燕、李点译：《从民族国家拯救历史：民族主义话语与中国现代史研究》，第64页，江苏人民出版社2009年版。

④ 杜赞奇关于群体的论述，是从群体的界限开始的。这一开始自然让人容易联想到费雷德里克·巴斯主编的论文集《族群及其边界》（Ethic Groups and Boundaries）（1969）。

文化表述的网络之中有意识地动员运作”[①]。在这一理论核心的论述中，杜赞奇所举之例即是“满族身份认同的历史”。在这里，我们自然又遇到了柯娇燕。不过这一部分的叙述了无新意，此处不赘述。

以上，杜赞奇以一种哲学思辨的方式一方面展示了自家史观，一方面对于安德森理论进行了批判。对于安德森“想象共同体”的理论，柯娇燕只是简单地指出“未能捕捉到任何民族叙事个案的实质”，并未充分展开。所幸，和她的观点颇为一致的史家杜赞奇对安德森理论进行了更为深入精微的分析。而从杜赞奇自陈式的分析，可直观发现：对于一名专业的中国历史研究者而言，安德森理论是无法直接作用于中国古代历史的，柯娇燕如是、杜赞奇如是、葛兆光亦如是。

因为若严格按照安德森“想象的共同体”理论，“民族”（“Nation”）是一种“现代”的人造物，在全世界范围内的“现代”之前并无所谓“民族”，在国家之内并无一个类似于“民族”的想象共同体。可若以中国历史检验安德森这一理论，仅从经验论的角度，杜赞奇、葛兆光均直接否定了安德森的立论。柯娇燕《透镜》一书讨论清代的族群认同，更是无法建立在安德森的理论基础之上。“想象的共同体”一说完全忽略了中国古代历史中的族群及族群认同，以及其中所蕴含的丰富政治性。不管是柯娇燕还是杜赞奇，都对安德森的非历史化表达出了明确的警醒与反思，将安德森把“民族”与“现代”简单联系在一起的思路予以否认。从这一意义上言，柯娇燕对于钟焓的反批评是有效的，《透镜》一书所追寻的恰恰是超越安德森“想象的共同体”理论，重新试图理解和阐释清朝的族群认同。

但同时，柯娇燕在《透镜》全书之首、杜赞奇在《拯救》一书导论，都不约而同地提到了安德森。这既是治中国史者题中应有之义，也可看作一种“影响的焦虑”。不管对安德森《想象共同体》一书观感为何，论及族群认同问题，首先需要完成对安德森理论的解释或批判。更有意味的是，也许在中国历史的族群认同问题上，安德森“想象共同体”一说的大理论是失效的（即民族是一种现代人造物），但安德森围绕“想象共同体”这一定义所展开的诸多论述门径却并非完全失效。在具体问题的分析、思路的展开上，安德森仍然为后来

---

① ［美］杜赞奇著，王宪明、高继美、李海燕、李点译：《从民族国家拯救历史：民族主义话语与中国现代史研究》，第65页，江苏人民出版社2009年版。

学者提供了无数灵感。比如，杜赞奇对安德森的民族主义意识形态“再生产”的阐释的吸收；又如安德森使用过“盗版”这一概念，杜赞奇则运用了“盗用”这一颇为神似的概念。另如，陈兆肆所专门提出的《孤军》一书中柯娇燕对于安德森的化用。尤其重要的是，某些关键性思路的习得与转化，比如“溯源”。

历史这一学科，从诞生之日起，就有着强烈的“溯源”冲动。但杜赞奇等提倡的“溯源”，与传统史学的“溯源”颇不相同。比如，杜赞奇提出“承异”的叙述，揭示了对历史的“溯源”如何改造了群体界限的观念，它“规定”了一个民族的边界，他更注重在“溯源”的过程中展示多方的力量对比和话语争夺等。不完全恰当地说，如果说传统史学的“溯源”是一种建构，那杜赞奇的“溯源”则是一种解构过程。

这一“溯源”思路，并不令人陌生，安德森在论及“民族的传记”时，已经提出“因为没有创始者，民族的传记就不能用福音书的方式，经由一长串的生殖与父子相承之链，‘顺时间之流而下’地写作。唯一的替代方案是以‘溯时间之流而上’的方式为民族立传……”这一溯源而上、分析族群历史的学术思路，在对族群或民族的历史、记忆、认同等问题的处理上拓展出了新的阐释空间。柯娇燕曾对《满洲源流考》进行考察，柯娇燕的考察方式并不是把《满洲源流考》简单作为一个固化的文本或者经典来看待，而是侧重这一官方行为在塑造族群集体记忆中所发挥的作用。刘正爱《孰言吾非满族：一项历史人类学研究》(2015)一书中对满族神话的谱系学分析，也不同于传统的民俗学或民间文学的思路。延展到其他族群/民族，王明珂的《华夏边缘：历史记忆与族群认同》是颇具代表性的作品，王明珂分析了多个族群的历史记忆与认同问题，同样是用“溯源”的方式来获得“新知”：

> 我们主要探索的并不是过去曾发生的事件（但并非否认研究事实的重要性），而是古人为何要以文献与文物来组织、保存某种记忆，也就是探索古人的“意图”及其社会背景。当我们，在我们当代现实生活中，族群认同的产生与族群边界的维持，结构性失忆与族群认同变迁，以及与此有关的历史记忆的选择、强化、重整与遗忘（反映在媒体舆论、历史研究，历史教育或学术精英的言论等之中），随时都发生在我们左右。因此，观察体会一个族群或民族的本质，以及相关历史记忆与失忆如何凝聚或改变一个族群，社会人群如何借各种媒介

来保存与强化各种技艺，必将有助于我们理解历史文献与考古文物所蕴含的“过去”，以及许多“民族史”著作的社会意义。①

观其表述，王明珂利用“历史记忆”等进行的溯源分析，与杜赞奇所强调的“承异”叙述，异曲同工。上述著作都试图通过对某族群/民族的“溯源”或者所谓“源头”“神话”或经典叙述的分析，展示这一族群的形成机制以及族群认同的构建过程。“溯源”成了这类型研究的经典切入角度②。如果说柯娇燕、杜赞奇在理念上对于安德森有关“民族”的现代性予以了彻底的否定，但在“承异”的叙述结构、“溯源”的操作模式和思路等问题上又显示出了对安德森的某种继承。

柯娇燕和杜赞奇的中国论述，一方面，基于中国经验和中国历史，对安德森的民族定义予以反思和修正，因为这一定义与中国历史和中国经验实难相融。另一方面，不论是分析意识形态，还是阐释历史的叙述结构，虽然其结论与安德森的论述或有相反，但是其论述的对象、分析的手段都有相似之处。这并不必然意味着柯娇燕、杜赞奇对于安德森的直接借鉴，更准确地说，他们都处于共通的解构思潮的影响之下。从更长的时段来看，柯娇燕、杜赞奇等与安德森仍具有某种“近亲”性质。这也许是钟焓、陈兆肆言必称“安德森”的缘由所在。

余　论

如果说柯娇燕研究的范围更集中于清代，杜赞奇的研究则是恰好起于晚清，延至民国时期的中国近现代历史的考察。二人都长期关注中国的族群问题以及“民族国家”“民族主义”等议题，关注的议题彼此交织，也曾互相引用、借鉴彼此著作，成为这一领域的代表人物。杜赞奇早已为中国学界熟知，两本代表著作均已翻译出版；而柯娇燕借助“新清史”在中国的风行也声名鹊起，其代表作之一《孤军》也迅速被引进出版。论及族群问题，

① 王明珂：《华夏边缘：历史记忆与族群认同》（增订本），第31页，浙江人民出版社2013年版。

② 这里重点展示这些学者某些分析思路的相近，但并不代表彼此之间完全的相似，比如王明珂并不完全认同对族群的解构认知，提出了“反思性知识”和“解构性知识”的差异问题。

从美国到中国，杜赞奇和柯娇燕都是美国汉学诸家中不可错过的两位。

杜赞奇的导师是孔飞力，柯娇燕师从史景迁。从杜、柯的某些选题中依稀可窥见其师门之影响，如柯娇燕之叙写金梁、阐释“孤军”，杜赞奇之着眼“地方”、重视民间“信仰”或“宗教”。就我们所熟悉的美国汉学谱系而言，费正清是第一代开拓者，杜赞奇和柯娇燕约略可视为“第三代”。美国汉学的形成与扩大，自有传统、标准与某些总体特征，如不少国内学者已多加阐发的“社会科学”化。当然，每一位身处其中的学人会不断地与自身所负载的传统对话、对抗，形成自己的一家之言；在继承与扬弃之中，完成对美国汉学的开拓。柯娇燕、杜赞奇有其美国汉学自身内部的学术理论，其言说有多种理论资源；而其中，安德森“想象的共同体”一说无疑是其重要的学术理论源泉之一（从某种程度上说，对安德森理论的接受，也是美国汉学“社会科学”化中的一分子）。

本文所详论的杜、柯之书都于20世纪90年代“诞生”，迅速成为汉学研究中标杆性的著作。王明珂的《华夏边缘》也是90年代的产儿，这一共通的时间点并非偶然。这应当是族群理论、解构思潮等其他学科新理论转化为历史学具体成果所需要的最短时间。再虑及中国学术与美国学术的“时差”，十数年后，这些著作因其“新见”又成为国内学界的“热”读物。所谓“热”，不仅指其在学界的流行程度，也指这些著作往往为多种学科的读者所追捧（这部分即根源于这些著作本身就吸取了多种学科的资源）①。

于是，安德森不仅借助自己的著述在影响着中国学界的民族论述，也依靠着他的西方借鉴者们如柯娇燕、杜赞奇等潜移默化地影响了中国学界诸多涉及

---

① 以上所论，更侧重于人文学者对于人类学家、社会学家安德森理论的接受和扬弃；尚需补充的是，作为社会科学界一分子的安德森的“人文性”。安德森虽然长期致力于东南亚研究，但是安德森在剑桥大学本科学习时，主修专业是西方古典研究与英法文学。这种文学训练的痕迹在《想象的共同体》一书中体现得分外明显。不同于一般的人类学家、政治学者，安德森利用了多种多样的文学材料，对本雅明、奥尔巴哈等人文学者进行了关键性的引用和借鉴。他爱好俄罗斯古典文学、日本电影，会自嘲与同事的格格不入。因此，与其他有关民族和民族主义的经典论述不同，安德森是难得的跨域边界的被传播者，政治学者、人文学者、社会学者、人类学者、民族学者都会阅读《想象的共同体》。但对于人文学者而言，隐含的危险性也正在于：与其他族群理论或民族学研究成果相比，《想象的共同体》无疑是更容易接受的，而同时期的盖尔纳、安东尼·史密斯等论述则较易被忽略。但只有进入民族主义研究这一学术谱系之中，才能了解安德森对于盖尔纳的借鉴有多么大；也能理解安东尼·史密斯对于安德森的批评。

“族群认同”方面的议题。因此，即使安德森并未直接言说中国，但当我们讨论中国的民族主义，研究中国的族群认同时，安德森已成为难以回避的思想资源。《想象的共同体》——这一安德森最重要的精神遗产——已成为我们不得不继承的馈赠。

四方府州县学之首——明清顺天府儒学的营建、废弛与重整

关笑晶

中国古代地方官学体系——府学、州学、县学、卫学中，府学级别最高，为历代王朝统治者推行儒学教化、行乡饮酒礼、春秋祭祀和学生学习、晋升仕途的重要场所。自唐代始，地方官学体系初步建立，至明代已完善繁盛。万历年间，地方官学多达1435所，覆盖全国94%的府、州、县[①]。在这庞大的学校体系中，明、清两朝的顺天府儒学[②]，仅录大兴、宛平县籍贯的学生，为培育明清北京地方人才最重要的学府；又因其设于京师首善之地，地位和规制仅在太学之下，为四方府州县学之翘楚，遂有这样的说法："国朝造士之典最重者无逾于京师，学专于府不以县，天下莫比也。"[③]

清初入关，顺治帝上谕将内城汉人迁往外城，八旗换入内城常驻[④]。虽然在入关之初，顺治帝即开始尊儒并恢复科举制度，然京师顺天府儒学在长达40年里被旗丁侵占，庙学荒颓，功能丧失。为了恢复儒学祭祀和教学，前后有多位朝廷官员不断努力，一面向皇帝疏奏请旨，一面在官员、绅衿之间周旋筹措，终于康熙朝中期，将盘踞府学的旗兵腾退，通过不断地营造，逐渐和清廷诞敷文德的教化政策相称，发挥其天下学宫之首的作用。

目前学界普遍认同，清朝充分吸纳历代中原王朝奉行的儒家政教系统、贯彻程朱理学，实行了制度化的汉化政策，使清朝由区域性的后金汗国政体转化

作者系北京市社会科学院满学研究所助理研究员。

① 吴宣德：《中国教育制度通史》第4卷，第170页，山东教育出版社2000年版。

② 顺天府儒学亦称顺天府学，本文所称"儒学"采用《乾隆京城全图》上的文字标注。参见《乾隆京城全图》四排四段，日本"兴亚院"华北联络部政务局调查所索引版（1:2600），1940年。

③ 参见清康熙三十四年（1695）《顺天府学宫碑》，京257，《北京图书馆藏中国历代石刻拓本汇编》卷65，第68～69页。

④《清实录》第3册《世祖实录》卷40，第319页，中华书局1985年版。

为典型的儒学正统王朝[①]。从宏观历史进程来看，这一观点恰如其分。然而细观清朝满洲统治者对儒化政策的接受和施行，绝非在建立统治秩序之初即一蹴而就，这个过程具有地域和历史进程的复杂性[②]。本文将着重利用顺天府儒学内保存的二十余通碑文[③]，梳理顺天府儒学营建历史与沿革，特别是清初满洲入关以来顺天府儒学被占用、又如何在不同力量的共使下艰难重整的历史过程。

一、明代顺天府儒学的营建

顺天府儒学位于今北京市东城区府学胡同63至65号，主体建筑由崇圣祠、先师庙、乡贤祠、文昌祠、文山祠、奎楼等一组建筑所组成[④]。

顺天府儒学之旧础为元末报恩寺。报恩寺位于元大都柴市，其时亦称太和

---

① [美] 何炳棣著、张勉励译：《捍卫汉化——驳罗有枝之〈再观清代〉》，刘凤云、刘文鹏编：《清朝的国家认同："新清史"的研究与争鸣》，第20页；黄丽生：《清代内蒙古地方儒学的发展与特质》，黄俊杰编：《中华文明与域外文化的互动与融合》，第163～212页，喜马拉雅研究发展基金会2006年版。

② 以下文章均从不同角度论及此问题。参见刘晓东：《"术"与"道"：清朝儒学系统的变容——以吉林文庙的建立为中心》，《中国边疆史地研究》，2014年第3期，第71～80页。霍红伟：《清代地方官学的恢复与重建——以清代地方志为中心的考察》，《中国地方志》2007年第7期，第55～60页。

③ 根据徐自强主编：《北京图书馆藏北京石刻拓片目录》、北京石刻艺术博物馆编《北京石刻艺术博物馆藏石刻拓片编目提要》统计，顺天府儒学内原有石碑25通，情况如下：明洪武六年（1373）《谕定学校格式碑》2通、明宣德十年（1435）《顺天府庙学记》、明正统十四年（1449）《顺天府重新庙学记》、明成化十二年（1476）《顺天府儒学记》、明嘉靖三十三年（1554）《顺天府名宦乡贤祠碑》、明万历十八年（1590）《顺天府庙学记》、明万历二十五年（1597）《顺天府儒学贡士题名碑记》、明万历三十八年（1610）《创置顺天府学学田记》、明万历三十九年（1611）《大京兆黄夫子兴学德政碑》、明万历四十一年（1613）《顺天府儒学碑》、明天启五年（1625）《重修名宦乡贤碑记》、明崇祯三年（1630）《顺天府学学田碑》、明崇祯七年（1634）《顺天府儒学题名记》、明代无年月（万历后）《文昌祠碑》、明代无年月《贡士题名记》、明代无年月《顺天府儒学题名碑》、清康熙五年（1666）《顺天府学庙碑》、清康熙七年（1668）《顺天府学明伦堂及育贤坊碑》、清康熙十年（1671）《文庙碑》、清康熙三十四年（1695）《顺天府学宫碑》、清雍正三年（1725）《文昌帝君阴骘文并跋》、清雍正六年（1728）《满洲儒学碑记》、清乾隆五十七年（1792）《仓颉大禹孔子等篆书刻石》、清嘉庆十三年（1808）《顺天府学宫记》、清咸丰四年（1854）《顺天文庙碑》；无年月《文庙下马碑》。

④ 有关顺天府儒学当代田野调查情况，参见吕敏（Marianne BUJARD）主编：《北京内城寺庙碑刻志》第四卷，"顺天府儒学"条，国家图书馆出版社2016年版。

观，相传该寺为元末云游和尚所建。据《春明梦余录》，元末有僧募造报恩寺，尚未安立佛像，正值明师下燕，因军令禁止兵蠹损毁孔庙，故僧人在仓皇间借孔圣人木主置殿中，因而避过劫难。其后僧人不敢撤奉孔子像，遂将此作学校之用[①]。明洪武初年，升为北平府的大兴县学。

永乐元年（1403），明成祖朱棣改北平布政司为京师、北平府为顺天府，大兴、宛平二县革除，大兴县学遂升为顺天府学。最初府学形制似乎颇为简陋，只配备有用于教学的明伦堂，祭祀孔子的先师庙还未兴建。顺天府儒学的子弟定例只用大兴、宛平两县籍贯者充之，其他各州县生源不许进入。最初的学生质量，也并非一流。原大兴县学内的生徒，通经能文的优秀者，俱令充入京师国子监生；其余泛泛之辈，则至顺天府儒学学习[②]。

自永乐年间直到明末，目前所见顺天府儒学的碑文不少于13通[③]。经多次新建、扩建和重修，明代顺天府儒学大体有两个方向的变化。

第一，庙、学及其他配套殿堂的系统建立。根据“建学者必先庙而后学”[④]的原则，供奉孔子及各圣贤牌位木主的先师庙及用于教学的明伦堂，是官学体系的核心。永乐十二年（1414），先师庙在顺天府儒学确立十一年后初建。其时的顺天府府尹张贯为明尊师重道、勉力成才之礼，为府学学子岁时祇谒孔圣先师，建大成殿[⑤]，此为顺天府儒学先师庙之主体部分。除先师庙外，明代顺天府儒学内逐渐配备了多个祭祀单元，如掌管科场取士、人间禄籍的文昌祠[⑥]，由大兴县县丞卢茂督董，顺天府府丞、宛平、大兴知县及顺天府儒学教授等人共同捐俸重修[⑦]；再如尊奉地方前代贤哲之乡贤祠，始建于明嘉靖三十二年（1553）十月，由直指使者皖城阮君、豫章涂君首倡，得到顺天府儒学

---

① 参见《燕都丛考》第四章，第259页，“内三区各街市”。

②《明太宗实录》卷20下，永乐元年五月甲申；康熙《大兴县志》卷2，《学校》。

③ 这是因为一些碑文无年月刊刻，难以判断其年代。

④ 明正统十四年（1449）《顺天府重新庙学记》，碑文录自中国文化遗产研究院藏原拓片。

⑤ 明宣德十年（1435）《顺天府庙学记》，碑文录自北京大学图书馆藏原拓片；明万历十八年（1590）《顺天府庙学记》，京261，《北京图书馆藏中国历代石刻拓本汇编》卷57，第159页。

⑥ 张廷玉《明史》，卷50，志第二十六，礼四·诸神祠，中华书局1984年版。

⑦ 明万历年间《文昌祠碑》，京215，碑文录自北京大学图书馆藏拓片。另参见明万历十八年（1590）《顺天府庙学记》，《北京图书馆藏中国历代石刻拓本汇编》，京261，卷57，第159页。

教授等士人官员多人协力[①]。此外，顺天府儒学内另一重要建筑，为祭奠文天祥之文山祠。该祠虽建于顺天府学宫范围之内，但因立祠之处实则为文山被关押的元兵马司所在地，故与顺天府儒学并非同一体系[②]。然而，文山祠与顺天府儒学关系紧密，历次有赖重修顺天府儒学之功被一同加固粉饰[③]。

第二，顺天府儒学规模的不断扩大。顺天府儒学自永乐初年，在最初七十余年的时间里，虽几经葺治，但仍仅是因陋就简，规模卑隘，未能开拓规模。[④]随着顺天府儒学教学、祭祀体系的建立和完善，其规模逐渐在与附近民居的博弈中增容。宣德三年（1428），顺天府尹李庸见顺天府儒学习射之园圃为傍近居民被侵蚀殆尽，有司拖拉迟延，未能修复，便上奏宣宗，意图重整。此后三年，他不仅将土地收回儒学，还一并重修大成殿、明伦堂等殿庑[⑤]。正统十一年至十三年，儒学又扩广地亩、扩充堂构，使得殿庑堂室、重门厨库均符规制[⑥]。成化初年，顺天府府尹张谏相辟东西地亩为殿房及厢房、购北面民居拓之为厨库、建号房五十余通，又重建儒学大门三间及门外棂星门，顺天府儒学规模再次大规模拓展[⑦]。据重修碑文，到成化年间，顺天府儒学的规模已经完善并固定下来。

然而，在顺天府儒学规模、规制逐渐扩大并完善的同时，需要注意的是，在明代中后期，地方官学出现的普遍衰败现象，顺天府儒学也未能幸免。如万历十八年（1590），李桢初上任京师顺天府府丞，拜谒先师庙。此时正值夏秋雨季，他看到不但庙学剥蚀，学宫庙庑堂斋坏不可居，儒师祭祀竟在水土中行

① 参见嘉靖三十三年（1554）《顺天府名宦乡贤祠碑》，京217，据北京大学图书馆藏拓片录文。

② 关于文山祠兴建位置的考证，参见仲笵《北京“文丞相祠”小记》，载《文物》1959年第9期，第36页。

③ 参见明成化十二年（1476）《顺天府儒学记》，京229，《北京图书馆藏中国历代石刻拓本汇编》卷52，第125页；清康熙三十四年（1695）《顺天府学宫碑》，京257，《北京图书馆藏中国历代石刻拓本汇编》卷65，第68～69页；清道光七年（1827）《文丞相祠碑》，京237，《北京图书馆藏中国历代石刻拓本汇编》卷79，第122页；陈宗蕃编著：《燕都丛考》第2编，第四章，第295页，“内三区各街市”，北京古籍出版社1991年版。

④ 明正统十四年（1449）《顺天府重新庙学记》，碑文录自中国文化遗产研究院藏原拓片。

⑤ 明宣德十年（1435）《顺天府庙学记》，碑文录自北京大学图书馆藏原拓片。

⑥ 明正统十四年（1449）《顺天府重新庙学记》，碑文录自中国文化遗产研究院藏原拓片。

⑦ 参见明成化十二年（1476）《顺天府儒学记》，京229，《北京图书馆藏中国历代石刻拓本汇编》卷52，第125页。

进[①]。虽然万历四十一年（1613）顺天府儒学又大葺其旧[②]，然即将到来的经济凋落、矛盾迭起、女真崛起以及封疆残破，大明江山在兵蠹和战乱中摇摇欲坠，顺天府儒学此后经年日久无力修缮，及至清初满人入关，已然处于一片衰败和荒凉之中。

二、清初顺天府儒学的废弛

明清鼎革，京师迎来浩繁的人口迁移。旗人的到来，使得顺天府儒学满目榛芜、壖垣荒颓。饱读孔子圣贤书的汉人官员，亲见自己授业尊崇的学宫被践踏侵犯，痛心难忍。在清初长达40余年的时间里，皇帝、部院、旗员与汉官，围绕着恢复顺天府儒学的问题展开了博弈。而此间顺天府儒学的境况，很大程度上反映了满人和汉人价值观的碰撞及融合过程。

（一）旗人的到来

顺治五年（1648），顺治帝以满汉参居、互相侵扰为由，重新规划了京师城市空间，内城汉官及汉民，徙城南居住[③]。八旗兵丁各按方位入驻内城[④]，顺天府儒学位于镶黄旗驻防辖区内："镶黄旗满洲、蒙古、汉军三旗，各按参领自鼓楼向东至新桥，自新桥大街北口城根向南，至府学胡同东口，与正白旗接界。"细考之，府学胡同为镶黄旗满洲五参领下的十七个佐领居之[⑤]。

旗人初来乍到，又携家带眷，营舍和公署均难一蹴而就，而庞大的旗人群体如何过渡和安置，相关记载大多讳莫如深、鲜有详述。在地方志以及顺天府儒学碑文中，则双重印证了镶黄旗旗人到来对学宫得影响。其主要体现在两个方面。

---

① 参见明万历十八年（1590）《顺天府庙学记》，京261，《北京图书馆藏中国历代石刻拓本汇编》卷57，第195页。

② 明万历四十一年（1613）《顺天府儒学碑》，碑文录自北京大学图书馆藏原拓片。

③《清世祖实录》卷40，第319页，中华书局1985年版。

④ 具体方位为：镶黄旗居安定门内，正黄旗居德胜门内，正白旗居东直门内，镶白旗居朝阳门内，正红旗居西直门内，镶红旗居阜成门内，正蓝旗居崇文门内，镶蓝旗宣武门内。参见周家楣等编：《光绪顺天府志》京师志一，第2页，"城池"，北京古籍出版社2000年版。

⑤《八旗通志初集》卷2，第18页，"旗分志二"。

首先，旗人在学宫之内盖房居住，拆毁墙垣，私开便门。

清初，京师八旗在内城各按品级分给官屋，自二十间至二间不等。因儒学地亩属于镶黄旗满洲五参领分内，故一些旗房盖于学宫之内。其他的旗房为了利用空间，则紧贴墙垣营造房舍。因学宫占地甚广，旗人往来困阻，便于学宫墙垣上私开便门，穿梭其中，旗妇入内汲水、饲养牲口，儿童时常在内玩耍嬉闹。更有甚者，拆毁偷盗学宫砖瓦，用于自家房屋修葺[①]。旗人的居住及日常生活，不但使顺天府儒学难以保持严肃洁净，且经年日久房屋转手，更难以治罪，故而成为最难以解决的问题。

其次，学宫基址被镶黄旗满洲都统据为办事公署。

约于顺治九年（1652）至康熙二十一年（1682）之间，顺天府儒学为镶黄旗都统办事公署所占用。八旗都统衙门掌满洲、蒙古、汉军八旗政令、军令及旗务，《八旗通志初集》载，镶黄旗都统衙门初设于拐棒胡同[②]，与顺天府儒学仅几街之隔。

揣因八旗都统衙门满、蒙、汉三旗同址办公，故难免房屋逼仄，故空旷规整的顺天府儒学被另辟为公署，亦在情理之中。

顺天府儒学被八旗都统听事之人占据，于大门与二门之间列槽养马，兵丁在院内清点兵械、四处张挂弓箭，铺席为床；传道授业的明伦堂、供奉孔子先人的启圣祠，遍地马粪，几无隙地，秽不可闻；紧邻奎楼之下，旗兵取土掘坑，各达丈余；旗人家奴在此喧呼赌博，动辄百十数众[③]。而与此同时，学宫内仍有教官教学，面对前代学子荟萃、兴崇儒道的学宫，有若市井。

（二）长达四十年的旗居、学舍之争

学宫，作为荟萃诸子而教育的知识殿堂、作为崇孔门而祀大儒的儒教庙宇，在饱读圣贤书的汉人官员、地方士绅的眼中，为王政之本，至隆重也。而对初至京师的旗人而言，学宫的房屋属性大于象征意义，远不及实际生活的需要来的紧迫。

圣殿被侵占——这种毫无禁忌、漫不经理的行为，受到汉员的鄙夷和抨

---

① 康熙《大兴县志》卷2“学校”。

②《八旗通志初集》卷23，第423页，“营建志”。

③ 康熙《大兴县志》卷2，“学校”；清咸丰四年（1854）《顺天文庙碑》，京224，《北京图书馆藏中国历代石刻拓本汇编》卷82，第78～79页。

击。自顺治初年起，多位汉族官员坚持不懈地以题奏朝廷、集资重修等方式整肃顺天府儒学，与旗人的侵占以及不相苟同的价值观进行斗争。而朝廷对于旗、汉利益关系的调试，在两种矛盾的需求之间制衡，逐渐疏导并使得双方的价值观走向儒化的统一。

1. 府丞薛所蕴

顺治九年（1652）八月，刚刚上任的顺天府府丞、明末崇祯进士薛所蕴题请礼部，称顺天府学已经在前任府尹、府丞捐俸和地方士绅资助下，初步整修。然而，最棘手的问题在于满人左右居住，穿梭行走，而自己虽为地方大员，但仍屡禁不止。为与旗人更有效的沟通，薛所蕴特别要求礼部刊布满文告示及木榜禁约，以便严令禁止满人拆毁学宫的行为。

薛所蕴的题请立即得到了顺治帝的批复。皇帝下旨严行禁饬，令顺天府学附近居住满汉人等知悉，将私开便门尽行堵塞，不许拆毁作贱，如有不遵者，许看庙人役不时锁拿，解拿至刑部，治罪不贷[①]。

2. 府丞王登联

清字禁约已立，又有律条惩治，然而整饬效果似乎不尽如人意。薛所蕴卸任后，接任府丞王登联再次题请礼部，婉转地提及所立清字禁约“不意数经雨水，遂尔倾坏”，实则直指禁约全然无效。而此时的顺天府儒学殿庑左右多被旗人侵占，即使朝廷拨内帑、地方官员捐奉重修，也难以开始动工。对此，礼部和工部分别覆文，一方面承认学宫属于镶黄旗分内，旗人管辖、居住并无不妥；另一方面，亦应允“学宫内不便仍留”，订立了旗、汉官员的共同举措：责成镶黄旗满洲都统、牛录章京、分得拨什库[②]严谕学宫四周居住满人，学宫内原有房屋立即拆卸挪出，在镶黄旗空地上另行盖造，费用由工部酌量发给；同时给予地方官员举报权，将未能尽力缉巡的旗官参处问罪。最后，礼部新立清汉字榜，以示满汉人等[③]。借此东风，府丞王登联立即协同工部营缮司按基址清理丈量、堵塞便门、腾退殿房、重建墙垣。王登联的此次题请，在朝廷的大力支持下，明确学宫地界范围，为接下来康熙朝的重修打下了良好的基础。

3. 顺天府丞高尔位

康熙三年（1664）至十年（1671），在顺天府府丞督学、汉军旗人高尔位

---

①③ 康熙《大兴县志》卷2，“学校”。

② 分得拨什库为满文fonde bošokū音译，意译为骁骑校。

的首倡下，顺天府儒学连续两次大修、立三通石碑，对恢复儒学面貌起到了至关重要的作用。

高尔位，汉军正黄旗，历任直隶南和知县、江西道试监察御史、陕西巡按御史等官，康熙三年（1664）擢顺天府府丞①。和清初许多位高权重的汉军旗人一样，举人出身的高尔位一方面以督视学政为己任，另一方面则乐善好施，在京城满汉官员中影响力巨大。

康熙三年（1664），学宫殿房敝陋倾颓，农历三月，阴雨连绵，先师庙殿房也坍圮。高尔位率先捐银三百两，与京兆甘文焜等诸乐善之绅士共同捐资，大成殿、棂星门、奎楼、明伦堂、启圣祠、乡贤名宦祠等处一一修葺，工竣于康熙五年（1666）②。

此次重修，让顺天府儒学殿宇焕然，大为改观，唯因财力耗尽，明代旧有之明伦堂与育贤坊，未能重修，而此事一直为高尔位所念。康熙七年（1668），他又发动僚属捐俸，将二处建筑修缮完工③。

康熙十年（1671），高尔位又回顾了督理文武学政以来的七年对顺天府儒学的历次整修，感叹此事为在任期间可称赞之事，并得银三百两，绅士及乐善之人均有同心焉。为表高公焕然学宫之德功，光禄大夫王崇简、都察院左御使孙承泽又为之撰碑一通④，得到在京汉官的鼎力支持和交口称赞，士来肃谒其中，罔不欢忻鼓舞，称说高公⑤。

4. 府尹张鹏翮

顺天府儒学重修十三年后，康熙十八年（1679），镶黄旗都统占据此地为办事公署，虽然礼部屡次下旨，严令腾退，却只是“暂去复来”的游击战，且情况还较之前更为恶劣。旗兵不仅在儒学内列槽养马，铺席为床，在读孔孟圣贤书的明伦堂上、供奉孔子叔父牌位的启圣祠，竟然遍地马粪，秽不可闻。旗人门门侵占，兵士家奴喧呼赌博，动辄百十数众。奎楼之下取土掘坑，各深丈余。这种情况，教官不敢言，有司莫能禁。

---

① 清国史馆辑：《满汉名臣传》，第858页。

② 如康熙九年，高尔位又为西直门南小街德福庵撰《德福庵碑》。

③ 清康熙七年（1668）《顺天府学明伦堂及育贤坊碑》，京234，《北京图书馆藏中国历代石刻拓本汇编》卷62，第117页。

④ 清康熙五年（1666）《顺天府学庙碑》，京223，碑文录自北京大学图书馆藏原拓片。

⑤ 清康熙十年（1671）《文庙碑》，碑文录自北京大学图书馆藏原拓片。

此后，吏部尚书汪晋征请旨修造，起意兴复府学，然事业未竟即溘然长逝。康熙二十一年（1682），经府尹张鹏翮奏陈学宫应首重京师之理，康熙帝终于下旨清退侵占学宫之闲杂人等，如有不遵旨者由该管官察参治罪[①]。命下之日，张公鹏会同旗员一同盟誓，要严格遵守旨意，清退在事之人，退换侵占学宫的土地和房屋，将随意开启的便门堵塞，并勒石为禁约。至此，学宫与旗舍之间的争斗终于以顺天府儒学的重整告终。

三、康熙朝以降顺天府儒学的重整和原因

伴随着府学地位的恢复，一次大范围对府学的大修，已经准备妥当。康熙三十四年（1695），保和殿大学士太子太傅兼礼部尚书加五级、宛平人王熙撰碑文，重新回顾了顺天府儒学自清初被旗兵侵占，又还复恢复面貌的过程。此次重修，不仅有顺天府府尹、府丞、大兴知县等人捐献已俸，还有儒学教授、武学教授、举人、文武生员、童生等百人共同捐资："祠亭堂楼斋舍坊墉哙哙然，丹雘藻彩无不周不焕。"值得注意的是，此次重修凿井于门外，专属儒学学生使所用[②]。这样就避免了和旁居的旗人共同汲水而造成的矛盾和混乱。

自此之后，顺天府儒学受到历代清帝的重视和礼惠，自康熙朝起的历朝清帝均为先师庙御笔题额。雍正年间，学宫内立《满洲儒学碑记》一通，以表满洲儒生亦于天下学宫之首之内授业[③]。乾隆元年，先师庙添设祭器以及乐器，开始将顺天府儒学列入祀典，进行春秋祭祀[④]。乾隆《京城全图》上，报恩寺已名顺天府儒学，位于府学胡同以北、马将军胡同以南，殿房规整，占地广大，首有庙门三间，前殿三间南向，迤西为乡贤祠，再西为先师庙；大门东依次为文昌祠及文山祠；二道门一间，左右开小门，周缭围垣，以北有大殿五间，东、西配房各九间，或为儒生堂舍之用；奎楼在大殿东侧，由一道院墙与大殿隔开，墙上开门，门北有小房二间。奎楼高两层，前有南向殿房三间；大

①④ 清咸丰四年（1854）《顺天文庙碑》，京224，《北京图书馆藏中国历代石刻拓本汇编》卷82，第78～79页。

② 参见清康熙三十四年（1695）《顺天府学宫碑》，京257，《北京图书馆藏中国历代石刻拓本汇编》卷65，第68～69页。

③ 碑名录自参见《国立北平研究院院务汇报》第2卷，第六期，第1574页，"北平寺庙碑目"，民国十九年。

殿以北为小院两所，均仅北房三间。后为崇圣祠所在。咸丰四年（1854），顺天府儒学又重修，顺天府尹汪本铨领衔倡捐三百两，顺天府同知、大兴、宛平知县、蓟州知州等顺天府郊埛官属以及顺天府儒学教授等官以及京城绅士共襄盛事，捐银四千余两，将先师庙修葺一新[①]。道光十四年（1834）、二十八年（1848），儒学先师庙又添建铁炉两个。光绪末年，顺天府儒学年久失修，栋宇廊庑日见倾颓，岌岌可危。府学教授将情况禀报顺天府府尹批准拨款修复[②]。民国年间，顺天府儒学所在地陆续作为北平第十八小学、英文补习所、大兴县建设局等单位占用。1922年，中野江汉在《北京繁昌记》中，记顺天府学为木栅门[③]。直至今日，顺天府儒学所在之处仍为府学胡同小学使用。

学校之政，关乎风俗之美恶，人才之盛匮，更于国家隆替密切相关。以孔孟为师，以圣人为法，以成君臣父子之纲，故而历代王朝对学校的重视由来于此。顺天府儒学在清初艰难而又坚定的重整原因，首先与清朝尊崇儒教的政策不可分割。

顺天府附郭为大兴、宛平二县，例应设三个学校，但明清均只是在顺天府的层面上，设立了顺天府儒学，这是什么原因？康熙《大兴县志》回答道："盖首善之地制度如斯。"[④]京师地区，府学代替了两县学，而其教化良士的责任更为重要。所以，清代顺天府儒学的屡次兴修的碑文，越来越体现出主事者对京师首善之区地位的强调和认同[⑤]。辇毂之下的顺天府儒学，作为次于太学而傲视四方府州县学在所当先，如规模卑隘，日就颓毁，更被旗人侵占，则四方之风动，人所观法，必自京学始。这在满汉矛盾还未完全调适的清初，无论对于意欲稳定政权的清朝统治者，抑或想要向满人传授孔子之道的汉人来说，都是至关重要的问题。顺天府学作为遐迩四方之表率，最终在康熙年间逐渐从废弛走向辉煌，不失为清代满汉关系走势向好的一种体现。

---

① 参见清咸丰四年（1854）《重修顺天文庙碑记》，碑文录文自国立北平研究院：《顺天文庙》，东四145。

②《大公报·中外近事·北京·修理文庙》，光绪二十八年七月初八日。

③ 中野江汉：《北京繁昌记》，第15～16页，醒中印刷社1922年版。

④ 康熙《大兴县志》卷2，"学校"。

⑤ 参见清康熙三十四年（1695）《顺天府学宫碑》，京257，《北京图书馆藏中国历代石刻拓本汇编》卷65，第68～69页。

北京旗人与北京曲艺

杨 原

曲艺，是以“说唱”为主要表现形式的民间艺术。古代，有称其为“百戏”者，有称其为“杂耍”者，亦有称“曲艺”者，但曲艺的正式定名出现较晚，由“中华全国曲艺改进筹委会”于1950年定名。

北京的曲艺，种类繁多，从文献的记载中我们可以看到，最早可以上溯到辽代。《辽史・乐志》中有说唱类伎艺的记载；《三朝北盟汇编》中记载了金代完颜充招引说话人刘敏讲说《五代》之事；元代时有词话类杂曲、小商贩的卖腔和鼓板节拍等说唱形式；至明代，更是丰富到十六种说唱词话，都属于这种说唱类民间艺术。典籍中记载的曲艺种类虽然多，但基本并未传承于后世，我们今天可以看到的北京曲艺，都是清代及民国时期成形或兴起的。

按《北京志・曲艺志》中收录的曲艺曲种，共16类，分别是评书、相声、双簧、岔曲、单弦牌子曲、联珠快书、京韵大鼓、梅花大鼓、铁片大鼓、奉调大鼓、北京琴书、西河大鼓、河南坠子、数来宝、山东快书、快板书。这16个曲种大致可以分为北京本土曲艺和外来曲艺，或是外来曲艺进京后，在艺人的改良下形成的新曲种。相声、双簧、岔曲、单弦就是比较典型的北京本土曲艺，西河大鼓、河南坠子、山东快书是比较典型的外来曲艺，而京韵大鼓、北京琴书、数来宝等就属于由艺人改良外来曲种而形成的新门类。

曲艺，在历史上本是社会底层的江湖人谋生的手段，按连阔如《江湖丛谈》中所载，江湖行当中的“评团调柳”俱是现今所称的曲艺艺术，评即评书，团即相声，柳即大鼓，现今我们能看到的曲艺门类都能包括到其中，尤其是柳门，出现的最早，涵盖的种类极多，大约北方的弹唱类曲艺都脱离不开柳门中“梅、清、胡、赵”四大门，南方则大半都属“孙、财、杨、张”四

作者系北京市社会科学院满学研究所助理研究员。

大门。

北京曲艺与中国其他地方有很大不同，通过对这16个曲艺门类进行梳理，我们会发现其中很多曲种与北京的旗人有非常深的渊源，北京的旗人对于它们的产生和发展起到过极其重要的影响。旗人是中国历史上一个独特的群体，由于清代的八旗制度，他们只能入仕或披甲，乾隆中后期，天下呈平，旗人便成为由朝廷供养却无事可做的有闲阶层，他们虽非富贵，生活上却有铁杆庄稼的保障，他们每日无所事事，政府发给的钱粮不足以支持他们像王公贵族进行书画、古玩一类的高雅娱乐，多是以一些花鸟鱼虫或体育类活动以自娱，这就为旗人参与到市井曲艺类活动中创造了条件。

一、旗人参与曲艺之始

旗人参与曲艺，始自于北京票友的出现。票友，即非专业演员，票房，即票友聚会娱乐的地方，也是票友的组织机构。票友、票房是北京旗人的创举，自开始便与曲艺紧密地结合在一起。票友因旗人演艺八角鼓曲艺而产生，八角鼓曲艺，即以三弦伴奏，演员手执八角鼓击节歌唱的曲艺种类，是近代北京最为重要的娱乐形式之一。

八角鼓这一曲艺形式的产生年代，说法多样，以产生于清中期最为普遍。民国初年，有当时的八角鼓名家德寿山口述过八角鼓的源流[①]，德寿山[②]所述为广泛接纳，视为最可靠的说法之一。这篇口述的内容是讲八角鼓这一曲艺形式产生于乾隆年间，其最早的形式为岔曲，大学士阿桂率兵征大小金川，幕府中有好词曲者，便唱小曲，并教以军士，词中有“鞭敲金镫响，齐唱凯歌还”的句子。得胜回京后，又在北京的旗人当中广为传唱，经乾隆皇帝的大加提倡，并由官方定制鼓的规格，赋予寓意，由是更加风行，并逐渐成为北京娱乐的一大宗。

这是八角鼓来源说法中最主要的一种，多数说法大致与此相仿，仅细节上

---

① 齐如山：《北平怀旧》，第292～293页，辽宁教育出版社2006年版。

② 按崇彝《道咸以来朝野杂记》所载：“近年著名之德寿山，即其支流也。光绪十几年，此人尚在。”德寿山是同光年间著名的八角鼓票友，作为八角鼓曲艺的传承人，又是较早能够记述八角鼓来源的行内人士，当较为可靠。

有所不同。如崇彝在其《道咸以来朝野杂记》中也曾记[①]：

> 文小槎者，外火器营人。曾从征西域及大、小金川，奏凯归途，自制马上曲，即今八角鼓中所唱之单弦杂牌子及岔曲之祖也。其先本曰小槎曲，简称为槎曲，后讹为岔曲，又曰脆唱，皆相沿之讹也。此皆闻之老年票友所传，当大致不差也。

再如有些传说谓之八角鼓的八角并不代表八旗，而是八卦之八门，即“休、生、伤、杜、景、死、惊、开”；以及岔曲之编创者谓之白苏稚者，谓之富筱槎者，亦有谓之宝小岔者。民国时又有学人李鑫午在《岔曲的研究》中指出“岔曲初名脆唱，衍名岔曲”，乃岔支于昆曲、高腔之意，并非以人名而定。也就是说岔曲应为当时北方民间之声腔，为旗人所爱好，经数十年的流变，已经被社会贴上了旗人的标签，并由此构建了几种相关的传说。

综合各方观点可见，八角鼓曲艺产生于清代的北京旗人之间，经帝王提倡，自清中期始风行于北京旗人社会，成为八旗子弟自娱自乐的重要方式。按清廷规定，八旗子弟聚会演唱，须上报管理京城娱乐的衙门——内务府，每逢演唱时，须由内务府颁发执照，执照上印有两条金龙，叫作龙票。票面上写“发给××票房”，“票房”即此得名，在票房聚会的业余爱好者便称为“票友”。有了票友、票房，以八角鼓曲艺为载体，北京的旗人开始了曲艺的创作，并由此发展出了众多曲艺门类。

二、旗人创造的曲艺门类

旗人最早参与曲艺的种类为岔曲，岔曲并非某个旗人的个人创造，而是依托于各票房一种群体性创作。各大票房先是以创作和演唱岔曲为娱乐，渐渐地，他们以此为起点，也以此为艺术的基础载体，发展出了极其丰富的曲艺门类。

岔曲的体例分为曲头、曲尾，基本音乐结构被称为 “六八句”，即共8个词句和6个乐句，格式非常固定。以最简单的《春至河开》为例：

---

① 崇彝：《道咸以来朝野杂记》，第105页，北京古籍出版社1983年版。

①春至河开，绿柳时来，②
（1）　（2）
［1］
梨放放蕊，③桃杏花开，遍地萌芽土内埋④
（3）　（4）
［2］　［3］
农夫锄刨⑤耕春麦，牧牛童儿又在竹⑥
（5）　（6）
［4］　［5］
竹林外，渔翁江心撒下网，单等那下山的樵夫畅饮开怀⑦
（7）　（8）
［6］

① ② ③……过门
（1）（2）（3）……词句
［1］［2］［3］……乐句

如图所示，一段岔曲从音乐结构上以过门划分，共7个过门，3个大过门，3个小过门，及一个收板。其中①、④、⑥为大过门，①为前奏，④为划分曲头、曲尾的大过门，即“春至河开，绿柳时来，梨花放蕊，桃杏花开，遍地萌芽土内埋”为曲头，“农夫锄刨耕春麦，牧牛童儿就在竹林外，渔翁江心撒下网，单等那下山的樵夫畅饮开怀”为曲尾。这个大过门，又称大过板，⑥称为卧牛，通过卧牛，划分出第五和第六个乐句。3个小过门分别是②、③、⑤，⑦为收板。

这7个过门，划分出6个乐句，即图中的［1］春至河开，绿柳时来；［2］梨花放蕊，桃杏花开；［3］遍地萌芽土内埋；［4］农夫锄刨；［5］耕春麦，牧牛童儿又在竹；［6］竹林外，渔翁江心撒下网，单等那下山的樵夫畅饮开怀。乐句的划分，是以音乐结构为依据，所以有些句子会被解体，重新组合。

8个词句是从文学结构划分的，比较简单易懂，即图中的（1）春至河开；（2）绿柳时来；（3）梨花放蕊，桃杏花开；（4）遍地萌芽土内埋；（5）农夫锄刨耕春麦；（6）牧牛童儿又在竹林外；（7）渔翁江心撒下网；（8）单等那下山的樵夫畅饮开怀。

岔曲的音乐结构及文学结构，基本固定了八角鼓曲艺的体例，除联珠快书，其他的八角鼓体系下的曲艺形式，都是在岔曲的体例下进行变化的。岔曲从结构上分为曲头、曲尾，在曲头与曲尾之间插入固定的三个曲牌，即【南锣】、【罗江怨】、【倒推船】，称为腰截，打破固定的曲牌和曲牌数量及次序，即为牌子曲。同光年间，旗籍子弟司瑞轩，艺名随缘乐，在牌子曲的基础上进一步创造了单弦这一新的曲艺形式，他自编、自唱、自弹三弦伴奏的“一人单弦八角鼓”，逐渐形成独立的表演形式，后被称为“单弦牌子曲”。岔曲通过变换曲头曲尾为琴头琴尾，并加入大段数板而衍生出琴腔；在岔曲的曲头曲尾处加入一个专用曲牌，就变化出穿心岔曲，又称“枣核儿”“猫儿俏”或“令儿”；拆唱八角鼓是牌子曲的一种变形，把原本一个人以第三人称描述故事，从演唱为主的曲艺形式，改以多人合演（一般三人演唱的节目多），将故事中的人物和话白拆分，分包赶角，连唱带演，所以又称八角鼓带小戏。

岔曲 → 腰截 → 牌子曲 → 单弦牌子曲
↓ ↓ ↓
琴腔 穿心岔曲 拆唱八角鼓

《北京志·曲艺志》中所收录的岔曲、单弦牌子曲严格说都应该归为八角鼓曲艺，且八角鼓曲艺是北京曲艺中的一个大门类，以岔曲为基础的艺术种类，在票房中不断衍化而成的，严格地说，八角鼓曲艺从岔曲发展出了腰截、牌子曲、单弦牌子曲、琴腔、穿心岔曲、拆唱八角鼓、联珠快书共8个曲种。

三、旗人文化下的票房对北京曲艺的滋养

票房自乾隆时问世，有清一代，一直以旗人为主要人群，他们从事艺术活动，又不以此为业，当中不乏才华横溢者，他们的作品在格调及数量上都极大地丰富了北京曲艺。以岔曲为例，题材多是以追求士大夫的审美情趣为主，往往喜欢寄情于景。旗人的作家群还经常编排一些文字游戏，其曲词，多采取咏赞体，或咏人，或咏物，借以抒发意兴。如“赞风不露风”“赞雪不露雪”等

所谓“八不露”的作品，通篇描写“风”，但绝没有一个“风”字。八角鼓曲艺的作者也不乏贵胄子弟、八旗世家，如《道咸以来朝野杂记》中所载之果勒敏[①]：

> 果勒敏，字杏岑，博尔济吉特氏。世袭子爵，官杭州将军。罢归，穷极无聊，日游戏园。颇通词曲，无聊时，所编排子曲、岔曲甚多，能以市井俚语加入，而有别趣。于最窄之辙，押之极稳妥，此实偏才。亦能作诗，则打油类也。凡歌唱类分十三辙，犹之韵也。如中东、言前、江阳、花发、由求、仁辰、灰堆、依期、簑波、姑苏、怀来、遥条之类。最窄之辙为捏邪，皆作叠雪，不符。此二字皆仄声。戏界多忌此辙。果公有自编大排子曲，用此辙极俏，惜忘其名词也。

文中所述之果勒敏为世袭子爵，出身于八旗世家，有很高的文化修养，通音律，尤其对辙韵有比较深入的研究，所编创的词曲，有很多是江湖艺人所不能的。很多王公贵胄也纷纷组建票房，这让票房在旗人社会中的影响力也大大提高了。按《道咸以来朝野杂记》[②]：

> 王公中登场演唱八角鼓，当年有获罪之贝勒奕绮。同、光间，恭王之子贝勒载澂，亦在邸中成赏心悦目票房。八角鼓之全堂，分鼓、溜、彩三种为完备。鼓，唱也；溜，相声之类；彩，戏法。赏心悦目社中三者皆精整，为京城第一之票，事在光绪初年。其本人尝加入演唱，并应外约，阵容齐整，茶水自备，不取车资。

在这些人的感召下，很多旗人家庭都愿意让自家子弟参与票房活动，既不招灾惹祸，又能亲近贤达，这让票房风靡京城，而以票房为载体的曲艺，也由此得到了极大的发展。

---

① 崇彝：《道咸以来朝野杂记》，第16页，北京古籍出版社1983年版。
② 崇彝：《道咸以来朝野杂记》，第20页，北京古籍出版社1983年版。

梅花大鼓

梅花大鼓，又称梅花调，由演员击鼓、板演唱，并以三弦、四胡、琵琶、扬琴伴奏。其唱腔为板腔体，基本句式为七字句，但并不完全拘泥，也允许加入“但则见”这样的三字头，在快板中也时有五字句。这一曲种在清中期由旗籍子弟玉瑞所创，因玉瑞为八角鼓票友，其堂号为梅花馆主，这一曲种也由此得名。玉瑞常在票房演唱，虽然其声腔与音乐结构和八角鼓的曲牌体并不相同，却受到众多票友的追捧及传唱，风靡于京城，在各大票房及票友的创作下，作品得到了极大丰富，最终在民国时由专业艺人金万昌、苏启元、韩永昌等人的改革下，定型为现今的形式。特别是金万昌，他的唱腔突出了悠扬婉转的特点，字少腔多，被人称为“一字九转”。他排演了德寿山等旗籍老票友编写的《黛玉思亲》《黛玉葬花》《宝玉探病》等唱段，善于使用优美的唱腔表现儿女情长，在叙事中抒情，也奠定了梅花大鼓的艺术风格，并使之传播于京津华北地区。

联珠快书

联珠快书最早在清嘉道时期由民间艺人高显臣将单弦中的【数唱】【一串铃】等曲牌改编成慢板、快板的曲调，并表演长篇大书，受到八旗子弟的喜爱，并将这种艺术形式引入票房，在咸同年间，有旗人票友奎松斋对其进行规范，使其成为相对严格的体例，分为“七落”，即“诗篇”（8句）、“注头”（2句）、【春云板】【流水板】、“诗白”（4句）、“话白”、【联珠调】。每一落各有分工，诗篇通过8句话引出故事人物，注头总叙故事梗概，【春云板】介绍故事背景，【流水板】介绍故事发展，诗白类似于定场诗，话白通过语言过渡故事，最后的【联珠调】演唱故事的高潮结尾。快书也因最后一落通过【联珠调】表现故事的热闹场面，并以此处作结，所以被称为联珠快书。奎松斋的弟子众多，如曾振庭、广恩普、全月如等，经过几代人的努力，联珠快书成为民国时期一个非常繁盛的曲种，常演剧目有70余段，如《蜈蚣岭》《淤泥河》《安天会》《铜旗阵》等。

双簧

清中叶时，有票友黄辅臣昆仲（一说为叔侄）在票房首创了双簧这一曲艺门类，所以又称“双黄”，李斐叔在《梅边杂忆》中说：“黄面目奇丑，初亦说书之流，以一人能学各种人物动态，故名双黄。其后始分为两人作一人也。”①双簧由两个人分前后脸儿合作表演，前脸儿面敷白粉，头戴小辫，以表情动作“发脱卖相”进行表演，但并不出声，后脸儿隐藏在前脸儿之后，配合说、学、逗、唱，以应和前脸儿的表演，让观众看来像是一个人自演，所以又被称为“双学一人”。双簧属于戏谑类的小型喜剧，擅长插科打诨，制造包袱，所以相声及莲花落演员也经常兼演，比较著名的剧目有《下南乡》《贺龙袍》《罗成出马》等。

北京曲艺在清中前期，鲜见于史料记载，数量既少，又缺乏精品。自票友与票房出现后，北京曲艺逐渐形成了非常繁荣的局面。从曲艺门类上看，票友创造了大量曲种，作品又极其丰富，从阳春白雪到下里巴人，既通俗且精品繁多。

四、旗人参与创造的曲艺门类

旗人参与到北京曲艺不同门类的程度不同，有几种的情况。有些曲种是由旗人首创，由民间艺人将其推向艺术高峰的；也有些曲种是在民间形成，受到旗人的喜爱，通过他们的改造规范而走向艺术的成熟期；再有些曲种，是受到旗人文学或票房文化的影响，在大的曲艺门类中又创造了比较重要的分支。

相声

相声这类戏谑类的语言艺术自古有之，周秦俳优、唐参军戏、宋滑稽戏都有幽默讽刺的传统，不过当代曲艺中的相声直接渊源于清中期的北京八角鼓票房。八角鼓曲艺中的拆唱八角鼓便是相声的最早雏形，其表演讲究“说、学、逗、唱”，其中以逗哏最重要，相声中的“逗哏”便由此而来，相声的部分表演方式和内容也由此艺术转化而来，特别是一些传统“腿子活”，即表演戏曲类的节目大都来源于此。最早的相声只演艺于堂会中的“全堂八角鼓”之中，民国时张笑侠在其《相声总论》曾记载：“相声以前只是在王公府第中的堂会

---

① 宣武区非物质文化遗产保护工作办公室编：《北京市非物质文化遗产普查项目汇编》（宣武卷），第71页，2006年本。

中有，外间少见。后来学者众多，堂会又少，实在不足维持生活，慢慢地便在台上说，又过了几年，便跑到天桥地场上说去了。”[①]

相声创始人之一的张三禄本即拆唱八角鼓中的名丑，因受人排挤，离群单干。他不愿说是八角鼓，自称其艺为相声，相，取义以相貌形容喜怒哀乐，使人观之解颐，声取义以话的声音，变出痴茶呆傻，仿做聋瞎哑，学各省人说话不同之语音[②]。张三禄的传人阿彦涛，与其弟子恩绪、春长隆等人形成“清门相声”，成为早期相声的“阿派”，作品中往往以舞文弄墨的形式讽刺爱说大话的人，取笑而不庸俗，形成后世“文哏”相声的基础。

相声的另一位创始人“穷不怕”，名朱绍文，光绪年间人，出身于汉军旗[③]，因生活所迫，幼学京剧，后改太平歌词。在天桥撂地时，渐渐将相声中的“清门”与“浑门”合流，称为朱派。特别是穷不怕徒子徒孙众多，名家辈出，其徒孙都以“德”字排辈，在相声界中为翘楚者就有八位，人称“八德”[④]。相声也是在“八德”的带领与传播下，渐渐走向了艺术的成熟，当今相声界大多受其传承。

北京琴书

北京琴书的前身本为流行于河北民间的五音大鼓，清末民初时传入京津地区，因艺人翟青山于1935年在天津演出时对其进行改革，将伴奏的三弦变为扬琴，成为单琴大鼓，又称琴书。20世纪40年代末，北京满族艺人关学曾又将其改革、规范，改用北京语言表演，最终成型为北京琴书，并于1951年定名。北京琴书在创立初期，仍留有五音大鼓和单琴大鼓的痕迹，以长篇大书为主，关学曾不断从其他曲种、剧种中移植、编演新曲，渐渐成为单段表演的艺术形式，如《杨八姐游春》《鞭打芦花》《张良纳履》等，均是成型于20世纪60年代。在北京琴书成型及发展的同时，五音大鼓和单琴大鼓在华北地区仍有流传，这是比较典型的由旗人个人通过改编、规范其他曲种而创立的北京曲艺门类。

---

① 王决、汪景寿著：《中国相声史》，第144页，北京燕山出版社1995年版。
② 参见连阔如：《江湖丛谈》，第285页，当代中国出版社2005年版。
③ 参见张次溪：《天桥丛谈》，第127～128页，中国人民大学出版社2006年版。
④ 参见连阔如：《江湖丛谈》，第287页，当代中国出版社2005年版。

子弟书及其对北京评书及京韵大鼓的影响

子弟书是创造于旗人群体的一种曲艺形式，源于乾隆初年，兴盛于晚清，20世纪30年代绝迹于舞台。清人笔记中对其多有记载，如震钧在《天咫偶闻》中曾说："旧日鼓词，有所谓子弟书者。始创于八旗子弟，其词雅驯，其声和缓。"徐珂在其《清稗类钞》中也曾载："京师有子弟书者，为八旗子弟所创。词雅声和，且有东城调、西城调之别，西调尤缓而低，一韵萦纡良久。"[①]这是一种旗人于票房间的曲艺形式，曾流行于北京百年有余，但因"其声和缓"，至民国时，便渐渐不见于舞台。

在子弟书兴盛的时期，众多票友为其编创曲目。道光时有子弟书西韵票友石玉昆，崇彝曾记："道光朝有石玉昆者，说三侠五义最有名，此单弦之祖也。贵月山尚书庆尝以柳敬亭比之。"[②]他除喜爱单弦与子弟书外，还自编自演评书《三侠五义》，说演宋代清官包拯断奇案及属下平山灭寇的江湖故事。评书古已有之，至清中期出现了只说不唱并加评议的北京评书，以往以演说朝代故事（如三国、东汉、隋唐、水浒等）的"袍带书"套路，《三侠五义》的出现开拓了公案类评书的门类，继此之后，又相继出现了《施公案》《刘公案》《彭公案》《雍正剑侠图》等书，极大地丰富了北京评书艺术，并为其他艺术门类所吸收。

子弟书虽在民国时绝迹舞台，但子弟书的词句多出于文人之手，文辞雅洁，并没有随着子弟书的消失而消亡。子弟书的格律和行腔属于七字句，是典型的鼓曲词，长于抒情，相对地短于叙事，在清末民初时开始风行于京城的京韵大鼓便开始大量借鉴子弟书词。连阔如在《江湖丛谈》中曾说京韵大鼓名家白云鹏的唱词中就多用票友的子弟书唱本[③]，很多票友也多愿意在自创的子弟书中留下自己的记号，这也在京韵大鼓名段中十分常见，成为子弟书在鼓曲中的遗留。如《红梅阁》一段首句："细雨轻音过小窗。"此中的"小窗"，即子弟书名票韩小窗。

---

① 徐珂：《清稗类钞·音乐类》，第466页，书目文献出版社1982年版。
② 崇彝：《道咸以来朝野杂记》，第9页，北京古籍出版社1983年版。
③ 连阔如：《江湖丛谈》，第391页，当代中国出版社2005年版。

五、结　语

对《北京志·曲艺志》收录的16个曲种进行梳理来看，其中8个曲种与旗人的参与有着非常深的关系，另外8个曲种则多是民国后进入北京，一方面是自进入北京至解放初的曲艺规范化时间很短，旗人在其中还没有更多地参与；另一方面是民国以后，旗人对于自己的生活尚自顾不暇，没有精力再去参与曲艺的创作与改良。在辛亥革命以后，八旗制度崩溃，以旗人为主体的票房没有再发挥着过去向社会创造曲种、推送丰富作品的力量，但大量旗人为生计而成为专业艺人，在曲艺界亦是佼佼者。如单弦门类，共有三个流派，即以荣剑尘之艺术为主体的荣派，以常樹田之艺术为主体的常派，以谢芮芝之艺术为主体的谢派，俱为旗人。如当今相声界中重要的三个家族，以常连安、常宝堃、常宝霆、常宝华、常桂田等人为代表人物的常家，即旗人后裔；以侯宝林、侯耀文、侯耀华为代表人物的侯家，亦为旗人后裔；以马德禄、马三立、马志明为代表的马家，虽为回民，但马德禄的岳父及清门相声的代表人物恩旭即旗籍子弟，马氏相声自清代至今一直传承着八角鼓票房中的“文哏”相声特色。

北京旗人与北京曲艺的渊源之深，可以说没有他们，就没有如此丰富多彩的曲艺门类与作品。旗人的大量参与，不可避免地会在曲艺作品中打上满文化的烙印。现在我们能看到的北京曲艺均是以汉语来表达，旗人作家群体创造的曲艺内容中自然也有大量反映北京旗人社会的作品。如牌子曲中《子弟过会》《搂揽泰请局》等作品，即表现了票友外出演出“走局”时的情景和规矩。子弟书中《少侍卫叹》《鸳鸯扣》《梨园馆》等大量作品中亦有旗人、票友生活的场景。从富到贫，曲艺作品中囊括了北京旗人社会中的衣食住行。如《老侍卫叹》描写了一对贫苦侍卫年老孤苦，当卖旧被的故事，《阔大奶奶听善会戏》描写的是旗人参与民间相会的故事，《枴棒楼》则描写的是一群八旗子弟票房过排，之后聚餐饮宴的事。这些作品一方面是反映了大量旗人生活，一方面体现了大量旗人心态，应该说旗民两种文化是相互交融的，或是说满族文化与中原文化以北京曲艺为载体的一种融化。

清高宗与《医宗金鉴》

陈昱良

《医宗金鉴》是清代官修钦定的医学丛书，由清高宗倡议，政府主导，百余位医家响应，搜集有史以来的医学典籍编纂而成。该丛书是清代最重要的医学成就之一。徐大椿曾高度评价："熟读是书，足以名世。"①

清前期，康雍乾诸帝倾慕汉文化，多行"文治"以笼络士人。在图书方面，最突出的表现是以官方为主体，政府投资编纂各种大型类书、丛书。康雍年间，《古今图书集成》《康熙字典》《渊鉴类函》《佩文韵府》各种"御撰""敕撰"的大型书籍约有四十余种。年轻的高宗即位后，不甘守成、渴望有所作为的心态，促使他继承并推进父祖的文化政策，积极开展图书编纂工作，以树立自己的声威，巩固统治。而《医宗金鉴》的编撰，就是清高宗倾慕唐宋明君，标榜文治的一大表现。

即位之初，清高宗在政务之余阅读《资治通鉴》，屡有言论评点汉唐宋明诸位帝王的成败得失，对于明君贤主的治国之道，清高宗希望能仿效而行，让清朝的通知能够"治隆唐宋，德比尧舜"。历史上，北宋皇帝成立"校正医书局"，大力推行中医书籍校订刊刻工作，推广医药教育以利民生的做法，给高宗留下了深刻的印象。到了乾隆三年（1738），朝鲜学者在政府支持下编纂的《东医宝鉴》一书，被清廷使者从朝鲜携归。清高宗阅读此书后，深感于明清以降，国内医书驳杂，习者无以为宗，迫切需要编撰一部内容全面，评价公允，具有准绳性质的医学典籍，用于太医院的医学生教学，以及开展对医生水平考试的参考。遂于乾隆四年（1739）十一月十七日，谕敕太医院使钱斗保主持、御医吴谦主编，将上古以来的经典著作注释、校正、分别是非、编纂成

作者系北京中医药大学中医学院讲师。

① 谢观编：《中国医学大辞典》，第4400页，"徐大椿"，商务印书馆1927年版。

书，以期学医之人能有所宗，以期“昌明医学，寿民万世”的效果。

从晋至清，医书甚繁而不可枚举，医家虽多有发挥创新，但未免拘于门派，有失偏颇。或博而不精，或杂而不一，相互诋毁、互相矛盾者亦有所存在。为利于医学的进步，需要形成一整套规范的体系，以便于医生临证效法。从编撰目的上看，《医宗金鉴》一方面是模仿宋代的《圣济总录》来广泛搜集保存医学文献；另一方面也有学术上的取舍和评价，希望能够修成一部医生诊疗活动的参考书、太医院医学生的标准教材。“使为师者，必由是而教；为弟子者，必由是而学。”[①]《医宗金鉴》的最初编撰计划是“成书两部，其小而约者，以便初学颂读。其大而博者，以便学成考究”。与时聚集了人内的所有藏书，并通过收买、借抄及贡献等方法收集了民间“旧医书无版者，新医书未刻者，家藏秘本，世传经验”等大批资料。然而，作为教学准绳和文献汇集两大目标很难在同一部书中实现。实际上《医宗金鉴》的编纂只完成了前者，后者是在乾隆三十七年编纂《四库全书》时子部的医家类得到实现。

《医宗金鉴》卷首所列相关奏疏，将其编纂目的记述得非常清楚：“考医之书，《天元玉册》《本草》《灵枢・素问》三经，始自伏羲氏、神农氏、轩辕黄帝与臣岐伯等所作也。殷时伊尹著《汤液本草》，战国时扁鹊著《难经》，后汉时张仲景著《伤寒论》，其书世远，词奥难明，且多编次传写错讹。”因此需要将此类经典医书，考校错讹，疏通文理，整理注疏，重加编订。

谕旨颁下，太医院当即奏请发内库藏书、征集天下家传医书及传世验方等，以资编纂：“请将大内所有医书发出，再命下京省，除书坊现行医书外，有旧医书无板者，新医书未刻者，并家藏秘书，及世传经验良方，著地方官婉谕购买，或借抄录，或本人愿自献者，集送太医院，命官纂修。”当时准备成书二部，一部“小而约者，以便初学诵读”;另一部“大而博者，以便学成参考”，因此广泛收集天下医书良方，促成了清朝这次大规模国家征收医书活动。尽管后来只完成了一部“小而约者”，即《医宗金鉴》，但这次活动征集的许多有价值的医书，为乾隆三十七年（1772）编纂《四库全书》医家类打下了基础。

筹备该书撰修工作的大学士鄂尔泰，不仅广收医书良方，还加紧设医馆，严格选拔修书人才。为了编纂好《医宗金鉴》，在太医院内设立了“医书馆”。

---

① 吴谦等编：《医宗金鉴》，第4页，人民卫生出版社1963年版。

其馆舍是利用太医院衙门现有闲房，加以修葺而成。这样做的优点一方面是省时省费，另一方面是该院官员到馆办事亦方便。此外对馆内人员的待遇与物资也都作了规定。因太医院的钱斗保、陈止敬、王炳不是医生，都是兼职的行政人员，各自有衙门办事，因此鄂尔泰奏请由吴谦、刘裕铎两人任总修官（总编），其下设有纂修官（编辑）8人（后实际14人），收掌官（收集保管稿件）2人，誊录官（誊写）4人（后实际23人），其后编写时又加设有副纂修官（副编辑）12人，校阅官（审校）10人。这些人员都经过认真挑选而录用，“令太医院堂官吴谦、刘裕铎等，将平日真知灼见，精通医学、兼通文理之人，保举选派。如不足数，再于翰林院及各部院官员内，有通晓医学者，酌量查派”。以对编撰人员的选拔提出上述条件，是考虑到“前代医书，词义深奥，连解不易，而分门别类，考订成书，既欲理明，亦须辞达，既贵详晰，尤须贯串，此医理、文理、分修、总修，四者缺一，必不能成完书”。即便是担任誊写书稿者，也要求“于该医院效力人等内，选取字画尚好者，以备誊录。如不敷用，照例行文国子监直隶学政，将生监秉公考试，务择字画端楷，咨送本馆，以凭选取，供事酌用”，此外还有专门的画师为该书绘图。

自鄂尔泰在乾隆四年（1739）十二月十二日奏请设医馆，选人才以撰医书，直至次年二月初七仍未开馆，对此，高宗甚为不满，派和硕和亲王弘昼详细查明其事，照管修撰事务。和亲王即速查清未开馆的原因:“纂修事宜、工食、什物等项，咨查各馆尚未移复，及行取各省医书之处，亦未咨部通行，其需用人员且未选定，是以至今未曾开馆。”这不仅说明修医书本身是一项大的工程，各项准备工作十分艰苦，也说明当时官方行政效率低下，年轻的高宗对此很不满意，多次下旨斥责。在皇帝的重视和催促下，和亲王想到了一个变通之法，由于总纂吴谦在此前已经编有《伤寒论》《金匮要略》二书心法草稿，接近完成，和亲王就奏请高宗，将吴谦的个人著作纳入医馆成果，并作为《医宗金鉴》一书的主工作蓝本，发给医书馆参考：“窃思吴谦既称删订已成八九，兼之大内颁发医书，详加参考。诚如圣谕，纵天下之书，亦未必有过于此者也。请将大内所有医书，及吴谦删订未成之书，一并发于太医院，选择吉期，即行开馆纂修。”①

从《医宗金鉴》整个编纂过程来看，无论是清政府，还是受命的编纂人

① 吴谦等编：《医宗金鉴》，第5页，人民卫生出版社1963年版。

员，对这部医著的编纂都是十分重视的。广征医书，专设医馆，精选人才，财力资助等。但在具体实施过程中，各项工作进展却十分缓慢。由于清高宗好大喜功，急于看到成果，多次下旨催促，《医宗金鉴》的编纂时间不长，自乾隆四年十一月修书谕旨，到乾隆七年（1742）十二月十五日全书修完恭呈御览，不过三年时间，而内容却十分广博，全书九十卷，分十一类，160万字，广泛收录历代医药典籍，分门别类，删除驳杂、采取精粹、发其深蕴、补其未备，包括了理论和临床各个方面，理法方药俱全。后世流传甚广，影响很大。

吴谦（1689—1748）是与张璐、喻昌齐名的清初三大名医，其生平资料罕见，目前可资借鉴的仅有《清史稿》中的传，和《医宗金鉴》修撰过程留下的一些奏折史料。总体上吴谦是一位医术高明的临床医生，骨科圣手，乾隆年间被选入京城太医院，其医术得到清高宗的赞赏“吴谦品学兼优，非同凡医”[①]，可见其医名之著。《医宗金鉴》中关于《伤寒论》《金匮要略》的部分，基本上是吴谦一人整理完成。乾隆五年二月，和亲王弘昼曾在奏折中谈到，虽然医书馆的设立仍在迁延当中，吴谦却已经用闲暇时间删定《伤寒论》《金匮要略》的十之八九，很快就能成书。据此可推知，《医宗金鉴》中的伤寒学书内容，基本上体现了以吴谦为代表的清代乾嘉时期官方主流医家的思想。

《医宗金鉴》的结构大致包括仲景全书注释汇集、名医方论、疾病理论与诊断口诀、临床各科急慢性疾病治疗口诀四大部分，其内容和编纂体系，体现出当时的医学分科体系和学术框架构成，并有很强的临床实用性，因而成为后世公认的质量较高的医学教科书。清初顺治年间，医学分十一科，为大方脉、小方脉、痘疹、伤寒、妇人、疮疡、针灸、眼、口齿、咽喉、正骨，这个分科结构基本沿用到了乾隆时期，但按照吴谦的观点，《伤寒论》和《金匮要略》是医生应当首先学习的重要经典著作，“医宗之正派，万世之法程”[②]，置于全书之首，为习医必读之书。他改变了此前医家在医学教育上将《内经》《难经》《本草》《伤寒》并列为经典的做法，而是旗帜鲜明地提出，医生教学应当也只能以《伤寒论》为最基本、最重要的经典。这一举措是对《伤寒论》学术地位的极大肯定，《伤寒论》作为医学经典地位从明代以来不断攀升，至此达到顶峰。另外，“心法要诀”系列，也是首次将歌诀、韵文等便于记忆、朗朗

---

① 吴谦等编：《医宗金鉴》，第7页，人民卫生出版社1963年版。
② 吴谦等编：《医宗金鉴》，第4页，人民卫生出版社1963年版。

上口的体裁作为官方教学方式，这也体现了清代医学由博返约、注重实用的一大转型。

《医宗金鉴》倡导遵从经典，不仅引用医学经典，对于其他经典也不乏引用，且书中文字功底非同一般，与各医官注重儒家经典的研读不无关系。所论博取众家，诊治不偏不倚，正所谓“理求精当，不尚奇邪，词谢浮华，惟期平易证详表里阴阳、虚实寒热方按君臣佐使、性味功能。酌古以准今，荃繁而摘要”。其编纂主导原则与儒学思想一脉相承。周中孚的《郑堂读书记》肯定其体例特点说“每门又各分子目，皆有图有说，有方有论，并编成歌诀，便于记诵。凡论一证须于阴阳、表里、寒热、虚实八者反复详辨，故谓之心法，大都理求精当，不尚奇袤”，并高度评价此书为古今医书集大成之作。《四库全书总目提要》称赞其“有图、有说、有歌诀，律学者既易考求，又便诵读”。

从《医宗金鉴》的结构和内容可以看出，吴谦十分推崇《伤寒论》《金匮要略》的学术地位，他收集此前各家注疏，订正舛误，阐发深意，诸条考释，对张仲景的著作及其后世流布做了系统的编排和梳理，体现出较高的学术水平。尤其值得提出的是卷末《正误存疑》篇，将各家解释互相抵牾且无法明确判定是非的内容，予以单独列出，并提出自己的主张。

刘裕铎（1686—1757）则是一位在北京牛街长大的回族医官。《冈志》云：“刘裕锡，字鼎臣。沉雅好学，通天文、岐黄之术，尤喜造仪器奇巧之物，以天文生转博士，迁五官供奉养心殿，升任户部贵州司额外主事。”从康熙末到乾隆二十年左右，他曾为三个皇帝、众多王公大臣看病，这在御医中是很少见的。雍正帝称刘裕铎为“京中第一好医官”[①]，此外档案中保存有他为庄亲王、班第、张廷玉以及西洋画家郎世宁等人治病的奏折及药方，刘裕铎还是当时太医院中的治痘专家。在临床诊疗上，他善用古方、随证化裁，药味精当、量少效佳，长于调摄。但其治学著述，稍逊于吴谦。

乾隆五年《上谕档》中载有两位总修官为乾隆看病的实例。是年二月，高宗偶患感冒，“陈止敬、吴谦、刘裕铎敬谨调理，甚属勤劳”。三月初二，高宗痊愈后，嘉奖三人用药速效：“着授为五品食俸。”[②]若仅是治愈一个小感冒，

① 中国第一历史档案馆编：《雍正朝汉文朱批奏折汇编》第8册，第636页，江苏古籍出版社1990年版。

② 中国第一历史档案馆编：《乾隆朝上谕档》第一册，第522页，档案出版社1991年版。

并不能说明三人的医术高超，但擢为五品待遇，足见高宗对两位总修宫医术的信任。

据史料，乾隆四年十二月太医院使钱斗保及大学士鄂尔泰奏请修书的奏折中，吴谦和刘裕铎均列为御医。而书成之时，即乾隆七年，吴谦和刘裕铎均已是太医院右院判了。在清代，逾制的情况是极为少见的。马红治在《清代“第一医官”刘裕铎》中论述，考雍乾朝太医院记载，并未发现还有院判一职并列的情形出现。马红治推测，这种特殊的情况，应该是《医宗金鉴》书成之日，乾隆帝特别褒奖编纂人员，晋级奖励的结果。

《医宗金鉴》于乾隆十四年（1749）刊行出版以后，成为太医院的教科书，在此后的数百年间产生了巨大的社会影响。作为我国第一部官修医学临床全书，也是第一部官修教材。自刊行以来广为流传，仅《中国中医古籍总目》就记载了53种版本，至今台湾地区仍将之作为中医师资格考试的教材。谢观认为，《医宗金鉴》中的伤寒学书部分基本上是吴谦本人独力完成，条例清楚，议论平和中正[①]，对初学者十分有益。而吴谦主张学习中医以《伤寒论》为宗的观点[②]，将《伤寒论》推上医学经典的顶峰，其深远影响，至今犹存。清高宗也因下旨编撰了这部医著，成为推动清代中医学术发展的重要人物。

---

① 谢观编：《中国医学大辞典》，第44000页，商务印书馆1921年版。

② 永瑢等编：《四库全书总目》，第878页，中华书局1965年版。

满学所新疆考察报告

关笑晶　杨　原

新疆是中国国土面积最大的省级行政区。周边与俄罗斯、哈萨克斯坦、阿富汗等八个国家接壤，是古丝绸之路的重要通道，我国西北边陲重要的多民族地区。

有清一代，康、雍、乾三朝连续在西北用兵，完全确立了清朝对新疆的稳固统治。清朝随即调派八旗和绿营官兵在哈密、巴里坤、乌鲁木齐、伊犁等地驻防，满、蒙古、汉、察哈尔、索伦、锡伯、额鲁特诸族在新疆屯垦戍边，对当地的经济发展、民族团结、宗教和睦起到重要的作用。近代以来，大清王朝的日益衰弱，使得位处祖国西北边陲的新疆深受沙俄侵吞之害，其时签订的《塔城条约》将新疆西北部巴尔喀什湖以南大约44万多平方公里的领土割让给俄国，《中俄北京条约》《中俄勘分西北界约记》至今仍为中、俄两国关系产生深远影响。张格尔之叛、阿古柏之乱等数次叛乱使得朝宇震荡。左宗棠发起“清军收复新疆之战”收复被沙俄占领长达11年之久的伊犁地区，而后新疆建立与中国本部18省一致的行省制度。总之，今天新疆的版图是在清代划定的，新疆多民族聚居地区的格局是在明清两代确立的，清代新疆民族关系中的友好交往和战争冲突以及在反抗外来侵略斗争中多元一体的中华民族的爱国精神，都得到了充分的体现。上述历史与现实使得新疆地区在研究清代历史中占有非常重要的地位。

为提高研究人员的科研能力和田野调查能力，在赵志强所长带领下，满学所全体同仁6人和2名博士后研究人员，于2013年8月3日至16日在新疆地区进行了为期14天的科研考察。本所此次考察以新疆北部地区八旗驻防、民族语言、宗教、文化与民族融合等方面为考察对象，并以此为宗旨设定了各项考

作者系北京市社会科学院满学研究所助理研究员。

察点。考察线路以乌鲁木齐为起点，经温泉县、察布查尔、昭苏县、那拉提、布尔津、喀纳斯；考察内容包括察哈尔蒙古西迁碑、积福寺（察哈尔营左翼总庙）、果子沟通道及驿站、拱辰城（伊犁驻防九城之一）、惠远老城、新城（伊犁将军驻地）、靖远寺（新疆锡伯驻防旗营家庙）、锡伯族历史文化博物馆、格登山纪功碑、圣佑寺（八旗驻防额鲁特营左翼蒙古喇嘛庙）、巴音布鲁克（土尔扈特部游牧地）、乌尔禾魔鬼城、土瓦人村落等10余个考察点，涉及汉、满、蒙古、回、柯尔克孜、锡伯、塔吉克等民族，行程共4000余公里。

一、博尔塔拉蒙古自治州

8月4日清晨，我们由乌鲁木齐出发，驱车13个小时至博尔塔拉蒙古自治州，首站考察地为温泉县。

1. 温泉县

温泉，系蒙古语“阿尔善”的意译。县城所在地为博格达尔镇，人口七万多，有汉、维吾尔、哈萨克、蒙古、回等民族，历史上一直是多民族共处地区。清乾隆时期彻底平定蒙古准噶尔部，调集原蒙古察哈尔部八旗官兵来此驻防，至清末，此地编为精河直隶厅辖境。1941年改为温泉县，属伊犁行政区。新中国成立后，1954年后，温泉县改为博尔塔拉蒙古自治州所属。温泉县位于博州西北部，博尔塔拉河上游的河谷地带，处于天山西段的北麓，该县的西、北部与哈萨克斯坦毗邻。

温泉县蒙古族为八旗驻防旗人后裔。乾隆帝平定准噶尔部之后，从张家口（今属河北）、正蓝旗（今属内蒙古）征调察哈尔蒙古八旗一部来此驻防。我们的考察目标也与此段历史紧密相连：一方面加深对察哈尔蒙古西迁历史的认识；另一方面对当地蒙古族的习俗、宗教等进行田野调查。通过对当地实际情况的了解，做到文献与现实情况有机的结合，获得更多的第一手资料，深入对清代新疆历史的研究。

2. 察哈尔蒙古西迁碑

为增强民族团结、挖掘和抢救悠久的历史文化，纪念察哈尔蒙古西迁戍边的历史壮举，新疆温泉县人民政府于2006年7月建立察哈尔蒙古西迁纪念塔。主塔总高17.64米，象征公元1764年察哈尔部从张家口西迁至温泉县。

“察哈尔蒙古西迁戍边纪念塔”、察哈尔卫士雕像就位于该县的博格达山

（蒙古语圣山）。纪念塔分三层，象征着吉祥如意；八个小塔分别代表察哈尔蒙古的正黄、正白、正红、正蓝、镶黄、镶白、镶红、镶蓝八旗。一层开辟了展室，陈列有“察哈尔西迁图”、“察哈尔蒙古西迁戍边大事记”、“察哈尔营移驻新疆后授任的官员”、“察哈尔营的卡伦设置”和部分史料文物，对了解察哈尔蒙古的西迁史与文化风俗有一定参考价值。

“察哈尔”，原波斯语，是“汗之宫殿卫士”，即大汗护卫军的意思。察哈尔蒙古，作为元朝皇室嫡裔，历史上有过非常辉煌的业绩。明末清初为满洲统治者征服。康熙十四年（1675），察哈尔蒙古首领布尔尼乘南方爆发“三藩之乱发动叛乱”，很快失败。清朝平定布尔尼之乱后，将察哈尔部按八旗编制，移住张家口一带。

18世纪中叶，清朝征服新疆后，为加强伊犁地区的军事力量，从东北和北方地区迁徙了一部分锡伯人、察哈尔蒙古人、索伦人（达斡尔、鄂温克）等族旗人携带家眷到伊犁驻防。同时，还召集因战争失散的一部分准噶尔部民回伊犁生活。察哈尔蒙古部是乾隆二十七年至二十九年（1762—1764）间，从张家口察哈尔八旗中，分两批选派两千名官兵，携带家眷，跋山涉水、风餐露宿，历尽千辛万苦，西迁到伊犁一带驻防，从此察哈尔部在此充实边防，除领取朝廷军饷外，还从事农牧业生产，屯垦戍边，开发新疆。乾隆三十二年（1767），清廷将这些军民按照八旗制度统一编组，分别编为锡伯营、索伦营、察哈尔营、额鲁特营。察哈尔营即四营之一。察哈尔营分左右两翼，一共八旗十六佐（苏木）。左翼驻防于今温泉县境内，右翼驻防于今博乐市境内。民国二十七年（1938），察哈尔蒙古的军事组织被取消，纳入地方行政编制。

西迁后的察哈尔蒙古军民，驻守台站，守卫卡伦，换防塔尔巴哈台、喀什噶尔等地，巡查哈萨克和布鲁特游牧边界，担负卡伦（哨所）和巡边任务，发展当地农牧业生产，维护内部安定，先后参加平定张格尔、七和卓、倭里罕之乱，参加驱逐阿古柏侵略势力的战役，为抵御沙俄侵略者，付出了巨大的牺牲。新中国成立后，察哈尔蒙古与本地的汉、维吾尔、哈萨克等民族一起，携手并肩，为祖国建设、维护统一，促进博尔塔拉的开发建设和文化繁荣做出了积极的贡献。

中国社科院近代史所刘小萌研究员曾对此做出评述：“察哈尔官兵的西迁，对西北边防做出了重要贡献，其自身历史也发生了重要转折。察哈尔蒙古与清朝的满洲统治者本是世仇，他们离别故土和亲人，踏上漫漫征程，途中遭

图1　附近的蒙、汉居民在虔诚的祈福

遇到种种磨难，付出了沉重的生命代价，这其实是一段很悲凉的历史。但当地政府在将察哈尔西迁赞美为‘伟大的爱国主义壮举’（察哈尔卫士雕像的《简介》）的同时，却完全略去了其中的历史‘悲情’，未免有些偏颇。”对照历史的记载，我们也不免发出了同样的慨叹。

3. 积福寺

博尔塔拉蒙古族信仰喇嘛教，兴建寺庙较多，积福寺是其中最著名的一座。该寺位于查干屯格乡政府驻地东南1.5公里处的查干苏木村，原为察哈尔营左翼总庙。乾隆三十五年（1770），经伊犁将军奏准在木如呼斯塔建西科图苏木庙。庙毁于嘉庆十三年（1808）。光绪三十一年（1905），察哈尔营报伊犁转西藏批准，庙址移至今天的查干苏木村。光绪三十三年（1907）到宣统元年（1909），新察哈尔营左翼总庙建成。这座庙的汉语称“积福寺”，蒙古人称“查干苏木寺”或“白庙”。

寺为西藏式建筑，构造精巧，壁画绝妙。庙前建有一座壮观的白塔，整个寺庙占地百余亩。庙内供奉释迦牟尼、布德萨巴、麦德尔、宗喀巴等诸佛铜像和达赖、班禅的挂轴画像。铜佛像工艺精湛、形象生动。酥油灯、佛铃、钵等佛具，制作工艺精美。积福寺每年有五次大型集合，农历正月十五、四月十五、八月十五、十月二十五、十二月十日均有喇嘛讲经、布道，周边的善男信女前来拜谒，接受祝福。民国十四年（1925），积福寺有喇嘛500人，1956年仅剩24人。1958年，实行所谓“宗教改革”，合并寺庙，多数喇嘛被迫还俗，寺院被生产队改作库房，庙内一万多个香炉被熔炼成铜，佛塔年久失修近乎倒塌。1967年，温泉县政协、统战部、财政局监拆寺庙及佛塔，庙内金银器具由县银行收存，其他财产为公社大队留用。

1988年，自治州拨款在原址上重建查干苏木寺。大殿一座，砖木结构，现有喇嘛15人。大喇嘛苏都甫。喇嘛介绍说，大殿过去有大柱十二，上雕龙，现仅存四。寺内白塔尚未修复。现供三世佛，还有班禅像。四面挂唐卡（藏式宗教绘画），系由青海塔尔寺请来，复由当地信徒缝在锦缎上。大藏经一套，亦由塔尔寺请来，经喇嘛诵经开光。如今来寺者，不但有喇嘛教徒，周围蒙汉人家有丧事，亦来寺中请喇嘛为死者诵经超度。

4. 母亲石

母亲石位于新疆维吾尔自治区博尔塔拉蒙古自治州温泉县查干屯乡境内，此地也是一个著名的山口，地质上地下由左支流古冰川作用形成的冰碛漂砾花岗石组成，地上散布着冰碛漂砾花岗岩，分布于博尔塔拉河左岸。这里有些大漂砾花岗石散布于地表，其中一块高大花岗漂砾石形状奇特，形似一母亲昂首挺胸，处于临产状，当地人称其为“母亲石”。

图2　母亲石

在对“母亲石”考察返回的沿途，我们发现了新疆北鲵保护基地，这是此行的意外收获。新疆北鲵，两栖类动物，只产于我国新疆、哈萨克斯坦极狭窄的范围内，所以又叫中亚北鲵；因其极像陆地上的蜥蜴，而民间称蜥蜴为“四脚蛇”，人们又叫它为“水四脚蛇”。因北鲵是白垩纪时代的孑遗物种，对生存环境要求极高，只有在水质特殊的温泉水中才能存活，1994年即被列入中国濒危动物红皮书“极危”类。“新疆北鲵保护基地”的看林人为一个蒙古族家庭，我们的同事用蒙语和他们交谈，得知他们就是清代察哈尔蒙古驻防的后裔，在此看护北鲵已达二十多年。我们受到这个淳朴的蒙古族家庭的邀请，进入蒙古包品尝了珍贵的骆驼奶和马奶酒，并对他们进行了口述访谈。不仅加深了对西迁蒙古族后裔历史的认识，同时，他们的执着、友善和热情每每回忆起来也让我们感动不已。

图3　新疆北鲵

二、伊犁哈萨克自治州

8月6日清晨，由温泉县出发，途经美丽的赛里木湖和果子沟，我们一行人于中午到达了霍尔果斯口岸。

1. 霍尔果斯口岸

霍尔果斯口岸位于新疆伊犁哈萨克自治州霍城县境内（距县城50公里），地处中国与哈萨克斯坦边境。中哈的边界以蜿蜒的霍尔果斯河为界，霍尔果斯口岸因其而得名。

早在隋唐时期这里就是丝路北道的一个驿站。清代初年，这里还是中国境内的驻防之地，是伊犁索伦营驻防的6座卡伦之一。同治年间，中俄划界后，才成为边境哨卡，旧称尼堪卡伦，《新疆图志》载："尼堪卡伦，在河之东岸，驻稽查委员一，镇守哨弁一。西岸属俄，有俄卡。"历史上的伊犁，是传统的自由贸易区，中亚民族主要是通过民间贸易的形式与中国贸易。当时的中俄贸易，主要是中国茶和俄国棉、毛、皮革以及金属等制品的交易。1851年，中俄两国代表在伊犁签订《伊犁塔尔巴哈台通商章程》，正式开放伊犁、塔城两个口岸，霍尔果斯被指定为中俄通商通道之一。

图4 中国、哈萨克斯坦界碑

新中国成立后，尼堪卡正式改称为霍尔果斯口岸，由于其优越的地理位置，成为中苏贸易的西部最大口岸。从1950年起到1962年，霍尔果斯口岸以及三道河子口岸曾发挥过十分重要的作用，双方的进出口物资主要就是经由伊犁转运的。1962年后，由于中苏关系紧张的原因，霍尔果斯进出口额急剧减少，到1967年基本呈关闭状态。1983年，作为对苏（苏联）贸易的口岸，霍尔果斯首先开通，这个沉寂了近20年的贸易口岸又恢复了生机。霍尔果斯口岸重新开放后，成为新疆对西开放的一个重要窗口，也是现今中哈两国陆路贸易的最大口岸。

如今，旧城踪迹早已荡然无存，随着外贸事业的发展，霍尔果斯口岸也逐渐成为一个异国情调浓郁的新兴市镇。到处都是一栋栋拔地而起的高楼，俄式建筑比比皆是。口岸建设已具规模，建有国际贸易中心大厦、边防检查站、海关、卫生检疫、动植物检疫、商检、邮电、银行、电视台、宾馆等配套设施。霍尔果斯口岸开放后，中国和哈萨克斯坦依山带水，不仅两国人民之间亲眷甚多，还对第三国开放，是新疆对西亚和欧洲各国通商的重要口岸，它与红其拉甫、阿拉尔山口并列为新疆的三大口岸，同时也是古丝路旅游的热点，吸引着众多的国际友人。

2. 惠远城

到新疆伊犁，就不能不提惠远城，因为清代的伊犁将军与八旗驻防都与惠远城有着非常重要的关系，有清一代，朝廷对新疆地区的管理与控制，以及当地旗人的荣辱、兴衰，都和这座城息息相关。惠远有老城、新城之分。老城位于伊宁市以西30多公里，水定镇东南9公里的惠远乡老城村，濒伊犁河北岸，扼西部边境，地势险要，规模宏大。但旧城于1871年沙俄侵占伊犁后遭毁。新城于1882年清廷收复伊犁后在旧城北七公里处重建（今惠远乡政府所在地）。这就是现今的惠远城，是新疆历史名城之一。而旧城遗址仍存伊犁河边。乾隆二十九年（1764），伊犁将军明瑞奏准，在伊犁河北一里许筑惠远城。乾隆帝亲自赐名曰“惠远”，取大清皇帝恩德惠及远方之意。城长九里三分，高一丈四尺①。城内鼓楼一座，开有四门，东景仁，西说泽，南宣闿，北来安。城内建筑整齐，纵横四条大街，每街有小巷四十八条。城内外共计大小衙署二百余所，八旗官兵住房万余间。1793年再度扩建，成为当时新疆第一大城。

继惠远城后，清政府又以惠远为中心，在伊犁河北岸修建了绥定、塔勒奇、惠宁、熙春、广仁、瞻德、拱宸等8座卫星城，分别驻扎军队，设置官府，史称“伊犁九城”，惠远为伊犁九城之首。

《西陲总统史略》记载：乾隆二十九年起至三十一年止（1764—1766），清廷将原热河、凉州、庄浪和西安满洲蒙古官兵携眷迁入惠远城驻防，城中满营设协领八员、佐领四十员。五十五年，满营官兵四千三百七十名。他们就是现

---

①《钦定八旗通志》卷118，《营建志七》，第2022页。

在伊犁满族人的先辈。《伊江汇览》记载：其时满洲人口生齿日繁，添丁增户岁岁有之。城中满洲蒙古官兵凡四千三百六十八户，计大小一万八千三百六十九名口。

乾隆以后的半个多世纪，由于社会较为安定，新疆满族人口逐年衍增。道光元年（1821），惠远满营已有22600余口[①]。另有察哈尔、索伦、锡伯、额鲁特四营，分列四境。作为新疆“第一重镇”[②]惠远已成为中西通道的繁华城镇，城内各条大街上京津等地商人开设的店铺林立，百货云屯、市场繁华，有“塞外小北京”之称，并长期是新疆的政治、军事、经济中心。

同治三年（1864），宁远城、惠远城、绥定城[③] 在战火中，城池遭毁坏。

同治十年（1871），伊犁相继被农民起义军攻破，沙俄乘同治大乱之机，借口“代收代守”，占领了伊犁九城，在伊犁实行了长达10年的殖民统治，惠远城被完全拆毁。城中的钟鼓楼只剩下一个土包。南、东、西城墙经伊犁河水常年冲刷已经不见踪影，至今仅见北门一段城墙残垣。这截城墙长约200米、高2米左右，成蜿蜒土堆状，见证着惠远城的沧桑岁月。

1882年，清政府收复伊犁后，将军金顺奏准在旧城北七公里处，历时10年，依照旧城复筑新城（就是现在的惠远城）。当时新城周长10.6里，城墙高1.5丈，环绕城墙挖有宽2丈、深2丈的护城河。复建城内建筑依然整齐，城中心有钟鼓楼，纵横4条大街直通东南西北4大城门。如今，黄土夯筑的老城墙仍断续可见。东西大道依旧保持昔日格局。伊犁将军府位于城内东大街，坐北朝南，可惜的是此时正值内部装修，禁止外人入内参观。

新城筑竣，恢复惠远驻防营制。城内置伊犁将军衙门，下设副都统及察哈尔、索伦、锡伯、额鲁特四领队大臣。同时，将离散满洲人丁集中，仅余二千名，为旧满营。因满营兵单，伊犁将军富勒铭额奏准，挑选一千名锡伯族官兵，携眷移驻惠远城，编为八旗，称新满营。

光绪十年（1884），新疆建省后，省会设于迪化（今乌鲁木齐市），新疆的政治、军事中心从此东移，但伊犁将军仍掌管着北疆军务。1905年，满族开始和其他民族杂居，主要与当地汉族杂居一处。从乾隆年间到光绪末年

---

① 《霍城县志》，第607页，新疆人民出版社1998年版。

② 祁韵士：《西陲要略》卷一，第1页上，道光十七年本，台湾成文出版社《方志丛书》（西部地方），1968年影印本。

③ 郭廷以：《近代中国史事日志》，第476页。

(1762—1912)，伊犁将军府历时一百五十年，前后有四十一人、五十七人次担任将军一职（包括短期署理和代理者）。由于伊犁地理位置独特和守护边疆责任重大，伊犁将军一职颇受清廷重视，一般均由旗籍满、蒙亲贵或重臣担任。诸如阿桂、明瑞、舒赫德、松筠、长龄、布彦泰、金顺、志锐，都是清史中著名人物。

由于清代新疆无总督巡抚之设，伊犁将军除管理军事外，还兼理民政，这就要求伊犁将军必须是才优干练的股肱之臣。第一任将军阿桂，章佳氏，历任兵部尚书、云贵总督、军机大臣、大学士，是乾隆时朝廷重臣；第二任将军明瑞出身满洲八大家之一的富察氏，主持修建惠远老城，战功卓著，参加平准、平回、平缅诸战，曾任兵部尚书、云贵总督，后殁于征缅之役；蒙古旗人松筠先后任伊犁将军、乌里雅苏台将军、西藏大臣，是乾嘉年间出类拔萃的封疆大吏；金顺是光绪年间平定阿古柏之乱的主要将帅，在收复伊犁和修建惠远新城方面起过重要作用。志锐是光绪帝珍妃、瑾妃之兄，倡导君主立宪，是清季满洲上层的开明人士，他任伊犁将军一职不到一年，到将军府不过五十四天，适逢辛亥革命爆发，被伊犁起义的革命党人击毙。

伊犁还是清廷流放各类犯罪官员（时称“废员”“遣员”“戍员”）的重要地区之一。许多流放到此的官员具有很高的文化水平和文学修养，他们的到来，使惠远成为文人荟萃之区，留下许多不朽的诗作、著述。有庄肇奎《伊犁纪事二十首》、洪亮吉《伊犁纪事四十二首》、祁韵士《西陲竹枝词百首》、邓廷桢《回疆凯歌十首》、林则徐《回疆竹枝词二十四首》。伊犁将军松筠的《钦定新疆识略》、志锐的《伊犁杂咏》，也很有名。

位于井字大街中央钟鼓楼是惠远新城的标志性建筑。楼为三层檐歇山顶式砖木结构，上覆绿色琉璃瓦，高约20米，雕梁画栋，飞檐斗拱，红柱绿瓦，气势非凡。楼中原悬挂响钟，已失。楼建于方形基座上，基座底下有十字通道和东西南北四门，与城内四条主干道相接。基座十字通道中央上方顶棚，刻有一幅精细的阴阳八卦图。通道一侧置古碑两通，一满文，一汉文，惜文字漫漶，年代残缺；又双龙戏珠碑额一，题额不清。登搂俯瞰，古城风貌尽收眼底。

惠远是清代新疆的军政中心，加之与俄国接壤的特殊地理环境，在中外交流、特别是接受外来文化方面起到开风气之先的作用。晚清以来，无论中国还是新疆都发生过许多深刻变化。新疆地区的变革，多与惠远城联系在一起。举

图5 惠远新城东门外

其荦荦大者，即有：

新疆辛亥革命最先爆发之地。

新疆第一所现代学校：官立两等学堂。

新疆第一所师范：两等学堂师范速成班。

新疆第一所军事院校：惠远武备学堂。

新疆第一条电报电话线路：自霍尔果斯口岸架设到惠远。

新疆第一辆汽车：由惠远商人从俄国购进。

新疆第一张白话文报：《伊犁白话报》在惠远创刊。

新疆第一个照相馆：由惠远商人从俄国引进，开新疆摄影之先河。

新疆第一项重大水利工程：湟渠引水枢纽及引水渠系建设。

这些个“开风气之先”，无不受益于惠远城在清代新疆举足轻重的地位，及其毗邻俄国的特殊地理位置。

1911年辛亥革命，清政府的统治被推翻，惠远成立了新伊大都督府。伊犁都督一职后连续改为镇边使、镇守使。1930年，改镇守使为伊犁屯垦使署，张培元任之，都驻在惠远。1934年，将屯垦使署迁往宁远城（今伊宁市），从此，惠远便逐渐衰落，失去了昔日的辉煌。旧满营人口尚存1400人。此后，满族人大部分去伊宁、乌鲁木齐等地，四处离散，还有一部分改称汉族，满人所剩无几[①]。后来的情况并未好转。为躲避民族仇杀，一些满族人隐姓埋名，使满族人口急剧下降。到解放时，全疆满族人口仅有1000人，占当时新疆总人数的0.02%。惠远由一个文化多元、经济活跃、对外开放的西北窗口退化为经济、文化封闭落后的边陲小镇。

1949年11月，中国人民解放军进疆后，看到经战火洗礼的惠远城城郭被毁，满目疮痍，老百姓生活苦不堪言。新中国成立，惠远城满族人民同其他民族一样得到了翻身。由于满族人民生活的改善，人口的自然增长率也在不断提高，加上贯彻执行了党的民族政策，从前隐瞒满族族别的人又恢复了他们的民族族别。据1982年全国第三次人口普查统计：新疆满族人口由1976年的3635人猛增到9182人，占新疆总人数的0.07%。20世纪80年代以来，随着改革开放的不断深入，惠远城市建设快速发展。那座见证了惠远城血与火的历史的钟鼓楼（新中国成立后经过三次大的整修）依然屹立在市中心。站在钟鼓楼上远眺，街道整齐、房舍依依；建筑宏伟的将军府也修整一新，后院花园中的凉亭顶琉璃瓦在阳光下熠熠生辉。惠远在中国与中亚诸国经济交流中的作用不断提升，惠远城的经济也日益繁荣。

3. 察布查尔锡伯自治县

当晚，我们来到了伊犁地区察布查尔锡伯自治县，准备第二天对新疆锡伯族及其民族西迁的历史遗迹的考察。

察布查尔锡伯自治县，是中国唯一的以锡伯族为主体的、多民族聚居的锡伯自治县，是锡伯族的热土。西部天山支脉乌孙山北麓、伊犁河以南的河谷盆地，犹如折扇，由南向北，展开察布查尔县4485平方公里的平坦土地。这里居住着锡伯族、汉族、维吾尔族、哈萨克族、回族等16万各族人民。其中，

图6　仍在使用的锡伯文牌匾

① 《霍城县志》，第607页。

锡伯族人口2.5万。

（1）锡伯民族博物馆

该博物馆位于新疆察布查尔锡伯自治县孙扎齐牛录乡境内，是一个汇聚和展示锡伯族历史文化和民俗风情的民俗博物馆。进入大门，映入眼帘的就是锡伯族人崇敬的英雄——图伯特的雕塑。左侧是锡伯族历史民俗博物馆。博物馆内主要以锡伯族西迁屯垦戍边和民族生存发展为内容，收集了大量锡伯族人自西迁伊犁以来的传统用具、书籍和历史文献等。锡伯族历史可上溯到北魏鲜卑。前些年在东北嘎仙洞发现了北魏石刻祝文，记载了锡伯族历史的开篇。明末，锡伯人居住在嫩江、松花江流域，为科尔沁蒙古的属民。康熙三十一年（1692），清廷将锡伯人自科尔沁十旗中拨出，编入满洲八旗上三旗，驻防东北各地（中国第一历史档案馆编译：《锡伯族档案史料·序》，第4—5页，辽宁民族出版社，1989年。）。乾隆二十二年（1757）清朝平定准噶尔部后，察布查尔一带成为荒无人烟的原野。乾隆二十九年（1764），自东北调锡伯官兵1016人到新疆戍边，携同随军家属两千多人。从此，锡伯族分居东北、西北两地。青年人充当“披甲”，服役当差，闲散附丁和家属则从事农副业生产。

图7 锡伯民族博物馆正门前合影

图8 参观锡伯民族博物馆

锡伯官兵进驻察布查尔后，乾隆三十二年（1767）锡伯官兵被编为八旗八牛录：镶黄旗乌珠牛录（汉译头牛录）、正黄旗寨牛录（二牛录）、正白旗依拉齐牛录（三牛录）、正红旗堆齐牛录（四牛录）、镶白旗孙扎齐牛录（五牛录）、镶红旗宁古齐（六牛录）、正蓝旗纳达齐牛录（七牛录）、镶蓝旗扎库齐（八牛录）。锡伯八旗（锡伯营），隶属伊犁将军府锡伯营领队大臣。至今，察布查尔县各乡镇依沿用“牛录”称谓。

嘉庆七年（1802），在锡伯营总管图尔根支持下，经过艰苦奋战（历时六年），从察布查尔山口引水，自崖上开凿大渠，终于引来伊犁河水灌溉良田，故取名为“察布查尔大渠”（全长100多公里），意为“粮仓”。锡伯族人民先后定居在大渠南北。其后，又与八旗兵一起，先后在伊犁、博尔塔拉、塔城等地开凿一些水渠，开垦了10余万亩良田，创造了一个又一个辉煌，并使当地一些兄弟民族学到许多农业生产知识和技术。

晚清以来，锡伯人经历了一系列磨难，英国殖民主义走狗张格尔，在南疆煽动叛乱。锡伯营官兵800余人应征随同清军出师讨伐，在追歼残敌的喀尔铁盖山战斗中，生擒张格尔。接着，他们在反抗伊犁地区“苏丹汗国”，抗击沙皇对伊犁的殖民统治的斗争中，英勇不屈。1876年，当清军收复新疆时，他们在总管喀尔莽的带领下，积极配合，为收复南疆和伊犁做出了贡献。

清朝灭亡，民国肇建（1912），锡伯营改属伊犁镇边使署管辖。民国二十七年（1938），正式撤销锡伯营。

新中国成立后，1954年，成立察布查尔锡伯自治县（是全国唯一的锡伯族自治县）。现今的近4万锡伯人，主要居住在新疆察布查尔锡伯自治县等处，呈大分散、小聚居状。

锡伯营进驻察布查尔时，驻守疆域范围西至今哈萨克斯坦国境内察林河，东至今县境加朵斯台乡，东西长约120公里；南自厄鲁特牧地（即今乌孙山北麓）起，北至伊犁河，南北宽约40公里，总面积约4800平方公里。锡伯营实际巡查境域范围西至巴尔喀什湖以东以南地区。嘉庆十三年至光绪七年（1808—1882），锡伯营察布查尔大渠挖成后，经伊犁将军批准，将锡伯营界东移至积水潭（今阔洪奇），其疆域东西延长为约130公里，总面积约5200平方公里。光绪七年（1882），中俄定约《伊犁界约》，霍尔果斯河以西大片土地被划入俄境。锡伯营界疆域东西长缩短为约75公里，总面积约3400平方公里。目前，锡伯县的疆域面积为4430.24平方公里。

二百多年来，锡伯人很注重发展自己本民族文化。我们在锡伯族民俗馆，还可看到锡伯族非常丰富的传统文化。其中我们首先应该提到是锡伯族的语言文字。锡伯文属于阿尔泰语系中的满—通古斯语中的满语分支，80%以上词汇都来自满语。锡伯族被编入满洲八旗后，开始改用满语，随着西迁到伊犁河谷一直使用满语。1948年，一部分锡伯仁人志士，根据锡伯语百余年的发展特点，将传统使用的满文加以改革成为锡伯文。锡伯文与满文已无区别。如今，仅中国第一历史档案馆就保存有大量清代满文档案，世界美、日、俄等国也多有收藏。但是，满文早已成为一种死文字，锡伯文堪称满—通古斯语的“活化石”。多年来，新疆锡伯族为满文文献的整理、翻译、研究输送了宝贵人才。锡伯语是新疆通用的六种民族语言之一。居住在伊犁河谷的锡伯人处于多民族语言生活环境中，因而他们也很自然学习其他民族的语言，锡伯人一般都能使用汉语、哈萨克语、维吾尔语，少部分人还懂俄语和蒙古语，被称为“天才的翻译民族”。

在丰富的锡伯族传统文化中还应该提到锡伯人的射箭，锡伯族汉子很是剽悍，其先世即以擅长骑射闻名于世，是八旗中最为勇猛的一旗。察布查尔县有“箭乡”之称：射箭、摔跤、赛马、叼羊、狩猎都是锡伯族民间受欢迎的体育项目。中国射箭队的不少国手都出自当地。在博物馆中有民族运动场地，射箭厅也设在这里。

在锡伯民族博物馆里还有反映勤劳勇敢的锡伯族人劳动、欢庆及狩猎场面的画墙，人物形象鲜明，场面宏大，也很有感染力。

在锡伯民族博物馆附近，有两处庙宇，分别是纳达齐牛录关帝庙和靖远寺。

（2）纳达齐牛录关帝庙

纳达齐关帝庙位于伊犁察布查尔锡伯自治县纳达齐牛录乡．是位于中国最西端的关帝庙，在历史上，凡锡伯族聚居的地区，均建有关帝庙以供奉关羽、关平、周仓。察布查尔县的锡伯八个牛录都建有关帝庙。关帝庙位于图公北街13号，建于清光绪三十三年（1907），系该牛录迁移新址后所建，现遗关帝庙、娘娘庙、山门以及新建“图伯特纪念馆”，建筑面积300多平方米。关帝庙系土木结构单体建筑，首为山门殿一间，正殿一座三间，关帝庙内供奉关羽半坐像，左右两侧原有关平、周仓塑像，均已毁。塑像背后及左右两壁画有“三国演义”中的故事壁画及“苏武牧羊”、“东方朔偷桃”等锡伯族群众喜爱的历史人物壁画，清晰可见。这些建筑、绘画均出自锡伯族工匠艺人之手，现为伊犁哈萨克自治州文物保护单位。

（3）靖远寺

靖远寺是伊犁九大名寺之一，位于孙扎齐牛录乡，为锡伯营八个牛录于光绪十八年（1893）合力积银捐资建成。据说，八个牛录各建一个砖窑，专门烧制建寺所需砖瓦，历时五年建成。

图9　靖远寺内合影

靖远寺坐北朝南，模仿承德（今属河北）安远庙修建。沿中轴线依次为山门、四大天王殿、大雄宝殿、东西配殿、三世佛大殿、钟楼、鼓楼。山门前有砖雕影壁，门上方刻有锡、汉文“靖远寺”金字，笔法工整，苍劲有力。进山门，便是四大天王殿，有取自《封神演义》魔家四将的彩色泥塑。

大雄宝殿塑如来佛像，两侧铜质佛像千姿百态。据说，铜像里曾放有金银珠宝，后在“文革”动乱中被洗劫。大殿两侧墙壁各嵌一幅砖雕，一幅“双鹤松蝠”图（寓意福寿），一幅“双鹿牡丹”（寓意富贵）。

三世佛大殿，是整座寺院中最高大建筑。三世佛即过去佛、现在佛、未来佛，在许多寺庙里均有供奉，而靖远寺三世佛塑像与其他三世佛不同，有着锡伯族小眼睛、大脸盘的形象特点。因此说，靖远寺三世佛，是被锡伯化了的。大殿里曾珍藏有《甘珠儿经》《阿里亚经》，又称藏经阁。当年，寺里经书荟萃，喇嘛云集，法事兴旺，香火盛行。大殿后东西两侧为配殿，东配殿即阎王殿正门屋檐下的横隔木板上，绘有《西游记》中唐僧师徒取经故事图。西配殿为菩萨殿，内供菩萨，正门额上写着修庙时捐银人的名字。

前院挂有铸铁大钟。上有汉、锡伯文字，其中汉文四段，分别为：“忠义神武仁勇灵佑关圣帝君”；“锡伯营总管哈玛尔泰、副总管绰霍伦佐那颖泰，骁骑校富保，总管德克津布，副总管额尔瑚伦，佐领丰伸布，骁骑校多伦布，兵一百二十五名。嘉庆十九年正月敬立”；“总管额尔呼伦，副总管和特恒额，佐领丰伸布，骁骑校穆克登额，领催兵丁闲散等敬立。道光二年九月吉日立”；

“金火匠人吴天德、唐椿、吴发、冯著齐、吴天魁、柴贵”。文字下方，铸有一圈精美的花卉图案，图案下又铸八卦符号。此钟或为附近关帝庙内旧物，不知何时移置于此。锡伯人铸造铁钟存世者寥寥，其中蕴涵着关于锡伯人历史、文化、信仰、工艺、美术以及民族关系等多种信息，值得珍藏。

4. 昭苏县

昭苏县位于新疆伊犁地区西南部，是我国的边境高寒地区。四周群山环绕，中部形成一个独特而封闭的自然生态系统。这里土地肥沃，高山草原茫茫无际，降雨量大，水源充沛，是一个美丽而富饶的牧业地区。同时，它也是自治区重要的油料作物种植基地。历史上有名的“天马”“西极马”和目前伊犁马的故乡就在这里。在中哈边境的格登山顶矗立着著名的“平定准噶尔勒铭格登山碑”，简称格登山记功碑。

（1）格登山记功碑

格登山记功碑位于新疆昭苏县城西北62公里处中国与哈萨克斯坦国交界的格登山上，其全名为“平定准噶尔勒铭格登山之碑”。“格登”在蒙古语中意为“后脑勺”。格登山属天山支脉乌孙山南麓的一座圆形山峰，因此碑而声名远扬。站在巍峨的格登山上，中（国）哈（萨克斯坦国）两国分界的松拜河和双方的哨所、边界铁丝网、国界界碑、村庄农舍、山地草原、异域风情尽收眼底。正因有了这座巍峨的历史丰碑，中国最西部边疆广袤的国土幸免被沙皇掠走。

图10　格登山记功碑碑阳（满、汉文）

格登碑建于1760年，迄今已有240余年，经过风雪侵蚀，碑文漫漶斑驳，但整个碑身仍完整无损。乾隆二十年（1755）初，清廷命班第、永常分兵两路远征准噶尔汗达瓦齐。清军进抵伊犁后，达瓦齐率万余人据格登山（在昭苏县苏木拜河东岸）据险固守。五月十四日夜，遣翼长阿玉锡、额鲁特章京巴图济尔噶尔、宰桑察哈什，率精骑二十二人，突袭达瓦齐。将及，阿玉锡突其营，枪矢并发，声震山谷。出其不意，敌乃大乱。自相蹂躏，无一人敢撄其锋者。擒其台吉二十，宰桑四，宰桑子弟二十五人，达瓦齐仅以身免。是役，以二十五人，败六千余众，阿玉锡居功至伟。乾隆帝闻报，作阿玉锡歌，复制纪功碑文，勒石山岩。碑石是乾隆二十五年（1760）由清官兵一千余人从2000多公里外南疆叶城县运至此而立，置于四柱御碑亭中。清廷遣官致祭。每岁春秋，秩于祀典①。

格登山记功碑为花岗岩石碑，高3.03米，宽0.98米，碑额两面镌刻有双龙戏珠图案，正面刻有“皇清”、背面刻有“万古”二字，碑座为日出东海浮雕图案。石碑的正面用满、汉文，背面用蒙、藏文共四种文字镌刻，全文竖排，以汉文计共210余字，是清朝乾隆皇帝御笔亲书。乾隆皇帝曾为西域书写过4块有重大历史价值的御碑，这是目前仅存的一块。

新中国成立后，1975年由国家对碑亭，碑身被嵌入亭内。1984年国家又拨款建起了飞檐碑亭。2003年12月1日，昭苏县境内里发生了里氏6.1级的强烈地震，致使格登碑受到了严重的破坏。2006年国家再斥资50万元，对此历史文化遗产进行了抢救性保护维修。2001年6月25日被国务院批准为“全国重点文物保护单位”。近年确定为“爱国主义教育基地”。

（2）圣佑寺

圣佑寺位于昭苏县城西北1.5千米的洪纳海河畔，圣佑寺建于清朝光绪十九年（1894），光绪二十四年（1898）竣工，工程历时5年，占地面积11900平方米。是清乾隆年间厄鲁特营驻守昭苏地区时所建，经多次搬迁后才移至洪纳海沟口的今圣佑寺所在地。它是目前新疆仅存的一座比较完整的藏传佛教格鲁派寺院，俗称“喇嘛昭”（‘昭’为蒙古语，寺庙之意）。藏语称为“吉金林”，蒙语称为“博格达夏格松”（意为圣仁仁慈佛祖之寺），汉语称为“圣佑寺”。

圣佑寺曾在1929年修缮过一次。“文革”期间，部分建筑被毁，1978年国家拨款8.4万元，并且从河北承德地区派来工程技术人员进行维修。2001年6月25日，昭苏圣佑寺作为清代古建筑，被国务院批准列入第五批全国重点文物保护单位名单。

圣佑寺坐北朝南，布局严谨，高低起伏，共有8处建筑，作对称布局。主

---

①《御制阿玉锡歌》、《御制平定准噶尔勒铭格登山碑文》，俱见钟兴麒等：《西域图志校注》卷22，第334页。

要由山门、前殿、大殿、后殿构成，东西两侧还有配殿，并有东楼、西楼与之相应。有六角形平面的双层檐楼亭钟楼和鼓楼。楼亭四角翘起，为腾飞的形状。大殿前悬挂着满汉文书写的“敕建圣佑庙”金字匾额。大殿呈七开间正方形平面，为二层歇山建筑，有屋顶陡、举折高、出檐大的建筑特点。檐下斗拱为多层挑枋叠替代。梁枋的彩画上绘有千姿百态的珍禽异兽，主要有麒麟、猛虎、猕猴、凤凰、金鹿、雄狮等，形象逼真，栩栩如生。大殿的两侧绘有“比翼齐飞凤凰”“双龙戏珠”“苏武牧羊”等内地民间传统壁画，充分体现了与中原文化交流的广度与深度。殿内幡幔，绣工精致。整体建筑极富寺庙的特点。

圣佑寺各佛殿供有释迦牟尼佛、迦叶佛、弥勒佛、文殊菩萨、观世音菩萨、金刚手菩萨、二十一度母、十六尊者、宗喀巴、达赖喇嘛、班禅额尔德尼、大威德金刚、如来佛35种、十一面千手观音独尊、马头明王、无量寿佛、无量光佛、护法五王、护法神、白财神、黄财神等上座佛像。此外，在经殿内藏有大藏经《甘珠尔》和《丹珠尔》《金刚经》《金光经》《大般若经》《无量寿经》等藏、蒙、梵文数千部经文。总的来说，圣佑寺里所保存的佛像、佛经、法器比较完整。

根据访谈我们了解到，新中国成立前，圣佑寺有僧人315名，1952年有162人还俗，1959年有僧人150名。“文革”结束后，寺院仅有5位僧职人员。目前寺内平均有30—40喇嘛长期住庙。新疆蒙古族普遍信仰藏传佛教，从一个呱呱坠地的婴儿到一位古稀之年的长者，他们的一生已经与藏传佛教结下了前世的因缘，无法分开。圣佑寺在周围的蒙古族社会有着极为重要的地位，喇嘛平时经常被生病的患者和死亡的人员的家属请到家中举行念经佛事活动，每逢宗教节日里，有来自本地的蒙古族信众，也有全疆地的蒙古、汉族族居民纷纷慕名而来。

8月8日下午，我所一行终于来到了特克斯县。

5. 特克斯县

特克斯县是一片古老而神奇的土地，在五六千年以前就有人类在这里繁衍生息，汉代时，细君公主、解忧公主远嫁乌孙后就生活在这里。20世纪30年代，特克斯县，因修建了中外规模最大的八卦城而闻名遐迩，特克斯县是我国也是世界唯一的、建筑正规并保存完整的一座八卦城，它位于天山西部主脊的北坡，距乌鲁木齐市815公里，周围分别与拜城、昭苏、察布查尔、巩留、和静县接壤，全县总面积8352平方公里，这里河流纵横，水资源总量约占伊犁河谷的三分之一，作为伊犁河三大支流之一的特克斯河自西向东贯穿而过。

我所全体8人也兴致勃勃地围绕著名的八卦城进行了参观，感受到中国历史中独特的筑城理念和巧夺天工的建筑技艺。

（1）呼吉尔图蒙古乡呼图克图庙

在特克斯入住的当晚，从当地人处听闻此处有一座黄教寺庙，8月9日在趋往那拉提之先，于清晨时分首先参观了呼吉尔图蒙古乡呼图克图庙，当地人又称其为平安喇嘛庙。庙隐藏在一片金黄的油葵花当中，殿房均为红色，窗楹明黄，焕然一新。这座呼图克图庙为扎雅·班第达在土尔扈特传教时所修建。

图11　当地向导在介绍庙史

扎雅·班第达（1599—1674）又称为车臣鄂木布、车臣绰尔济、拉让巴呼图克图等，和硕特部巴拜汗五子，明末清初藏传佛教高僧。原名乌和特隆归达赖。17岁去拉萨学佛学，获拉布札木巴学位。1639年返回卫拉特。他调解卫拉特内部、卫拉特和喀尔喀上层之间的矛盾，防止了蒙古内部的封建混战。在卫拉特、喀尔喀各地进行传教活动，是蒙古地区的早期宗教活动家，为在蒙古地区传播藏传佛教起了积极作用。1648年，他创制托忒蒙古文，拼写卫拉特方言。1650—1662年，用托忒蒙古文翻译藏文佛经一百七十二部。扎雅·班第达是使卫拉特蒙古人信仰藏传佛教重要人物，作为一个早期的宗教活动家，他的工作促进藏传佛教在西蒙古的传播。我们此行能够看到他兴建的藏传佛教寺庙，实属幸哉。

（2）巴音布鲁克

8月9日、10日两天，我所主要对那拉提及巴音布鲁克两处蒙古族牧场进行了考察，特别是对蒙古族牧民的生活方式以及生活方式中的历史遗存进行了关注，而巴音布鲁克草原更是与清代历史有一段非常著名的渊源。

清乾隆三十六年（1771），土尔扈特、和硕特等蒙部，在“东归英雄”渥巴锡的率领下，从俄国伏尔加河流域举义东归，清政府对归来的蒙古民众进行优渥抚待，并特赐水草肥美之地供他们游牧。乾隆三十七年（1772）春及三十八年（1773）夏，舒赫德奉乾隆帝之命，对土尔扈特部的牧地做了具体的安置。汗王（乾隆御赐）渥巴锡所属原来被安置在斋尔游牧，由于渥巴锡希望移地放牧，依据他的意愿，乾隆改赐气候适宜、水草丰美的珠勒都斯草原（即今巴音布鲁克草原）给他。

（3）图瓦人村落

图12　能歌善舞的图瓦人

8月12日，我所全体同仁来到了新疆维吾尔自治区的喀纳斯，对当地图瓦人进行了家访。中国史书称都波人、萨彦乌梁海人，俄国又称索约特人、唐努图瓦人等。主要分布在图瓦自治共和国。另有部分分布在蒙古。属蒙古人种西伯利亚类型。使用图瓦语，分中、西、东南和托真4种方言，属阿尔泰语系突厥语族。图瓦人同源同种，不过由于历史的原因，图瓦人现在分为三种：中国图瓦人、蒙古国的图瓦人和俄罗斯图瓦人。图瓦人是我国一支古老的民族，以游牧、狩猎为生。近四百年来，定居喀纳斯湖畔，他们勇敢强悍，善骑术、滑雪、能歌善舞，现基本保持着比较原始的生活方式。喀纳斯图瓦村居民是自称是蒙古族的图瓦人。图瓦人村落是蒙古族图瓦人生活的村落，图瓦村位于喀纳斯湖南岸2—3公里处的喀纳斯河谷地带，周围山清水秀，环境优美。古朴的小村景致，象喀纳斯湖一样充满神秘色彩。我们同行的蒙古族同事用蒙语与其交谈，基本毫无障碍。

三、乌鲁木齐市

1. 锡伯族语言学会与锡伯语电脑输入法

8月13日下午，满学所考察人员一行回到了新疆维吾尔自治区的首府乌鲁木齐。当天晚上与锡伯族语言学会进行了座谈交流。

新疆锡伯族语言学会于1980年12月28日在乌鲁木齐成立，它是一个主要由从事锡伯族研究的社会科学工作者、热心于少数民族事业进步与文化繁荣的社会各界人士自愿组成的群众性学术团体。学会积极开展各种学术研讨活动，促进学术交流，发展民族语言，推进双语教学等活动。郭向阳会长和郭元尔、格音宝副会长、顾克明秘书长等学会常务理事会成员和我所同仁就满语和锡伯语的语音、语法特点、词汇发展和目前锡伯语使用和教学情况进行了学术交流。同时，郭会长还向我们演示了学会的最新成果：锡伯文（满文）读写入门多媒体教程和索贝特—锡伯文满文输入法。

图13　锡伯文输入法开发者郭公教授、郭向阳会长演示输入法

“索贝特—锡伯文满文输入法”的开发是在新疆锡伯语言学会、察布查尔锡伯自治县政府和察布查尔县民族语言工作委员会的支持下开展的，是建立在郭公先生（新疆大学新闻与传播学院党委书记、副院长，锡伯族）提出的基于音素法的锡伯文字母的划分和拼写方法的理论基础之上，由乌鲁木齐市索贝特数码科技有限公司付勇先生（新疆大学数学与系统科学学院副教授、高级工程师，锡伯族）设计编程实现的。“索贝特—锡伯文满文输入法”是能够用于SOffice2007及以上版本通用办公系统上的一种拼音输入法，设计巧妙、编程严谨、使用方便，独具特色，在WORD软件中具有极佳的使用效果，也能很好地应用于PPT、EXCEL、PHOTOSHOP等应用软件中。该输入法除了具有自动选形输入方式外，还附加了独立、词首、词中、词尾输入方式，除了能满足一般锡伯文、满文输入的需要外，还能够满足学术论文、文化教育等需要分立显示锡伯文、满文独立、词首、词中、词尾字符形式的特殊应用需求。通过现场的实践，学过满文的同仁均感到此输入法使用简单、兼容性强且字体美观，是目前可见到的满文锡伯文输入法中的佼佼者，是研究、改进、创新民族语文学习和教学的一种新的方式方法，能够极大地促进锡伯族民众特别是青少年学生学习锡伯文的热情，对锡伯族、满族语言文字的使用、维护、传承和发展，具有很大的意义。

2. 新疆社会科学院座谈

8月14日下午，我所前往新疆社会科学院，与该院几位资深学者进行了座谈交流，就民族关系与民族融合问题向他们进行了学习。

会议由新疆社科院科研处处长王磊主持，出席人员有曾和平（新疆社科院民族研究所副所长）、木拉提·黑尼亚提（新疆社科院哲学研究所所长）、艾力·吾甫尔（新疆社科院民族文化研究所所长）、赵志强（北京社科院满学所所长）、常越男（北京社科院满学所副所长）、哈斯巴根（北京社科院满学所）、晓春（北京社科院满学所）、戴光宇（北京社科院满学所）、王鸿莉（北京社科院满学所）、关笑晶（北京社科院满学所）、杨原（北京社科院满学所）。

我所就新疆地区满族历史的研究问题奔赴新疆进行考查，新疆社科院积极配合、热情接待，并与新疆社科院有关负责人进行座谈，双方对于新疆的满族史进行交流会谈，就民族文化建设、民族融合以及民族和谐等方面进行了讨论。

新疆社科院科研处处长王磊，首先介绍了此次新疆社科院的参会人员，对于新疆社科院的概况做以介绍。新疆社科院总共有12个研究所，包含：哲学、民族、中亚、宗教、经济、农村发展、语言、民族文化、法学等。2004年新疆维吾尔自治区确定了四个重点学科，包括有：民族、宗教、中亚问题和新疆历史。在职科研人员243人左右，高级知识分子有70—80人。新疆社科院每年的研究课题也比较饱满，具有较高的研究价值。王处长肯定了近年来新疆社科院的发展，并对未来的发展方向进行了展望。

随后，我所所长赵志强介绍了此次北京社科院参会人员，并说明了本次来新疆的原因和行程。原因有三方面：第一，为了响应上级领导关于理论联系实际的号召，做好当下的《中国民族融合理论与实践研究》和《北京民族文化研究》这两个关于民族方面的重要课题的社会调查，因为新疆是个多民族地区，各民族文化的传承和保留工作做得很好，特色很鲜明，并保留了一部分清代八旗驻防的历史文物古迹，可以很好地辅助课题研究；第二，为做好社科院青年人员理论联系实际的工作，对于进一步研究民族课题方面可以起到重

图14　在新疆社会科学院交流

要的帮助作用；第三，关于民族文化、民族关系这两方面希望与新疆社科院的相关研究人员进行交流和学习。赵志强所长简单地介绍了此次北京社科院满学所的行程和见闻，认为之前的研究更多的是从文献到文献，与亲身考察还是有一定距离的。在座谈会上，赵志强所长感谢了在此次行程中新疆社科院的大力支持，并且简单地介绍了一下此次研究的课题，并希望与新疆社科院从学术方面来讨论关于新疆稳定和民族关系的问题。

新疆社科院民族研究所曾和平副所长肯定了这次课题研究的价值，就民族融合问题提出了自己的观点和想法，并举例以说明，比如曾经有一位新疆社科院的老院长在20世纪50年代时在喀什调研，在一家茶馆中看到一些维吾尔族的年轻人在绘声绘色的用维吾尔语讲述《三国演义》，开始觉得很奇怪，后来通过了解得知，他们的祖上是汉人，最后融入了当地民族；再比如当地人对于火的崇拜习俗，就是来源于拜火教的遗俗。他认为过去专注于民族特色的研究是片面的，还应该关注和研究民族在融合过程中产生的新思想新特色，而且在研究方面应该去粗取精，并提出了现在新疆南部的一些民族问题，比如新疆南部和田地区女子蒙面纱，广泛流传的穆斯林和非穆斯林等这些政治问题，在现代化进程中如何处理这些问题，这些都是下一步民族文化发展的难题。随后，新疆社科院与北京社科院参会人员简单地介绍了一下现在申报下来的课题的内容，也谈到了所面临的问题，比如，新疆满学资料的匮乏问题、研究力量不够。就现实社会发展、民族关系问题对于新疆社科院相关课题研究的影响进行了交流。

其后，哲学研究所木拉提所长就民族融合的问题进行了发言。他首先提出了民族融合的基础：第一，民族之间的通婚；第二，民族之间的混居，相互学习各自的民族文化；第三，要有共同的语言。并做以举例说明，比如他不久前刚刚结束了对于哈萨克斯坦的考察，发现了这一地区居住着130多个民族，但各个民族相互之间都是相互理解和尊重的，他住的地方有哈萨克、土耳其、朝鲜和车臣人，但共同语言都是俄语，并且在乡村中都可以吃得到俄罗斯食品，这就证明了各民族之间在相互学习相互融合的重要性。民族的融合，有利于本民族的发展，只有相互学习，互取所长，才能不断地提升本民族的素质，也是社会发展的基础。随后，木拉提所长又对新疆的民族文化建设提出了自己的想法，肯定了援疆工作以来，农村文化建设的成绩，并从四个方面说明这一点：第一，公益性事业方面，近年来，政府对于少数民族文学的翻译以及汉族文学的翻译工作十分重视，并免费建立乡镇书屋，让大家相互了解对方的民族思想；第二，少数民族现代传媒体系的发展，现在对于很多电视剧的翻译，使得少数民族更加了解了汉民族文化；第三，少数民族文化遗产传承和保护，非遗博物馆的建立和非遗传承人的培养；第四，民族产业的发展，现在新疆不仅形成了地域文化特色的文化产业，涵盖了维吾尔、哈萨克、回等民族的饮食，民族乐器，手工艺制造等等，同时出现了传统文化和现代科技融合的文化产业。木拉提所长又对于南北疆的民族文化建设的差异进行了具体的阐述，又一次证明了民族融合的重要性。比如，新疆南部地区乡村文化站的建设还是受到了冷落，清真寺对于人民的影响远远大于文化站，这也是下一步工作中的难题。对于培养宗教领袖的问题，木拉提所长提出了自己的想法，他认为在农业时代，清真寺起到了文化交流，培养文化人的作用，推动了民族发展，但是在信息时代的今天，传承民族文化的方式是什么，是一个需要研究的问题，不是培养一个宗教领袖就可以解决的。对于今后的民族建设问题、民族转型问题、民族关系问题，参会人员各抒己见，进行了热烈的讨论。

民族文化研究所艾力副所长就下一步对于非法宗教出版物的调研工作进行了介绍，并对于民族、宗教方面出版物的质量以及翻译问题提出了自己的看法，尤其是内地印刷的维吾尔文、阿拉伯文的宗教图书，因为内地多数不懂民族文字，因此对于盗版图书的管制是有困难的。艾力所长从维吾尔族的语言、维吾尔族的文学、维吾尔族的服装、维吾尔族的教育、维吾尔族的民俗几方面阐述了自己对于和谐社会与维吾尔民族包容性的观点。就维吾尔族语言方面，现在维吾尔语中，维吾尔语只占到50%，其他50%都是外来语，语法结构也发生了变化；在维吾尔族文学方面，它受到了波斯文学的影响，尤其是维吾尔族的诗歌；在维吾尔族教育方面，很多基层群众没有收到过教育，并且师资方面分配不均；在维吾尔族民俗方面，很多的阿訇素质低下，很多群众心中没有民族观念甚至没有亲人。尤其对伊斯兰教国家的服饰装扮的改变，艾力所长进行了描述，参会人员也就服饰和女性的包头习俗展开了讨论。其中王磊处长提到从干部到群众现在对于宗教和宗教极端主义这两种概念是分不清的，并就此做以细致的阐述。他认为，相关领导干部应当学习和理解所在区域的宗教知识，使他们在深层次上了解当地民族的思想根源，很多问题并不是非此即彼这么简单可以解决的；还有就是立法问题，很多细节是不是适合民族的特性，能不能真正的彻底的贯彻下去，这对于民族和谐和本地区的民族关系都是十分重要的。王磊处长也提到，影响新疆稳定的致命之处就在于宗教极端主义，然而具体如何定义宗教极端主义，是个难题。如果新疆的民族问题不受到重视，最终极有可能酿成新疆内部战乱不断。

之后，我所副所长常越男进行了发言，她认为，应当从前人研究的关于“华化”“同化”“汉化”“融合”“异化”等民族关系和民族融合的成果以及结合现今对于当地少数民族的实地考察来综合审视今天的民族问题。随后，我所的哈斯巴根博士对此次新疆之行的见闻阐述了自己的见解并结合自己研究的方向和相关课题进行了分析。其间，木拉提所长就相关问题与哈斯巴根博士进行交流。

这次座谈会的初衷在于如何进一步挖掘新疆一带的历史资源，深化对于这一地区人文、经济、政治、教育等方面的了解。本次座谈会的气氛非常热烈，我所的参会人员就本所自身研究的课题并结合此次新疆之行的见闻，进行了详尽的分析，并将实地考察的感受和想法与大家进行分享；新疆社科院的参会人员也就自身在新疆多年研究的感受与大家进行分享，并与我所参会人员进行了深入的探讨。

“清朝建立与中国社会”学术研讨会综述

王鸿莉

2016年是后金建立400周年，也是“清”改国号380周年，清代是我国传统政治模式及政治文化发展成熟、达至巅峰的时期，其政治文化遗产经民国一直影响到当代社会。为反思历史、对话当下，促进满学及清史研究的发展，2016年6月17日至19日，北京市社科院满学研究所和北京大学明清研究中心于北京召开“清朝建立与中国社会”学术研讨会，来自中国社科院、北京大学、中国人民大学、中央民族大学、中央党校、中国中医科学院、中国第一历史档案馆、故宫博物院、沈阳故宫博物院、南开大学、辽宁大学、辽宁社会科学院、辽宁省民族宗教问题研究中心、渤海大学、吉林师范大学、长春师范学院、黑龙江大学、内蒙古大学、青岛理工大学、蚌埠学院等单位的50余名专家学者参加了此次会议。

此次研讨会共收到会议论文或摘要54篇，围绕着满洲崛起与东北亚政治格局、清代社会转变与王朝治道、清代重大历史事件与人物、满洲文化建设与文献记忆四个主题开展讨论。会议期间，老中青三代学者紧紧围绕大会议题，从宏观和微观两个层面，利用多种语言的文献档案，多角度探索了满学、清史的重要问题，归纳下来，主要有以下九个方面：（1）满洲的崛起与东北亚局势；（2）满洲文化的构建与流变；（3）八旗研究；（4）清代政治制度、政治事件及政治文化；（5）清代边疆民族与中外关系；（6）清代文学、学术与宗教；（7）满洲家族与人物；（8）满文档案、文献与满语文研究；（9）关于“新清史”的讨论等。

现扼要介绍如下：

作者系北京市社会科学院满学研究所助理研究员。

一、满洲的崛起与东北亚局势

北京大学历史学系徐凯教授的《满洲崛起与东北亚局势的骤变》探讨了满洲崛起如何促使东北亚各派政治势力重新组合，确立了以满洲为中心的政治格局，进而推动了民族的大融合，改变了传统的华夷观念，促进了中华文明认同，为清朝入主中原做好了政治、军事、经济、文化的充分准备。

黑龙江大学周喜峰教授的发言题为《皇太极时期决定明朝命运的重大战役》，探讨了皇太极统治时期，后金政权是如何通过攻击明政权发展壮大的，特别是着重探讨了决定明王朝命运的几场主要战役：己巳之役、大凌河之战、松锦会战。认为松锦会战是明清之间的最后一次殊死会战，决定了明朝即将灭亡的命运。

沈阳故宫博物院李贤淑研究员《后金（清）与朝鲜的两次战役对东北亚格局的影响》一文探讨了在皇太极天聪元年和崇德元年爆发的后金（清）与朝鲜之间的“丁卯之役”和“丙子之役”。认为两次战争解决了后金（清）在地区的影响力和地位问题，第一次战争“丁卯之役”结束之后，双方签订“兄弟之盟”，实现了后金与朝鲜之间的平等关系；第二次战争“丙子之役”结束之时，清朝与朝鲜签订“君臣”之盟，确认了清朝在东北亚的霸主地位。

二、满洲文化的构建与流变

中国社会科学院民族学与人类学研究所滕绍箴研究员的发言《论盛京文化流变》探讨了盛京主流主导独特文化形成这一历程，认为该文化从16世纪末至17世纪初年，以满洲民族兴起为中心，在东北亚掀起的民族大迁徙、大流动及满、汉两大民族分分合合，进而引出跨度长达四百余年，大范围的民族文化大碰撞，双向认同，致以打牲文化为特色的主流主导独特文化形成、流变和转型，最终流为中华共同文化。

中国人民大学清史研究所刘凤云教授的发言《从奠都盛京到入主中原：满洲自身文化的构建》，认为满洲由奠都盛京到入主中原的历史进程中，经受了对征服地区在政治治理与文化环境适应上的巨大考验，其文化构建经历了三个不同阶段——努尔哈赤时期、皇太极时期和顺康雍乾时期。

沈阳故宫博物院李理研究员发言《崇尚遗物 赐衣联情——从〈满文老档〉和〈雍正朝朱批奏折〉史料看满洲赠衣风俗演变》，利用清初史料和清宫档案，专门探讨了在关外形成的满人赠衣习俗是如何提升为宫廷礼仪和制度，成为国家统治的特殊工具的。认为这种将传统习俗政治化的创新，反映了满人的智慧与管理国家的灵活性，同时也为后人提供了可资借鉴的经验。

三、八旗研究

中国社会科学院近代史研究所刘小萌研究员的发言《晚清八旗会馆考》，主要研究了较少为学界深入研究的“八旗会馆”，探讨了八旗会馆是在什么背景下出现的？主要分布在哪些城市？其在组织管理，人员构成，经费来源，社会功能等方面与民间会馆有哪些异同？八旗会馆的出现，与旗人地域观的变化有何关联等问题。从对晚清八旗会馆的实证考察，进而推导出晚清时段旗人认同的变化，论述由小见大，极大地开拓了八旗会馆研究的格局。

内蒙古大学蒙古学研究中心齐木德道尔吉教授的《清初鄂尔多斯部的归附及设旗过程》，利用《清太宗实录》《满文原档》《清初内秘书院蒙古文档案》《清初内国史院满文档案》等相关记载，复原了鄂尔多斯部归附爱新国，进而编旗设佐的过程。

中国社会科学院历史研究所邱源媛副研究员的《土地、继承与家族：从八旗制度的视角反思清代华北民间社会》专门探讨了清代华北地区的旗人及其管理制度。认为八旗制度对华北乡村基层社会的渗透，直接导致旗人地区不可能出现类似华南的“族产”以及宗族社区，也难以形成地方宗族势力。可以说，华北区域与其他区域之所以不同，不仅仅在于地域，很大程度还在于制度（八旗制度）。

清朝对归服的蒙古各部施行了旗制，给各旗划定了领地（旗地）。吉林师范大学历史文化学院吴忠良副教授的《乾隆朝中期扎赉特与布特哈的边界划定》以扎赉特旗和布特哈为例，对双方边界纠纷的缘起、处理过程和边界的划定作了探讨。

吉林师范大学历史文化学院孙守朋教授的《清代蒙古旗人出旗为民初探》以在台湾“中央研究院”傅斯年图书馆发现的六份内阁大库档案各部门移会为基础，探讨清代蒙古旗人的构成、出旗的原因、出旗后的生活以及蒙古旗人管理等问题。

清朝以八旗立国，为培养和造就统治人才，曾专门开设宗学、觉罗学、八旗官学、八旗义学等教育机构，沈阳故宫博物院尚文举馆员的《清代盛京八旗官学考述》以第三次全国文物普查为基础，从奉天府右翼官学旧址入手，通过对相关资料的分析整理，对清代盛京地区八旗官学的设立、办学形式及废止进行探讨，并对八旗官学在盛京地区产生的影响进行简要分析。

中国社会科学院近代史研究所张建助理研究员的《清代沧州驻防的设立、本地化与覆灭》广泛征引分藏北京、台北的满汉文档案，从清初开始梳理沧州驻防史，研究其建置、种族与旗民关系，探讨了沧州旗民之所以能够并肩血战，令太平军损失惨重的根由。

在北洋新军编练的进程中，京旗常备军（后改番号为陆军第一镇）是以旗籍子弟为主要兵源并仿照北洋常备军章程而建立的新军。北京市凯文学校黄圆晴博士的《最后的“旗军”——京旗常备军的组建与军中干部分析》探讨了京旗常备军的组建原因、成军后的军事任务并分析军中干部的组成与影响，探讨这个最后“旗军”的相关情况。

四、清代政治制度、政治事件及政治文化等

北京市社会科学院满学研究所赵志强研究员的《清朝入关前后满蒙汉缺变化的原因》研究了满洲缺、蒙古缺、汉军缺、汉缺的变化情况，认为从满蒙汉复职到满汉复职的变化，体现了精简原则，突出了满汉联合。

北京市社会科学院满学研究所哈斯巴根副研究员的《关于清初蒙古世职》主要利用《满文原档》《清内秘书院蒙古文档案汇编》等原始档案资料与《八旗通志初集》《满洲八旗氏族通谱》等官修史书相结合，初步梳理清初太祖、太宗和世祖三朝蒙古贵族主要因投诚、军功而被授予世职，以及他们后裔所承袭的情况。

中央民族大学历史文化学院崔岷副教授的《求民隐于京控的中挫：嘉庆帝与1809年的“广兴案”》研究了1809年2月发生的“广兴案”，认为它挫伤了嘉庆帝期望“广开言路”，以期真正达成“民隐得以上闻”的理念。更重要的是，广兴和其他相关官员的罪行皆被嘉庆帝视为带有普遍性的系统问题，并在未来直接影响着其对政治和社会危机发生根源的判断。可以说，“广兴案”深

刻地反映了试图扭转王朝颓势的嘉庆帝寻求革新政治的努力及其遭遇的来自官僚系统的阻力。

清代官箴书集历代从政经验之大成，中央党校文史部岑大利教授的《清代官箴书中的经典之作》着重探讨其中有影响的几部经典，进而剖析清代官场情况和为官之学，认为其中许多告诫值得今人参考。

收成折奏制度是清朝对前代农情奏报做法的融通、传承与变革，以奏折作为载体而形成的一种重要的农政制度。渤海大学东北亚走廊研究院穆崟臣副教授的《清代收成奏报制度考略》研究了这一制度，认为其特点为临时奏闻和定时折报并行，奏折与收成分数清单并用，奏报人员变动不居，并与粮价陈报、雨雪奏报共同组成了清代粮政信息收集制度，在维护、巩固清王朝统治过程中起到了至关重要的作用。

清高宗在位期间，对老人格外优恤，在多方面给予照顾。辽宁大学历史学院教授武玉梅的《从〈清实录〉看清高宗的尚齿恤老之政》，以《清实录》所载为主，详述清高宗尚齿恤老举措，并分析其缘由以及成效。

《医宗金鉴》是清代官修钦定的医学丛书，由清高宗倡议，清政府主导，搜集了有史以来的医学典籍，是清代最重要的医学成就之一。中国中医科学院临床基础医学研究所陈昱良助理研究员的《清高宗与〈医宗金鉴〉》研究了该书的结构和内容，探讨了此书出版后的影响。

自顺治元年（1644）清军入主中原，至宣统三年（1912）溥仪退位，清廷以“西洋法”“大统法”“回回法”编制了满、蒙、汉文《时宪书》。故宫博物院图书馆春花研究馆员的发言《论清代颁发汉文〈时宪书〉及其仪式》专门分析了馆藏历年满、蒙、汉文《时宪书》，又根据《大清会典》《奏案》《黑图档》《奏销档》等史料及清代各种笔记资料，归纳、总结了汉文《时宪书》的颁发经过。

五、清代边疆民族与中外关系

《清史稿》将《清实录》《清会典》《国史列传》、地志和档案中的大量资料汇集整理为比较详细系统的有关清史史事的素材，乃是一大成果；而有些志、表和清末人物传，并非取材于常见史料，更有参考价值。长春师范学院满族文化研究所吕萍教授的《〈清史稿〉中的边疆思想资料整理与研究》侧重于对清朝君臣有关边疆的言论、各边疆少数民族的言行以及清中央政权对周边民族政权的关系等众多资料进行了整理和研究。

清朝历任盛京将军中，政绩卓著并受百姓拥戴者，屈指可数，崇实是其中非常杰出的一位。辽宁社会科学院历史研究所孟繁勇副研究员的《晚清名臣崇实与东北边疆治理》研究了崇实赴任盛京、力行改革的过程，肯定了崇实对东北地区社会发展做出的贡献。

蚌埠学院袁飞副教授《文化认同的构建与清代边疆治理的实践路径》则以清代边疆治理为研究对象，探讨了清朝统治者是如何在广泛吸取了历代边疆治理的经验教训的基础上，结合自己的民族特性、民族心理，根据边疆地区的具体情况，施行了一系列的边疆治理政策。

本次会议对清代中外关系方面的讨论细致、实证而深入。

马宗毅使团是清朝建立后琉球国派遣来华的第一个高级别的使团，承担琉球国与清朝建立交往关系的使命，意义非凡，十分重要。中国第一历史档案馆吴元丰研究馆员的《清初琉球国王舅马宗毅出使来华及其意义》就其出使来华的背景、经过及其意义进行了专门研究，认为马宗毅完成了其使命，为妥善处理当时的中琉两国关系，也为日后全面发展两国交往关系奠定了基础，创造了条件。

中国人民大学清史研究所满文文献研究中心承志研究员的《中俄〈恰克图条约〉交涉始末考——以地图资料为中心》借助满文、俄文档案及传教士留下的法文资料，结合地图等资料，探讨《恰克图条约》签订之前，大清国与俄罗斯帝国如何进行地理勘察并绘制相关舆图的一些问题。综观迄今为止的有关《恰克图条约》(1727)的前人研究，没有探讨界定边界之际如何使用地图资料，中俄双方如何运用地理知识及绘制舆图等问题。这对了解早期中俄两国外交史，探明两国缔结边界条约的具体过程，是一个至关重要的问题。

筑波大学人文社会科学研究科杨帆博士生的《尼布楚条约缔结后清朝布特哈支配的展开及其对现地社会的影响》立足于黑龙江将军衙门档案、军机处满文录副奏折等史料中的相关史实，以贡貂规定、生活区域、捕貂地等方面的调整变化为切入点，初步考察清朝布特哈支配展开过程对现地社会的影响。认为布特哈支配的展开在有效加强对该体制下诸民族集团管理的同时，亦对现地社会产生了深远影响。

六、清代文学、学术与宗教

本次研讨会上有关清代文学及学术的讨论，雅俗兼备，诸种文体皆有所涉及。具体篇章有：

朝鲜李朝时期的金昌业、洪大容、朴趾源、徐浩修、金景善等多名燕行使团成员，以其亲身经历写出了多部《燕行录》，从演出服饰等不同角度说明：他们对清代戏剧文化既爱又懂，为后人留下生动宝贵的史料。中国人民大学清史研究所王政尧教授的发言《从〈燕行录〉看朝鲜李朝的“思明”意识——以清代戏剧文化为中心》以此为着眼，既分析了使清的朝鲜使官和学者们喜爱清代戏剧文化之深意，又进而剖视了他们著录戏剧时的“思明”心结。

《红楼梦》是我国古典现实主义达到登峰造极的伟大著作，也是满汉文化融合的结晶。中央民族大学中国少数民族语言文学系季永海教授的发言《〈金瓶梅〉〈西厢记〉对〈红楼梦〉的影响》认为，这部伟大著作的诞生，固然与作者曹雪芹的天资聪颖和自身经历有很大关系，同时也跟他从小就接受良好教育、精通中国传统文化，尤其受元明及清初小说戏曲的影响是分不开的，其中《金瓶梅》《西厢记》的影响突出。发言从创作主题和语言两个方面探讨了这一影响。

中国社会科学院少数民族文学研究所关纪新研究员的《“便击筑悲歌，谁与衔杯?”——清代晚期的满族诗词书写》专门研究了晚清时期满族诗人词人，认为列强的侵略，不仅威胁到清王朝政权的存亡，而且危及国家的独立和各族人民的生存，这就激起了中国各族人民，包括满族人士的愤怒和爱国情绪高涨，促进了中华民族整体意识的形成和民族认同。

辽宁省民族宗教问题研究中心何晓芳研究员的《清朝建立与满族民间说唱艺术特点构建之比较》，探讨了形成于清代初期，成熟发展于康雍乾盛世的满族民间说唱艺术，认为满族民间说唱是在汉族传统民间说唱基础上形成的一种偏重于叙事的民间说唱形式，在形式上借鉴和吸收了汉族传统说书、讲唱等艺术的表现手段和技巧，但在内容上充满了满族民族特色，形成了自身的艺术特点。

北京市社会科学院满学研究所杨原助理研究员的发言题为《北京旗人与北京曲艺》，他调查梳理了《北京志·曲艺志》中收录的十六类曲艺，发现其中很多曲种与北京的旗人有非常深的渊源，或者北京的旗人对于它们的产生和发展起到过极其重要的影响，探讨了两种文化交融的模式。

北京市社会科学院历史研究所刘仲华研究员《明清易代进程中的学术反思与统合》以明清易代这一大变局之中的学术演进和统和为线索，研究由明及清的变与不变。刘仲华具体探讨了明清鼎革是如何塑造了明清学术演进的轨迹和路径的，认为明清王朝更替并没有从本质上改变中国的政治、经济、社会和文化特质，却在一定程度上改变或者扰动了明代以来所形成的民族构成、文化视野、政治运行方式等，塑造了清代中国的发展路径和方向。

本次研讨会上出现不少对于宗教问题深入探讨的专题论文。

中央民族大学历史文化学院赵令志教授的《乾隆末年赛因诺颜部额尔德尼班第达呼图克图转世事件考》依据《雍和宫档案史料》内有关此事件的上谕、字寄、奏折、咨文、呈文等满文档案54件及其他史料，详细考证了乾隆处理赛因诺颜部额尔德尼班第达呼图克图转世事件，以及在蒙古地区推行金瓶掣签制的详细过程。乾隆帝对此事件的调查和处理，旨在加强清朝对藏传佛教的管理，借机规范了藏区活佛转世于大昭寺掣签、蒙古地区活佛转世于雍和宫掣签制度，防止僧俗势力结合，抑制蒙藏贵族夺取宗教权力，削弱达赖喇嘛、班禅等对蒙古地区活佛转世的控制，因而赛因诺颜部额尔德尼班第达呼图克图转世事件，在清代藏传佛教发展史上具有重要影响。

北京市社会科学院满学研究所关笑晶助理研究员的《清代北京城隍庙系统的建立与特点》研究了北京城隍庙体系的建立，认为其直到清末才逐渐完成，因为城隍神具有官方身份，与地方官形成“阴阳表里”的关系，故而对城市保护神的共同认同，突破了“城墙”和“护城河”的限制，成了清代旗人与民人互动的一种重要方式。

崇德六年《重修无垢净光舍利佛塔碑记》是清朝早期的汉传佛教宗教满文碑刻，中国社会科学院近代史所孔源博士后的《〈重修无垢净光舍利佛塔碑记〉与清初社会信仰变局》利用北京大学图书馆所藏完整拓片对三语碑文进行考证，从碑文细节出发探讨清初社会与宗教的转型过程，认为《重修舍利佛塔碑记》透露了清政权对民间自发宗教活动的肯定、对宗教纪念建筑的重视以及对汉人宗教组织的包纳。

七、满洲家族与人物

北京市社会科学院满学研究所常越男副研究员的《满洲他塔喇氏与顺康年间的政治》梳理了岱图库哈理家族的兴衰与顺康时期的政治之关系，认为该家族隶满洲正白旗，对清初政治的介入，包括顺治年间多尔衮摄政、康熙初年鳌拜辅政、正白旗、两黄旗的旗籍斗争，等等。与此同时，清前期的皇位更迭、皇权斗争，也直接影响了岱图库哈理家族的发展。

青岛理工大学人文与社会科学学院刘金德讲师、于洁的《论满洲瓜尔佳氏索尔果家族与满洲异姓贵族之婚姻》主要分析了满洲瓜尔佳氏索尔果家族与除爱新觉罗家族之外的其他满洲贵族之间的婚姻往来，探讨了该家族婚姻网络的表现形式、特点及影响。

吉林师范大学满族文化研究所许淑杰教授的《吉林九台满族石姓家族历史考论》以石姓家谱资料为依据，通过与其他相关家谱资料的对比，对石姓家族历史的相关问题作了考证，深入了对地方家族的研究。

满洲人物方面，则有中国社会科学院历史研究所定宜庄研究员的《清末民初〈大同报〉人物考略》。该文研究了1907年（光绪三十三年）由留日满洲旗人恒钧、乌泽声等人在东京创刊的《大同报》，分析了《大同报》几位重要人物在辛亥革命后的分化。这一对于《大同报》人物较长时段的考察突破了以往研究中集中于辛亥革命前的局限，更完整地展示出辛亥革命前后《大同报》同仁的认同变化和曲折心境。

八、满文档案、文献与满语文研究

中国人民大学清史研究所满文文献研究中心乌云毕力格教授的《满文文献与清史研究》强调了满文文献对于清史研究的重要作用，从如下四个方面强调其重要性：正确的清史观与满文文献的重要性；清朝在中国王朝系列中的特殊性与满文文献的重要性；满文档案的史料性质及其重要性；史料的局限性问题与多语种文献的重要性。认为健康的清史研究，应该是重视多语种文献在清史研究中的重要性，不应以先入为主地指定某一语种的文献为“主要的”，某一种文献为次要的或者无用的。

吉林师范大学历史文化学院楠木贤道教授的《明珠的满文奏折与康熙皇帝的重新确认清初史》介绍并分析了中国第一历史档案馆收藏的康熙皇帝与满洲大臣叶赫那拉明珠往返回复的三份满文档案，特别是康熙重新确认清初史的行为及目的。

中国第一历史档案馆郭美兰研究馆员的《清代西藏历史档案点要》利用中国第一历史档案馆所存涉及西藏历史或藏族历史的档案，介绍了邀请五世达赖喇嘛进京、在藏设立管理机构及常驻官员、平息珠尔默特那木扎勒事件、酌定西藏善后章程十三条等涉及西藏历史重要事件及人物的档案。

立于韩国汉城东三田渡（现为首尔东面的松波区）的大清皇帝功德碑，是研究清初清朝与朝鲜关系的珍贵资料，也是对三种文字，尤其是对满文文字史、语言史、翻译史研究的弥足珍贵的资料。中央民族大学中国少数民族语言与古籍研究所高娃副教授的《三田渡满文碑文与〈满文原档〉文字格式对比研究》就该碑满文字形、书写格式、标点符号与《满文原档》进行对比，探讨新旧满文过渡期的特点以及纸与石质文献的关系特征。

明末清初，天主教耶稣会士为了向旗人传播信仰，将大量汉文著作翻译成满文。中国人民大学关康博士后的《域外收藏满文天主教文献三种》选取日本东洋文库藏《古新圣经》、法国国立图书馆藏《万有真原》和《天神会课》，分别考察其内容、版本，并综合研究神学术语的翻译方法。

黑龙江大学满族语言文化研究中心赵阿平教授的《从清代政治制度看民族语言文化关系》从民族语言学、文化语言学的角度出发，对清代政治制度与民族语言文化接触到融合的关系进行探讨。

北京市社会科学院满学研究所晓春副研究员的《从〈清文虚字讲约〉看“语格”和“虚字”》专门研究了清代满语语法书《清文虚字讲约》中使用的“语格”和“虚字”等语言学术语。

黑龙江省齐齐哈尔市富裕县三家子满族村是迄今为止还保留着满语口语的少数满族村屯之一。北京市社会科学院满学研究所戴光宇助理研究员的《三家子满族口述史文本的历史学与人类学分析》根据自己的亲身调研，探讨了清代东北满族乃至满族先世早期的历史。

大连民族大学胡艳霞副教授从七个方面，宏观论述了在当代现实条件下的满族语言保护问题。

九、关于“新清史”的讨论

南开大学历史学院杜家骥教授的《满族与清朝统治——谈“新清史”研究所涉及的几个问题》探讨了近些年的新清史问题争鸣。认为，对于清朝国家的国体性质，以往中国学界称为是“满族为主体、满汉联合统治”，这应是简单明了而且平实、确切的概括，学界对满汉两方面的影响作用，也都作探讨，因为两方面都有重要影响之事实，只是没有专门系统地对满汉两方面进行对比，看来这种对比性考察是必要的。如果片面强调某一方面如满族的独立性及其作用，忽视在国家层面之下满汉民族的统一性及汉族因素的作用，其研究结论也就难免引起质疑与争论。

古代中国的概念是包含有政治、文化、族类多重内涵的政治共同体概念，并非单一的现代国家概念所能涵盖。从先秦时代起，中华大地上就展开了一种绵延不绝的多元民族共同创造华夏文明的历程。期间既有族群之间的争端，更有互相依存与交流。这种进程到清代，形成一个百川归海的大融合时期。中国社会科学院历史所副研究员鱼宏亮的《族类与天下：清代族群关系再认识——兼论〈满洲认同法典与部族双重建构〉》从清代的族群关系来看待多元一体的中华民族共同体的形成，对我们突破以西方民族概念来看待中国古代的族群关系的误区，带来了新的认识。本文同时还探讨了徐凯教授《满洲认同法典与部族双重建构》一书为我们认识中国古代族群关系的真实进程带来的新视角。

2016年4月，汉学家柯娇燕针对钟焓对于“新清史”学派及她的批评予以回应，北京市社会科学院满学研究所王鸿莉助理研究员的《安德森的“遗产”——从钟焓与柯娇燕的“批评”与“回应”开始谈起》以此为切入点，探讨了安德森《想象的共同体——民族主义的起源与散布》一书的立论及其论证、理论资源及其影响。

中国人民大学清史研究所刘姗姗博士生的《“Sinicization”与柯娇燕文化功能的阐释》主要从“新清史”代表人物柯娇燕的视角出发，提出如下问题：柯娇燕为何认为自己反对的是“sinicization”而非“汉化”？中国与世界其他地区的学者怎样看待她的“汉化”观？她又是怎样利用对文化功能的一种阐释来解构“汉化”？试图通过解决这些问题，深化对“新清史”学术逻辑的认识。

以上之分类只是为了论述方便的大体分类，很多文章更多呈现出的“跨界”或“跨学科”的特点。在“清朝建立与中国社会”的大主题之下，此次会议论述方向多样，从微观到宏观、从具体的档案、实物、人物、事件到背后所涉及的族群认同、思想潜流和文化流变，就论题的丰富性和深入性而言，对相关领域的研究具有开拓和推进的作用。

此次研讨会的与会学者既包括在国际学术界久负盛名的大学者，也有崭露头角的年轻学者，老中青三代齐聚一堂共襄史事。会议期间，学者们表现出了对学术的高度热情，严肃认真的讨论不断上演，不仅涉及具体的研究问题，而且对研究方法、史料获取等问题也进行了深入讨论，有力地促进了国内外满学研究的交流与发展。

后记

在北京市社会科学院的领导支持下，在满学、清史学界学者的帮助下，《满学论丛（第六辑）》顺利出版。

2016年6月，北京市社会科学院满学研究所与北京大学明清研究中心举办“清朝建立与中国社会”学术研讨会，与会学者就会议主题展开专题讨论。本辑收录了部分参会论文，同时，选取了学界同行的投稿、来搞，择优录用，汇集成册。内容涉及清代政治、文化、民族关系、满汉文文献、学术史等方面。

《满学论丛（第六辑）》编辑委员会的各位专家学者，在稿件的匿名评审、论文评阅等环节，付出了大量的时间和精力，保证了文章的学术水准。

满学研究所的王鸿莉博士等，认真完成了本辑稿件的征稿、收稿、审稿、定稿等工作。

辽宁民族出版社的吴昕阳副总编辑、李璜编辑，在审稿、校稿和相关出版事宜等方面，给予了大力的支持。

在此，谨向支持和帮助我们的各界同仁，致以衷心的感谢！

2016年9月15日